MW01278571

1,000,000 Books

are available to read at

---◆---

www.ForgottenBooks.com

---◆---

Read online
Download PDF
Purchase in print

ISBN 978-1-390-28577-2
PIBN 11152586

This book is a reproduction of an important historical work. Forgotten Books uses
state-of-the-art technology to digitally reconstruct the work, preserving the original format
whilst repairing imperfections present in the aged copy. In rare cases, an imperfection in
the original, such as a blemish or missing page, may be replicated in our edition. We do,
however, repair the vast majority of imperfections successfully; any imperfections that
remain are intentionally left to preserve the state of such historical works.

Forgotten Books is a registered trademark of FB &c Ltd.
Copyright © 2018 FB &c Ltd.
FB &c Ltd, Dalton House, 60 Windsor Avenue, London, SW19 2RR.
Company number 08720141. Registered in England and Wales.

For support please visit www.forgottenbooks.com

1 MONTH OF
FREE
READING

at

www.ForgottenBooks.com

By purchasing this book you are eligible for one month membership to ForgottenBooks.com, giving you unlimited access to our entire collection of over 1,000,000 titles via our web site and mobile apps.

To claim your free month visit:

www.forgottenbooks.com/free1152586

* Offer is valid for 45 days from date of purchase. Terms and conditions apply.

English
Français
Deutsche
Italiano
Español
Português

www.forgottenbooks.com

Mythology Photography **Fiction**
Fishing Christianity **Art** Cooking
Essays Buddhism Freemasonry
Medicine **Biology** Music **Ancient**
Egypt Evolution Carpentry Physics
Dance Geology **Mathematics** Fitness
Shakespeare **Folklore** Yoga Marketing
Confidence Immortality Biographies
Poetry **Psychology** Witchcraft
Electronics Chemistry History **Law**
Accounting **Philosophy** Anthropology
Alchemy Drama Quantum Mechanics
Atheism Sexual Health **Ancient History**
Entrepreneurship Languages Sport
Paleontology Needlework Islam
Metaphysics Investment Archaeology
Parenting Statistics Criminology
Motivational

Immanuel Kants

frühere

noch nicht gesammelte

Kleine Schriften.

───────────

Linz,

auf Kosten des Herausgebers.

1795.

Digitized by Google

1-14-55 Golick

Die 1793. und 1795. herausgekommene Sammlungen von Kants kleinen Schrif-
ten, enthalten gerade die seltensten derselben nicht;
vermuthlich weil sie auch für jene Sammler, wie
gewiß fast für das ganze Publicum, allzu selten
waren.

Von

Von dem Stifter der kritischen Philosophie hoft
und weiß jezt das ganze denkende Teutschland, daß er
alle Stunden seines ehrwürdigen Alters auf Vollendung
einiger von den wichtigsten Theilen des großen philoso-
phischen Gebäudes verwende, dessen Plan er entdeckt und
für dessen Ausführung er Platz verschafft hat. Eine
Sammlung seiner kleineren Aufsätze ist für ihn allzu sehr
Nebensache; besonders sind die früherern von dem Krei-
se seiner jetzigen Beschäftigungen auch nach ihrem In-
halte, gewiß am weitesten entlegen.

Dennoch soll unfehlbar das Publicum, was Er ihm
einmal gegeben hatte, nicht ganz verlieren, nicht allzu
lange vermissen. Denen, welche seinen Geist und dessen Fortschritte von den ersten öffentlichen Produkten an,
in denen sogar noch manche bisher nicht aufgewachsene
Keime liegen, studieren möchten, sollen diese frühe-
sten, zerstreuten, bisher nicht gesammel-
ten und nirgends mehr käuflichen Denkma-
le davon nicht fehlen. Die Früchte, welche sie tragen

können,

können, sollen nicht länger blos deswegen mangeln, weil so vielen, welche sich nach diesen Seltenheiten sehnen, es nicht, wie dem Herausgeber, gelingt, mit aller angewandten Mühe sie zusammen zu finden.

Für diese sey also diese Sammlung von Aufsätzen, welche ihr Verfasser, zum Höheren fortschreitend, indeß in der That ganz ihrem Schicksal überlassen hat. Der dritte Aufsatz: Von den verschiedenen Racen der Menschen, ist sogar in der neuen Auflage vom Philosoph für die Welt ausgelassen, und also mit der ersten aus der litterarischen Welt verschwunden. Mit ihm hängt der vierte genau zusammen. Er ist neuer als die übrigen, aber in den oben genannten Sammlungen — warum? ist mir unbekannt — nicht zu finden. Die übrigen drey Abhandlungen sind sogar noch weit seltener, als diese beyden. Eben deswegen kann dieser neue Abdruck zwar im Gegensatz gegen den Originaldruck ein Nachdruck, aber nur im besten Sinn genannt werden, weil alles, was dem Worte Nachdruck einen bösen

Sinn

Sinn giebt; alles, wodurch ein wiederholter Abbruch Einzelnen und ins Allgemeine schädlich, und daher unerlaubt wird, bey ihm wegfällt.

Meine Absicht ist erreicht, wenn auch diese lange gleichsam verschwundenen Werke des Meisters, wieder zu würken anfangen!

Inhalt.

Inhalt.

Diff. de mundi fenfibilis et intelligibilis forma et principiis. (vom Jahr 1770.)   ,   ,   S. 1

II

Geſchichte und Naturbeſchreibung der merkwürdigen
Vorfälle des Erdbebens vom Ende des Jahres

                                         45

Von den verſchiedenen Racen der Menſchen. (1775.)   97

                                             IV.

IV.

Bestimmung des Begriffs einer Menschenrace.
(1795.) S. 107.

V.

Gedanken von der wahren Schätzung der lebendigen Kräfte. (1746.) 129

DE

ligatio. Mundus autem, quatenus fpectatur ut Phaenomenon, h. e. refpective ad fenfualitatem mentis humanae, non
agnofcit; aliud principium formae, nifi fubiectivum h. e.
certam animi legem, per quam necefle eft, ut omnia, quae
fenfuum obiecta (per illorum qualitatem) effe poffunt, *neceffario* pertinere videantur ad idem Totum. Quodcunque
igitur tandem fit principium formae Mundi fenfibilis, tamen
non complectitur nifi *actualia*, quatenus in *fenfus cadere*
poffe putantur, ideoque nec immateriales fubftantias, quae,
qua tales iam per definitionem a fenfibus externis omninò
excluduntur, nec mundi cauffam, quae; quum per illam
mens ipfa exiftat et fenfu aliquo polleat, fenfuum obiectum
effe non poteft. Haec principia formalia *Vniverfi phaenomeni* abfolute prima, catholica et cuiuslibet praeterea in
cognitione humana fenfitivi quafi fchemata et conditiones,
bina effe, Tempus et Spatium, iam demonftrabo.

§. 14.
De Tempore.

1. *Idea Temporis non oritur, fed fupponitur a fenfibus.* Quae enim in fenfus incurrunt, utrum fimul fint,
an poft fe invicem, non nifi per ideam temporis repraefen-
tari poteft; neque fucceffio gignit conceptum temporis, fed
ad illam provocat. Ideoque temporis notio, veluti per
experientiam acquifita, peffime definitur: per feriem actualium *poft* fe invicem exiftentium. Nam, quid fignificet
vocula *poft*, non intelligo, nifi praevio iam temporis conceptu. Sunt enim, *poft* fe invicem, quae exiftunt *temporibus diverfis*, quemadmodum *fimul* funt, quae exiftunt
tempore eodem.

2. *Idea temporis eft fingularis*, non generalis. Tempus enim quodlibet non cogitatur, nifi tanquam pars unius
eiusdem temporis immenfi. Duos annos fi cogitas, non
potes tibi repraefentare, nifi determinato erga fe invicem
pofitu, et, fi immediate fe non fequantur, non nifi tem-

B

IV.

Bestimmung des Begriffs einer Menschenrace.
(1795.)   S. 107.

V.

Gedanken von der wahren Schätzung der lebendigen Kräfte. (1746.)   129

DE

ligatio. Mundus autem, quatenus spectatur ut Phaenomenon, h. e. respective ad sensualitatem mentis humanae, non agnoscit aliud principium formae, nisi subiectivum h. e. certam animi legem, per quam necesse est, ut omnia, quae sensuum obiecta (per istorum qualitatem) esse possunt, necessario pertinere videantur ad idem Totum. Quodcunque igitur tandem sit principium formae Mundi sensibilis, tamen non complectitur nisi *actualia*, quatenus in *sensus cadere* posse putantur, ideoque nec immateriales substantias, quae, qua tales iam per definitionem a sensibus externis omnino excluduntur, nec mundi caussam, quae, quum per illam mens ipsa existat et sensu aliquo polleat, sensuum obiectum esse non potest. Haec principia formalia *Vniversi phaenomeni* absolute prima, catholica et cuiuslibet praeterea in cognitione humana sensitivi quasi schemata et conditiones, bina esse, Tempus et Spatium, iam demonstrabo.

§. 14.
De Tempore.

1. *Idea Temporis non oritur, sed supponitur a sensibus.* Quae enim in sensus incurrunt, utrum simul sint, an post se invicem, non nisi per ideam temporis repraesentari potest; neque successio gignit conceptum temporis, sed ad illam provocat. Ideoque temporis notio, veluti per experientiam acquisita, pessime definitur: per seriem actualium *post* se invicem existentium. Nam, quid significet vocula *post*, non intelligo, nisi praevio iam temporis conceptu. Sunt enim, *post* se invicem, quae existunt *temporibus diversis*; quemadmodum *simul* sunt, quae existunt tempore eodem.

2. *Idea temporis est singularis*, non generalis. Tempus enim quodlibet non cogitatur, nisi tanquam pars unius eiusdem temporis immensi. Duos annos si cogitas, non potes tibi repraesentare, nisi determinato erga se invicem positu, et, si immediate se non sequantur, non nisi tem-

B   pore

IV.

Beſtimmung des Begriffs einer Menſchenrace.
(1795.) · : · · · · S. 107

V.

Gedanken von der wahren Schäßung der lebendigen Kräfte. (1746.) · · 129

DE

ligatio. Mundus autem, quatenus fpectatur ut Phaenomenon, h. e. refpective ad fenfualitatem mentis humanae, non
agnofcit aliud principium formae, nifi fubiectivum h. e.
certam animi legem, per quam necefle eft, ut omnia, quae
fenfuum obiecta (per iftorum qualitatem) effe poffunt, *neceffario* pertinere videantur ad idem Totum. Quodcunque
igitur tandem fit principium formae Mundi fenfibilis, tamen
non complectitur nifi *actualia*, quatenus in *fenfus cadere*
poffe putantur, ideoque nec immateriales fubftantias, quae,
qua tales iam per definitionem a fenfibus externis omninò
excluduntur, nec mundi cauffam, quae, quum per illam
mens ipfa exiftat et fenfu aliquo polleat, fenfuum obiectum
effe non poteft. Haec principia formalia *Vniverfi phaeno-*
meni abfolute prima, catholica et cuiuslibet praeterea in
cognitione humana fenfitivi quafi fchemata et conditiones,
bina effe, Tempus et Spatium, iam demonftrabo.

§. 14.

De Tempore.

1. Idea *Temporis non oritur, fed fupponitur a fen-*
fibus. Quae enim in fenfus iucurrunt, utrum fimul fint,
an poft fe invicem, non nifi per ideam temporis repraefen-
tari poteft; neque fucceffio gignit conceptum temporis, fed
ad illam provocat. Ideoque temporis notio, veluti per
experientiam acquifita, peffime definitur: per feriem actualium *poft* fe invicem exiftentium. Nam, quid fignificet
vocula *poft*, non intelligo, nifi praevio iam temporis conceptu. Sunt enim, poft fe invicem, quae exiftunt *tempo-*
ribus diverfis; quemadmodum *fimul* funt, quae exiftunt
tempore eodem.

2. Idea *temporis eft fingularis*, non generalis. Tempus enim quodlibet non cogitatur, nifi tanquam pars uniús
eiusdem temporis immenfi. Duos annos fi cogitas, non
potes tibi repraefentare, nifi determinato erga fe invicem
pofitu, et, fi immediate fe non fequantur, non nifi tem-

B pote

pore quodam intermedio fibimet iunɛ̃tas. Quodnam autem temporum diverforum fit *prius*, quodnam *pofterius*, nulla ratione per notas aliquas intelleɛtui conceptibiles definiri potelt, nifi in circulum vitiofum incurrere velis, et mens illud non difcernit, nifi per intuitum fingularem. Praeter ea omnia concipis aɛtualia *in* tempore pófita, non *fub* ipfius notione generáli, tanquam nota communi, contenta.

3. *Idea* itaque *Temporis eft intuitus*, et quoniam ante omnem fenfationem concipitur, tanquam conditio refpeɛtuum in fenfibilibus obviorum, eft *intuitus*, non fenfualis, fed *purus*.

4. *Tempus eft quantum continuum* et legum continui in mutationibus univerfi principium. *Continuum* enim eft quantum, quod non conftat fimplicibus. Quia autem per tempus non cogitantur nifi relationes, absque datis ullis entibus erga fe invicem relatis, in tempore, ceu quanto, eft compofitio, quae fi tota fublata concipiatur, nihil pláne reliqui facit. Cuius autem compofiti fublata omni compofitione, nihil omnino remanet, illud non conftat partibus fimplicibus. E. etc. Pars itaque temporis quaelibet, eft tempus, et, quae funt in tempore, fimplicia, nempe *momenta*, non funt partes illius, fed *termini*, quos interiacet tempus. Nam datis duobus momentis non datur tempus, nifi quatenus in illis aɛtualia fibi fuccedunt; igitur praeter momentum datum neceffe eft, ut detur tempus, in cuius parte pofteriori fit momentum aliud.

Lex autem *continuitatis* metaphyfica haec eft: *Mutationes omnes funt continuae*, f. fluunt, h. e. non fuccedunt fibi ftatus oppofiti, nifi per feriem ftatuum diverforum intermediam. Quia enim ftatus duo oppofiti funt in diverfis temporis momentis, inter duo autem momenta femper fit tempus aliquod interceptum, in cuius infinita momentorum ferie fubftantia nec eft in uno ftatuum datorum, nec in altero, nec tamen in nullo; erit in diverfis, et fic porro in infinitum.

Celeb.

Celeb. Kaeftnerus, hanc Leibnitii legem examini fubiecturus, provocat eius defenfores *) ut demonftrent: *motum puncti continuum per omnia latera trianguli effe impoffibilem*, quod utique, conceffa lege continuitatis, probari neceffe effet. En igitur demonftrationem quaefitam. Denotent litterae a b c tria puncta angularia trianguli rectilinei. Si mobile incedat motu continuo per lineas, *ab, bc, ca,* h. e. totum perimetrum figurae, neceffe eft, ut per punctum *b.* in directione *a b*, per idem autem punctum b etiam in directione b, c moveatur. Cum autem hi motus fint diverfi, non poffunt effe *fimul*. Ergo momentum praefentiae puncti mobilis in vertice *b* quatenus movetur in directione a b eft diverfum a momento praefentiae puncti mobilis in eodem vertice b, quatenus movetur fecundum directionem b c. Sed inter duo momenta eft tempus, ergo mobile in eodem puncto per tempus aliquod praefens eft, i. e. *quiefcit*, ideoque non incedit motu continuo, quod contra hypothefin. Eadem demonftratio valet de motu, per quaslibet rectas, angulum includentes dabilem. Ergo corpus non mutat directionem in motu continuo, nifi fecundum lineam, cuius nulla pars eft recta, h. e. curvam, fecundum placita Leibnitii.

5. *Tempus non eft obiectivum aliquid et reale,* nec fubftantia, nec accidens, nec relatio, fed fubiectiva conditio per naturam mentis humanae neceffaria, quaelibet fenfibilia, certa lege fibi coordinandi, et *intuitus purus*. Subftantias enim pariter ac accidentia coordinamus, tam fecundum fimultaneitatem, quam fucceffionem, non nifi per conceptum temporis; ideoque huius notio, tanquam principium formae, illorum conceptibus eft antiquior. Quod autem relationes attinet, f. refpectus quoscunque, quatenus fenfibus funt obvii, utrum nempe fimul fint an poft fe invicem, nihil aliud involvunt, nifi pofitus in tempore determinandos, vel in eodem ipfius puncto, vel diverfis.

Qui

*) Höhere Mechanik, S. 354.

B 2 Qui

*) Höhere Mechanik, S. 354.

Qui realitatem temporis obiectivam asserunt, aut illud tanquam fluxum aliquem in existendo continuum, absque ulla tamen re existente, (commentum absurdissimum) concipiunt, uti potissimum Anglorum philosophi, aut tanquam abstractum reale a successione statuum internorum, uti *Leibnitius* et asseclae statuunt. Posterioris autem sententiae falsitas, cum circulo vitioso in temporis definitione obvia luculenter semet ipsam prodat, et praeterea *simultaneitatem* *), maximum temporis consectarium, plane negligat, ita omnem sanae rationis usum interturbat, quod non motus leges secundum temporis mensuram, sed tempus ipsum, quoad ipsius naturam, per observata in motu, aut qualibet mutationum internarum serie, determinari postulet, quo omnis regularum certitudo plane aboletur. Quod autem temporis *quantitatem* non aestimare possimus, nisi in concreto, nempe vel *motu* vel *cogitationum serie*, id inde est, quoniam conceptus temporis tantummodo lege mentis interna nititur, neque est Intuitus quidam connatus, adeoque non nisi sensuum ope actus ille animi, sua sensa coordinantis, eliciatur. Tantum vero abest, ut quis unquam temporis conceptum adhuc rationis ope aliunde deducat et explicet, ut potius ipsum principium contradictionis

nis

---

*) *Simultanea* non sunt ideo talia, quia sibi non succedunt. Nam remota successione tollitur quidem coniunctio aliqua, quae erat per seriem temporis, sed inde non statim oritur *alia* vera relatio, qualis est coniunctio omnium in momento eodem. Simultanea enim perinde iunguntur eodem temporis momento, quam successiva diversis. Ideo, quanquam tempus sit unius tantum dimensionis, tamen *ubiquitas* temporis, (ut cum Neutono loquar) per quam *omnia* sensitive cogitabilia sunt *aliquando*, addit quanto actualium alteram dimensionem, quatenus veluti pendent ab eodem temporis puncto. Nam si tempus designes linea recta in infinitum producta, et simultanea in quolibet temporis puncto per lineas ordinatim applicatas; superficies, quae ita generatur, repraesentabit *Mundum phaenomenon*, tam quoad substantiam quam quoad accidentia.

nis eundem praemittat ac fibi conditionis loco fubfternat. A enim et non A non *repugnant* nifi *fimul* (h. e. tempore eodem) cogitata de *eodem*, *poft* fe autem (diverfis temporibus) eidem *competere poffunt*. Inde poffibilitas mutationum non nifi in tempore cogitabilis, neque tempus cogitabile per mutationes, fed vice verfa.

6. Quanquam autem *Tempus* in fe et abfolute pofitum fit ens imaginarium, tamen, quatenus ad immutabilem legem fenfibilium qua talium pertinet, eft conceptus veriffimus, et, per omnia poffibilia fenfuum obiecta, in infinitum patens, intuitivae repraefentationis conditio. Cum enim fimultanea qua talia fenfibus obvia fieri non poffint, nifi ope temporis, mutationes autem non fint, nifi per tempus cogitabiles, patet: hunc conceptum univerfalem phaenomenorum formam continere, adeoque omnes in mundo eventus obfervabiles, omnes motus, omnesque internas viciffitudines neceffario cum axiomatibus de tempore cognofcendis, partimque a nobis expofitis, confentire, *quoniam non nifi fub hisce conditionibus, fenfuum obiecta effe et coordinari poffunt*. Abfonum igitur eft, contra prima temporis puri poftulata, e. g. continuitatem etc. rationem armare velle, cum legibus confequantur, quibus nihil prius, nihil antiquius, reperitur, ipfaque ratio in ufu principii contradictionis huius conceptus adminiculo carere non poffit; usque adeo eft primitivus et originarius.

7. Tempus itaque eft *principium formale Mundi fenfibilis* abfolute primum. Omnia enim quomodocunque fenfibilia, non poffunt cogitari, nifi vel fimul, vel poft fe invicem pofita, adeoque unici temporis tractu quafi involuta, ac femet determinato pofitu refpicientia, ita, ut per hunc conceptum, omnis fenfitivi primarium, neceffario oriatur. Totum formale, quod non eft pars alterius h. e. *Mundus phaenomenon*.

§. 15.

§. 15.

De spatio.

A. *Conceptus spatii non abstrahitur a sensationibus externis.* Non enim aliquid ut extra me positum concipere licet, nisi illud repraesentando tanquam in loco, ab eo, in quo ipse sum, diverso, neque res extra se invicem, nisi illas collocando in spatii diversis locis. Possibilitas igitur perceptionum externorum, qua talium, *supponit* conceptum spatii, non *creat;* sicuti etiam, quae sunt in spatio, *sensus* afficiunt, spatium ipsum sensibus hauriri non potest.

B. *Conceptus spatii est singularis repraesentatio* omnia *in se* comprehendens, non *sub se* continens notio abstracta et communis. Quae enim dicis *spatia plura,* non sunt, nisi eiusdem immensi spatii partes, certo positu se invicem respicientes, neque pedem cubicum concipere tibi potes, nisi ambienti spatio quaquaversum conterminum.

C. *Conceptus spatii itaque est Intuitus purus;* cum sit conceptus singularis, sensationibus non conflatus, sed omnis sensationis externae forma fundamentalis. Hunc vero intuitum purum in Axiomatibus Geometriae et qualibet constructione postulatorum s. etiam problematum mentali, animadvertere proclive est. Non dari enim in spatio plures quam tres dimensiones; inter duo puncta non esse nisi rectam unicam; e dato in superficie plana puncto cum data recta circulum describere, etc. non ex universali aliqua spatii notione concludi, sed in ipso tantum, velut in concreto, *cerni* potest. Quae iaceant in spatio dato unam plagam versus; quae in oppositam vergant, discursive describi, s. ad notas intellectuales revocari nulla mentis acie possunt, ideoque, cum in solidis perfecte similibus atque aequalibus, sed discongruentibus, cuius generis sunt manus sinistra et dextra (quatenus solum secundum extensionem concipiuntur) aut triangula sphaerica e duobus hemisphaeriis oppositis, sit diversitas, per quam impossibile est, ut termini extensionis coin-

coincidant, quanquam per omnia, quae notis, menti per
sermonem intelligibilibus, efferre licet, fibi fubftitui poffint, patet hic: non nifi quadam intuitione pura diverfita-
tem, neinpe discongruentiam, notari posse. Hinc Geometria principiis utitur non indubitatis folum ac difcurfivis,
fed fub obtutum mentis cadentibus, et *evidentia*, in demon-
ftrationibus (quae eft claritas certae cognitionis, quatenus
affimilatur fenfuali) non folum in ipfa eft maxima, fed et
unica, quae datur in fcientiis puris, omnisque *evidentiae*
in aliis *exemplar* et medium, quia, cum Geometria *fpatii*
relationes contempletur, cuius conceptus ipfam omnis intuitus fenfualis formam in fe continet, nihil poteft in per-
ceptis fenfu externo clarum effe et perfpicuum, nifi mediante eodem intuitu, in quo contemplando fcientia illa ver-
fatur. Ceterum Geometria propofitiones fuas univerfales
non demonftrat, obiectum cogitando per conceptum univerfalem, quod fit in rationalibus, fed illud oculis fubiicien-
do per intuitum fingularem, quod fit in fenfitivis. *)

D. *Spatium non eft aliquid obiectivi* et realis, nec fubftantia,
nec accidens, nec relatio; fed *fubiectivum* et ideale et e natura
mentis ftabili lege proficiscens, veluti fchema, omnia omnino
externe fenfa fibi coordinandi. Qui fpatii realitatem defendunt,
vel illud, ut *abfolutum* et immenfum rerum poffibilium *re-*
ceptaculum, fibi concipiunt, quae fententia, poft Anglos,
Geometrarum plurimis arridet, vel contendunt effe *ipfam*

rerum

*) Quod fpatium neceffario concipiendum fit tanquam quantum
continuum, quam facile fit demonftratu, hic praetereo. Inde
autem fit, ut fimplex in fpatio non fit pars, fed terminus.
Terminus autem generaliter eft id in quanto continuo, quod
rationem continet limitum. Spatium, quod non eft terminus alterius, eft *completum* (*folidum*). Terminus folidi eft *fuper-*
ficies, fuperficiei *linea*, lineae *punctum*. Ergo tria funt terminorum genera in fpatio, quemadmodum tres dimenfiones.
Horum terminorum duo (fuperficies et linea) ipfi funt fpatia.
Conceptus *termini* non ingreditur aliud quantum, nifi fpatium aut tempus.

rerum exiftentium relationem, rebus fublatis plane evanef-
centem, et non nifi in actualibus cogitabilem, uti, poft
Leibnitium, noftratum plurimi ftatuunt. Quod attinet primum illud inane rationis commentum, cum veras relationes infinitas, absque ullis erga fe relatis entibus, fingat,
pertinet ad mundum fabulofum. Verum qui in fententiam
pofteriorem abeunt, longe deteriori errore labuntur. Quippe, cum illi non nifi conceptibus quibusdam rationalibus,
f. ad Noumena pertinentibus, offendiculum ponant, ceteroquin intellectui maxime abfconditis e. g: quaeftionibus de
mundo fpirituali, de omnipraefentia etc. hi ipfis Phaenomenis et omnium phaenomenorum fidiffimo interpreti, Geometriae, adverfa fronte repugnant. Nam, ne apertum in
definiendo fpatio circulum, quo neceffario intricantur, in
medium proferam, Geometriam ab apice certitudinis de-
turbatam, in earum fcientiarum cenfum reiiciunt, quarum
principia funt empirica. Nam fi omnes fpatii affectiones
non nifi per experientiam a relationibus externis mutuatae
funt, axiomatibus Geometricis non ineft univerfalitas, nifi
comparativa, qualis acquiritur per inductionem, h. e. aeque late patens, ac obfervatur, neque neceffitas, nifi
fecundum ftabilitas naturae leges, neque praecifio, nifi ar-
bitrario conficta, et fpes eft, ut fit in empiricis, fpatium
aliquando detegendi aliis affectionibus primitivis praeditum,
et forte etiam bilineum, rectilineum.

E. Quanquam *conceptus fpatii*, ut obiectivi alicuius
et realis entis vel affectionis, fit imaginarius, nihilo tamen
fecius, *refpective ad fenfibilia quaecunque*, non folum eft
veriffimus, fed et omnis veritatis in fenfualitate externa fun-
damentum. Nam res non poffunt fub ulla fpecie fenfibus
apparere, nifi mediante vi animi, omnes fenfationes fecundum ftabilem et naturae fuae infitam legem coordinante.
Cum itaque nihil omnino fenfibus fit dabile, nifi primitivis
fpatii a   ibus eiusque confectariis (Geometria praeci-
piente) conformiter, quanquam horum principium non fit,
nifi

nifi fubiectivum, tamen neceffario hisce confentiet, quia extenus fibimet ipfi confentit, et leges fenfualitatis erant leges naturae, *quatenus in Jenfus cadere poteft.* Natura itaque Geometriae praeceptis ad amuffim fubiecta eft, quo-ad omnes affectiones fpatii ibi demonftratas, non ex hypothefi ficta; fed intuitive data, tanquam conditione fubiectiva omnium phaenomenorum, quibus unquam natura fenfibus patefieri poteft. Certe, nifi conceptus fpatii per mentis naturam originarie datus effet, (ita, ut, qui relationes quascunque alias, quam per ipfum praecipiuntur, mente effingere allaboraret; operam luderet, quia hoc ipfo conceptu in figmenti fui fubfidium uti coactus effet) geometriae in philofophia naturali ufus parum tutus foret; dubitari enim poffet: an ipfa notio haec, ab experientia depromta, fatis cum natura confentiat, negatis forfitan, a quibus abftractum erat determinationibus, cuius aliquibus etiam fufpicio in mentem incidit. *Spatium* itaque eft *principium formale Mundi fenfibilis* abfolute primum, non folum propterea: quod per illius conceptum obiecta univerfi poffint effe phaenomena, fed potiffimum hanc ob rationem, quod per effentiam non eft, nifi unicum, omnia omnino externe fenfibilia complectens, adeoque principium conftituit *Vniverfitatis* h. e. Totius, quod non poteft effe pars alterius.

Corollarium.

En itaque, *bina cognitionis fenfitivae principia,* non, quemadmodum eft in intellectualibus, conceptus generales, fed *intuitus fingulares, attamen puri;* in quibus, non ficut leges rationis praecipiunt, partes et potiffimum fimplices continent rationem poffibilitatis compofiti, fed, fecundum exemplar intuitus fenfitivi, *infixitum continet rationem partis* cuiusque cogitabilis, ac tandem fimplicis, f. potius *termini.* Nam, non nifi dato infinito tam fpatio quam tempore, tempus quodlibet definitum *limitando* eft affignabile, et tam punctum quam momentum per fe cogitari non poffunt,

possunt, sed non concipiuntur, nisi in dato iam spatio et
tempore, tamquam horum termini. Ergo omnes affectiones primitivae. horum conceptuum sunt extra cancellos rationis, ideoque nullo modo intellectualiter explicari possunt.
Nihilo tamen minus sunt *substrata intellectui*, e datis intuitive primis, secundum leges logicas, consectaria concluden-
tis, maxima qua fieri potest certitudine. Horum quidem
conceptuum *alter* proprie intuitum *obiecti*, alter *statum* concernit, inprimis *repraesentativum*. Ideo etiam spatium
temporis ipsius conceptui, ceu typus, adhibetur, repraes-
sentando hoc per *lineam* eiusque terminos (momenta) per
puncta. Tempus autem *universali* atque *rationali conceptui* magis *appropinquat*, complectendo omnia omnino suis
respectibus, nempe spatium ipsum et praeterea accidentia,
quae in relationibus spatii comprehensa non sunt, uti cogi-
tationes animi. Praeterea autem tempus. leges quidem ra-
tioni non dictitat, sed tamen praecipuas *constituit conditiones, quibus faventibus secundum rationis leges mens notiones
suas conferre possit;* sic, quid sit impossibile iudicare non
possum, nisi de eodem subiecto *eodem tempore* praedicans
A et non A. Et praesertim, si intellectum advertimus ad
experientiam, respectus causae et causati, in externis quidem obiectis indiget relationibus spatii, in omnibus autem,
tam externis, quam internis, nonnisi temporis respectu opitulante quid sit prius, quidnam posterius, s. caussa et cauf-
satum, edoceri mens potest. Et vel ipsius spatii *quantitatem* intelligibilem reddere non licet, nisi illud relatum ad mensuram tanquam unitatem, exponamus numero, qui ipse non
est, nisi multitudo numerando, h. e. in tempore dato successive unum uni addendo distincte cognita.

Tandem quasi sponte cuilibet oboritur quaestio, utrum
conceptus uterque sit *connatus*, an *acquisitus*. Posterius
quidem per demonstrata iam videtur refutatum, prius autem, quia viam sternit *philosophiae pigrorum*, ulteriorem
quemlibet indagationem per citationem caussae primae irri-
tam

tam declarantis, non ita temere admittendum eſt. Verum *conceptus uterque* procul dubio *acquiſitus eſt*, non a ſenſu quidem obieētorum (ſenſatio enim materiam dat, non formam cognitionis humanae) abſtraētus, ſed ab ipſa mentis aētione, ſecundum perpetuas leges ſenſa ſua coordinante, quaſi typus immutabilis, ideoque intuitive cognoſcendus. Senſationes enim excitant hunc mentis aētum, non influunt intuitum, neque aliud hic connatum eſt, niſi lex animi, ſecundum quam certa ratione ſenſa ſua e praeſentia obieēti coniungit:

SECTIO IV.
De principio formae Mundi intelligibilis.

§. 16.

Qui ſpatium et tempus pro reali aliquo et abſolute neceſſario omnium poſſibilium ſubſtantiarum et ſtatuum quaſi vinculo habent, haud quidquam aliud requiri putant ad concipiendum: quipote exiſtentibus pluribus quidam reſpeētus originarius competat, ceu influxuum poſſibilium conditio primitiva et formae eſſentialis univerſi principium. Nam quia quaecunque exiſtunt, ex ipſorum ſententia neceſſario ſunt alicubi, cur ſibi certa ratione praeſto ſint, inquirere ſupervacaneum ipſis videtur, „quoniam id ex ſpatii, omnia comprehendentis, univerſitate per ſe determinetur. Verum praeterquam, quod hic conceptus, uti iam demonſtratum eſt, ſubieēti potius leges ſenſitivas, quam ipſorum obieētorum conditiones attineat, ſi vel maxime illi realitatem largiaris, tamen non denotat, niſi intuitive datam coordinationis univerſalis poſſibilitatem, adeoque nihilo minus intaēta manet quaeſtio, non niſi intelleētui ſolubilis: *quonam principio ipſa haec relatio omnium ſubſtantiarum nitatur, quae intuitive ſpeētata vocatur ſpatium.* In hoc
itaque

itaque cardo vertitur quaeſtionis de *principio formae mundi intelligibilis*, ut pateat: quonam paſto poſſibile fit, *ut plures ſubſtantiae in mutuo ſint commercio*, et hac ratione pertineant ad idem totum, quod dicitur Mundus? · Mundum autem hic non contemplamur, quoad materiam, i. e. ſubſtantiarum, quibus conſtat, naturas, utrum ſint materiales, an immateriales, ſed quoad Formam, h. e. quipote generatim inter plures locum habeat Nexus, et inter omnes Totalitas? ·

§. 17.

Datis pluribus ſubſtantiis, *principium commercii* inter illas poſſibilis *non ſola ipſarum exiſtentia conſtat*, ſed aliud quid praeterea requiritur, ex quo relationes mutuae intelligantur. Nam propter ipſam ſubſiſtentiam non reſpiciunt aliud quicquam neceſſario, niſi forte ſui cauſſam, at cauſſati reſpeſtus ad cauſſam non eſt commercium, ſed dependentia. Igitur, ſi quoddam illis cum aliis commercium intercedat, ratione peculiari, hoc praeciſe determinante, opus eſt:

Et in hoc quidem conſiſtit *influxus phyſici πρωτον ψευδος*, ſecundum vulgarem ipſius ſenſum: quod commercium ſubſtantiarum et vires tranſeuntes per ſolam ipſarum exiſtentiam affatim cognoſcibiles temere ſumat, adeoque non tam ſit ſyſtema aliquod, quam potius omnis ſyſtematis philoſophici, tanquam in hoc argumento ſuperflui, negleſtus. A qua macula, ſi hunc conceptum liberamus, habemus commercii genus, quod unicum *reale* dici et a quo mundi *Totum reale*, non ideale aut imaginarium dici meretur.

§. 18.

Totum e ſubſtantiis neceſſariis eſt impoſſibile. Quoniam enim ſua cuique exiſtentia abunde conſtat, citra omnem ab alia quavis dependentiam, quae plane in neceſſaria non cadit, patet: non ſolum commercium ſubſtantiarum (h. e. dependentiam ſtatuum reciprocam) ex ipſarum exiſten-

tia

tia non confequi, fed ipfis tanquam neceffariis competere
omnino non poffe.

§. 19.

Totum itaque fubftantiarum eft totum contingentium
et *Mundus*, *per fuam effentiam*, *meris conftat contingenti-*
bus. Praeterea nulla fubftantia neceffaria eft in nexu cum
mundo, nifi ut cauffa cum cauffato, ideoque non ut pars
cum complementis fuis ad totum, (quia nexus compartium
eft mutuae dependentiae, quae in ens neceffarium non cadit). Cauffa itaque mundi eft ens extramundanum, adeoque non eft Anima Mundi, nec praefentia ipfius in mundo
eft localis, fed virtualis.

§. 20.

Subftantiae mundanae funt entia ab alio; fed non a
diverfis, fed *omnia ab Vno.* Fac enim illas effe cauffata
plurium entium neceffariorum; in commercio non effent
effectus, quorum cauffae ab omni relatione mutua funt
alienae. Ergo VNITAS in *coniunctione fubftantiarum uni-*
verfi eft confectarium dependentiae omnium ab Vno. Hinc
forma univerfi teftatur de cauffa materiae et, nonnifi *cauffa*
univerforum unica, eft couffa Vniverfitatis; neque eft mundi *Architectus*, qui non fit fimul *Creator.*

§. 21.

Si plures forent cauffae primae ac neceffariae cum fuis
cauffatis, eorum opificia effent *Mundi*, non *Mundus*, quia
nullo modo connecterentur ad idem Totum, et vice verfa: fi
fint plures Mundi extra fe actuales, dantur plures cauffae
primae ac neceffariae, ita tamen, ut nec Mundus unus cum
altero, nec cauffa unius cum mundo cauffato alterius in ullo fint commercio.

Plures itaque Mundi extra fe actuales *non per ipfum*
fui conceptum funt impoffibiles, (uti Wolffius per notionem
complexus f. multitudinis, quam ad totum, qua tale, fuf-
ficere

ficere putavit, perperam conclusit) sed sub sola hac conditione *si unica tantum existat caussa omnium necessaria.* Si vero admittantur plures, *erunt plures mundi,* in sensu strictissimo metaphysico, *extra se possibiles.*

§. 22.

Si, quemadmodum a dato mundo ad caussam omnium ipsius partium unicam valet consequentia, ita etiam vice versa a data caussa communi omnibus ad nexum horum inter se, adeoque ad formam Mundi, similiter procederet argumentatio, (quanquam fateor hanc conclusionem mihi non aeque perspicuam videri) nexus substantiarum primitivus non foret contingens, sed, per *sustentationem* omnium *a principio communi,* necessarius, adeoque harmonia proficiscens, ab ipsa earum subsistentia, fundata in caussa communi, procederet secundum regulas communes. *Harmoniam* autem talem voco *generaliter stabilitam,* cum illa, quae locum non habet, nisi quatenus status quilibet substantiae individuales adaptantur statui alterius, sit *harmonia singulariter stabilita* et commercium e priori harmonia sit reale et *physicum,* e posteriori autem ideale et *sympatheticum.* Commercium itaque omne substantiarum universi est *externe stabilitum,* (per caussam omnium communem), et vel generaliter stabilitum, per influxum physicum, (emendatiorem v. §. 17.) vel individualiter ipsarum statibus conciliatum, posterius autem, vel per primam cuiusvis substantiae constitutionem *originarie* fundatum, vel, *occasione* cuiuslibet mutationis impressum, quorum illud *Harmonia praestabilita* hoc *Occasionalismus* audit. Si itaque per sustentationem omnium substantiarum ab uno, *necessaria* esset *coniunctio* omnium, qua constituunt Vnum, commercium substantiarum universale erit per *Influxum physicum,* et Mundus totum reale; sin minus, commercium erit sympatheticum (h. e. harmonia absque vero commercio) et Mundus non nisi totum ideale. Mihi quidem, quanquam non

demon-

demonftratum, tamen abunde etiam aliis ex rationibus pro-
batum eft prius.

Scholion.

Si pedem aliquantulum ultra terminos certitudinis
apodicticae, quae Metaphyficam decet, promovere fas effet,
operae pretium videtur: quaedam, quae pertinent ad intuitus fenfitivi non folum leges, fed etiam cauffas, per *intellectum* tantum cognofcendas indagare. Nempe mens humana non afficitur ab externis, mundusque ipfius afpectui non
patet in infinitum, nifi *quatenus ipfa cum omnibus aliis fu-
ftentatur ab eadem Vi infinita Vnius*. Hinc non fentit externa, nifi per praefentiam eiusdem cauffae fuftentatricis
communis, ideoque fpatium, quod eft conditio univerfalis
et neceffaria compraefentiae omnium fenfitive cognita, dici
poteft Omnipraesentia phaenomenon. (Cauffa enim univerfi non eft omnibus atque fingulis propterea praefens,
quia eft in ipforum locis, fed funt loca, h. e. relationes
fubftantiarum poffibiles, quia omnibus intime praefens eft.)
Porro, quoniam poffibilitas mutationum et fucceffionum
omnium, cuius principium, quatenus fenfitive cognofcitur,
refidet in conceptu Temporis, fupponit perdurabilitatem
fubiecti, cuius ftatus oppofiti fuccedunt, id autem, cuius
ftatus fluunt, non durat, nifi fuftentetur ab alio: conceptus temporis tanquam unici infiniti et immutabilis *), in
quo funt et durant omnia, eft *cauffae* generalis *aeternitas,
phaenomenon*. Verum confultius videtur, littus legere cognitionum per intellectus noftri mediocritatem nobis concef-
farum, quam in altum indagationum eiusmodi myfticarum
provehi, quemadmodum fecit Mallebranchius, cuius fententia

*) Temporis momenta non fibi videntur fuccedere, quia hoc
pacto aliud adhuc tempus ad momentorum fucceffionem prae-
mittendum effet; fed per intuitum fenfitivum actualia quafi
per feriem continuam momentorum defcendere videntur.

tentia ab ea, quae hic exponitur, proxime abeft: *nempe nos omnia intueri in Deo.*

SECTIO V.

De Methodo circa sensitiva et intellectualia in Metaphysicis.

§. 23.

In omnibus scientiis, quarum principia intuitive dantur, vel per intuitum sensualem, (experientiam), vel per intuitum sensitivum quidem, at purum (conceptus spatii temporis et numeri) h. e. in scientia naturali et mathesi, *usus dat Methodum* et tentando atque inveniendo, poltquam scientia ad amplitudinem aliquam et concinnitatem provecta est, elucescit: qua via atque ratione incedendum sit, ut fiat confummata et abstersis maculis, tam errorum quam confufarum cogitationum, purior nitescat; perinde ac Grammatica, post usum uberiorem sermonis, stilus post poëmatum aut orationum elegantia exempla, regulis et disciplinae ansam praebuerunt. *Usus* autem *intellectus* in talibus scientiis, quarum tam conceptus primitivi, quam axiomata sensitivo intuitu dantur, non est nisi *logicus* h. e. per quem tantum cognitiones sibi invicem subordinamus quoad universalitatem conformiter principio contradictionis, phaenomena phaenomenis generalioribus, consectaria intuitus puri axiomatibus intuitivis. Verum in Philosophia pura, qualis est Metaphysica, in qua *usus intellectus* circa principia est *realis* h. e. conceptus rerum et relationum primitivi atque ipsa axiomata per ipsum intellectum purum primitive dantur, et, quoniam non sunt intuitus, ab erroribus non sunt immunia, *Methodus antevertit omnem scientiam* et quidquid tentatur ante huius praecepta, probe excussa et firmiter stabilita, temere conceptum et inter vana mentis ludibria

reiici-

reiiciendum videtur. Nam, cum rectus rationis ufus hic
ipfa principia conftituat, et tam obiecta, quam, quae de ipfis
cogitanda funt, axiomata, per ipfius indolem folam primo
innotefcant, expofitio legum rationis purae eft ipfa fcientiae genefis, et earum a legibus fuppofiticiis diftinctio criterium veritatis. Hinc, quoniam methodus huius fcientiae hoc tempore celebrata non fit, nifi qualem Logica omnibus fcientiis generaliter praecipit, illa autem, quae fingulari Metaphyficae ingenio fit accommodata, plane igno-
retur, mirum non eft quod huius indaginis ftudiofi faxum
fuum Sifypheum volvendo in aevum vix aliquid adhucdum
profeciffe videantur. Quanquam autem mihi hic nec ani-
mus eft nec copia, fufius de tam infigni et latiffime patenti
argumento differendi, tamen, quae partem huius methodi
haud contemnendam conftituunt, nempe *fenfitivae cognitio-*
nis cum intellectuali contagium, non quatenus folum incau-
tis obrepit in applicatione principiorum, fed ipfa principia fpuria fub fpecie axiomatum effingit, brevibus iam
adumbrabo.

§. 24.

Omnis Metaphyficae circa fenfitiva atque intellectualia methodus ad hoc potiffimum praeceptum redit: follicite
cavendum effe, *ne principia fenfitivae cognitionis domefti-*
ca terminos fuos migrent ac intellectualia afficiant. Nam
quia *praedicatum* in quolibet iudicio intellectualiter enuncia-
to, *eft conditio*, absque qua fubiectum cogitabile non effe
afferitur, adeoque praedicatum fit cognofcendi principium;
fi eft conceptus fenfitivus, non erit nifi conditio fenfitivae
cognitionis poffibilis, adeoque apprime quadrabit in fubiectum iudicii, cuius conceptus itidem eft fenfitivus. At fi
admoveatur conceptui intellectuali, iudicium tale non nifi
fecundum leges fubiectivas erit validum, hinc de notione
intellectuali ipfa non praedicandum et obiective efferendum,
fed *tantum ut conditio, absque qua fenfitivae cognitioni*

C   *concep-*

conceptus dati locus non est. *) Quoniam autem praeftigiae intellectus, per fubornationem conceptus fenfitivi, tanquam notae intellectualis, dici poteft (fecundum analogiam
fignificatus recepti) *vitium fubreptionis*, erit permutatio intellectualium et fenfitivorum *vitium fubreptionis Metaphy-
ficum*, (*phaenomenon intellectuatum*, fi barbarae voci ve-
nia eft) adeoque axioma tale *hybridum*, quod fenfitiva pro
neceffario adhaerentibus conceptui intellectuali venditat,
mihi vocatur *axioma fubrepticium*. Et ex hisce quidem axiomatibus fpuriis prodierunt principia fallendi intellectus per
omnem Metaphyficam peffime graffata. Vt autem habeamus, quod in promptu fit et luculenter cognofcibile, horum iudiciorum criterium et veluti Lydium lapidem, quo
illa dignofcamus a genuinis, fimulque, fi forfan firmiter
adhaerere intellectui videantur, artem quandam docimafti-
cam, cuius ope, quantum pertineat ad fenfitiva quantum
ad intellectualia, aequa fieri poffit aeftimatio, altius in
hanc quaeftionem defcendendum effe puto.

§. 25.

*) Foecundus et facilis eft huius criterii ufus in dignofcendis
principiis, quae tantum leges cognitionis fenfitivae enunciant,
ab iis, quae praeterea aliquid circa obiecta ipfa praecipiunt.
Nam fi praedicatum fit conceptus intellectualis, refpectus ad
fubiectum iudicii, quantumvis fenfitive cogitatum, denotat
femper notam obiecto ipfo competentem, At *fi praedicatum fit
conceptus fenfitivus*, quoniam leges cognitionis fenfitivae non
funt conditiones poffibilitatis rerum ipfarum, de *fubiecto iudicii intellectualiter cogitato* non valebit, adeoque obiective enunciari non poterit. Sic in vulgari illo axiomate; *quicquid exiftit
eft alicubi*, cum praedicatum contineat conditiones cognitionis fenfitivae, non poterit de fubiecto iudicii, nempe *exiftenti
quolibet* generaliter enunciari; adeoque formula haec obiective praecipiens falfa eft. Verum fi convertatur propofitio, ita
ut praedicatum fiat conceptus intellectualis, emerget veriffima, uti: quicquid eft alicubi, exiftit.

§. 25.

En igitur Principivm Redvctionis axiomatis cuiuslibet fubrepticii: *Si de conceptu quocunque intellectuali generaliter quicquam praedicatur, quod pertinet ad respectus
Spatii atqve Temporis: obiective non est enuncianda et
non denotat nisi conditionem, fine qua conceptus datus sen-
fitive cognofcibilis non est.* Quod eiusmodi axioma fit fpu-
rium, et fi non falfum faltim temere et precario affertum,
inde liquet: quia, cum fubiectum iudicii, intellectualiter
concipitur, pertinet ad obiectum, praedicatum autem, cum
determinationes fpatii ac temporis contineat, pertinet tantum ad conditiones fenfitivae cognitionis humanae, quae,
quia non cuilibet cognitioni eiusdem obiecti neceffario ad-
haeret; de dato conceptu intellectuali univerfaliter enuntia-
ri non poteft. Quod autem intellectus huic fubreptionis vi-
tio tam facile fubiiciatur; inde eft: quia fub patrocinio
alius cuiusdam regulae veriffimae deluditur. Recte enim
fupponimus: *quicquid ullo plane intuitu cognofci non poteft prorfus non effe cogitabile,* adeoque impoffibile. Quoniam autem alium intuitum, praeter eum, qui fit fecundum formam fpatii ac temporis, nullo mentis conatu ne
fingendo quidem affequi poffumus, accidit: ut omnem omnino intuitum, qui hisce legibus adftrictus non eft, pro
impoffibili habeamus, (intuitum purum intellectualem et legibus fenfuum exemtum, qualis eft divinus, quem Plato
vocat Ideam, praetereuntes) ideoque omnia poffibilia axiomatibus fenfitivis fpatii ac temporis fubiiciamus.

§. 26.

Omnes autem fenfitivarum cognitionum fub fpecie intellectualium praeftigiae, e quibus oriuntur axiomata fub-
repticia ad tres fpecies revocari poffunt, quarum formulas
generales has habeto:

C 2   I. Es-

1. Eadem conditio senfitiva, fub qua fola *Intuitus* Obiecti eft poffibilis, eft conditio ipfius *poffibilitatis Obiecti.*

2. Eadem conditio senfitiva, fub qua fola *Data fibi conferri poffunt ad formandum conceptum obiecti intellectualem*, eft etiam conditio ipfius poffibilitatis obiecti.

3. Eadem conditio senfitiva, fub qua *subfumtio obiecti alicuius obvii fub dato conceptu intellectuali* folum poffibilis eft, eft etiam conditio poffibilitatis ipfius obiecti.

§. 27.

Axioma fubrepticium PRIMAE claffis eft: *Quicquid eft, eft alicubi et aliquando.* *) Hoc vero principio fpurio omnia entia, etiamfi intellectualiter cognofcantur, conditionibus fpatii atque temporis in exiftendo adftringuntur. Hinc de fubftantiarum immaterialium, (quarum tamen eandem ob cauffam nullus datur intuitus fenfitivus, nec fub tali forma repraefentatio) locis in univerfo corporeo, de fede Animae, et id genus aliis quaeftiones iactant inanes, et cum fenfitiva intellectualibus, ceu quadrata rotundis, improbe milceantur, plerumque accidit ut difceptantium, alter hircum mulgere, alter cribrum fupponere videatur. Eft autem

*) Spatium et tempus concipiuntur, quafi omnia fenfibus ulla ratione obvia *in fe* comprehendant. Ideo non datur fecundum leges mentis humanae ullius entis intuitus, nifi ut *in fpatio ac tempore* contenti: Comparari huic praeiudicio poteft aliud, quod proprie non eft axioma fubrepticium, fed ludibrium phantafiae, quod ita exponi poffet generali formula: Quicquid exiftit, *in illo eft fpatium et tempus* h. e. omnis fubftantia eft *extenfa* et continuo *mutata.* Quanquam enim, quorum conceptus funt craffiores, hac imaginandi lege firmiter adftringuntur, tamen facile ipfi perfpiciunt: hoc pertinere tantum ad conatus phantafiae rerum fibi fpecies adumbrandi, non ad conditiones exiftendi.

autem immaterialium in Mundo corporeo praefentia virtualis, non localis; (quanquam ita improprie vocitetur,) fpatium autem non continet conditiones poffibilium actionum
mutuarum, nifi materiae; quidnam vero immaterialibus
fubftantiis relationes externas virium tam inter fe quam erga
corpora conftituat intellectum humanum plane fugit, uti
vel perfpicaciffimus Eulerus, cetera phaenomenorum mag-
nus indigator et arbiter (in litteris ad principem quendam
germaniae miffis) argute notavit: Cum autem ad entis fum-
mi et extramundani conceptum pervenerint, dici non poteft, quantum hisce obvolitantibus intellectui umbris ludifi-
centur. *Praefentiam* Dei fibi fingunt *localem*, Deumque
mundo involvunt, tanquam infinito fpatio fimul compre-
henfum, hanc ipfi limitationem compenfaturi, videlicet,
localitate quafi per *eminentiam* concepta, h. e. infinita. At
in pluribus locis fimul effe, abfolute impoffibile eft, quia
loca diverfa funt extra fe invicem, ideoque quod eft in pluribus locis, eft extra femet ipfum, fibique ipfi externe
praefens, quod implicat. Quod autem tempus attinet, poft-
quam illud non folum legibus cognitionis fenfitivae exeme-
runt, fed ultra mundi terminos ad ipfum ens extramundanum, tanquam cognitionem exiftentiae ipfius, transtule-
runt, inextricabili labyrintho fefe involvunt. Hinc abfo-
nis quaeftionibus ingenia excruciant; v. g. cur Deus mundum non multis retro feculis reddiderit. Facile quidem
concipi poffe fibi perfuadent, quipote Deus praefentia; h.
e. actualia *temporis in quo eft* cernat, at quomodo futura,
h. e. actualia *temporis in quo nondum eft* profpiciat, diffi-
cile intellectu putant. (Quafi exiftentia entis neceffarii per
omnia temporis imaginarii momenta fucceffive defcendat et
parte durationis fuae iam exhaufta, quam adhuc victurus
fit aeternitatem una cum fimultaneis mundi eventibus profpiciat.) Quae omnia notione temporis probe perfpecta fu-
mi inftar evanefcunt.

1. Eadem conditio fenfitiva, fub qua fola *Intuitus* Obiecti eft poffibilis, eft conditio ipfius *poffibilitatis
Obiecti.*

2. Eadem conditio fenfitiva, fub qua fola *Data fibi
conferri poffunt ad formandum conceptum obiecti intellectualem*, eft etiam conditio ipfius poffibilitatis
obiecti.

3. Eadem conditio fenfitiva, fub qua *fubfumtio obiecti
alicuius obvii fub dato conceptu intellectuali* folum
poffibilis eft, eft etiam conditio poffibilitatis ipfius
obiecti.

§. 27.

Axioma fubrepticium Primae claffis eft: *Quicquid eft,
eft alicubi et aliquando.* *) Hoc vero principio fpurio omnia entia, etiamfi intellectualiter cognofcantur, conditionibus fpatii atque temporis in exiftendo adftringuntur.
Hinc de fubftantiarum immaterialium, (quarum tamen eandem ob cauffam nullus datur intuitus fenfitivus, nec fub
tali forma repraefentatio) locis in univerfo corporeo, de
fede Animae, et id genus aliis quaeftiones iactant inanes,
et cum fenfitiva intellectualibus, ceu quadrata rotundis, improbe mifceantur, plerumque accidit ut difceptantium, alter hircum mulgere, alter cribrum fupponere videatur. Eft
autem

*) Spatium et tempus concipiuntur, quafi omnia fenfibus ulla
ratione obvia *in fe* comprehendant. Ideo non datur fecundum
leges mentis humanae ullius entis intuitus, nifi ut *in fpatio ac
tempore* contenti: Comparari huic praeiudicio poteft aliud, quod
proprie non eft axioma fubrepticium, fed ludibrium phantafiae, quod ita exponi poffet generali formula: Quicquid exiftit, *in illo eft fpatium et tempus* h. e. omnis fubftantia eft
extenfa et continuo *mutata*. Quanquam enim, quorum conceptus funt craffiores, hac imaginandi lege firmiter adftringuntur, tamen facile ipfi perfpiciunt: hoc pertinere tantum
ad conatus phantafiae rerum fibi fpecies adumbrandi, non ad
conditiones exiftendi.

autem immaterialium in Mundo corporeo praefentia virtualis, non localis; (quanquam ita improprie vocitetur,) fpatium autem non continet conditiones poffibilium actionum
mutuarum, nifi materiae; quidnam vero immaterialibus
fubftantiis relationes externas virium tam inter fe quam erga
corpora conftituat intellectum humanum plane fugit, uti
vel perfpicaciffimus Eulerus, cetera phaenomenorum mag-
nus indigator et arbiter (in litteris ad principem quendam
germaniae miffis) argute notavit: Cum autem ad entis fum-
mi et extramundani conceptum pervenerint, dici non poteft, quantum hisce obvolitantibus intellectui umbris ludifi-
centur. *Praefentiam* Dei fibi fingunt *localem*, Deumque
mundo involvunt, tanquam infinito fpatio fimul compre-
henfum, hanc ipfi limitationem compenfaturi, videlicet,
localitate quafi per *eminentiam* concepta, h. e. infinita. At
in pluribus locis fimul effe, abfolute impoffibile eft, quia
loca diverfa funt extra fe invicem, ideoque quod eft in pluribus locis, eft extra femet ipfum, fibique ipfi externe
praefens, quod implicat. Quod autem tempus attinet, poft-
quam illud non folum legibus cognitionis fenfitivae exeme-
runt, fed ultra mundi terminos ad ipfum ens extramundanum, tanquam cognitionem exiftentiae ipfius, transtule-
runt, inextricabili labyrintho fefe involvunt. Hinc abfo-
nis quaeftionibus ingenia excruciant; v. g. cur Deus mundum non multis retro feculis reddiderit. Facile quidem
concipi poffe fibi perfuadent, quipote Deus praefentia, h.
e. actualia *temporis in quo eft* cernat, at quomodo futura,
h. e. actualia *temporis in quo nondum eft* profpiciat, diffi-
cile intellectu putant. (Quafi exiftentia entis neceffarii per
omnia temporis imaginarii momenta fucceffive defcendat et
parte durationis fuae iam exhaufta, quam adhuc victurus
fit aeternitatem una cum fimultaneis mundi eventibus profpiciat.) Quae omnia notione temporis probe perfpecta fu-
mi inftar evanefcunt.

§. 18.

Secvndae speciei praeiudicia, cum intellectui imponant per conditiones sensitivas, quibus mens adstringitur, si in quibusdam casibus ad intellectualem pertingere vult, adhuc magis se abscondunt. Horum unum est quod quantitatis, alterum quod qualitatum generaliter afficit cognitionem. Prius est: *Omnis multitudo actualis est dabilis numero* ideoque omne quantum finitum, posterius: *quicquid est impossibile sibi contradicit.* In utroque conceptus temporis quidem non ingreditur notionem ipsam praedicati, neque censetur nota esse subiecti, attamen ut medium inservit conceptui praedicati informando, adeoque ceu conditio afficit conceptum intellectualem subiecti, quatenus non nisi ipsius subsidio ad hunc pertingimus.

Quod itaque attinet *prius;* cùm omne quantum atque series quaelibet non cognoscatur distincte, nisi per coordinationem successivam, conceptus intellectualis quanti et multitudinis, opitulante tantum hoc conceptu temporis oritur et nunquam pertingit ad completudinem, nisi synthesis absolvi possit tempore finito. Inde est: quod *infinita series* coordinatorum secundum intellectus nostri limites distincte comprehendi non possit, adeoque per vitium subreptionis videatur impossibilis. Nempe secundum leges intellectus puri, quaelibet series caussatorum habet sui *principium,* h. e. non datur regressus in serie caussatorum absque termino, secundum leges autem sensitivas quaelibet series coordinatorum habet sui *initium* assignabile, quae propositiones, quarum posterior *mensurabilitatem* seriei, prior *dependentiam* totius involvit, perperam habentur pro identicis. Pari modo *argumento intellectus,* quo probatur: quod dato composito substantiali dentur compositionis principia, h. e. simplicia, se adiungit *supposititium* aliquod, a sensitiva cognitione subornatum, quod nempe in tali composito regressus in partium compositione non detur in infinitum,

h. e.

h. e. quod definitus detur in quolibet compofito partium
numerus, cuius certe fenfus priori non eft geminus, adeoque temere illi fubftituitur. Quod itaque quantum mundanum fit limitatum, (non maximum,) quod agnofcat fui
principium, quod corpora conftent fimplicibus, fub rationis figno utique certo cognofci poteft. Quod autem univer-
fum, quoad molem fit mathematice finitum, quod aetas
ipfius transacta fit ad menfuram dabilis, quod fimplicium,
quodlibet corpus conftituentium, fit definitus numerus,
funt propofitiones, quae aperte ortum fuum e natura cognitionis fenfitivae loquuntur, et, utcunque ceteroquin ha-
beri poffint pro veris, tamen macula haud dubita originis
fuae laborant.

Quod autem *pofterius* concernit *axioma fubrepticium*,
oritur temere convertendo contradictionis principium. Ad-
haeret autem huic primitivo iudicio conceptus temporis eatenus, quod datis *eodem tempore* contradictorie oppofitis
in eodem, liqueat impoffibilitas, quod ita enunciatur:
Quicquid fimul eft ac non eft, eft impoffibile. Hic, quum
per intellectum aliquid praedicetur in cafu, qui fecundum
leges fenfitivas datus eft, iudicium apprime verum eft et
evidentiffimum. Contra ea, fi convertas idem axioma ita
ut dicas; *omne impoffibile fimul eft ac non eft,* f. involvit
contradictionem, per fenfitivam cognitionem generaliter aliquid praedicor de obiecto Rationis, ideoque conceptum intellectualem de poffibili aut impoffibili fubiicis conditionibus
cognitionis fenfitivae, nempe refpectibus temporis, quod quidem de legibus, quibus adftringitur et limitatur intellectus
humanus, veriffimum eft, obiective autem, et generaliter
nullo modo concedi poteft. Nempe nofter quidem intellectus *impoffibilitatem non animadvertit,* nifi ubi notare
poteft fimultaneam oppofitorum de eodem enunciationem,
h. e. tantummodo ubi occurrit contradictio. Vbicunque
igitur talis conditio non obvenit, ibi nullum intellectui hu-

mano

mano de impoſſibilitate iudicium vacat; Quod autem ideo nulli plane intellectui liceat, adeoque, *quicquid non involvit contradictionem ideo ſit poſſibile*; temere concluditur, ſubiectivas iudicandi conditiones pro obiectivis habendo. Hinc tot vana commenta *virium* neſcio parum pro lubitu confictarum, quae absque obſtaculo repugnantiae e quolibet ingenio architectonico, ſeu ſi mavis, ad chimaeras proclivi turbatim prorumpunt. Nam, cum *Vis* non aliud ſit, quam *reſpectus* ſubſtantiae A ad *aliud quiddam* B (accidens,) tanquam rationis ad rationatum: vis cuiusque poſſibilitas *non niſitur identitate* cauſſae et cauſſati, ſ. ſubſtantiae et accidentis, ideoque etiam impoſſibilitas virium falſo confictarum *non pendet a ſola contradictione.* Nullam igitur *vim originariam* ut poſſibilem ſumere licet, niſi *datam ab experientia,* neque ulla intellectus perſpicacia eius poſſibilitas a priori concipi poteſt.

§. 29.

Tertiae ſpeciei axiomata ſubrepticia e conditionibus *ſubiecto* propriis, a quibus in *obiecta* temere transferuntur, non ita pullulant, ut (quemadmodum fit in iis, quae ſunt claſſis ſecundae) ad conceptum intellectualem, *per ſenſitive data* ſola pateat via, ſed quia his tantum auxiliantibus ad *datum* per experientiam *caſum applicari* h. e. cognoſci poteſt, utrum aliquid ſub certo conceptu intellectuali, contineatur, nec ne. Eiusmodi eſt, tritum illud in quibusdam ſcholis: *Quicquid exiſtit contingenter, aliquando non exiſtit.* Oritur hoc principium ſuppoſiticium e penuria intellectus, contingentiae aut neceſſitatis notas *nominales* plerumque; *reales* raro perſpicientis. Hinc utrum oppoſitum

alicu-

alicuius fubftantiae poffibile fit, quum per notas a priori
depromtas vix perfpiciatur, aliunde non cognofcetur, quam
fi eam aliquando non fuiffe conftet; et mutationes verius
teftantur contingentiam quam contingentia mutabilitatem,
ita ut fi nihil in mundo obveniret fluxum et tranfitorium,
vix aliqua nobis notio contingentiae oboriretur. Ideoque
propofitio directa cum fit veriffima; *quicquid aliquando non
fuit eft contingens*, inverfa ipfius non indigitat, nifi conditiones; fub quibus folis, utrum aliquid exiftat neceffario;
an contingenter, dignofcere licet; ideoque fi ceu lex fubiectiva, (qualis revera eft,) enuncietur, ita efferri debet:
*de quo non conftat, quod aliquando non fuerit, illius con-
tingentiae notae fufficientes per communem intelligentiam
non dantur*; quod tandem tacité abit in conditionem obiectivam; quafi absque hoc annexo, contingentiae plane locus non fit; Quo facto exfurgit axioma adulterinum et er-
roneum. Nam mundus hic, quanquam contingenter exi-
ftens, *eft fempiternus*, h. e. omni tempore fimultaneus, ut
ideo tempus aliquod fuiffe, quo non exftiterit, perperam
afferatur.

§. 30.

Accedunt principiis fubrepticiis magna affinitate alia
quaedam, quae quidem conceptui dato intellectuali nullam fenfitivae cognitionis maculam affricant, fed quibus tamen intellectus ita luditur, ut ipfa habeat pro argumentis ab obiecto depromtis, cum tantummodo per convenientiam, cum
libero et amplo intellectus ufu, pro ipfius fingulari natura
nobis commendentur. Ideoque, aeque ac ea quae fuperius
a nobis enumerata funt, nituntur rationibus *fubiectivis*, ve-

rum non legibus fenfitivae cognitionis, fed ipfius intellectualis, nempe conditionibus, quibus ipfi facile videtur et
promtum perfpicacia fua utendi. Liceat mihi horum principiorum, quantum equidem fcio, nondum alibi diftincte
expofitorum, hic coronidis loco mentionem aliquam inii-
cere. Voco autem *principia Convenientiae*, regulas illas
iudicandi, quibus libenter nos fubmittimus, et quafi axiomatibus inhaeremus, hanc folum ob rationem, quia, *fi ab
iis discefferimus, intellectui noftro nullum fere de obiecto
dato iudicium liceret*. In horum cenfum veniunt fequen-
tia. PRIMVM, quo fumimus, *omnia in univerfo fieri fecundum ordinem naturae*; quod quidem principium Epicurus absque ulla reftrictione, omnes autem philofophi, cum
rariffima et non fine fumma neceffitate admittenda exceptio-
ne, uno ore profitentur. Ita autem ftatuimus, non propterea, quod eventuum mundanorum fecundum leges naturae communes tam amplam poffideamus cognitionem, aut
fupernaturalium nobis pateret vel impoffibilitas, vel mini-
ma poffibilitas hypothetica, fed quia, fi ab ordine naturae
discefferis, intellectui nullus plane ufus effet, et temeraria
citatio fupernaturalium eft pulvinar intellectus pigri. Eandem ob rationem *miracula comparativa*, influxus nempe
fpirituum follicite arcemus ab expofitione phaenomenorum,
quia cum eorum natura nobis incognita fit, intellectus magno fuo detrimento a luce experientiae, per quam folam
legum iudicandi fibi comparandarum ipfi copia eft, ad um-
bras incognitarum nobis fpecierum et cauffarum averteretur.
SECVNDVM eft *favor* ille *Vnitatis*, philofophico ingenio pro-
prius, a quo pervulgatus ifte canon profluxit: *principia non
effe multiplicanda praeter fummam neceffitatem*; cui fuffra-
gamur,

gamur, non ideo, quia cauffalem in mundo unitatem, vel
ratione vel experientia, perfpiciamus, fed illam ipfam in-
dagamus impulfu intellectus, qui tantundem fibi in explicatione phaenomenorum profeciffe videtur, quantum ab
eodem principio ad plurima rationata defcendere ipfi conce-
ceffum eft. Tertivm eius generis principiorum eft: *nibil
omnino Materiae oriri, aut interire*, omnesque mundi viciffitudines folam concernere formam; quod poftulatum,
fuadente intellectu communi omnes philofophorum fcholas
pervagatum eft, non quod illud pro comperto, aut per ar-
gumenta a priori demonftrato habitum fit, fed quia, fi materiam ipfam fluxam et tranfitoriam admiferis, nihil plane
ftabile et perdurabile reliqui fieret, quod explicationi phaenomenorum fecundum leges univerfales et perpetuas adeoque ufui intellectus amplius inferviret.

Et haec quidem de Methodo, potiffimum circa difcri-
men fenfitivae atque intellectualis cognitionis, quae fi aliquando curatiori indagatione ad amuffim redacta fuerit,
fcientiae propedeuticae loco erit, omnibus in ipfos Metaphyficae receffus penetraturis immenfum quantum pro-
futurae.

N o t a. Quoniam in extrema hac fectione indagatio Methodi
omnem facit paginam, et regulae praecipientes veram circa
fenfitiva argumentandi formam propria luce fplendeant, nec
eam ab exemplis illuftrationis cauffa allatis mutuentur, horum tantummodo quafi in transcurfu mentionem inieci. Quare mirum non eft, nonnulla ibi audacius quam verius pleris-
que afferta vifum iri, quae utique, cum aliquando licebit effe
prolixiori maius argumentorum robur fibi expofcent. Sic
quae §. 27. de Immaterialium localitate attuli explicatione in-
digent, quam, fi placet, quaeras apud Eulerum l. c. Tom.
2. p. 49.-52. Anima enim non propterea, cum corpore eft
in

in commercio, quia in certo ipfius loco detinetur, fed tribuitur ipfi lecus in univerfo determinatus ideo, quia cum corpore quodam eft in mutuo commercio, quo foluto omnis ipfius in fpatio pofitus tollitur. *Localitas* itaque illius eft *deri-
vativa* et contingenter ipfi conciliata, *non primitiva* atque exiftentiae ipfius adhaerens conditio neceffaria, propterea quod
quaecunque per fe fenfuum externorum (quales funt homini)
obieĉta effe non poffunt i. e. *immaterialis* a conditione univer-
fali *externe fenfibilium* nempe fpatio plane eximuntur. Hinc
animae localitas abfoluta et immediata denegari et tamen hypothetica et mediata tribui poteft.

𝔊efĉhiĉh=

Geschichte

und

Naturbeschreibung

der merkwürdigsten Vorfälle

des

Erdbebens

welches

an dem Ende des 1755sten Jahres

einen großen Theil der Erde

erschüttert hat.

M. Immanuel Kant.

Königsberg 1756.

in Quatt.

Digitized by Google

Die Natur hat nicht vergeblich einen Schatz von Seltenheiten überall zur Betrachtung und Bewunderung ausgebreitet. Der Mensch, welchem die Haushaltung des Erdbodens anvertraut ist, besitzt Fähigkeit, er besitzt auch Lust, sie kennen zu lernen, und preiset den Schöpfer durch seine Einsichten. Selbst die fürchterlichen Werkzeuge der Heimsuchung des menschlichen Geschlechts, die Erschütterungen der Länder, die Wuth des in seinem Grunde bewegten Meers, die feuerspeyenden Berge fordern den Menschen zur Betrachtung auf, und sind nicht weniger von Gott als eine richtige Folge aus beständigen Gesetzen in die Natur gepflanzt, als andre schon gewohnte Ursachen der Ungemächlichkeit,*) die man nur darum für natürlicher hält, weil man mit ihnen mehr bekannt ist.

Die Betrachtung solcher schrecklichen Zufälle ist lehrreich. Sie demüthigt den Menschen dadurch, daß sie ihn sehen läßt: er habe kein Recht; oder zum wenigsten: er habe es verlohren, von den Naturgesetzen, die Gott angeordnet hat, lauter bequemliche Folgen zu erwarten, und er lernt vielleicht auch auf diese Weise einsehen: daß dieser Tummelplatz seiner Begierden billig nicht das Ziel aller seiner Absichten enthalten sollte.

Vorbe-

*) Unbehaglicher Erfolge.

Vorbereitung.

Von der Beschaffenheit des Erdbodens in seinem inwendigen.

Wir kennen die Oberfläche des Erdbodens, wenn es auf die Weitläuftigkeit ankommt, *) ziemlich vollständig. Allein wir haben noch eine Welt unter unsern Füßen, mit der wir zur Zeit nur sehr wenig bekannt sind. Die Bergspalten, welche unserm Senkbley unergründliche Klüfte eröffnen, die Hölen, die wir in dem innern der Berge antreffen, die tiefsten Schachte der Bergwerke, die wir Jahrhunderte hindurch erweitern, sind bey weitem nicht zureichend, uns von dem inwendigen Bau des großen Klumpens, den wir bewohnen, deutliche Kenntnisse zu verschaffen.

Die größte Tiefe, zu welcher Menschen von der obersten Fläche des festen Landes hinabgekommen sind, beträgt noch nicht 500 Klafter; d. i. noch nicht den sechstausendsten Theil von der Entfernung bis zum Mittelpunkte der Erde, und gleichwohl befinden sich diese Grüfte **) noch in den Gebirgen, und selbst alles feste Land ist ein Berg, in welchem, um nur zu gleicher Tiefe, als der Meeresgrund liegt, zu gelangen, man wenigstens dreymal tiefer hinab kommen müßte.

Was aber die Natur unserm Auge und unsern unmittelbaren Versuchen verbirgt, das entdeckt sie selber durch ihre Wirkungen. Die Erdbeben haben uns geoffenbaret, daß die Oberfläche der Erde voller Wölbungen und Hölen sey, und daß unter unsern Füßen verborgene Minen mit mannigfaltigen Irrgängen allenthalben fortlaufen. Der Verfolg in der Geschichte des Erdbebens wird dieses außer Zweifel setzen. Diese Hölen haben wir eben derselben Ursache zuzuschrei-

*) Ausdehnung der Kenntnisse, im Gegensatz gegen Genauigkeit; Extension gegen Intension.)

**) Klüfte.

schreiben, welche den Meeren ihr Bette zubereitet hat. Denn
es ist gewiß, wenn man von den Ueberbleibseln, die das
Weltmeer von seinem ehemaligen Aufenthalte über dem gesammten vesten Lande zurück gelassen hat, von den unermeßlichen Muschelhaufen, die selbst in dem innern der Berge angetroffen werden, von den versteinerten Seethieren, die man
aus den tiefsten Schachten heraußbringt, ich sage, wenn
man von allem diesem nur einigermaßen unterrichtet ist; so
wird man leicht einsehen, daß erstlich das Meer ehedem eine
lange Zeit alles Land überdeckt habe, daß dieser Aufenthalt
lange gedauert habe und älter als die Sündfluth sey, und
daß endlich das Gewässer sich unmöglich anders habe zu-
rückziehen können, als daß der Boden desselben hin und wieder in tiefe Grüfte herabgesunken ist, und demselben tiefe
Becken zubereitet hat, worinn es abgeflossen ist, und zwischen deren Ufern es noch jetzt beschränkt erhalten wird, indessen die erhöheten Gegenden dieser eingesunkenen Rinde fe-
stes Land geworden sind, welches allenthalben mit Hölungen untergraben, und dessen Strecke mit den steilen Gipfeln
besetzt ist, die unter den Nahmen der Gebirge die oberste Höhe des festen Landes nach allen denjenigen Richtungen durchlaufen, nach welchen es sich in eine beträchtliche Länge erstreckt.

Diese Hölen enthalten alle ein loderndes Feuer, oder
wenigstens denjenigen brennbaren Zeug, der nur einer geringen Reitzung bedarf, um mit Heftigkeit um sich zu wüten und den Boden über sich zu erschüttern oder gar zu
spalten.

Wenn wir das Gebiet dieses unterirdischen Feuers in
dem ganzen Umfange, wohin es sich erstreckt, erwägen, so
werden wir gestehen müssen, daß wenige Länder auf dem
Erdboden sind, die nicht bisweilen dessen Wirkung verspürt
hätten. In dem äußersten Norden ist die Insel Island
den heftigsten Anfällen desselben, und zwar nicht selten, unterworfen. Man hat in Engelland und selbst in Schweden einige leichte Erschütterungen gehabt. Gleichwohl fin-

D   den

den sie sich in den südlichen Ländern, ich meyne, in denenjenigen, die dem Aequator näher liegen, häufiger und stärker. Italien, die Inseln aller Meere, welche der Mittellinie nahe liegen, vornehmlich die im Indischen Ocean, sind von dieser Beunruhigung ihres Fußbodens häufig angefochten. Unter den letztern ist fast nicht eine einzige, die nicht einen Berg hätte, der entweder noch jetzt bisweilen Feuer spiee, oder es wenigstens vormals gethan hätte; und der Erschütterung sind sie eben so häufig unterworfen. Es ist eine artige Vorsicht, wenn man hierinn der Nachricht Hübners glauben darf, die die Holländer um deswillen anwen , um das kostbare Gewürz der Muscaten und Würznelken, die sie einzig und allein auf den beyden Inseln Banda und Amboina fortzupflanzen erlauben, nicht der Gefahr blos zu stellen, von den Erdboden vertilgt zu werden, wenn eine dieser Inseln etwa das Schicksal eines völligen Untergangs durch ein Erdbeben betreffen sollte, daß sie auf einer andern weit davon entlegenen, jederzeit eine Pflanzschule beyder Gewächse unterhalten. Peru und Chili, welche der Linie nahe liegen, sind von diesem Uebel häufiger, wie irgend ein Land in der Welt, beunruhigt. In dem ersten Lande geht fast kein Tag vorbey, da nicht einige leichte Stöße von Erdbeben verspürt werden. Man darf sich nicht einbilden, dieses sey als eine Folge der weit größern Sonnenhitze, welche auf das Erdreich dieser Länder wirkt, anzusehen. In einem Keller, der kaum 40 Fuß Tiefe hat, ist fast gar kein Unterschied zwischen Sommer und Winter zu spüren. So wenig ist die Sonnenwärme vermögend, das Erdreich in großen Tiefen zu durchdringen, um den entzündbaren Stoff zu locken und in Bewegung zu setzen. Vielmehr richten sich die Erdbeben nach der Beschaffenheit der unterirdischen Grüffte und diese nach demjenigen Gesetze, nach welchem die Einsinkungen der obersten Erdrinde im Anfange geschehen seyn müssen, die, je näher zur Linie, desto tiefere und mannichfaltigere Einbeugungen gemacht haben, wodurch diese Minen, die den Zunder zu den Erdbeben enthalten,

weit-

weitläuftiger und dadurch zu der Entzündung desselben geschickter geworden sind.

Diese Vorbereitung von den unterirdischen Gängen, ist
zur Einsicht dessen, was von der weiten Ausbreitung der
Erdbeben in große Länder, von dem Striche, den sie halten, von den Orten, wo sie am meisten wüten und von denjenigen, wo sie sich zuerst anheben, in der Folge vorkommen wird, von keiner geringen Erheblichkeit.

Ich fange nunmehr von der Geschichte des leztern Erdbebens selber an. Ich verstehe unter derselben keine Geschichte der Unglücksfälle, welche die Menschen dadurch erlitten
haben, kein Verzeichniß der verheerten Städte und unter ihrem Schutt begrabenen Einwohner. Alles, was die Einbildungskraft sich schreckliches vorstellen kann, muß man zu-
sammennehmen, um das Entsetzen sich einiger maaßen vor-
zubilden, worinn sich die Menschen befinden müssen, wenn
die Erde unter ihren Füßen bewegt wird, wenn alles um sie
her einstürzt, wenn ein in seinem Grunde bewegtes Wasser
das Unglück durch Ueberströmungen vollkommen macht, wenn
die Furcht des Todes, die Verzweiflung wegen des völligen
Verlusts aller Güter, endlich der Anblick anderer Elenden
den standhaftesten Muth niederschlägt. Eine solche Erzählung würde rührend seyn, sie würde, weil sie eine Wirkung
auf das Herz hat, vielleicht auch eine auf die Besserung desselben haben können. Allein ich überlasse diese Geschichte
geschickteren Händen. Ich beschreibe hier nur die Arbeit der
Natur, die merkwürdigen natürlichen Umstände, welche die
schreckliche Begebenheit begleitet haben, und die Ursachen derselben.

Von den Vorboten des letzteren Erdbebens.

Das Vorspiel der unterirdischen Entzündung, welche
in der Folge so entsetzlich geworden ist, setze ich in der Lufterscheinung, die zu Locarno in der Schweiß den 14ten Octo-
ber vorigen Jahrs Morgens um 8 Uhr wahrgenommen wur-

de.

de. Ein wärmer, als aus einem Ofen kommender Dampf, breitete sich aus und verwandelte sich in 2 Stunden in einen rothen Nebel, woraus gegen Abend ein bluthrother Regen entstand, welcher, da er aufgefangen wurde, $\frac{1}{5}$ eines röthlichen leimichten Bodensatzes fallen ließ. Der 6 Fuß hohe Schnee war ebenfalls roth gefärbt. Dieser Purpurregen wurde 40 Stunden, das ist ohngefehr 20 deutsche Meilen ins Gevierte, ja selbst bis in Schwaben, wahrgenommen. Auf diese Lufterscheinung folgten unnatürliche Regengüsse, die in 3 Tagen auf 23 Zoll hoch Wasser gaben, das ist mehr, als in einem Lande von mittelmäßig feuchter Beschaffenheit das ganze Jahr hindurch herabfällt. Dieser Regen dauerte über 14 Tage, obgleich nicht jederzeit mit gleicher Heftigkeit. Die Flüsse in der Lombardey, die in den Schweizergebürgen ihren Ursprung nehmen, ingleichen die Rhone, schwollen von Wasser auf und traten über ihre Ufer. Von dieser Zeit an herrschten fürchterliche Orkane in der Luft, welche überall grausam wüteten. Noch in der Mitte des Novembers fiel in Ulm ein dergleichen Purpurregen, und die Unordnung in dem Luftkreise, die Wirbelwinde in Italien, die überaus nasse Witterung dauerten fort.

Wenn man sich einen Begriff von den Ursachen dieser Erscheinung und deren Folgen machen will, so muß man auf die Beschaffenheit des Bodens, über dem sie sich zugetragen hat, Acht haben. Die Schweizerischen Gebirge begreifen insgesammt weitläuftige Klüfte unter sich, die ohne Zweifel mit den tiefsten unterirrdischen Gängen im Zusammenhange stehen. Scheuchzer zählet beynahe 20 Schlünde, welche zu gewissen Zeiten Winde ausblasen. Wenn wir nun annehmen, daß die in dem Innern dieser Hölen verborgenen mineralischen Materien mit denen Flüßigkeiten, womit sie aufbrausen, in Vermischung und dadurch in eine innere Gährung gerathen sind, welche die feuernährende Materien zu derjenigen Entzündung vorbereiten konnte, welche binnen einigen Tagen völlig ausbrechen sollte; wenn wir z. E. diejenige Säure, die in dem Salpetergeiste steckt, und

die

die nothwendig die Natur selber zubereitet, uns vorstellen,
wie sie entweder durch den Zufluß des Waſſers, oder anderer Urſachen in Bewegung gebracht, die Eiſenerde, worauf
ſie fiel, angriff, ſo werden dieſe Materien bey ihrer Vermengung ſich erhitzt und rothe warme Dämpfe aus den Klüf-
ten der Gebirge ausgeſtoßen haben, womit in der Heftigkeit der Aufwallung die Partikeln der rothen Eiſenerde zugleich vermengt und fortgeführt worden ſind, welches
den leimichten Blutregen, davon wir Erwähnung
gethan haben, veranlaßt hat. Die Natur ſolcher Dünſte
geht dahin, die Ausſpannungskraft der Luft zu verringern,
und eben dadurch die in derſelben hängenden Waſſerdünſte zu-
ſammenfließend zu machen, ingleichen durch das Herbeyziehen aller rund umher in dem Luftkreiſe ſchwebenden feuchten
Wolken, vermöge des natürlichen Abhanges nach der Gegend, wo die Höhe der Luftſäule verringert iſt, diejenige
heftige und anhaltende Platzregen zu verurſachen, welche in
den genannten Gegenden wahrgenommen wurden.

Auf ſolche Weiſe kündigte die unterirdiſche Gährung
das Unglück, das ſie im Verborgenen zubereitete, durch aus-
geſtoßene Dämpfe zum voraus an. *). Die Vollendung des
Schickſals folgte ihr mit langſamen Schritten nach. Eine
Gährung ſchlägt nicht ſogleich in Entzündungen aus. Die
gährende und erhitzende Materien müſſen ein brenbares
Oel, Schwefel, Erdpech, oder dergleichen etwas antreffen,
um in Entzündung zu gerathen. So lange breitete ſich die
Erhitzung hin und wieder in den unterirrdiſchen Gängen aus,
und in dem Augenblicke, da die aufgelöſeten brennbaren
Materien in der Miſchung mit den andern bis auf den Punkt
in Feuer zu gerathen erhitzt waren, wurden die Gewölber der

D 3 Erde

*) Acht Tage vor der Erſchütterung war die Erde bey Cadix von
dem in Menge aus der Erde gekrochenem Gewürme bedeckt.
Dieſes hatte die nur angeführte Urſache hervorgetrieben. Bey
einigen andern Erdbeben ſind heftige Blitze in der Luft, und die
Bangigkeit, die man bey Thieren bemerkt, Vorboten geweſen.

Erde erschüttert, und der Schluß der Verhängnisse war vollführt.

Das Erdbeben und die Wasserbewegung vom 1sten November 1755.

Der Augenblick, in dem dieser Schlag geschahe, scheint am richtigsten auf 9 Uhr 50 Minuten Vormittags zu Lissabon bestimmt zu seyn. Diese Zeit stimmt genau mit derjenigen, in welcher es in Madrit wahrgenommen worden, nemlich 10 Uhr 17 bis 18 Minuten überein, wenn man den Unterschied der Länge beyder Städte in den Unterschied der Zeit verwandelt. Zu derselben Zeit wurden die Gewässer in einem erstaunlichen Umfange, sowohl diejenige, die mit dem Weltmeere eine sichtbare Gemeinschaft haben, als auch andere, welche darinn auf eine verborgene Art stehen mögen, in Erschütterung gesetzt. Von Abo in Finnland an bis in den Archipelagus von Westindien sind wenig oder gar keine Küsten davon frey geblieben. Sie hat eine Strecke von 1500 Meilen fast in eben derselben Zeit beherrscht. Wenn man versichert wäre, daß die Zeit, darinn sie zu Glückstadt an der Elbe verspürt worden, nach den öffentlichen Nachrichten ganz genau auf 11 Uhr 30 Minuten zu setzen wäre, so würde man daraus schließen, daß die Wasserbewegung 15 Minuten zugebracht habe, von Lissabon bis an die Holsteinischen Küsten zu gelangen. In eben dieser Zeit wurde sie auch an allen Küsten des mittelländischen Meers verspürt, und man weiß noch nicht die ganze Weite ihrer Erstreckung.

Die Gewässer, die auf dem festen Lande von aller Gemeinschaft mit dem Meere abgeschnitten zu seyn scheinen, die Brunnquellen, die Seen, wurden in vielen weit von einander entlegenen Ländern zu gleicher Zeit in ausserordentliche Regung versetzt. Die meisten Seen in der Schweiz, der See bey Templin in der Mark, einige Seen in Norwegen und Schweden, geriethen in eine wallende Bewegung, die

die welt ungestümer und unordentlicher war, als bey einem Sturme, und die Luft war zugleich stille. Der See bey Neuschatel, wenn man sich auf die Nachrichten verlassen darf, verlief sich in verborgene Klüfte, und der bey Meinungen that dieses gleichfalls, kam aber bald wiederum zurück. In eben diesen Minuten blieb das mineralische Wasser zu Töplitz in Böhmen plötzlich aus, und kam blutroth wieder. Die Gewalt, womit das Wasser hindurch getrieben war, hatte seine alte Gänge erweitert, und es bekam dadurch einen stärkern Zufluß. Die Einwohner dieser Stadt hatten gut: te Deum laudamus zu singen, indessen die zu Lissabon ganz andere Töne anstimmten. So sind die Zufälle beschaffen, welche das menschliche Geschlecht betreffen. Die Freude der einen und das Unglück der andern, haben oft eine gemeinschaftliche Ursache. Im Königreich Feß in Afrika, spaltete eine unterirrdische Gewalt einen Berg und goß blutrothe Ströme aus seinem Schlunde. Bey Angouleme in Frankreich hörte man ein unterirrdisches Getöse; es öffnete sich eine tiefe Gruft auf der Ebene und hielt unergründliches Wasser in sich. Zu Gemenox in Provence, wurde eine Quelle plötzlich schlammicht und ergoß sich darauf roth gefärbt. Die umliegenden Gegenden berichteten gleiche Veränderungen an ihren Quellen. Alles dieses geschahe in denselben Minuten, da das Erdbeben die Küsten von Portugall verheerte. Es wurden auch hin und wieder in eben diesem kurzem Zeitpunkte einige Erderschütterungen in weit entlegenen Ländern wahrgenommen. Allein sie geschahen fast alle dicht an der Seeküste. Zu Kork in Irrland, ingleichen zu Glückstadt und an einigen andern Orten, die am Meere liegen, geschahen leichte Bebungen. Mayland ist vielleicht derjenige Ort, der noch in der weitesten Entfernung von dem Seeufer an eben demselben Tage erschüttert worden. Eben diesen Vormittag um 8 Uhr tobte der Vesuvius bey Neapolis und ward stille gegen die Zeit, da die Erschütterung zu Portugall geschahe.

D 4

Betrach-

Betrachtung über die Ursache dieser Wasserbewegung.

Die Geschichte hat kein Exempel von einer so weit ausgebreiteten und in dem Verlauf von wenigen Minuten zugleich gespürten Rüttlung aller Gewässer und eines großen Theils der Erde. Man hat daher Behutsamkeit nöthig, um aus einem einzigen Vorfall die Ursache derselben abzunehmen. Man kann sich vornehmlich folgende Ursachen gedenken, welche die angeführte Naturbegebenheit hätten hervorbringen können. Entweder erstlich durch eine Bebung des Meergrundes allenthalben unmittelbar unter denjenigen Oertern, wo die See in Rüttlung gerieth; und alsdann müßte man Grund angeben, warum die Feueradern, die diese Bebungen hervorbrachte, blos unter dem Boden der Seen fortgelaufen sey, ohne unter die Länder sich zu erstrecken, die mit diesen Meeren in naher Verbindung stehen, und oft die Gemeinschaft derselben unterbrechen. Man würde sich durch die Frage betreten finden, woher die Erschütterung des Bodens, da sie von Glückstadt an der Nordsee bis zu Lübeck an der Ostsee, und an den mecklenburgischen Küsten sich ausgebreitet hat, nicht in Holstein empfunden worden, welches zwischen diesen Meeren mitten inne liegt, und nur etwa eine gelinde Bebung dicht an dem Ufer des Gewässers verspürt worden, keine aber in dem innern des Landes. Am deutlichsten aber wird man durch die Wallung der weit von dem Meere entlegenen Wasser überführt, als des Sees bey Templin, derer in der Schweiz und anderer. Man kann leicht erachten, daß, um ein Gewässer durch die Bebung des Bodens in ein so gewaltiges Aufwallen zu bringen, die Erschütterung gewiß nicht gering seyn müsse. Warum aber haben diesen gewaltigen Stoß alle umliegende Länder nicht empfunden, unter welchen die Feueradern doch nothwendig müßte fortgelaufen seyn? Man sieht leicht, daß alle Merkmale der Wahrheit dieser Meynung entgegen sind. Eine Erschütterung, die der dichten Masse der Erde selber durch einen an einem Orte ge-

schehe-

schehenen heftigen Schlag rund umher eingedrückt worden, so wie der Boden in einiger Entfernung bebt, wenn ein Pulverthurm springt, verliert in der Anwendung auf diesen Fall auch ganz und gar die Wahrscheinlichkeit, sowohl aus der angeführten Ursache, als wegen des entsetzlichen Umfanges, welcher, wenn man ihn mit dem Umfange der ganzen Erde vergleicht, einen so beträchtlichen Theil derselben ausmacht, daß dessen Bebung nothwendig eine Schüttlung der ganzen Erdkugel hätte nach sich ziehen müssen. Nun kann man sich aber aus Büffon belehren, daß ein Ausbruch des unterirrdischen Feuers, welches ein Gebirge, das 1700 Meilen lang und 40 breit wäre, eine Meile hoch werfen könnte, den Erdkörper nicht einen Daumen breit aus seiner Lage würde verrücken können.

Wir werden also die Ausbreitung dieser Wasserbewegung in einer Mittelmaterie zu suchen haben, die geschickter ist eine Erschütterung in großen Weiten mitzutheilen, nemlich in dem Gewässer der Meere selber, welches mit demjenigen im Zusammenhänge steht, das durch eine unmittelbare Bebung des Seegrundes in eine heftige und plötzliche Rüttlung versetzt wurde.

Ich habe in den wöchentlichen Königsbergschen Anzeigen die Gewalt zu schätzen gesucht, womit das Meer durch den Schlag der von seinem Boden geschehenen Bebung in dem ganzen Umfange fortgetrieben worden, indem ich den erschütterten Platz des Seegrundes nur als ein Viereck angenommen, dessen Seite der Entfernung von Cap St. Vincent und Cap Finisterre, d. i. in der Länge der westlichen Küsten von Portugall und Spanien gleich ist, und die Gewalt des auffahrenden Grundes, wie die von einer Pulvermine, angesehen, welche im Aufspringen vermögend ist, die Körper, die darüber befindlich sind, 15 Fuß hoch zu werfen, und nach den Regeln, nach denen die Bewegung in einem flüßigen Wesen fortgesetzt wird, sie an den Hollsteinischen Küsten stärker als den schnellsten anprallenden Strohm befunden.

D 5

funden. Laßt uns hier die Gewalt, die es aus diesen Ursachen ausgeübt hat, noch aus einem andern Gesichtspunkte
betrachten. Der Graf Marsigli hat die größte Tiefe des
mittelländischen Meers durch das Senkbley über 8000 Fuß
befunden, und es ist gewiß, daß das Weltmeer in gehöri-
ger Entfernung vom Lande noch tiefer sey; wir wollen es
aber hier nur 6000 Fuß, d. i. 1000 Klaftern tief annehmen. Wir wissen, daß die Last, womit eine so hohe Säule von Meereswasser auf den Grund der See drückt, den
Druck der Atmosphäre beynahe 200mal übertreffen müsse,
und daß sie die Gewalt, womit das Feuer hinter einer Kugel her ist, die aus der Hölung einer Karthaune in der Zeit
eines Pulsschlags 100 Klafter weit fortgeschleudert wird,
noch weit übertreffe. Diese erstaunliche Last konnte die Gewalt nicht zurücke halten, womit das unterirdische Feuer
den Meeresgrund schnell in die Höhe stieß, also war diese
bewegende Gewalt größer. Mit welchem Drucke wurde also das Wasser gepresset, um nach den Seiten plözlich fort-
zuschießen? und ist es wohl zu verwundern, wenn es in einigen Minuten in Finnland und zugleich in Westindien gespürt wurde? Man kann gar nicht ausmachen, wie groß die
Grundfläche der unmittelbaren Erschütterung eigentlich gewesen seyn möge; sie wird vielleicht ungleich größer seyn, als
wir sie angenommen haben; aber unter den Meeren, wo die
Wasserbewegung ohne alles Erdbeben verspürt worden, an
den Holländischen, Englischen, Norwegischen Küsten, und
in der Ostsee ist sie gewiß nicht im Meeresgrunde anzutreffen
gewesen. Denn alsdann wäre das feste Land in seinem Innern gewiß mit erschüttert worden, welches aber gar nicht
beobachtet wurde.

Indem ich die heftige Erschütterung aller zusammenhängenden Theile des Oceans dem einzigen Stoße zuschreibe,
den sein Boden in einem gewissen Bezirke erlitten hat, so
will ich darum die wirkliche Ausbreitung des unterirdischen
Feuers, unter dem festen Lande fast des gesammten Europens nicht geleugnet haben. Sie sind aller Wahrscheinlichkeit

keit nach zu gleicher Zeit geschehen, und haben an den Erscheinungen, die sich ereigneten, beyde Antheil gehabt, nur daß eine jede insbesondere nicht für die einzige Ursache aller insgesammt anzusehen ist. Die Hebung des Wassers in der Nordsee, welche einen plötzlichen Stoß empfinden ließ, war nicht die Wirkung eines unter dem Grunde tobenden Erdbebens. Solche Erschütterungen müßten, um dergleichen Wirkung hervorzubringen, sehr heftig seyn, und hätten also unter dem festen Lande sehr merklich verspürt werden müssen. Allein darum bin ich nicht in Abrede, daß selbst alles feste Land in eine leichte Schwankung *), durch eine schwache Kraft der unter seinem Boden entbrannten Dünste oder anderer Ursachen versetzt worden sey. Man sieht dieses an Mayland, das an diesem Tage mit der größten Gefahr eines gänzlichen Umsturzes bedrohet worden ist. Wir wollen also setzen, daß die Erde durch ein leichtes Schwanken in eine gelinde Bewegung gesetzt worden sey, die so groß gewesen, daß sie auf 100 Rheinl. Ruthen, das Erdreich um einen Zoll wechselsweise hin und her gerüttelt hat; so wird diese Bewegung so unmerklich gewesen seyn, daß ein Gebäude von 4 Ruthen Höhe nicht um die Hälfte eines Grans, d. i. um einen halben Messerrücken aus der senkrechten Stellung dadurch hat gebracht werden können, welches selbst auf den höchsten Thürmen kaum merklich werden würde. Dagegen haben die Seen diese unempfindliche Bewegung sehr merklich machen müssen. Denn wenn ein See, z. E. nur 2 deutsche Meilen lang ist, so wird sein Wasser durch dieses geringe Wanken seines Bodens schon recht stark geschaukelt werden. Denn das Wasser hat alsdenn auf 14000 Zoll, ohngefähr einen Zoll Fall, und einen Ablauf, der fast nur um die Hälfte kleiner ist, als der Ablauf eines recht schnellen Flusses; wie die Wasserabwägung der Seine bey Paris uns belehren kann; welches nach etlichen hin und wieder geschehenen Schwingungen, dem Wasser wohl eine außerordentliche Rüttlung hat verursachen können. Wir können aber die Erdbewe-

*) Schwingung.

bewegung mit gutem Fug noch einmal so groß annehmen, als wir gethan haben, ohne daß es auf dem festen Lande füglich hätte gespürt werden können, und dann fällt die Bewegung der inländischen Seen um desto begreiflicher in die Augen.

Man wird sich also nicht mehr wundern, wenn alle inländischen Seen, in der Schweiz, in Schweden, in Norwegen und in Deutschland, ohne eine Erschütterung des Bodens zu fühlen, so unruhig und aufwallend erblickt worden sind. Man findet es aber etwas außerordentlicher, daß gewisse Seen bey dieser Unordnung gar versiegten; als der See bey Neuschatel, der bey Como, und der bey Meinungen, obgleich deren einige sich schon wieder mit Wasser angefüllt haben. Diese Begebenheit aber ist nicht ohne Exempel. Man hat einige Seen auf dem Erdboden, die ganz ordentlich sich zu gewissen Zeiten, durch verborgene Kanäle verlaufen, und zur gesetzten Zeit wieder kommen. Der Cirnitzer-See im Herzogthum Crain ist ein merkwürdiges Beyspiel hievon. Er hat in seinem Boden einige Löcher, durch welche er aber nicht eher abfließt, als um Jacobi, da er sich denn mit allen Fischen plötzlich verläuft, und nachdem er drey Monate lang seinen Boden als einen gute Weide- und Ackerplatz trocken gelassen hat, gegen den Novembermonat sich plötzlich wieder einfindet. Man erklärt diese Naturbegebenheit sehr begreiflich durch die Vergleichung mit dem Diabetes der Hydraulik. Allein in unsern vorliegenden Fällen kann man leicht erachten, daß, da viele Seen durch die unter ihrem Boden befindlichen Quelladern Zufluß bekommen, und diese, die in den umliegenden Anhöhen ihren Ursprung finden, nachdem die Wirkung der unterirdischen Erhitzung und Ausdämpfung in den Hölungen, welche ihre Wasserbehälter sind, die Luft verschlungen haben, in dieselbe dadurch zurückgezogen worden seyn müssen, und selbst ein kräftiges Saugwerk abgegeben haben, den See mit hineinzuführen, der, nach hergestelltem Gleichgewichte der Luft, seinen natürlichen Ausgang wieder gesucht hat. Denn daß ein Landsee,

see, wie die öffentlichen Berichte von dem zu Meinungen haben erklären wollen, durch die unterirdische Gemeinschaft mit dem Meere. unterhalten werde, weil er keinen äußerlichen Zufluß von Bächen hat, dies ist sowohl wegen der dawider streitenden Gesetze des Gleichgewichts, als auch wegen der Salzigkeit des Meerwassers, einer gar zu offenbaren Ungereimtheit ausgesetzt.

Die Erdbeben haben schon als etwas gewöhnliches dieses an sich, daß sie die Wasserquellen in Unordnung bringen. Ich könnte hier ein ganzes Register von verstopften und an andern Orten ausgebrochenen Quellen, von recht hoch aus der Erde herausgeschossenem Springwasser und dergleichen, aus der Geschichte anderer Erdbeben, anführen; allein ich bleibe bey meinem Gegenstande. Aus Frankreich hat man uns an einigen Orten berichtet, daß Quellen verstopft wurden, andere übermäßig viel Wasser gegeben haben. Der Töplitzer Brunn blieb aus, machte den armen Töplitzern bange, kam zuerst schlammicht, dann blutroth, zulezt natürlich und stärker als vorher wieder. Die Verfärbung der Wasser in so vielen Gegenden, selbst im Königreiche Fez, und in Frankreich ist meinem Erachten nach, der Vermischung, der durch die Erdschichten, wo die Quellen ihren Durchgang haben, gedrungenen, mit Schwefel und Eisentheilchen in Gährung gerathenen Dämpfe zuzuschreiben. Wenn diese bis in das inwendige der Cisternen dringen, die den Ursprung des Brunnquells enthalten, so treiben sie entweder ihn mit größerer Gewalt heraus, oder, indem sie das Wasser in andere Gänge pressen, verändern sie seinen Ausfluß.

Dieses sind die vornehmsten Merkwürdigkeiten der Geschichte vom 1. Nov. und der Wasserbewegung, welche die seltenste in ihren Umständen ist. Es ist mir überaus glaublich, daß die Erderschütterungen, die sich dicht am Meeresufer, oder eines Wassers, das damit Gemeinschaft hat, zugetragen haben, zu Cork in Irrland, in Glückstadt, und hin

hin und wieder in Spanien, größtentheils eben dem Drucke
des gepreßten Meerwassers zuzuschreiben sind, dessen Gewalt unglaublich groß seyn muß, wenn man die Heftigkeit,
womit es anschlägt, durch die Fläche multiplicirt, worauf
es trift. Und ich bin der Meynung, das Unglück von Lissabon sey, so wie das von den meisten Städten der westlichen Küste Europens, der Lage zuzuschreiben, die es in Ansehung der bewegten Gegend des Oceans gehabt hat, da dessen ganze Gewalt noch überdem in der Mündung des Tagus,
durch die Enge eines Busens verstärkt, den Boden außerordentlich erschüttern mußte. Man mag urtheilen, ob die Erderschütterung lediglich in Städten, die am Meeresufer liege, würden deutlich haben bemerkt werden können, die doch
in dem innern des Landes nicht empfindlich war, wenn nicht
der Druck der Waffer einen Antheil an derselben gehabt
hätte.

Noch ist die letzte Erscheinung dieser großen Begebenheit merkwürdig, da eine geraume Zeit, nemlich beynahe 1
bis anderthalb Stunden nach dem Erdbeben, eine entsetzliche Aufthürmung der Waffer im Ocean, und eine Aufschwellung des Tagus, die wechselsweise 6 Fuß höher als die höchste Fluth stieg, und bald darauf fast so viel niedriger, als
die niedrigste Ebbe fiel, gesehen wurde. Diese Bewegung
des Meers, die eine geraume Zeit nach dem Erdbeben, und
nach dem ersten entsetzlichen Drucke der Waffer sich ereignete, vollendete auch das Verderben der Stadt Satuval,
indem es über deren Trümmer sich erhob, und was die Erschütterung verschont hat, völlig aufrieb. Wenn man sich
vorher von der Heftigkeit des durch den bewegten Meeresgrund fortgeschoffenen Seewaffers einen rechten Begriff gemacht hat, so wird man sich leicht vorstellen können, daß
es mit Gewalt wieder zurückkehren müffe, nachdem sich sein
Druck in alle die unermeßliche Gegenden umher ausgebreitet
hatte. Die Zeit seiner Wiederkehr hängt von dem weiten
Umfange ab, in welchem es um sich her gewirkt hat, und
seine Aufwallung, vornemlich an den Ufern, muß nach Maas-

gebung

gebung derselben, auch eben so fürchterlich gewesen seyn. *)

Das Erdbeben vom 18. Nov.

Von dem 17ten bis zum 18ten eben dieses Monats, berichteten die öffentlichen Nachrichten eine nahmhafte Erderschütterung, an den Küsten sowohl von Portugall als Spanien und in Afrika. Den 17ten Mittags war sie in Gibraltar an der Meerenge des Mittelländischen Meers, und gegen Abend zu Whitehaven in Yorkshire in England zu spüren. Den 17ten auf den 18ten war sie schon in den englischen Pflanzstädten von Amerika. Denselben 18ten wurde es auch in der Gegend von Aquapendente, und della Grotta in Italien heftig gefühlet. *)

Das Erdbeben vom 9ten December.

Nach dem Zeugnisse der öffentlichen Nachrichten, hat Lissabon keine so heftige Anfälle der Erschütterung seit dem 1. November erlitten, als diejenige vom 9ten December. Es wurde dieses an den südlichen Küsten von Spanien, an denselbigen von Frankreich, durch die Schweizergebirge, Schwaben, Tyrol bis in Bayern verspürt. Es durchstrich von Südwesten nach Nordosten, gegen 300 deutsche Meilen, und indem es sich in der Richtung derjenigen Kette von Bergen hielt, die die oberste Höhe des festen Landes von Europa seiner Länge nach durchlaufen, breitete es sich nicht sehr seitwärts aus. Die sorgfältigsten Erdbeschreiber, Waren, Büffon, Lulof bemerken, daß, gleich wie alles Land, welches mehr in die Länge als Breite sich erstreckt, in der

Rich-

---

*) In dem Hafen zu Husum wurde diese Aufwallung des Wassers auch zwischen 12 und 1, also um eine Stunde später, als der erste Stoß der Gewässer in der Nordsee, wahrgenommen.

**) Ingleichen zu Glowson, in der Grafschaft Hetford, wo es bey einem heftigen Getöse einen Abgrund eröffnete, welcher ein sehr tiefes Wasser in sich enthielt.

64

Richtung seiner Länge von einem Hauptgebirge durchlaufen
wird, also der vornehmste Strich der Gebirge Europens
aus einem Hauptstamme, nemlich den Alpen, gegen Westen durch die südliche Provinzen von Frankreich, mitten
durch Spanien biß an das äußerste Ufer von Europa gegen
Abend sich erstrecke, obgleich es unterwegs ansehnliche Ne-
benäste ausschießt, und eben so ostwärts, durch die tyroli-
sche und andere weniger ansehnliche Berge, zuletzt mit den
Carpatischen zusammenstößt.

Diese Richtung durchlief das Erdbeben in demselben
Tage. Wenn die Zeit der Erschütterung eines jeden Orts
richtig aufgezeichnet wäre, so würde man die Schnelligkeit
einigermaßen schätzen, und die Gegend der ersten Entzündung wahrscheinlich bestimmen können; nun sind aber die
Nachrichten so wenig zusammenstimmend, daß man in Ansehung dessen sich auf nichts verlassen kann.

Ich habe schon sonst angeführt, daß die Erdbeben gemeiniglich, wenn sie sich ausbreiten, den Strich der höchsten Gebirge halten, und zwar durch ihre ganze Erstreckung,
ob diese sich gleich, je mehr sie sich dem Meeresufer nähern,
desto mehr erniedrigen. Die Richtung langer Flüsse bezeich-
net sehr gut die Richtung der Gebirge, als zwischen deren
neben einander laufenden Rethen dieselbe, als in dem untersten Theile eines langen Thales fortlaufen. Dieses Gesetz
der Ausbreitung der Erdbeben ist keine Sache der Specula-
tion oder Beurtheilung, sondern etwas, das durch Beobachtungen vieler Erdbeben bekannt worden ist. Man muß
sich desfalls an die Zeugnisse des Raj, Büffon, Gentil u.
s. w. halten. Allein dieses Gesetz hat so viele innere Wahrscheinlichkeit, daß es auch von sich selber sich leichtlich Beyfall erwerben muß. Wenn man bedenkt, daß die Oeffnun-
gen, wodurch das unterirdische Feuer Ausgang sucht, nirgends anders als in den Gipfeln der Berge sind, daß man
niemals in den Ebenen feuerspeyende Schlünde wahrgenommen hat, daß in Ländern, wo die Erdbeben gewaltig und
häufig

häufig sind, die mehresten Berge weite Rachen enthalten,
die zum Auswurfe des Feuers dienen, und daß, was unsere Europäischen Berge betrift, man sonst nirgends als in
ihnen geräumige Hölungen entdeckt, die ohne Zweifel in einem Zusammenhang stehen; wenn man hiezu noch den Begriff von der Erzeugung aller dieser unterirrdischen Wölbungen anwendet, von der oben geredet worden, so wird man
keine Schwierigkeit in der Vorstellung finden, wie die Entzündung vornemlich unter der Kette von Bergen, welche die
Länge von Europa durchlaufen, offene und freye Gänge antreffen könne, um darinn sich schneller als nach andern Gegenden auszubreiten.

Selbst die Fortsetzung des Erdbebens vom 18. Nov.
aus Europa nach Amerika, unter dem Boden eines weiten
Meers, ist in dem Zusammenhange der Kette von Bergen zu
suchen, die, ob sie gleich in der Fortsetzung so niedrig werden, daß sie von dem Meere bedeckt sind, dennoch auch daselbst Berge bleiben. Denn wir wissen, daß auf dem Boden des Oceans eben so viele Gebirge, als auf dem Lande
anzutreffen sind; und in dieser Art müssen die Azorischen Inseln mit in diesen Zusammenhang gesetzt werden, die auf
dem halben Wege zwischen Portugall und Nordamerika angetroffen werden.

Das Erdbeben vom 26. December.

Nachdem die Erhitzung der mineralischen Materien den
Hauptstamm der höchsten Gebirge von Europa, nemlich die
Alpen, durchdrungen hatte, so öffnete sie sich auch die engere Gränze unter der Reihe der Berge, welche von Süden
nach Norden rechtwinklicht auslaufen, und erstreckte sich in
der Richtung des Rheinstroms; welcher, wie überhaupt alle Flüsse, ein langes Thal zwischen zwey Reihen von Bergen einnimmt, aus der Schweitz bis an die Nordsee. Es
erschütterte auf der Westseite des Flusses die Landschaften
Elsaß, Lothringen, das Churfürstenthum Cöln, Brabant,

E   und

und die Picardie, und an der Ostseite Cleve, einen Theil von Westphalen, und vermuthlich noch einige an dieser Seite des Rheins gelegene Länder, von denen die Nachrichten nichts namentlich gemeldet haben. Es hielt offenbar den Strich mit der Richtung dieses großen Flusses parallel, und breitete sich nicht weit davon zu den Seiten aus.

Man wird fragen, wie man es mit dem obigen zusammen reimen könne, daß es bis in die Niederlande gedrungen, welche doch ohne sonderliche Berge seyn? Allein es ist genug, daß ein Land in einem unmittelbaren Zusammenhange mit gewissen Reihen von Bergen stehe, und als eine Fortsetzung davon anzusehen sey, um die unterirdische Entzündung bis unter diesen sonst niedrigen Boden fortzusetzen. Denn es ist gewiß, daß alsdenn die Kette der Höhungen sich auch bis unter denselben erstrecken werde, gleichwie sie, wie schon angeführt, selbst unter dem Meeresgrunde fortgeht.

Von den Zwischenzeiten, die binnen einigen auf einander folgenden Erdbeben verlaufen.

Wenn man die Folge der nach einander vorgegangenen Erschütterungen mit Aufmerksamkeit betrachtet, so könnte man, wenn man es wagen wollte zu muthmaßen, einen Periodus herausbringen, in welchem die Entzündung nach einem Zwischenstillstande aufs neue ausgebrochen ist. Wir finden nach dem 1. Nov. noch eine sehr heftige Erschütterung in Portugall auf den 9., ingleichen auf den 18ten da sie sich nach England, Italien, Afrika, und selbst bis in Amerika erstreckte. Den 27ten ein starkes Erdbeben an den südlichen Küsten von Spanien, vornemlich in Malaga. Von dieser Zeit an dauerte es 13 Tage, bis es den 9ten Dec. die ganze Strecke von Portugall bis in Bayern von Südwesten nach Nordosten traf, und seit diesem, nach einem Verlauf von 18 Tagen, nemlich den 26sten auf den 27sten Dec. erschütterte es die Breite von Europa von Süden nach Norden, ben, *) so daß überhaupt ein ziemlich richtiger Zeitlauf von 9 oder 2 mal 9 Tagen, zwischen den wiederholten Entzündungen verlaufen ist, wenn man diejenige Zeit ausnimmt, die es angewendet hat, bis in das innerste der Gebirge unsers festen Landes zu dringen, und den 9ten Dec. die Alpen und die ganze Kette ihrer Verlängerung zu bewegen. — Ich führe dieses nicht zu dem Ende an, um etwas daraus zu folgern, weil die Nachrichten dazu gar zu wenig zuverläßig sind, sondern um bey ähnlichen Vorfällen Anlaß zur genauern Beobachtung und zum Nachsinnen zu geben.

Ich will hier nur überhaupt etwas von den wechselsweise nachlassenden und wieder anhebenden Erschütterungen anführen. Herr Bouguer, einer von den Abgeordneten der königl. Academie der Wissenschaften zu Paris nach Peru, hatte die Unbequemlichkeit, in diesem Lande neben einem feuerspeyenden Berge sich aufzuhalten, dessen donnerndes Getöse ihm keine Ruhe ließ. Die Beobachtung, die er hiebey machte, konnte ihm dafür einige Genugthuung seyn, indem er bemerkte, daß der Berg immer in gleichen Zwischenzeiten ruhig ward, und das Toben desselben ordentlich mit gewechselten Ruhepunkten auf einander folgte. Die Bemerkung, die Mariotte bey einem Kalkofen machte, welcher eingeheizt war, und bald die Luft aus einem offenen Fenster ausstieß, bald darauf wieder zurückzog, wodurch er der Respiration der Thiere gewissermaaßen nachahmte, hat hiemit große Aehnlichkeit; beyde beruhen auf folgenden Ursachen. Wenn das unterirdische Feuer in Entzündung geräth,

E 2

*) Den 21sten war es in Lissabon sehr heftig, den 23sten in den Gebirgen von Roußillon, und dauerte daselbst bis zum 27sten. Es ist hieraus zu sehen, daß es wiederum von Südwesten angefangen und eine weit längere Zeit zur Ausbreitung bedurft hat. Und wenn man den Entzündungsplatz, wie aus dem ganzen Verlauf des Erdbebens klar ist, in den Ocean von Portugall gegen Abend setzt, so hängt der Anfang desselben mit dem berührten Periodus ziemlich zusammen.

räth, so stößt es alle Luft aus den Hölen umher von sich. Wo diese Luft nun, die mit den feurigen Theilen angefüllt ist, eine Oeffnung findet, z. E. in dem Rachen eines feuerspeyenden Bergs, da fährt sie alsdenn hinaus, und der Berg wirft Feuer aus. Allein sobald die Luft aus dem Umfange des Heerds der Entzündung verjagt ist, so läßt die Entzündung nach; denn ohne Zugang der Luft verlöscht alles Feuer. Alsdenn tritt die verjagte Luft, da die Ursache, die sie vertrieben hatte, aufhört, wieder in ihren Platz zurück, und weckt das erloschene Feuer auf. Auf solche Weise wechseln die Ausbrüche eines feuerspeyenden Bergs, in gewissen Zwischenzeiten richtig nach einander ab. Eben die Bewandniß hat es mit den unterirrdischen Entzündungen, auch selbst da, wo die ausgedehnte Luft keinen Ausgang durch die Klüfte der Berge gewinnen kann. Denn wenn die Entzündung an einem Orte in den Hölen der Erde ihren Anfang nimmt, so stößt sie die Luft mit Heftigkeit in einem großen Umfange, in alle die Gänge der unterirrdischen Wölbungen fort, die damit Zusammenhang haben. In diesem Augenblicke erstickt das Feuer selbst durch den Mangel der Luft. Und sobald eben diese ausdehnende Gewalt der Luft nachläßt, so kehrt diejenige, die in allen Hölen ausgebreitet war, mit großer Gewalt zurück, und fächt das erloschene Feuer zu einem neuen Erdbeben an. Es ist merkwürdig, daß Vesuvius, welcher, als die Gährungen in dem innern der Erde recht angiengen, durch den Ausgang der durch seinen Schlund getriebenen Luft in Bewegung und Feuer gebracht war, eine kurze Zeit darauf plötzlich nachließ, da das Erdbeben bey Lissabon geschehen war; denn da drang alle mit diesen Grüften in einigem Zusammenhange stehende Luft, und selbst die so über dem Gipfel des Vesuvius befindlich ist, durch alle Kanäle zu dem Feuerheerde der Entzündung, wo die Verminderung der Ausspannungskraft der Luft ihr den Zugang verstattete. Was für ein erstaunlicher Gegenstand! Einen Kamin sich vorzustellen, welcher durch

Luft

Luftöffnungen, die 200 Meilen davon entlegen sind, scheinen Zug verschafft.

Eben dieselbe Ursache ist es auch, welche unterirdische Sturmwinde in den Grüften der Erde hervorbringen muß, deren Gewalt alles, was wir auf der Oberfläche der Erde verspüren, weit übertreffen wird, wenn die Lage und Verknüpfung der Hölen sich zu ihrer Ausbreitung anschickt. Das Getöse, das bey dem Fortgange eines Erdbebens unter den Füßen verspürt wurde, ist vermuthlich keiner andern Ursache, als eben dieser zuzuschreiben.

Eben dieses läßt uns wahrscheinlich vermuthen, daß eben nicht alle Erdbeben dadurch verursacht werden, daß die Entzündung gerade unter dem Boden geschieht, welcher erschüttert wird; sondern daß die Wuth dieser unterirdischen Stürme das Gewölbe, welches über ihnen ist, in Bewegung setzen könne; woran man desto weniger zweifeln wird, wenn man bedenkt, daß eine viel dichtere Luft, als diejenige ist, die sich auf der Oberfläche der Erde befindet, durch weit plötzlichere Ursachen als diese in Bewegung gesetzt, und zwischen Gängen, die ihre Ausbreitung verhindern, verstärkt, eine unerhörte Gewalt ausüben könne. Es ist also muthmaßlich, daß die geringe Wankung des Bodens in dem größten Theil von Europa bey der heftigen Entzündung die am ersten Nov. in der Erde vorging, vielleicht von nichts als dieser gewaltsam bewegten unterirdischen Luft herzuleiten sey, die als ein heftiger Sturmwind den Boden, der seiner Ausbreitung widerstand, gelind erschütterte.

Von dem Heerde der unterirdischen Entzündung, und den Oertern, so den meisten und gefährlichsten Erdbeben unterworfen sind.

Durch die Vergleichung der Zeit ersehen wir, daß der Entzündungsplatz bey dem Erdbeben vom ersten Nov. in dem Boden der See gewesen. Der Tajo, der schon vor der Er-

E 3   schüt-

schütterung aufschwoll, der Schwefel, den Seefahrende
mit dem Senkbley aus dem erschütterten Grunde brachten,
und die Heftigkeit der Stöße, die sie fühlten, bestätigen es.
Die Geschichte vormaliger Erdbeben giebt es auch deutlich
zu erkennen, daß in dem Meeresgrunde jederzeit die fürchterlichsten Erschütterungen vorgefallen sind, und nächst diesem
in den Oertern, welche an dem Seeufer oder nicht weit davon entfernt liegen. Zum Beweise des ersteren führe ich die
tobende Wuth an, womit die unterirdische Entzündung oft
neue Inseln aus dem Boden des Meers erhoben hat, und
z. E. im Jahr 1720. nahe bey der Insel St. Michael, einer von den Azorischen, aus einer Tiefe von 60 Klafter,
durch den Auswurf der Materie, aus dem Grunde der See
eine Insel auswarf, die 1 Meile lang und etliche Klafter
über dem Meere erhoben war. Die Insel bey Santori-
no im mittelländischen Meer, die in unserm Jahrhundert
vor den Augen vieler Menschen aus dem Meeresgrunde in die
Höhe kam, und viele andere Beyspiele, die ich der Weitläuftigkeit wegen übergehe, sind unverwerfliche Beweise
hievon.

Wie oft erleiden nicht die Schiffer ein Seebeben; und
es sind in einigen Gegenden, vornemlich in der Nachbar-
schaft gewisser Inseln, die Meere mit dem Bimstein und anderer Gattung vom Auswurfe, eines durch den Boden des
Oceans ausgebrochenen Feuers genugsam angefüllt. Die
Bemerkung der häufigen Erschütterungen des Seegrunds
hängt mit der Frage natürlich zusammen: woher unter allen Oertern, des festen Landes keine heftigern und öf-
terern Erdbeben unterworfen sind, als die nicht weit
vom Meeresufer gelegene. Dieser letztere Satz hat eine
unzweifelhafte Richtigkeit. Laßt uns die Geschichte der Erdbeben durchlaufen, so finden wir unendlich viel Unglücksfälle, die Städten oder Ländern durch Erdbeben widerfahren
sind, welche nahe beym Seeufer liegen, aber sehr wenige
und alsdann von geringer Erheblichkeit, welche in der Mitte des festen Landes wahrgenommen wurden. Die alte Ge-
schich-

schichte belehrt uns schon von entsetzlichen Verheerungen, die dieses Unheil an den Meeresküsten von Klein = Asien oder Afrika verübt hat. Wir finden aber weder darunter, noch unter den neuern beträchtliche Erschütterungen in der Mitte großer Länder. Italien, welches eine Halbinsel ist, die mehresten Inseln aller Meere, der Theil von Peru, der am Meeresufer liegt, erleiden die größten Anfälle dieses Uebels. Und noch in unsern Tagen sind alle westlichen und südlichen Küsten von Portugall und Spanien weit mehr erschüttert worden, als das innere des festen Landes. Ich gebe von beyden Fragen folgende Auflösung.

Unter allen fortgehenden Hölen, die unter der obersten Rinde der Erde begriffen sind, müssen diejenigen ohne Zweifel die engsten seyn, die unter dem Meergrunde fortlaufen, weil daselbst der fortgesetzte Boden des festen Landes in die größte Tiefe herabgesunken ist, und weit niedriger auf seiner untersten Grundlage ruhen muß, als die Oerter, die gegen die Mitte des Landes hinliegen. Nun ist es aber bekannt, daß in engen Hölen eine entzündete, sich ausdehnende Materie, heftiger um sich würken müsse, als wo sie sich ausbreiten kann. Ueberdem ist es natürlich zu glauben, daß, wie bey der unterirdischen Erhitzung nicht zu zweifeln ist, die aufwallenden mineralischen und entzündbaren Materien sehr öfters in Fluß gerathen seyn werden, wie die Schwefelströme und die Lava, die aus den feuerspeyenden Bergen oft ergossen worden, es bezeugen können; da sie daher wegen des natürlichen Abhangs des Bodens der unterirrdischen Grüfte nach den niedrigsten Hölen des Meeresgrunds jederzeit abgeflossen seyn, und da also wegen des häufigen Vorraths der entzündbaren Materie hier häufigere und gewaltigere Erschütterungen sich zutragen müssen.

Hr. Bouguer muthmaßt mit Recht, daß das Durchdringen des Meerwassers, durch Eröffnung einiger Spalten in dem Boden desselben, die zur Erhitzung natürlich geneigte mineralische Materien, in die heftigste Aufwallung brin-

E 4

gen

gen müßte. Denn wir wissen, daß nichts das Feuer erhitzter Mineralien in entsetzlichere Wuth versetzen kann, als der Zufluß des Wassers, welches das Toben desselben so lange vermehrt, bis seine sich nach allen Seiten ausbreitende Gewalt, dem ferneren Zugang desselben, durch den Auswurf aller irdischen Materien und Verstopfung der Oeffnung gewehrt hat.

Meines Erachtens rührt die vorzügliche Heftigkeit, womit ein am Meeresufer liegender Grund erschüttert wird, zum Theil ganz natürlich von dem Gewicht her, womit das Meerwasser seinen damit benachbarten Boden belastet. Denn jedermann sieht leicht ein, daß die Gewalt, womit das unterirdische Feuer dieses Gewölbe, worauf eine so erstaunliche Last ruht, zu erheben trachtet, sehr zurück gehalten werden, und, indem es hier keinen Raum seiner Ausbreitung vor sich findet, seine ganze Gewalt gegen den Boden des trocknen Landes kehren müsse, welcher damit zunächst verbunden ist.

Von der Richtung, nach welcher der Boden durch ein Erdbeben erschüttert wird.

Die Richtung, nach welcher das Erdbeben sich in weite Länder ausbreitet, ist von derjenigen unterschieden, nach welcher der Boden erschüttert wird, an dem es seine Gewalt ausübt. Wenn die oberste Decke der verborgenen Gruft, darinn die entzündete Materie sich ausdehnt, eine horizontale Richtung hat, so muß er wechselsweise in senkrechter Stellung gehoben und gesenkt werden, weil nichts ist, was die Bewegung mehr nach einer als nach der andern Seite lenken könnte. Ist aber die Erdlage, welche die Wölbung ausmacht, nach einer Seite geneigt, so treibt die erschütternde Kraft des unterirdischen Feuers sie auch mit einer schiefen Richtung gegen den Horizont in die Höhe, und man kann die Richtung abnehmen, nach welcher die Wankung des Bodens jederzeit geschehen muß, wenn diejenige

alle-

allemal sicher bekannt wäre, nach welcher die Schichte der
Erde abhängt, unter welcher die Feuergruft befindlich ist.
Der Abhang der obersten Fläche des erschütterten Bodens, ist
kein sicheres Merkmal von der schiefen Stellung, die das
Gewölbe in seiner ganzen Dicke hat. Denn die Erdlagen,
welche oben aufliegen, können mannichfaltige Beugungen
und Hügel machen, nach denen sich die unterste Grundlage
gar nicht richtet. Büffon ist der Meynung: daß alle verschiedene Schichten, die auf der Erde gefunden werden, einen allgemeinen Grundfels zur Base haben, der alle be-
schlossene tiefe Hölungen von oben deckt, und dessen einige
Theile auf den Gipfeln hoher Berge gemeiniglich entblößt
seyn, wo Regen und Sturmwinde die lockere Substanz völlig abgespühlt haben. Diese Meynung bekommt durch das,
was die Erdbeben zu erkennen geben, viele Wahrscheinlichkeit. Denn eine dermaßen wütende Gewalt, als die Erdbeben ausüben, würde eine andere als felsigte Wölbung
durch die öfters erneuerte Anfälle längst zertrümmert und auf-
gerieben haben.

Der Abhang dieser Wölbung ist an dem Meeresufer
ohne Zweifel nach dem Meere hin geneigt, und also nach
derjenigen Richtung abschüßig, nach welcher das Meer dem
Orte liegt. An dem Ufer eines großen Flußes muß sie in
der Richtung abschüßig seyn, wohin der Ablauf des
Strohms geht. Denn wenn man die sehr lange und öfters
einige hundert Meilen übertreffende Strecken betrachtet, die
die Flüsse auf dem festen Lande durchlaufen, ohne daß sie stehende Pfützen oder Seen unterwegs machen, so kann man
diesen einförmigen Abhang wohl durch nichts anders erklären, als durch diejenige überaus feste Grundlage, die, indem sie ohne vielfältige Einbeugungen sich einförmig zu dem
Meeresgrunde hinneigt, dem Fluße eine schiefe Fläche zum
Ablaufe verschafft. Daher ist zu vermuthen: daß die
Schwankung des Bodens einer erschütterten Stadt, die an
einem großen Fluß liegt, in der Richtung dieses Flusses,

E 5　　　　　　als

als im Taso von Abend und Morgen geschehen werde *);
derjenigen aber, die am Meeresufer liegt, in der Richtung,
nach welcher dieses zum Meere sich neigt. Ich habe an einem andern Orte angeführt, was die Lage des Bodens dazu beytragen kann, eine Stadt, deren Hauptstraßen in eben
der Richtung fortgehen, als dieser abschüßig ist, bey einem
vorfallenden Erdbeben völlig zu zerstören. Diese Anmerkung
ist nicht ein Einfall der bloßen Vermuthung; es ist eine Sache der Erfahrung. Gentil, der selbst von sehr vielen Erdbeben gute Kenntnisse einzuholen Gelegenheit hatte, berichtet dieses als eine Beobachtung, die durch viele Exempel bestätigt worden, daß wenn die Richtung, nach welcher der
Boden erschüttert wird, mit der Richtung, nach welcher die
Stadt erbaut ist, gleichläuft; sie ganz und gar umgeworfen
werde, anstatt daß, wenn sie diese rechtwinklicht durchschnei-
det, weniger Schade geschieht.

Die Historie der königl. Akademie zu Paris berichtet:
daß, da Smyrna, welches an dem östlichen Ufer des mittelländischen Meers liegt, im Jahr 1688 erschüttert wurde,
alle Mauern, welche die Richtung von Osten nach Westen
hatten, eingestürzt wurden, die aber, so von Norden nach
Süden erbaut waren, stehen blieben.

Der erschütterte Boden macht nemlich einige Schwan-
kungen, und bewegt alles, was auf ihm der Länge nach in
der Richtung der Schwankung aufgeführt ist, am stärksten.
Alle Körper, die eine große Beweglichkeit haben, z. E. die
Kronleuchter in den Kirchen, pflegen bey den Erdbeben die
Richtung, nach der die Stöße geschehen, anzuzeigen, und
sind weit sicherere Merkmale für eine Stadt, um die Lage daraus

*) Gleichwie ein Fluß eine abhängende Schiefe gegen das Meer
hin hat, so haben die Länder zu den Seiten einen Abhang zu
seinem Bette. Wenn dieses letztere selbst von der ganzen Erd-
schichte gilt, und diese in der größten Tiefe eben solche Abschüs-
sigkeit besitzt, so wird die Richtung der Erderschütterung auch
durch diese bestimmt werden.

aus abzunehmen, nach welcher sie sich anbauen muß, als die schon angeführten etwas zweifelhafteren Kennzeichen.

Von dem Zusammenhang der Erdbeben mit den Jahreszeiten.

Der schon mehrmals angeführte französische Akademist, Hr. Bouguer, führt in seiner Reise nach Peru an, daß wenn die Erdbeben in diesem Lande zu allen Jahrszeiten oft genug geschehen, dennoch die fürchterlichsten und häufigsten in den Herbstmonaten gegen das Ende des Jahres gefühlt werden. Diese Beobachtung findet nicht allein in Amerika zahlreiche Bestätigungen, indem, außer dem Untergange der Stadt Lima vor 10 Jahren und der Versinkung einer andern eben so volkreichen im vorigen Jahrhundert, sehr viele Exempel davon bemerkt worden sind. Auch in unserm Welttheil finden wir, außer dem letzten Erdbeben, noch viele Beyspiele in der Geschichte, von Erschütterung und Auswürfen feuerspeyender Berge, die sich häufiger in den Herbstmonaten, als in irgend einer andern Jahreszeit zugetragen haben. Sollte nicht eine gemeinschaftliche Ursache diese Uebereinstimmung veranlassen? und auf welche kann man füglicher die Vermuthung werfen, als auf die Regen, die in Peru in dem langen Thale zwischen den Cordillerischen Gebirgen vom September bis in den April dauern, und die auch um die Herbstzeit bey uns am häufigsten sind? Wir wissen, daß, um einen unterirrdischen Brand zu veranlassen, nichts nöthig sey, als die mineralische Materien in den Hölen der Erde in Gährung zu bringen. Dieses thut aber das Wasser, wenn es sich durch die Klüfte der Berge hindurch geseigert hat und in den tiefen Gängen sich verläuft. Die Regen haben die Gährung zuerst gereizt, die in der Mitte des Octobers so viel fremde Dämpfe aus dem inwendigen der Erde heraus stieß. Allein eben diese lockten dem Luftkreise noch mehrere nasse Einflüsse ab, und das Wasser, das durch die Felsenritzen bis in die tiefsten Grüfte hineindrang, vollendete die angefangene Erhitzung.

Von

Von dem Einfluß der Erdbeben in den Luftkreiß.

Wir haben oben ein Beyspiel von Wirkungen gesehen, welche die Erderschütterungen auf unsere Luft haben. Es ist zu glauben, daß von den Ausbrüchen der unterirrdischen erhitzten Dämpfe mehrere Naturerscheinungen abhängen, als man sich wohl gemeiniglich einbildet. Es wäre kaum möglich, daß in den Witterungen eine solche Unregelmäßigkeit und so wenig übereinstimmendes, anzutreffen wäre, wenn nicht fremde Ursachen bisweilen in unsere Atmosphäre träten, und ihre richtige Veränderungen in Unordnung brächten. Kann man sich wohl einen wahrscheinlichen Grund gedenken, warum, da der Lauf der Sonne und des Mondes an seine immer sich selbst ähnliche Gesetze gebunden ist, da Wasser und Erde, wenn man es im Großen nimmt, immer überein bleiben, doch der Ablauf der Witterungen, auch selbst in einem Auszug *) vieler Jahre, fast immer anders ausfällt. Wir haben seit der unglücklichen Erschütterung und kurz vor derselben eine so abweichende Witterung durch unsern ganzen Welttheil gehabt, daß man entschuldigt werden kann, wenn man deßfalls einige Vermuthung auf die Erdbeben wirft. Es ist wahr, man hat wohl ehedem warme Winterwitterung gehabt, ohne daß einiges Erdbeben vorhergegangen war; aber ist man denn sicher, daß nicht eine Gährung in dem innern der Erde sehr oft Dämpfe durch die Felsenklüfte, die Spalten der Erdschichten, und selbst durch derselben lockere Substanz hindurch getrieben habe, die namhafte Veränderungen im Luftkreise nach sich haben ziehen können? Muschenbroeck, nachdem er bemerkt hat, daß nur in diesem Jahrhundert, und zwar seit 1716 recht helle Nordlichter in Europa und bis in dessen südlichen Ländern gesehen worden, hält für die wahrscheinlichste Ursache dieser Veränderung in dem Luftkreise, daß die feuerspeyenden Berge

und

*) Durchschnitt.

und die Erdbeben, die einige Jahre vorher häufig gewütet hatten, entzündbare und flüchtige Dünste ausgestoßen haben, die durch den natürlichen Abfluß der obersten Luft nach Norden sich dahin gehäuft, und die feurige Lufterscheinungen hervorgebracht haben, die seit dem so häufig sind gesehen worden, und daß sie vermuthlich sich nach und nach verzehren müssen, bis neue Aushauchungen den Abgang wiederum ersetzen.

Diesen Grundsätzen nach, laßt uns untersuchen: ob es nicht der Natur gemäß sey, daß eine veränderte Witterung, wie diejenige, die wir gehabt haben, eine Folge von jener Katastrophe seyn könne. Die helle Winterwitterung und die Kälte, die sie begleitet, ist nicht lediglich eine Folge von der größern Entfernung der Sonne von unserm Scheitelpunkte zu dieser Jahreszeit. Denn wir empfinden es oft, daß dem ungeachtet die Luft sehr gemäßigt seyn könne; sondern der Zug der Luft aus Norden, der auch zu Zeiten in einen Ostwind ausschlägt, bringt uns eine erkältete Luft bis an der Eißzone her, die unsere Gewässer mit Eiß belegt, und uns einen Theil von dem Winter des Nordpols fühlen läßt. Dieser Zug der Luft von Norden nach Süden, ist in den Herbst- und Wintermonaten so natürlich, wenn ihn nicht fremde Ursachen unterbrechen, daß in dem Ocean in genugsamer Entfernung von allem festen Lande, dieser Nord- oder Nordostwind die ganze Zeit hindurch ununterbrochen angetroffen wird. Er rührt auch ganz natürlich von der Wirkung der Sonne her, die alsdenn über der südlichen Halbkugel die Luft verdünnt, und dadurch den Herbstzug der nördlichen verursacht, so daß dieses als ein beständiges Gesetz angesehen werden muß, welches durch die Beschaffenheit der Länder wohl einigermaßen verändert, aber nicht aufgehoben werden kann. Wenn nun unterirdische Gährungen erhitzte Dämpfe irgendwo in den Ländern, die uns nach Süden liegen, ausstoßen, so werden diese anfänglich die Höhe des Luftkreises in der Gegend, wo sie aufsteigen, dadurch

durch verringern, daß sie ihre Anspannungskraft schwächen und Platzregen, Orkane u. d. g. verursachen. Allein in der Folge wird dieser Theil der Atmosphäre, da er mit so viel Dünsten beladen ist, die benachbarte durch sein Gewicht bewegen, und einen Zug der Luft von Süden nach Norden verursachen. Da nun aber die Bestrebung des Luftkreises von Norden nach Süden in unserem Erdstriche bey dieser Jahreszeit natürlich ist, so werden diese beyde gegen einander streitende Bewegungen sich aufhalten, und erstlich eine trübe, regnichte Luft, wegen der zusammen getriebenen Dünste, dabey aber doch einen hohen Stand des Barometers *) nach sich ziehen, weil die durch den Streit zweyer Winde zusammengedrückte Luft eine hohe Säule ausmachen muß; und man wird dadurch sich in die scheinbare Unrichtigkeit der Barometer finden lernen, wenn bey hohem Stande derselben doch regenhaftes Wetter ist. Denn alsdenn ist eben diese Nässe der Luft eine Wirkung zweyer einander entgegen streitenden Luftzüge, welche die Dünste zusammentreiben und dennoch die Luft ansehnlich verdichten und schwerer machen können.

Ich kann nicht mit Stillschweigen übergehen: daß an dem schrecklichen Tage Allerheiligen die Magnete in Augsburg ihre Last abgeworfen haben, und die Magnetnadeln in Unordnung gebracht worden sind. Boyle berichtet schon, daß einsmals nach einem Erdbeben in Neapel dergleichen vorgegangen ist. Wir kennen die verborgene Natur des Magnets zu wenig, um von dieser Erscheinung Grund angeben zu können.

Von dem Nutzen der Erdbeben.

Man wird erschrecken, eine so fürchterliche Strafruthe der Menschen von der Seite der Nutzbarkeit angepriesen

zu

---

*) Dergleichen bey dieser nassen Winterwitterung fast beständig bemerkt worden ist.

zu sehen. Ich bin gewiß, man würde gerne Verzicht dar=
auf thun, um nur der Furcht und der Gefahren überhoben
zu seyn, die damit verbunden sind. So sind wir Menschen.
Nachdem wir einen widerrechtlichen Anspruch auf alle An=
nehmlichkeit des Lebens gemacht haben, so wollen wir keine
Vortheile mit Unkosten erkaufen. Wir verlangen: der Erd=
boden soll so beschaffen seyn, daß man wünschen könnte,
darauf ewig zu wohnen. Ueber dieses bilden wir uns ein,
daß wir alles zu unserm Vortheil besser regieren würden,
wenn die Vorsehung uns darüber unsere Stimme abgefragt
hätte. So wünschen wir z. E. den Regen in unserer Ge=
walt zu haben, damit wir ihn nach unserer Bequemlichkeit
das Jahr über vertheilen könnten und immer angenehme Ta=
ge zwischen den trüben zu genießen hätten. Aber wir ver=
gessen die Brünnen, die wir gleichwohl nicht entbehren könn=
ten, und die doch auf solche Art gar nicht unterhalten wer=
den würden. Eben so wissen wir den Nutzen nicht, den
uns eben die Ursachen verschaffen können, die uns in den
Erdbeben erschrecken, und wollten sie doch gerne verbannt
wissen.

Als Menschen, die gebohren waren um zu sterben, kön=
nen wir es nicht vertragen, daß einige im Erdbeben gestor=
ben sind, und als solche, die hier Fremdlinge sind und kein
Eigenthum besitzen, sind wir untröstlich, daß Güter verloh=
ren wurden, die in Kurzem durch den allgemeinen Weg der
Natur von selbst verlassen worden wären.

Es läßt sich leicht rathen: daß, wenn Menschen auf
einem Grunde bauen, der mit entzündbaren Materien an=
gefüllt ist, über kurz oder lang die ganze Pracht ihrer Ge=
bäude durch Erschütterungen über den Haufen fallen könne.
Aber muß man denn darum über die Wege der Vorsehung
ungeduldig werden. Wäre es nicht besser so zu urtheilen:
Es war nöthig, daß Erdbeben bisweilen auf dem Erdboden
geschehen; aber es war nicht nothwendig, daß wir präch=
tige Wohnplätze darüber erbaueten. Die Einwohner in Pe=
ru

ru wohnen in Häusern, die nur in geringer Höhe gemauert seyn, und das übrige besteht aus Rohr. Der Mensch muß sich in die Natur schicken lernen; aber er will, daß sie sich in ihn schicken soll.

Was auch die Ursache der Erdbeben den Menschen auf einer Seite jemals für Schaden erweckt hat, das kann sie ihm leicht auf der andern Seite mit Gewinn ersetzen. Wir wissen, daß die warmen Bäder, die vielleicht einem beträchtlichen Theil der Menschen zur Beförderung der Gesundheit in der Folge der Zeiten dienlich gewesen seyn können, durch eben dieselben Ursachen ihre mineralische Eigenschaft und Hitze haben, wodurch die Erhitzungen in dem innern der Erde vorgehen, welche diese in Bewegung setzen.

Man hat schon längst vermuthet: daß die Erzstufen in den Gebirgen eine langsame Wirkung der unterirdischen Hitze seyen, welche die Metalle durch allmählige Wirkungen zur Reife bringt, indem sie durch durchdringende Dämpfe in der Mitte des Gesteins sie bildet und kocht.

Unser Luftkreiß bedarf außer den groben und todten Materien, die er in sich enthält, auch ein gewisses wirksames Principium, flüchtige Salze und Theile, die in den Zusammensatz der Pflanzen kommen sollen, um sie zu bewegen und auszuwickeln. Ist es nicht glaublich, daß die Naturbildungen, die beständig einen großen Theil davon aufwenden, und die Veränderungen, die alle Materie durch die Auflösung und Zusammensetzung endlich erleidet, die würksamste Partikeln mit der Zeit gänzlich verzehren würde, wenn nicht von Zeit zu Zeit ein neuer Zufluß geschähe. Zum wenigsten wird das Erdreich immer unkräftiger, wenn es kräftige Pflanzen nährt; die Ruhe und der Regen aber bringen es wieder in den Stand. Wo würde aber endlich die kräftige Materie herkommen, die ohne Ersetzung verwandt wird, wenn nicht eine anderweitige Quelle ihren Zufluß unterhielte? Und diese ist vermuthlich der Vorrath, den die unterirrdischen Grüfte an den wirksamsten und flüchtigsten Materien

ent

enthalten; davon ſie von Zeit zu Zeit einen Theil auf die Oberfläche der Erde ausbreiten. Ich merke noch an: daß Hales mit ſehr glücklichem Erfolg die Gefängniſſe, und überhaupt alle Oerter, deren Luft mit thieriſchen Ausdüſtungen angeſteckt wird, durch das Räuchern des Schwefels befreyt. Die feuerſpeyenden Berge ſtoßen eine unermeßliche Menge ſchwefelichter Dämpfe in den Luftkreiß aus. Wer weiß, würden die thieriſchen Ausdünſtungen, womit dieſe beladen iſt, nicht mit der Zeit ſchädlich werden, wenn jene nicht ein kräftiges Gegenmittel dawider abgäben.

Zuletzt dünkt mir die Wärme in dem innern der Erde, einen kräftigern Beweiß von der Würkſamkeit und dem groſſen Nutzen der Erhitzungen, die in tiefen Grüften vorgehen, abzugeben. Es iſt durch tägliche Erfahrungen ausgemacht, daß es in großen, ja in den größten Tiefen, zu denen Menſchen in dem Innern der Berge je gelangt ſind, eine immerwährende Wärme gebe, die man unmöglich der Wirkung der Sonne zuſchreiben kann. Boyle zieht eine gute Anzahl Zeugniſſe an, aus denen erhellt, daß in allen tiefſten Schachten man zuerſt die obere Gegend weit kälter finde, als die äußere Luft, wenn es zur Sommerzeit iſt; je tiefer man ſich aber herablaſſe, deſto wärmer finde man die Gegend; ſo, daß in der größten Tiefe die Arbeiter genöthigt ſind, die Kleider bey ihrer Arbeit abzulegen. Jedermann begreift es leicht, daß, da die Sonnenwärme nur auf eine ſehr geringe Tiefe in die Erde dringt, ſie in den allerunterſten Grüften nicht die geringſte Wirkung mehr thun könne; und daß die daſelbſt befindliche Wärme von einer Urſache abhänge, die nur in der größten Tiefe herrſcht, dies iſt überdem aus der verminderten Wärme zu erſehen, je höher man ſogar zur Sommerszeit von unten hinauf kommt. Boyle, nachdem er die angeſtellten Erfahrungen behutſam verglichen und geprüft hat, ſchließt ſehr vernünftig: daß in den unterſten Hölen, zu welchen wir nicht gelangen können, beſtändige Erhitzungen, und ein dadurch unterhaltenes unauslöſchliches Feuer anzutref-

F

zutreffen seyn müsse, das seine Wärme der obersten Rinde mittheilt.

Wenn sich dieses so verhält, wie man sich denn nicht entbrechen kann es zuzugeben, werden wir uns nicht von diesem unterirdischen Feuer die vortheilhaftesten Wirkungen zu versprechen haben, welches der Erde jederzeit eine gelinde Materie erhält, zu der Zeit, wenn uns die Sonne die ihrige entzieht, welches den Trieb der Pflanzen und die Oekonomie der Naturreiche zu befördern im Stande ist. Und kann uns wohl bey dem Anschein so vieler Nutzbarkeit der Nachtheil, der dem menschlichen Geschlecht durch einen und die andere Ausbrüche derselben erwächst, der Dankbarkeit überheben, die wir der Vorsehung für alle ihre Anstalten schuldig sind.

Die Gründe, die ich zur Aufmunterung derselben angeführt habe, sind freylich nicht von der Art derjenigen, welche die grösseste Ueberzeugung und Gewißheit verschaffen. Allein auch Muthmaßungen sind annehmungswürdig, wenn es darauf ankömmt, den Menschen zu der Dankbegierde gegen das höchste Wesen zu bewegen, das selbst alsdann, wenn es züchtigt, verehrungs- und liebenswürdig ist.

Anmerkung.

Ich hatte oben angeführt, daß die Erdbeben schwefelichte Ausdämpfungen durch das Gewölbe der Erde hindurch treiben. Die letzten Nachrichten von den Schachten in den sächsischen Gebirgen bestätigen dies durch ein neues Beyspiel. Man findet sie jetzt so angefüllt von schwefelichten Dämpfen, daß die Arbeiter sie verlassen müssen. Die Begebenheit von Tuam in Irrland, da eine leuchtende Lufterscheinung in der Gestalt von Wimpeln und Flaggen auf der See erschien, die ihre Farben nach und nach änderten und zuletzt ein helles Licht ausbreiteten, worauf ein heftiger Stoß von Erdbeben erfolgte, ist eine neue Bestätigung hievon. Die Verwandlung der Farben vom dunkelsten blau bis in roth und endlich in einen hellen weißen Schein, ist der herausgebrochenen

nen zuerſt ſehr dünnen Ausdämpfung, die nach und nach durch häufigeren Zufluß mehrerer Dünſte vermehrt werden, zuzuſchreiben, die, wie in der Naturwiſſenſchaft bekannt iſt, die Grade des Lichts von der blauen Farbe bis zur rothen, und endlich bis in einen weißen Schein durchgehen müſſen. Alles dieſes gieng vor dem Stoß vorher. Es war auch ein Beweiß, daß der Heerd der Entzündung in dem Grunde des Meers geweſen, wie denn ſelbſt das Erdbeben an der Meeresküſte hauptſächlich verſpüret worden.

Wenn man die Anmerkungen von den Oertern der Erde, wo die häufigſten und ſchwereſten Erſchütterungen von jeher empfunden worden ſind, weiter ausdehnen will, ſo kann man noch dazu ſetzen: daß die weſtlichen Küſten jederzeit weit mehr Anfälle davon, als die öſtlichen, erlitten haben. In Italien, in Portugall, in Südamerika, ja ſelbſt neulich in Irrland, hat die Erfahrung dieſe Uebereinſtimmung beſtätigt. Peru, welches an dem weſtlichen Seeufer der neuen Welt liegt, hat faſt tägliche Erſchütterungen, da indeſſen Braſilien, welches den Ocean gegen Oſten hat, nichts davon verſpürt. Wenn man von dieſer ſeltſamen Analogie einige Urſachen muthmaßen will, ſo kann man es wohl einem Gautier, einem Mahler verzeihen, wenn er die Urſache aller Erdbeben in den Sonnenſtrahlen, der Quelle ſeiner Farben und ſeiner Kunſt ſucht, und ſich einbildet, eben dieſelben treiben auch unſere große Kugel von Abend gegen Morgen herum, indem ſie an die weſtlichen Küſten ſtärker anſchlagen, und eben dadurch würden dieſe Küſten mit ſo vielen Erſchütterungen beunruhigt. Allein in einer geſunden Naturwiſſenſchaft verdient ein ſolcher Einfall kaum Widerlegung. Mir ſcheint der Grund dieſes Geſetzes mit einem andern in Verbindung zu ſtehen, wovon man noch zur Zeit keine genugſame Erklärung gegeben hat; daß nemlich die weſtlichen und ſüdlichen Küſten faſt aller Länder ſteiler abſchüßig ſind, als die öſtliche und nördliche, welches ſowohl durch den Anblick der Charte, als durch die Nachrichten des Dampiers, der ſie auf allen ſeinen Seereiſen faſt allgemein

befun=

befunden hat, bestätigt wird. Wenn man die Beugungen des festen Landes von den Einsinkungen herleitet, so müssen in den Gegenden der größten Abschüßigkeit tiefere und mehrere Hölen anzutreffen seyn, als wo die Erdrinde nur einen gemäßigten Abhang hat. Dieses aber hat mit den Erderschütterungen, wie wir oben gesehen haben, einen natürlichen Zusammenhang. —

Schlußbetrachtung.

Der Anblick so vieler Elenden, als die letztere Katastrophe unter unsern Mitbürgern gemacht hat, soll die Menschenliebe rege machen, und uns einen Theil des Unglücks empfinden lassen, welches sie mit solcher Härte betroffen hat. Man verstößt aber gar sehr dawider, wenn man dergleichen Schicksale jederzeit als verhängte Strafgerichte ansieht, welche die verheerte Städte um ihrer Uebelthaten willen, betreffen, und wenn wir diese Unglückselige als das Ziel der Rache Gottes betrachten, über die seine Gerechtigkeit alle ihre Zornstrafen ausgießt. Diese Art des Urtheils ist ein sträflicher Vorwitz, der sich anmaßt, die Absichten der göttlichen Rathschlüsse einzusehen, und nach seinen Einsichten auszulegen.

Der Mensch ist von sich selbst so eingenommen, daß er sich lediglich als das einzige Ziel der Anstalten Gottes ansieht, gleich als wenn diese kein anderes Augenmerk hätten, als ihn allein, um die Maaßregeln in der Regierung der Welt darnach einzurichten. Wir wissen, daß der ganze Inbegriff der Natur ein würdiger Gegenstand der göttlichen Weißheit und seiner Anstalten sey. Wir sind ein Theil derselben und wollen das Ganze seyn. Die Regeln der Vollkommenheit der Natur im Großen sollen in keine Betrachtung kommen, und es soll sich alles blos in richtiger Beziehung auf uns anschicken. Was in der Welt zur Bequemlichkeit und zum Vergnügen gereicht, das, stellt man sich vor, sey blos um unsertwillen da, und die Natur beginne keine Veränderungen, die irgend eine Ursache der Ungemächlichlichkeit für den Menschen werden, als um sie zu züchtigen, zu dröhen, oder Rache an ihnen auszuüben.

Gleichwohl sehen wir, daß unendlich viele Bösewichter in Ruhe entschlafen, daß die Erdbeben gewisse Länder von jeher erschüttert haben, ohne Unterschied der alten oder neuen Einwohner, daß das christliche Peru so gut bewegt wird, als das heidnische, und daß viele Städte von dieser Verwüstung von Anbeginn befreyet geblieben sind, die über jene sich keines Vorzugs der Unsträflichkeit anmaßen können.

So ist der Mensch im Dunkeln, wenn er die Absichten errathen will, die Gott in der Regierung der Welt vor Augen hat: Allein wir sind in keiner Ungewißheit, wenn es auf die Anwendung ankommt, wie wir diese Wege der Vorsehung dem Zwecke derselben gemäß gebrauchen sollen. Der Mensch ist nicht geboren, um auf dieser Schaubühne der Eitelkeit ewige Hütten zu erbauen. Weil sein ganzes Leben ein weit edleres Ziel hat, wie schön stimmen dazu nicht alle die Verheerungen, die der Unbestand der Welt selbst in denjenigen Dingen blicken läßt, die uns die größten und wichtigsten zu seyn scheinen; um uns zu erinnern, daß die Güter der Erden unserm Triebe zur Glückseligkeit keine Genugthuung verschaffen können? — —

Ich bin weit davon entfernt, hiemit anzudeuten, als wenn der Mensch einem unwandelbaren Schicksale der Naturgesetze, ohne Nachsicht auf seine besondern Vortheile, überlassen sey. Eben dieselbe höchste Weisheit, von welcher der Lauf der Natur diejenige Richtigkeit entlehnt, die keiner Ausbesserung bedarf, hat die niederen Zwecke den höheren untergeordnet, und in eben den Absichten, in welchen jene oft die wichtigsten Ausnahmen von den allgemeinen Regeln der Natur gemacht hat, um die unendlich höhern Zwecke zu erreichen, die weit über alle Naturmittel erhaben sind, wird auch die Führung des menschlichen Geschlechts in dem Regimente der Welt selbst dem Laufe der Naturdinge Gesetze vorschreiben. Wenn eine Stadt oder Land das Unheil ge-

F 3   wahr

wahr wird, womit die göttliche Vorsehung sie oder ihre Nachbarn in Schrecken setzt; ist es denn wohl noch zweifelhaft, welche Parthey sie zu ergreifen habe, um dem Verderben vorzubeugen, das ihnen droht? und sind die Zeichen noch wohl zweydeutig, die Absichten begreiflich zu machen, zu deren Vollführung alle Wege der Vorsehung einstimmig den Menschen entweder einladen oder antreiben?

Ein Fürst, der, durch ein edles Herz getrieben, sich diese Drangsale des menschlichen Geschlechts bewegen läßt, das Elend des Kriegs von denen abzuwenden, welchen von allen Seiten überdem schwere Unglücksfälle drohen, ist ein wohlthätiges Werkzeug in der gütigen Hand Gottes, und ein Geschenk, das er den Völkern der Erde macht, dessen Werth sie niemals nach seiner Größe schätzen können.

Von

Von den
verſchiedenen Racen
der
Menſchen.

Abgedruckt in J. J. Engels Philoſoph für die Welt II. Th.
S. 125 — 164. Erſter Ausg. 1775. ausgelaſſen in der
zwenten Ausgabe 1785.

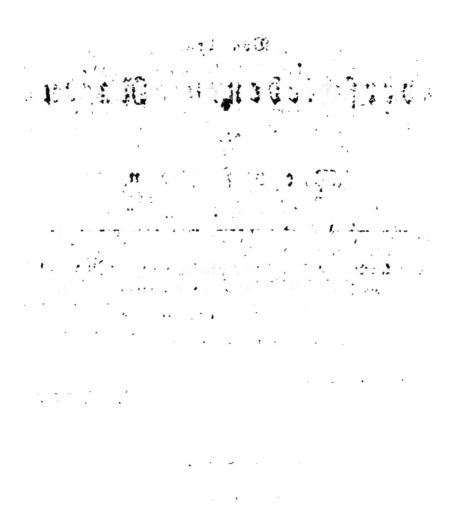

Digitized by Google

1) Von der Verschiedenheit der Racen überhaupt.

Im Thierreiche gründet sich die Natureintheilung in Gattungen und Arten auf das gemeinschaftliche Gesetz der Fortpflanzung, und die Einheit der Gattungen ist nichts anders, als die Einheit der zeugenden Kraft, welche für eine gewisse Mannigfaltigkeit von Thieren durchgängig geltend ist. Daher muß die Büffonsche Regel: daß Thiere, die mit einander fruchtbare Jungen erzeugen, (von welcher Verschiedenheit der Gestalt sie auch seyn mögen,) doch zu einer und derselben physischen Gattung gehören, eigentlich nur als die Definition einer Naturgattung der Thiere überhaupt, zum Unterschiede von allen Schulgattungen derselben, angesehen werden. Die Schuleintheilung gehet auf Klassen, welche nach Aehnlichkeiten; die Natureintheilung aber auf Stämme, welche die Thiere nach Verwandtschaften in Ansehung der Erzeugniß eintheilt. Jene verschaffen ein Schulsystem für das Gedächtniß, diese ein Natursystem für den Verstand: die erstere hat nur zur Absicht, die Geschöpfe unter Titel, die zweyte, sie unter Gesetz zu bringen.

Nach diesem Begriffe gehören alle Menschen auf der weiten Erde zu einer und derselben Naturgattung, weil sie durchgängig mit einander fruchtbare Kinder zeugen, so große Verschiedenheiten auch sonst in ihrer Gestalt mögen angetroffen werden. Von dieser Einheit der Naturgattung, welche eben so viel ist, als die Einheit der für sie gemein-

F 5

schaft-

schaftlich gültigen Zeugungskraft, kann man nur eine einzige natürliche Ursache anführen: nämlich, daß sie alle zu einem einzigen Stamme gehören, woraus sie, unerachtet ihrer Verschiedenheiten, entsprungen sind, oder doch wenigstens haben entspringen können. Im erstern Falle gehören die Menschen nicht blos zu einer und derselben Gattung, sondern auch zu einer Familie; im zweyten sind sie einander ähnlich, aber nicht verwandt, und es müßten viel Lokalschöpfungen angenommen werden; eine Meynung, welche die Zahl der Ursachen ohne Noth vervielfältiget. Eine Thiergattung, die zugleich einen gemeinschaftlichen Stamm hat, enthält unter sich nicht verschiedene Arten (denn diese bedeuten eben die Verschiedenheiten der Abstammung); sondern ihre Abweichungen von einander heißen Abartungen, wenn sie erblich sind. Die erblichen Merkmale der Abstammung, wenn sie mit ihrer Abkunft einstimmig sind, heißen Nachartungen; könnte aber die Abartung nicht mehr die ursprüngliche Stammbildung herstellen, so würde sie Ausartung heißen.

Unter den Abartungen, d. i. den erblichen Verschiedenheiten der Thiere, die zu einem einzigen Stamm gehören, heißen diejenigen, welche sich sowohl bey allen Verpflanzungen (Versetzungen in andere Landstriche) in langen Zeugungen unter sich beständig erhalten, als auch in der Vermischung mit andern Abartungen desselbigen Stammes, jederzeit halbschlächtige Junge zeugen, Racen. Die, so bey allen Verpflanzungen das Unterschiedene ihrer Abartung zwar beständig erhalten, und also nacharten, aber in der Vermischung mit andern nicht nothwendig halbschlächtig zeugen, heißen Spielarten; die aber, so zwar oft und beständig nacharten, Varietäten. Umgekehrt heißt die Abartung, welche mit andern zwar halbschlächtig erzeugt, aber durch die Verpflanzung nach und nach erlöscht, ein besonderer Schlag.

Auf diese Weise sind Neger und Weisse, zwar nicht verschiedene Arten von Menschen, (denn sie gehören vermuth-

muthlich zu einem Stamme;) aber doch zwey verschiedene
Racen; weil jede derselben sich in allen Landstrichen perpetuirt, und beyde mit einander nothwendig halbschlächtige
Kinder, oder Blendlinge, (Mulatten) erzeugen. Dagegen sind Blonde und Brunette nicht verschiedene Racen
der Weißen; weil ein blonder Mann von einer brunetten
Frau auch lauter blonde Kinder haben kann, obgleich jede
dieser Abartungen sich bey allen Verpflanzungen lange Zeugungen hindurch erhält. Daher sind sie Spielarten der
Weissen. Endlich bringt die Beschaffenheit des Bodens,
(Feuchtigkeit oder Trockenheit) ingleichen der Nahrung, nach
und nach einen erblichen Unterschied oder Schlag unter
Thiere einerley Stammes und Race, vornehmlich in Ansehung der Größe, der Proportion der Gliedmaßen (plump oder
geschlang) ingleichen des Naturells, der zwar in der Vermischung mit fremden halbschlächtig anartet, aber auf einem
andern Boden und bey anderer Nahrung (selbst ohne Veränderung des Klima) in wenig Zeugungen verschwindet. Es
ist angenehm, den verschiedenen Schlag der Menschen nach
Verschiedenheit dieser Ursachen zu bemerken, wo er in eben
demselben Lande blos nach den Provinzen kenntlich ist, (wie
sich die Böotier, die einen feuchten, von den Atheniensern
unterschieden, die einen trocknen Boden bewohnten) welche
Verschiedenheit oft freylich nur einem aufmerksamen Auge
kenntlich ist, von andern aber belacht wird. Was blos zu
den Varietäten gehört, und also an sich selbst (ob zwar
eben nicht beständig) erblich ist, kann doch durch Ehen, die
immer in denselben Familien verbleiben, dasjenige mit der
Zeit hervorbringen, was ich den Familienschlag nenne, wo
sich etwas Charakteristisches endlich so tief in die Zeugungskraft einwurzelt, daß es einer Spielart nahe kömmt, und
sich wie diese, perpetuirt. Man will dieses an dem alten
Adel von Venedig, vornemlich den Damen desselben bemerkt
haben: Zum wenigsten sind in der neu entdeckten Insel
Otaheite die adelichen Frauen insgesammt größern Wuch-
ches, als die gemeinen. —— Auf der Möglichkeit, durch
sorg-

sorgfältige Aussonderung der ausartenden Geburten von den einschlagenden, endlich einen dauerhaften Familienschlag zu errichten, berühete die Meynung des Herrn von Maupertius: einen von Natur edlen Schlag Menschen in irgend einer Provinz zu ziehen, worinn Verstand, Tüchtigkeit und Rechtschaffenheit erblich wären. Ein Anschlag, der meiner Meynung nach an sich selbst zwar thunlich, aber durch die weisere Natur ganz wohl verhindert ist, weil eben in der Vermengung des Bösen mit dem Guten die großen Triebfedern liegen, welche die schlafenden Kräfte der Menschheit ins Spiel setzen, und sie nöthigen, alle ihre Talente zu entwickeln, und sich der Vollkommenheit ihrer Bestimmung zu nähern. Wenn die Natur ungestört (ohne Verpflanzung oder fremde Vermischung) viele Zeugungen hindurch wirken kann, so bringt sie jederzeit endlich einen dauerhaften Schlag hervor, der Völkerschaften auf immer kenntlich macht, und eine Race würde genannt werden, wenn das Charakteristische nicht zu unbedeutend schiene, und zu schwer zu beschreiben wäre, um darauf eine besondere Abtheilung zu gründen.

2) Eintheilung der Menschengattung in ihre verschiedene Racen.

Ich glaube, man habe nur nöthig, vier Racen derselben anzunehmen, um alle dem ersten Blick kenntliche und sich perpetuirende Unterschiede davon ableiten zu können. Sie sind 1) die Race der Weissen, 2) die Negerrace, 3) die Hunnische (Mungalische oder Kalmuckische) Race, 4) die Hinduische oder Hindistanische Race. Zu der erstern, die ihren vornehmsten Sitz in Europa hat, rechne ich noch die Mohren, (Mauren von Afrika,) die Araber, (nach dem Niebuhr,) den türkisch-tatarischen Völkerstamm, und die Perser, ingleichen alle übrige Völker von Asien, die nicht durch die übrigen Abtheilungen namentlich davon ausgenommen sind. Die Negerrace der nördlichen Halbkugel ist blos in Afrika, die der südlichen (außerhalb Afrika) vermuthlich nur

nur in Neuguinea eingebohren, (Autochtones) in einigen benachbarten Inseln aber bloße Verpflanzungen. Die Kalmuckische Race scheint unter den Koschottischen am reinsten, unter den Torgöts etwas, unter den Dsingorischen mehr mit tatarischem Blute vermischt zu seyn, und ist eben dieselbe, welche in den ältesten Zeiten den Namen der **Hunnen**, später den Namen der **Mungalen** (in weiter Bedeutung) und jetzt der Oelöts führt. Die Hindistanische Race ist in dem Lande dieses Namens sehr rein und uralt, aber von dem Volke auf der jenseitigen Halbinsel Indiens unterschieden. Von diesen vier Racen glaube ich alle übrige erbliche Völchercharaktere ableiten zu können; entweder als vermischte oder angehende Racen: wovon die erste aus der Vermischung verschiedener entsprungen ist, die zweyte in dem Klima noch nicht lange genug gewohnt hat, um den Charakter der Race desselben völlig anzunehmen. So hat die Vermischung des tatarischen mit dem hunnischen Blute an den Karakalpacken, den Nagaien und andern, **Halbracen** hervorgebracht. Das hindistanische Blut, vermischt mit dem der alten Seyten (in und um Tibet) und mehr oder weniger von dem hunnischen, hat vielleicht die Bewohner der jenseitigen Halbinsel Indiens, die Tonquinesen und Schinesen, als eine vermischte Race erzeugt. Die Bewohner der nördlichen Eisküste Asiens, sind ein Beyspiel einer angehenden hunnischen Race, wo sich schon das durchgängig schwarze Haar, das bartlose Kinn, das flache Gesicht und langgeschlitzte wenig geöffnete Augen zeigen; die Wirkung der Eiszone an einem Volke, welches in spätern Zeiten aus milderem Himmelsstriche in diese Sitze getrieben worden, so wie die Seelappen, ein Abstamm des ungrischen Volks, in nicht gar viel Jahrhunderten, schon ziemlich in das Eigenthümliche des kalten Himmelsstrichs eingeartet sind, ob sie zwar von einem wohlgewachsenen Volke aus der temperirten Zone entsprossen waren. Endlich scheinen die Amerikaner eine noch nicht völlig eingeartete hunnische Race zu seyn. Denn im äußersten Nordwesten von Amerika, (woselbst auch, aller Vermuthung

nach,

nach, die Bevölkerung dieses Welttheils aus dem Nordosten von Asien, wegen der übereinstimmenden Thierarten in beyden, geschehen seyn muß) an den nördlichen Küsten von der Hudsonsbay sind die Bewohner den Kalmucken ganz ähnlich. Weiter hin in Süden, wird das Gesicht zwar offener und erhobener, aber das bartlose Kinn, das durchgängig schwarze Haar, die rothbraune Gesichtsfarbe, ingleichen die Kälte und Unempfindlichkeit des Naturells, lauter Ueberbleibsel von der Wirkung eines langen Aufenthalts in kalten Weltstrichen, wie wir bald sehen werden, gehen von dem äußersten Norden dieses Welttheils bis zum Staaten-Eylande fort. Der längere Aufenthalt der Stammväter der Amerikaner in N. O. von Asien und dem benachbarten N. W. von Amerika hat die Kalmuckische Bildung zur Vollkommenheit gebracht; die geschwindere Ausbreitung ihrer Abkömmlinge aber nach dem Süden dieses Welttheils die Amerikanische. Von Amerika aus ist gar nichts weiter bevölkert. Denn auf den Inseln des stillen Meers sind alle Einwohner, einige Neger ausgenommen, bärtig; vielmehr geben sie einige Zeichen der Abkunft von den Malayen, eben so, wie die auf den sundaischen Inseln; und die Art von Lehnsregierung, welche man auf der Insel Otaheite antraf, und welche auch die gewöhnliche Staatsverfassung der Malayen ist, bestätiget diese Vermuthung.

Die Ursache, Neger und Weisse für Grundracen anzunehmen, ist für sich selbst klar. Was die Hindistanische und Kalmuckische betrift, so ist das Olivengelb, welches dem mehr oder weniger Braunen der heißen Länder zum Grunde liegt, bey den erstern eben so wenig, als das originale Gesicht der zweyten von irgend einem andern bekannten Nationscharakter abzuleiten, und beyde drücken sich in vermischten Begattungen unausbleiblich ab. Eben dieses gilt von der in die Kalmuckische Bildung einschlagenden und damit durch einerley Ursache verknüpften amerikanischen Race. Der Ostindianer giebt durch Vermischung mit dem Weis-

Weiſſen den gelben Meſtizen, wie der Amerikaner mit demſelben den rothen, und der Weiſſe mit dem Neger den Mulatten, der Amerikaner mit eben demſelben, den Kabugl oder den ſchwarzen Karaiben: welches jederzeit kenntlich bezeichnete Blendlinge ſind; und ihre Abkunft von ächten Racen beweiſen.

3) Von den unmittelbaren Urſachen des Urſprungs dieſer verſchiedenen Racen.

Die in der Natur eines organiſchen Körpers (Gewächſes oder Thieres) liegenden Gründe einer beſtimmten Auswickelung heißen, wenn dieſe Auswickelung beſondere Theile betrift, Keime; betrift ſie aber nur die Größe oder das Verhältniß der Theile unter einander, ſo nenne ich ſie natürliche Anlagen. In den Vögeln von derſelben Art, die doch in verſchiedenen Klimaten leben ſollen, liegen Keime zur Auswickelung einer neuen Schicht Federn, wenn ſie im kalten Klima leben, die aber zurück gehalten werden, wenn ſie ſich im gemäßigten aufhalten ſollen. Weil in einem kalten Lande das Weitzenkorn mehr gegen feuchte Kälte geſchützt werden muß, als in einem trocknen oder warmen, ſo liegt in ihm eine vorher beſtimmte Fähigkeit oder natürliche Anlage, nach und nach eine dickere Haut hervorzubringen. Dieſe Fürſorge der Natur, ihr Geſchöpf durch verſteckte innere Vorkehrungen auf allerley künftige Umſtände auszurüſten, damit es ſich erhalte, und der Verſchiedenheit des Klima oder des Bodens angemeſſen ſey, iſt bewundernswürdig, und bringt bey der Wanderung und Verpflanzung der Thiere und Gewächſe, dem Scheine nach, neue Arten hervor, welche nichts anders als Abartungen und Racen von derſelben Gattung ſind, deren Keime und natürliche Anlagen ſich nur gelegentlich in langen Zeitläuften auf verſchiedene Weiſe entwickelt haben. *)

Der

*) Wir nehmen die Benennungen: Naturbeſchreibung und Naturgeſchichte gemeiniglich in einerley Sinne. Allein es iſt klar,

Der Zufall, oder allgemeine mechanische Gesetze, können solche Zusammenpassungen nicht hervorbringen. Daher müssen wir dergleichen gelegentliche Auswickelungen als vorgebildet ansehn. Allein selbst da, wo sich nichts zweckmäßiges zeiget, ist das bloße Vermögen, seinen besondern angenommenen Charakter fortzupflanzen, schon Beweises genug: daß dazu ein besonderer Keim oder natürliche Anlage in dem organischen Geschöpf anzutreffen gewesen. Denn äußere Dinge können wohl Gelegenheits= aber nicht hervorbringende Ursachen von demjenigen seyn, was nothwendig anerbet und nachartet. So wenig, als der Zufall oder physisch=mechanische Ursachen einen organischen Körper hervorbringen können, so wenig werden sie zu seiner Zeugungskraft etwas hinzusetzen, d. i. etwas bewirken, was sich selbst fortpflanzt, wenn es eine besondere Gestalt oder Verhältniß der Theile ist.*). Luft, Sonne und Nahrung können einen thierischen Körper in seinem Wachsthume modificiren, aber diese Veränderung nicht zugleich mit einer zeugenden Kraft versehen, die vermögend wäre, sich selbst, auch ohne diese

klar, daß die Kenntniß der Naturdinge, wie sie jetzt sind, immer noch die Erkenntniß von demjenigen wünschen lasse, was sie ehedem gewesen sind, und durch welche Reihe von Veränderungen sie durchgegangen, um an jedem Orte in ihren gegenwärtigen Zustand zu gelangen. Die Naturgeschichte, woran es uns fast noch gänzlich fehlt, würde uns die Veränderung der Erdgestalt, ingleichen die der Erdgeschöpfe (Pflanzen und Thiere), die sie durch natürliche Wanderungen erlitten haben, und ihre daraus entsprungene Abartungen von dem Urbilde der Stammgattung lehren. Sie würde vermuthlich eine große Menge scheinbar verschiedene Arten zu Racen eben derselben Gattung zurückführen, und das jetzt so weitläuftige Schulsystem der Naturbeschreibung in ein physisches System für den Verstand verwandeln.

*) Krankheiten sind bisweilen erblich. Aber diese bedürfen keiner Organisation, sondern nur eines Ferments schädlicher Säfte, die sich durch Ansteckung fortpflanzen. Sie arten auch nicht nothwendig an.

diese Ursache, wieder hervorzubringen; sondern, was sich fortpflanzen soll, muß in der Zeugungskraft schon vorher gelegen haben, als vorher bestimmt zu einer gelegentlichen Auswickelung, den Umständen gemäß, darein das Geschöpf gerathen kann, und in welchen es sich beständig erhalten soll. Denn in die Zeugungskraft muß nichts dem Thiere fremdes hineinkommen können, was vermögend wäre, das Geschöpf nach und nach von seiner ursprünglichen und wesentlichen Bestimmung zu entfernen, und wahre Ausartungen hervorzubringen, die sich perpetuiren.

Der Mensch war für alle Klimaten und für jede Beschaffenheit des Bodens bestimmt; folglich mußten ihm mancherley Keime und natürliche Anlagen bereit liegen, um gelegentlich entweder ausgewickelt oder zurückgehalten zu werden, damit er seinem Platze in der Welt angemessen würde, und in dem Fortgange der Zeugungen demselben gleichsam angeboren und dafür gemacht zu seyn schiene. Wir wollen, nach diesen Begriffen, die ganze Menschengattung auf der weiten Erde durchgehen, und daselbst zweckmäßige Ursachen seiner Abartungen anführen, wo die natürlichen nicht wohl einzusehen sind, hingegen natürliche, wo wir die Zwecke nicht gewahr werden. Hier merke ich nur an: daß Luft und Sonne diejenigen Ursachen zu seyn scheinen, welche auf die Zeugungskraft innigst einfließen, und eine dauerhafte Entwickelung der Keime und Anlagen hervorbringen, d. i. eine Race gründen können; dahingegen die besondere Nahrung zwar einen Schlag Menschen hervorbringen kann, dessen Unterscheidendes aber bey Verpflanzungen bald erlischt. Was auf die Zeugungskraft haften soll, muß nicht die Erhaltung des Lebens, sondern die Quelle desselben, d. i. die ersten Principien seiner thierischen Einrichtung und Bewegung affiziren.

Der Mensch, in die Eiszone versetzt, mußte nach und nach in eine kleinere Statur ausarten, weil bey dieser, wenn die Kraft des Herzens dieselbe bleibt, der Blutumlauf in kürze-

kürzerer Zeit geschieht, der Pulsschlag also schneller und die
Blutwärme größer wird. In der That fand auch **Cranz**
die Grönländer nicht allein weit unter der Statur der Europäer, sondern auch von merklich größerer natürlicher Hitze
ihres Körpers. Selbst das Mißverhältniß zwischen der
ganzen Leibeshöhe und den kurzen Beinen an den nördlich-
sten Völkern ist ihrem Klima sehr angemessen, da diese Theile des Körpers wegen ihrer Entlegenheit vom Herzen in der
Kälte mehr Gefahr leiden. Gleichwohl scheinen doch die
meisten der jetzt bekannten Einwohner der Eiszone nur späte-
re Auskömmlinge daselbst zu seyn, wie die Lappen, welche
mit den Finnen aus einerley Stamme, nämlich dem Ungrischen entsprungen, nur seit der Auswanderung der letzteren
(aus dem Osten von Asien) die jetzigen Sitze eingenommen
haben, und doch schon in dieses Klima auf einen ziemlichen
Grad eingeartet sind.

Wenn aber ein nördliches Volk lange Zeitläufte hindurch genöthigt ist, den Einfluß von der Kälte der Eiszone
auszustehen, so müssen sich mit ihm noch größere Veränderungen zutragen. Alle Auswickelung, wodurch der Körper
seine Säfte nur verschwendet, muß in diesem austrocknen-
den Himmelsstriche nach und nach gehemmt werden. Daher werden die Keime des Haarwuchses mit der Zeit unter-
drückt; so, daß nur diejenigen übrig bleiben, welche zur
nothwendigen Bedeckung des Hauptes erforderlich sind. Vermöge einer natürlichen Anlage werden auch die hervorragenden Theile des Gesichts, welches am wenigsten einer Bedeckung fähig ist, da sie durch die Kälte unaufhörlich leiden,
vermittelst einer Fürsorge der Natur, allmählich flächer werden, um sich besser zu erhalten; die wulstige Erhöhung unter den Augen, die halbgeschlossenen und blitzenden Augen
scheinen zur Verwahrung derselben, theils gegen die austrock-
nende Kälte der Luft, theils gegen das Schneelicht (wogegen
die Esquimaux auch Schneebrillen brauchen), wie ver-
anstaltet zu seyn, ob sie gleich auch als natürliche Wirkun-

gen

gen des Klima angesehen werden können, die selbst in mildern Himmelsstrichen, nur in weit geringerm Maaße; so entspringt nach und nach das bartlose Kind, die gepletschte Nase, dünne Lippen, blinzende Augen, das flache Gesicht, die röthlich braune Farbe mit dem schwarzen Haare, mit einem Worte die Kalmuckische Gesichtsbildung, welche, in einer langen Reihe von Zeugung in demselben Klima, sich bis zu einer dauerhaften Race einwurzelt, die sich erhält, wenn ein solches Volk gleich nachher in mildern Himmelsstrichen neue Sitze gewinnt.

Man wird ohne Zweifel fragen, mit welchem Rechte ich die Kalmuckische Bildung, welche jetzt in einem mildern Himmelsstriche in ihrer größten Vollständigkeit angetroffen wird, tief aus Norden oder Nordosten herleiten könne; meine Ursache ist diese. Herodot berichtet schon aus seinen Zeiten: daß die Argippäer, Bewohner eines Landes am Fuße hoher Gebirge, in einer Gegend, welche man für die des Uralgebirges halten kann, kahl und flachnasicht wären, und ihre Bäume mit weißen Decken (vermuthlich versteht er Filzzelte) bedeckten; diese Gestalten findet man jezt, in größerm oder kleinerm Maaße, in Nordosten von Asien, vornehmlich aber in dem nordwestlichen Theil von Amerika, den man von der Hudsonsbay aus hat entdecken können, wo, nach einigen neuen Nachrichten die Bewohner, wie wahre Kalmucken, aussehen. Bedenkt man nun, daß in der ältesten Zeit Thiere und Menschen in dieser Gegend zwischen Asien und Amerika müssen gewechselt haben, indem man einerley Thiere in dem kalten Himmelsstriche beyder Welttheile antrift, daß diese menschliche Race sich allererst etwa 1000 Jahre vor unserer Zeitrechnung, (nach dem Desguignes) über den Amurstrom hinaus den Chinesen zeigte, und nach und nach andere Völker, von tatarischen, ungrischen und andern Stämmen, aus ihren Sitzen vertrieb, so wird diese Abstammung aus dem kalten Weltstriche auch ganz erzwungen scheinen.

Was

Was aber das Vornehmste ist, nemlich die Abtheilung der Amerikaner, als einer nicht völlig eingearteten
Race, eines Volks, das lange den nordlichsten Weltstrich
bewohnt hat, wird gar sehr durch den erstickten Haareswuchs an allen Theilen des Körpers, außer dem Haupte,
durch die röthliche Eisenrostfarbe der kälteren und die dunk-
lere Kupferfarbe heisserer Landstriche dieses Weltheils bestätigt. Denn das Rothbraune scheint (als eine Wirkung
der Luftsäure) eben so dem kalten Klima, wie das Oliven-
braun (als eine Wirkung des Laugenhaft-gallichten der Säfte) dem heissen Himmelsstriche angemessen zu seyn, ohne
einmal das Naturell der Amerikaner in Anschlag zu bringen,
welches eine halb erloschene Lebenskraft verräth, *) die am
natürlichsten für die Wirkung einer kalten Weltgegend angesehen werden kann.

Die größeste feuchte Hitze des warmen Klima muß
hingegen an einem Volke, das darinn alt genug geworden,
um seinem Boden völlig anzuarten, Wirkungen zeigen, die
den vorigen gar sehr entgegengesetzt sind. Es wird gerade
das Widerspiel der Kalmuckischen Bildung erzeugt werden.
Der Wuchs der schwammichten Theile des Körpers mußte
in einem heißen und feuchten Klima zunehmen; daher eine
dicke Stülpnase und Wurstlippen. Die Haut mußte geöhlt
seyn, nicht blos um die zu starke Ausdünstung zu mäßigen,
sondern die schädliche Einsaugung der faulichten Feuchtigkei-
ten der Luft zu verhüten. Der Ueberfluß der Eisentheilchen,
die sonst in jedem Menschenblute angetroffen werden, und
hier durch die Ausdünstung des phosphorischen Sauren,
(wornach alle Neger stinken) in der nezförmigen Substanz
gefäl-

---

*) Um nur ein Beyspiel anzuführen, so bedient man sich in Su-
rinam der rothen Sclaven (Amerikaner) nur allein zu häusli-
chen Arbeiten, weil sie zur Feldarbeit zu schwach sind, als wozu man Neger braucht. Gleichwohl fehlt es hier nicht an Zwangs-
mitteln, aber es gebricht den Eingebohrnen dieses Weltheils
überhaupt an Vermögen und Dauerhaftigkeit.

gefället worden, verursacht die durch das Oberhäutchen
durchscheinende Schwärze, und der starke Eisengehalt im
Blute scheint auch nöthig zu seyn, um der Erschläffung aller
Theile vorzubeugen. Das Oel der Haut, welches den zum
Haareswuchs erforderlichen Nahrungsschleim schwächt, verstattet kaum die Erzeugung einer den Kopf bedeckenden Wolle. Uebrigens ist feuchte Wärme dem starken Wuchs der
Thiere überhaupt beförderlich, und kurz, es entspringt der
Neger, der seinem Klima wohl angemessen, nemlich stark,
fleischig, gelenk, aber unter der reichlichen Versorgung sei-
nes Mutterlandes, faul, weichlich und tändelnd ist.

Der Eingebohrne von Hindistan kann als aus einer der
ältesten menschlichen Racen entsprossen angesehen werden.
Sein Land, welches nordwärts an ein hohes Gebirge ge-
stützt und von Norden nach Süden, bis zur Spitze seiner
Halbinsel, von einer langen Bergreihe durchzogen ist, (wozu ich nordwärts noch Tibet, vielleicht den allgemeinen Zu-
fluchtsort des menschlichen Geschlechts während, und dessen
Pflanzschule nach der letzten großen Revolution unsrer Erde,
mitrechne) hat in einem glücklichen Himmelsstriche die voll-
kommenste Scheitelung der Wasser, (Ablauf nach zweyen
Meeren) die sonst kein im glücklichen Himmelsstriche liegender Theil des festen Landes von Asien hat. Es konnte also
in den ältesten Zeiten trocken und bewohnbar seyn, da sowohl die östliche Halbinsel Indiens, als China (weil in ihnen die Flüsse, anstatt sich zu scheiteln, parallel laufen) in
jenen Zeiten der Ueberschwemmungen noch unbewohnt seyn
mußten. Hier konnte sich also in langen Zeitläuften eine feste menschliche Race gründen. Das Olivengelb der Haut
des Indianers, die wahre Zigeunerfarbe, welche dem mehr
oder weniger dunkeln Braun anderer östlicheren Völker zum
Grunde liegt, ist auch eben so charakteristisch und in der
Nachartung beständig, als die schwarze Farbe der Neger,
und scheint, zusammt der übrigen Bildung und dem verschiedenen Naturelle, eben so die Wirkung einer trockenen, wie

die

die letztere der feuchten Hitze zu seyn. Nach Herrn Jves sind
die gemeinen Krankheiten der Indianer verstopfte Gallen und
geschwollene Lebern; ihre angebohrne Farbe aber ist gleichsam gelbsüchtig und scheint eine kontinuirliche Absonderung
der ins Blut getretenen Galle zu beweisen, welche als sei-
fenartig, die verdickten Säfte vielleicht auflöset und verflüch-
tigt, und dadurch wenigstens in den äussern Theilen das Blut
abkühlt.   Eine hierauf oder auf etwas Aehnliches hinaus-
laufende Selbsthülfe der Natur, durch eine gewisse Organisation, (deren Wirkung sich an der Haut zeigt,) dasjenige
kontinuirlich wegzuschaffen, was den Blutumlauf reizt, mag
wohl die Ursache der kalten Hände der Indianer seyn, *)
und vielleicht (wiewohl man dieses noch nicht beobachtet hat),
einer überhaupt verringerten Blutwärme, die sie fähig macht,
die Hitze des Klima ohne Nachtheil zu ertragen.

Da hat man nun Muthmaßungen, die wenigstens
Grund genug haben, um andern Muthmaßungen die Wage

zu

*) Ich hatte zwar sonst gelesen: daß diese Indianer die Besonder-
heit kalter Hände bey großer Hitze haben, und daß dieses eine
Frucht ihrer Nüchternheit und Mäßigkeit seyn solle.   Allein als
ich das Vergnügen hatte, den aufmerksamen und einsehenden
Reisenden, Herrn Eaton, der einige Jahre als holländischer
Konsul und Chef ihrer Etablissements zu Bassora rc. gestanden,
bey seiner Durchreise durch Königsberg zu sprechen; so benach-
richtigte er mich: daß, als er in Surat mit der Gemahlin eines europäischen Konsuls getanzt habe, er verwundert gewesen
wäre, schwitzige und kalte Hände an ihr zu fühlen, (die Ge-
wohnheit der Handschuhe ist dort noch nicht angenommen,) und
da er andern seine Befremdung geäussert, zur Antwort bekommen habe: sie habe eine Indianerinn zur Mutter gehabt, und
diese Eigenschaft sey an ihnen erblich.   Eben derselbe bezeugte
auch, daß wenn man die Kinder der Parsis mit denen der Indianer dort zusammen sähe, die Verschiedenheit der Racen in
der weissen Farbe der ersten, und der gelbbraunen der zweyten
sogleich in die Augen falle.   Ingleichen, daß die Indianer in
ihrem Baue noch das Unterscheidende an sich hätten, daß ihre
Schenkel über das bey uns gewöhnliche Verhältniß länger
wären.

zu halten, welche die Verschiedenheiten der Menschengattung
so unvereinbar finden, daß sie deßhalb lieber viele Local-
schöpfungen annehmen. Mit Voltären sagen: Gott, der
das Rennthier in Lappland schuf, um das Moos dieser kalten Gegenden zu verzehren, der schuf auch daselbst den Lapp-
länder, um dieses Rennthier zu essen, ist kein übler Einfall
für einen Dichter, aber ein schlechter Behelf für den Philosophen, der die Kette der Naturursachen nicht verlassen darf,
als da, wo er sie augenscheinlich an das unmittelbare Ver-
hängniß geknüpft sieht.

Man schreibt jetzt mit gutem Grunde die verschiedenen
Farben der Gewächse dem durch unterschiedliche Säfte ge-
fällten Eisen zu. Da alles Thierblut Eisen enthält, so hindert uns nichts, die verschiedene Farbe dieser Menschenracen eben derselben Ursache beyzumessen. Auf diese Art würde etwa das Salzsaure, oder das phosphorisch Saure, oder
das flüchtige Laugenhafte der ausführenden Gefäße der Haut,
die Eisentheilchen im Retikulum roth, oder schwarz, oder
gelb niederschlagen. In dem Geschlechte der Weisen würde
aber dieses in den Säften aufgelöste Eisen gar nicht nieder-
geschlagen, und dadurch zugleich die vollkommene Mischung
der Säfte und Stärke dieses Menschenschlags vor den übrigen bewiesen. Doch dieses ist nur eine flüchtige Anreizung
zur Untersuchung in einem Felde, worinn ich zu fremd bin,
um mit einigem Zutrauen auch nur Muthmaßungen zu
wagen.

Wir haben vier menschliche Racen gezählt, worunter
alle Mannigfaltigkeiten dieser Gattung sollen begriffen seyn.
Alle Abartungen aber bedürfen doch einer Stammgattung,
die wir entweder für schon erloschen ausgaben, oder aus den
vorhandenen diejenige aussuchen müssen, womit wir die
Stammgattung am meisten vergleichen können. Freylich
kann man nicht hoffen, jetzt irgendwo in der Welt, die ursprüngliche menschliche Gestalt unverändert anzutreffen.
Eben aus diesem Hange der Natur, dem Boden allerwärts

G 4

in

in langen Zeugungen anzuarten, muß jetzo die Menschenge-
stalt allenthalben mit Localmodification behäftet seyn. Allein der Erdstrich vom 31sten bis zum 32sten Grade der
alten Welt (welche auch in Ansehung der Bevölkerung den
Namen der alten Welt zu verdienen scheint) wird mit Recht
für denjenigen gehalten, in welchem die glücklichste Mischung
der Einflüsse der kältern und heißern Gegenden, und auch
der größte Reichthum an Erdgeschöpfen angetroffen wird:
wo auch der Mensch, weil er von da aus zu allen Verpflanzungen gleich gut zubereitet ist, am wenigsten von seiner Ur-
bildung abgewichen seyn müßte. Hier finden wir aber zwar
weiße, doch brünette Einwohner, welche Gestalt wir also
für die der Stammgattung nächste annehmen wollen. Von
dieser scheint die hochblonde von zarter weißer Haut, röth-
lichem Haare, bleichblauen Augen, die nächste nordliche Abartung zu seyn, welche zur Zeit der Römer die nordlichen
Gegenden von Deutschland und (andern Beweißthümern
nach) weiter hin nach Osten bis zum Altaischen Gebürge, allerwärts aber unermeßliche Wälder, in einem ziemlich kalten Erdstriche, bewohnte. Nun hat der Einfluß einer kalten und feuchten Luft, welche den Säften einen Hang zum
Scorbut zuzieht, endlich einen gewissen Schlag Menschen
hervorgebracht, der bis zur Beständigkeit einer Race würde
gediehen seyn, wenn in diesem Erdstriche nicht so häufig
fremde Vermischungen den Fortgang der Abartung unterbro-
chen hätten. Wir können diese also zum wenigsten als eine
Annäherung den wirklichen Racen beyzählen, und alsdann
werden diese, in Verbindung mit den Naturursachen ihrer
Entstehung, sich unter folgenden Abriß bringen lassen.

Stammgattung.

Weiße von brünetter Farbe.

Erste Race, Hochblonde (Nordl. Eur.) von feuchter Kälte.
Zweyte Race, Kupferrothe (Amerik.) von trockner Kälte.
Dritte Race, Schwarze (Senegambia) von feuchter Hitze.
Vierte Race, Olivengelbe (Indianer) von trockner Hitze.

4) Von

4) Von den Gelegenheitsursachen der Gründung verschiedener Racen.

Was bey der Mannigfaltigkeit der Racen auf der Erdfläche die größte Schwierigkeit macht, welchen Erklärungsgrund man auch annehmen mag, ist: daß ähnliche Land- und Himmelsstriche doch nicht dieselbe Race enthalten; daß, Amerika in seinem heißesten Klima keine ostindische, noch viel weniger eine dem Lande angebohrne Negergestalt zeigt; daß es in Arabien oder Persien kein einheimisches indisches Olivengelb giebt, ungeachtet diese Länder in Klima und Luftbeschaffenheit mit jenem Lande sehr übereinkommen, u. s. w. Was die erstere dieser Schwierigkeiten betrift, so läßt sie sich aus der Art der Bevölkerung dieses Himmelsstrichs faßlich genug beantworten. Denn wenn einmal, durch den langen Aufenthalt seines Stammvolks im N. O. von Asten oder des benachbarten Amerika, sich eine Race, wie die jetzige gegründet hatte, so konnten diese durch keine fernern Einflüsse des Klima in eine andere Race verwandelt werden. Denn nur die Stammbildung kann in eine Race ausarten; diese aber, wo sie einmal Wurzel gefaßt, und die andern Keime erstickt hat, widerstehet aller Umformung eben darum, weil der Charakter der Race einmal in der Zeugungskraft überwiegend geworden.

Was aber die Lokalität der Negerrace betrift, die nur Afrika *) (in der größten Vollkommenheit Senegambia) eigen ist, ingleichen die der indischen, welche in dieses Land eingeschlossen ist (außer wo sie ostwärts halbschlächtig angeartet zu seyn scheint); so glaube ich, daß die Ursache davon

G 5

in

---

*) In dem heißen südlichen Weltstriche giebt es auch einen kleinen Stamm von Negers, die sich bis zu den benachbarten Inseln ausgebreitet, von denen man, wegen der Vermengung mit Menschen von indischem Halbschlag, beynahe glauben sollte, daß sie nicht diesen Gegenden angebohren, sondern von Alters, bey einer Gemeinschaft, darinn die Malayen mit Afrika gestanden, nach und nach herüber geführt worden.

in einem inländischen Meere der alten Zeit gelegen habe,
welches sowohl Hindistan, als Afrika, von andern sonst na-
hen Ländern abgesondert gehalten. Denn der Erdstrich, der
von der Grenze Dauriens, über die Mungalen, kleine Bur-
charen, Persien, Arabien, Nubien, die Sahara bis Ca-
po Blanco in einem nur wenig unterbrochenen Zusammenhange fortgeht, sieht seinem größten Theile nach dem Boden
eines alten Meeres ähnlich. Die Länder in diesem Striche
sind das, was **Büache** Platteform nennt, nemlich hohe
und mehrentheils wagerecht gestellte Ebenen, in denen die
daselbst befindlichen Gebürge nirgend einen weitgestreckten
Abhang haben, indem ihr Fuß unter horizontalliegenden
Sande vergraben ist: daher die Flüsse, deren es daselbst
wenig giebt, nur einen kurzen Lauf haben, und im Sande
versiegen. Sie sind den Bassins alter Meere ähnlich, weil
sie mit Höhen umgeben sind, in ihrem Inwendigen, im
Ganzen betrachtet, Wasserpas halten, und daher einen
Strom weder einnehmen, noch auslassen, überdem auch mit
dem Sande, dem Niederschlag eines alten ruhigen Meers,
größtentheils bedeckt sind. Hieraus wird es nun begreiflich,
wie der indische Charakter in Persien und Arabien nicht habe
Wurzel fassen können, die damals noch zum Bassin eines
Meeres dienten, als Hindistan vermuthlich lange bevölkert
war; ingleichen, wie sich die Negerrace sowohl, als die indische, unvermengt vom nordischen Blute lange Zeit erhalten konnte, weil sie davon durch eben dieses Meer abgeschnitten war. Die Naturbeschreibung (Zustand der Natur in der
jetzigen Zeit) ist lange nicht hinreichend, von der Mannigfaltigkeit der Abartungen Grund anzugeben. Man muß, so
sehr man auch und zwar mit Recht der Frechheit der Meynungen feind ist, eine Geschichte der Natur wagen, welche eine abgesonderte Wissenschaft ist, die wohl nach und
nach von Meynungen zu Einsichten fortrücken könnte.

Bestim-

Bestimmung

des Begriffs

einer

Menschen-Race.

Abgedruckt in der Berliner Monatschrift. November, 1795,
S. 390 — 417.

Digitized by Google

Die Kenntnisse, welche die neuen Reisen über die Mannigfaltigkeiten in der Menschengattung verbreiten, haben bisher mehr dazu beygetragen, den Verstand über diesen Punkt zur Nachforschung zu reizen, als ihn zu befriedigen. Es liegt gar viel daran, den Begriff, welchen man durch Beobachtungen aufklären will, vorher selbst wohl bestimmt zu haben, ehe man seinetwegen die Erfahrung befragt; denn man findet in ihr, was man bedarf, nur alsdann, wenn man vorher weiß, wonach man suchen soll. Es wird viel von den verschiedenen Menschenracen gesprochen. Einige verstehen darunter wohl gar verschiedene Arten von Menschen. Andere dagegen schränken sich zwar auf eine engere Bedeutung ein, scheinen aber diesen Unterschied nicht viel erheblicher zu finden, als den, welchen Menschen dadurch unter sich machen, daß sie sich bemalen oder bekleiden. Meine Absicht ist jetzt nur, diesen Begriff einer Race, wenn es deren in der Menschengattung giebt, genau zu bestimmen. Die Erklärung des Ursprungs der wirklich vorhandenen, die man dieser Benennung fähig hält, ist nur Nebenwerk, womit man es halten kann, wie man will. Und doch sehe ich, daß übrigens scharfsinnige Männer in der Beurtheilung dessen, was vor einigen Jahren lediglich in jener Absicht gesagt wurde *), auf diese Nebensache, nämlich die hypothetische Anwendung des Princips, ihr Augenmerk allein richteten, das Princip selbst aber, worauf doch alles ankommt,

*) Man sehe Engels Philosophen für die Welt, Th. II. S. 125, f. (das heißt: den in unserer Sammlung nächst vor diesem abgedruckten Aufsatz.)

ankommt, nur mit leichter Hand berührten. Ein Schicksal, welches mehreren Nachforschungen, die auf Principien
zurückkehrten, wiederfährt; und welches daher alles Strei-
ten und Rechtfertigen in spekulativen Dingen widerrathen,
dagegen aber das Näherbestimmen und Aufklären des
Mißverstandenen allein als räthsam anpreisen kann.

I.

Nur das, was in einer Thiergattung anerbt, kann zu einem Klassen-Unterschiede in derselben berechtigen.

Der Mohr (Mauritanier), der, in seinem Vaterlande von Luft und Sonne braun gebrannt, sich von dem Deut-
schen oder Schweden durch die Hautfarbe so sehr unterscheidet, und der französische oder englische Kreole in Westindien, welcher, wie von einer Krankheit kaum wieder gene-
sen, bleich und erschöpft aussieht, können um deswillen
eben so wenig zu verschiedenen Klassen der Menschengattung
gezählt werden, als der spanische Bauer von la Mancha,
der schwarz, wie ein Schulmeister, gekleidet einher geht,
weil die Schafe seiner Provinz durchgehends schwarze Wolle
haben. Denn, wenn der Mohr in Zimmern, und die Kreole in Europa aufgewachsen ist, so sind beyde von den Be-
wohnern unsers Welttheils nicht zu unterscheiden.

Der Missionar Demanet giebt sich das Ansehen, als
ob er, weil er sich in Senegambia einige Zeit aufgehalten,
von der Schwärze der Neger allein recht urtheilen könne;
und spricht seinen Landsleuten, den Franzosen, alles Urtheil
hierüber ab. Ich hingegen behaupte, daß man in Frankreich von der Farbe der Neger, die sich dort lange aufgehalten haben, noch besser aber derer, die da geboren sind, in
so fern man danach den Klassenunterschied derselben von andern Menschen bestimmen will, weit richtiger urtheilen könne, als in dem Vaterlande der Schwarzen selbst. Denn

das,

das, was in Afrika der Haut des Negers die Sonne eindrückte, und was also ihm nur zufällig ist, muß in Frankreich wegfallen, und allein die Schwärze übrig bleiben, die ihm durch seine Geburt zu Theil ward, die er weiter fortpflanzt, und die daher allein zu einem Klassenunterschiede gebraucht werden kann. Von der eigentlichen Farbe der Südseeinsulaner kann man sich, nach allen bisherigen Beschreibungen, doch keinen sichern Begriff machen. Denn, ob einigen von ihnen gleich die Mahagoniholz-Farbe zugeschrieben wird, so weiß ich doch nicht, wie viel von diesem Braun einer bloßen Färbung durch Sonne und Luft, und wie viel davon der Geburt zuzuschreiben sey. Ein Kind von einem solchen Paate in Europa gezeugt, würde allein die ihnen von Natur eigene Hautfarbe ohne Zweydeutigkeit entdecken. Aus einer Stelle in der Reise Carterets (der freylich auf seinem Seezuge wenig Land betreten, dennoch aber verschiedene Insulaner auf ihren Kanos gesehen hatte) schließe ich: daß die Bewohner der meisten Inseln Weiße seyn müssen. Denn auf Frevill-Eyland (in der Nähe der zu den indischen Gewässern gezählten Inseln) sah er, wie er sagt, zuerst das wahre Gelb der indischen Hautfarbe. Ob die Bildung der Köpfe auf Malikollo der Natur oder der Künstelen zuzuschreiben sey, oder wie weit sich die natürliche Hautfarbe der Kaffern von der der Negern unterscheide, und andere charakteristische Eigenschaften mehr, ob sie erblich und von der Natur selbst in der Geburt, oder nur zufällig eingedrückt seyn, wird sich daher noch lange nicht auf entscheidende Art ausmachen lassen.

2.

Man kann in Ansehung der Hautfarbe vier Klassenunterschiede der Menschen annehmen.

Wir kennen mit Gewißheit nicht mehr erbliche Unterschiede der Hautfarbe, als die: der Weißen, der gelben Indianer, der Neger, der kupferfarbig-rothen Amerikaner.

läner. Merkwürdig ist: daß diese Charaktere sich erstlich darum zur Klasseneintheilung der Menschengattung vorzüglich zu schicken scheinen, weil jede dieser Klassen in Ansehung ihres Aufenthalts so ziemlich isolirt (d. i. von den übrigen abgesondert, an sich aber vereinigt) ist: die Klasse der Weißen vom Kap Finisterrä, über Nordkap, den Obstrom, die kleine Bucharey, Persien, das glückliche Arabien, Abessinien, die nördliche Gränze der Wüste Sara, bis zum weißen Vorgebirge in Afrika, oder der Mündung des Senegal; die der Schwarzen von da bis Kapo Negro, und, mit Ausschließung der Kaffern, zurück nach Abessinien; die der Gelben im eigentlichen Hindostan bis Kap Komorein, (ein Halbschlag von ihnen ist auf der andern Halbinsel Indiens und einigen nahe gelegenen Inseln); die der Kupferrothen in einem ganz abgesonderten Welttheile, nämlich Amerika. Der zweyte Grund, weswegen dieser Charakter sich vorzüglich zur Klasseneintheilung schickt, obgleich ein Farbenunterschied manchem sehr unbedeutend vorkommen möchte, ist: daß die Absonderung durch Ausdünstung das wichtigste Stück der Vorsorge der Natur seyn müß, so fern das Geschöpf — in allerley Himmels- und Erdstrich, wo es durch Luft und Sonne sehr verschiedentlich afficirt wird, versetzt, — auf eine am wenigsten der Kunst bedürftige Art ausdauren soll, und daß die Haut, als Organ jener Absonderung betrachtet, die Spur dieser Verschiedenheit des Naturcharakters an sich trägt, welche zur Eintheilung der Menschengattung in sichtbarlich verschiedene Klassen berechtigt. — Uebrigens bitte ich, den, bisweilen bestrittenen, erblichen Unterschied der Hautfarbe so lange einzuräumen, bis sich zu dessen Bestätigung in der Folge Anlaß finden wird; ingleichen zu erlauben, daß ich annehme: es gebe keine erbliche Volkscharaktere in Ansehung dieser Naturliverey mehr, als die genannten vier; lediglich aus dem Grunde, weil sich jene Zahl beweisen, außer ihr aber keine andere mit Gewißheit darthun läßt.

3. In

3.

In der Klasse der Weißen ist, außer dem, was zur
Menschengattung überhaupt gehört, keine andere charakteristische Eigenschaft nothwendig erblich; und so auch in den übrigen.

Unter uns Weißen giebt es viele erbliche Beschaffen-
heiten, die nicht zum Charakter der Gattung gehören, worinn sich Familien, ja gar Völker, von einander unterscheiden; aber auch keine einzige derselben artet unausbleiblich
an; sondern die, welche damit behaftet sind, zeugen mit andern von der Klasse der Weißen auch Kinder, denen diese unterscheidende Beschaffenheit mangelt. So ist der Unterschied
der blonden Farbe in Dännemark, hingegen in Spanien
(noch mehr aber in Asien, an den Völkern, die zu den Weiß-
sen gezählt werden) die brunette Hautfarbe (mit ihrer Folge,
der Augen- und Haarfarbe) herrschend. Es kann sogar in
einem abgesonderten Volk diese letzte Farbe ohne Ausnahme
anerben (wie bey den Sinesern, denen blaue Augen lächerlich vorkommen), weil in denselben kein Blonder angetroffen
wird, der seine Farbe in die Zeugung bringen könnte. Allein, wenn von diesen Brunetten einer eine blonde Frau hat,
so zeugt er brunette oder auch blonde Kinder, nachdem sie
auf die eine oder andere Seite ausschlagen; und so auch umgekehrt. In gewissen Familien liegt erbliche Schwindsucht,
Schiefwerden, Wahnsinn, u. s. w.; aber keines von diesen
unzählbaren erblichen Uebeln ist unausbleiblich erblich.
Denn, ob es gleich besser wäre, solche Verbindungen, durch
einige auf den Familienschlag gerichtete Aufmerksamkeit, beym
Heyrathen sorgfältig zu vermeiden; so habe ich doch mehr-
malen selbst wahrgenommen: daß ein gesunder Mann mit
einer schwindsüchtigen Frau ein Kind zeugte, das in allen
Gesichtszügen ihm ähnelte, und dabey gesund, und außer-
dem ein anderes, das der Mutter ähnlich sah, und, wie
sie, schwindsüchtig war. Eben so finde ich in der Ehe et-

H   nes

nes Vernünftigen mit einer Frau, die nur aus einer Familie, worinn Wahnsinn erblich ist, selbst aber vernünftig war, unter verschiedenen klugen, nur ein wahnsinniges Kind. Hier ist Nachartung: aber sie ist in dem, worinn beyde Eltern verschieden sind, nicht unausbleiblich. — Eben diese Regel kann man auch mit Zuversicht bey den übrigen Klassen zum Grunde legen. Neger, Indianer, oder Amerikaner, haben auch ihre persönliche, oder Familien- oder provinzielle Verschiedenheiten; aber keine derselben wird, in Vermischung mit denen, die von derselben Klasse sind, seine respektive Eigenthümlichkeit unausbleiblich in die Zeugung bringen und fortpflanzen.

4.

In der Vermischung jener genannten vier Klassen mit einander artet der Charakter einer jeden unausbleiblich an.

Der Weiße mit der Negerin, und umgekehrt, geben den Mulatten, mit der Indianerin, den gelben, und mit dem Amerikaner den rothen Mestizen; der Amerikaner mit dem Neger den schwarzen Karaiben, und umgekehrt. (Die Vermischung des Indiers mit dem Neger hat man noch nicht versucht.) Der Charakter der Klassen artet in ungleichartigen Vermischungen unausbleiblich an, und es giebt hievon gar keine Ausnahme; wo man deren aber angeführt findet, da liegt ein Mißverstand zum Grunde, indem man einen Albino oder Kakerlak (beides Mißgeburten) für Weiße gehalten hat. Dieses Anarten ist nun jederzeit beyderseitig, niemals bloß einseitig, an einem und demselben Kinde. Der weiße Vater drükt ihm den Charakter seiner Klasse und die schwarze Mutter den ihrigen ein. Es muß also jederzeit Mittelschlag oder Bastard entspringen; welche Blendlingsart, in mehr oder weniger Gliedern der Zeugung mit einer und derselben Klasse, allmählig erlöschen, wenn sie

sie sich aber auf ihres gleichen einschränkt, sich ohne Ausnahme ferner fortpflanzen und verewigen wird.

5.
Betrachtung über das Gesetz der nothwendig halbschlächtigen Zeugung.

Es ist immer ein sehr merkwürdiges Phänomen: daß, da es so manche, zum Theil wichtige und so gar familienweise erbliche, Charaktere in der Menschengattung giebt, sich doch kein einziger, innerhalb einer durch bloße Hautfarbe charakterisirten Menschenklasse, findet, der nothwendig anerbt; daß dieser letztere Charakter hingegen, so geringfügig er au   scheinen mag, doch sowohl innerhalb dieser Klasse, als auch in der Vermischung derselben mit einer der drey übrig   , allgemein und unausbleiblich anartet. Vielleicht läßt sich aus diesem seltsamen Phänomen etwas über die Ursachen des Anartens solcher Eigenschaften, die nicht wesentlich zur Gattung gehören, bloß aus dem Umstande, daß sie unausbleiblich sind, muthmaßen.

Zuerst: was dazu beyträge, daß überhaupt etwas, das nicht zum Wesen der Gattung gehört, anerben könne? a priori auszumachen, ist ein mißliches Unternehmen; und in dieser Dunkelheit der Erkenntnißquellen ist die Freiheit der Hypothesen so uneingeschränkt, daß es nur Schade um alle Mühe und Arbeit ist, sich desfalls mit Widerlegungen zu befassen, indem ein jeder in solchen Fällen seinem Kopfe folgt. Ich meines Theils sehe in solchen Fällen nur auf die besondere Vernunftmaxime, wovon ein jeder ausgeht, und nach welcher er gemeiniglich auch Fakta aufzutreiben weiß, die jene begünstigen; und suche nachher die meinige auf, die mich gegen alle jene Erklärungen ungläubig macht, ehe ich mir noch die Gegengründe deutlich zu machen weiß. Wenn ich nun meine Maxime bewährt, dem Vernunftgebrauch in der Naturwissenschaft genau angemessen,

messen, und zur consequenten Denkungsart allein
tauglich befinde; so folge ich ihr, ohne mich an jene vor-
geblichen Fakta zu kehren, die ihre Glaubhaftigkeit und Zu-
länglichkeit zur angenommenen Hypothese fast allein von jener
einmal gewählten Maxime entlehnen, denen man überdem
ohne Mühe hundert andere Fakta entgegensetzen kann. Das
Anerben durch die Wirkung der Einbildungskraft schwange-
rer Frauen, oder auch wohl der Stuten in Marställen; das
Ausrupfen des Barts ganzer Völkerschaften, so wie das
Stutzen der Schwänze an englischen Pferden, wodurch die
Natur genöthigt werde, aus ihren Zeugungen ein Produkt,
worauf sie uranfänglich organisirt war, nach gerade weg zu
lassen; die geplätschten Nasen, welche anfänglich von Eltern an neugebohrnen Kindern gekünstelt, in der Folge von
der Natur in ihre zeugende Kraft aufgenommen wären;
diese und andere Erklärungsgründe würden wohl schwerlich
durch die zu ihrem Behuf angeführten Fakta, denen man
weit besser bewährte entgegensetzen kann, in Kredit kommen,
wenn sie nicht von der sonst ganz richtigen Maxime der Vernunft ihre Empfehlung bekämen, nämlich dieser: eher alles im Muthmaaßen aus gegebenen Erscheinungen zu
wagen, als zu deren Behuf besondere erste Natur-
kräfte oder anerschaffene Anlagen anzunehmen (nach
dem Grundsatze: principia praeter necessitatem non sunt
multiplicanda). Allein mir steht eine andere Maxime entgegen, welche jene, von der Ersparung entbehrlicher Principien, einschränkt, nämlich: daß in der ganzen organischen Natur bey allen Veränderungen einzelner Geschöpfe die Species derselben sich unverändert erhalten (nach der Formel der Schulen: quaelibet natura est
conservatrix sui.) Nun ist es klar: daß, wenn der Zau-
berkraft der Einbildung, oder der Künstelei der Menschen
an thierischen Körpern ein Vermögen zugestanden würde, die
Zeugungskraft selbst abzuändern, das uranfängliche Modell
der Natur umzuformen, oder durch Zusätze zu verunstalten,
die gleichwohl nachher beharrlich in den folgenden Zeugungen

gen aufbehalten würden; man gar nicht mehr wissen würde, von welchem Originale die Natur ausgegangen sei, oder wie weit es mit der Abänderung desselben gehen könne, und da der Menschen Einbildung keine Gränzen erkennt: in welche Fratzengestalt die Gattungen und Arten zuletzt noch verwildern dürften! Dieser Erwägung gemäß, nehm ich es mit zum Grundsatze: gar keinen in das Zeugungsgeschäft der Natur pfuschenden Einfluß der Einbildungskraft gelten zu lassen, und kein Vermögen der Menschen, durch äußere Künstelei Abänderungen in dem alten Original der Gattungen oder Arten zu bewirken, solche in die Zeugungskraft zu bringen, und erblich zu machen. Denn, lasse ich auch nur einen Fall dieser Art zu, so ist es, als ob ich auch nur eine einzige Gespenstergeschichte oder Zauberey einräumte. Die Schranken der Vernunft sind dann einmal durchbrochen, und der Wahn drängt sich bey Tausenden durch dieselbe Lücke durch. Es ist auch keine Gefahr, daß ich bey diesem Entschlusse mich vorsetzlich gegen wirkliche Erfahrungen blind, oder, welches einerley ist, verstockt ungläubig machen würde. Denn alle dergleichen abenteuerliche Eräugnisse tragen ohne Unterschied das Kennzeichen an sich, daß sie gar kein Experiment verstatten, sondern nur durch Aufhaschung zufälliger Wahrnehmungen bewiesen seyn wollen. Was aber von der Art ist: daß es, ob es gleich des Experiments gar wohl fähig ist, dennoch kein einziges aushält, oder ihm mit allerley Vorwand beständig ausweicht; das ist nichts als Wahn und Erdichtung. Dies sind meine Gründe, warum ich Euer Erklärungsart nicht beytreten kann, die dem schwärmerischen Hange zur magischen Kunst, welcher jede, auch die kleinste Bemäntlung erwünscht kommt, im Grunde Vorschub thut: daß nämlich das Anarten, selbst auch nur das zufällige, welches nicht immer gelingt, jemals die Wirkung einer anderen Ursache, als der in der Gattung selbst liegenden Keime und Anlagen seyn könne.

H 3

Wenn

Wenn ich aber gleich aus zufälligen Eindrücken entspringende und dennoch erblich werdende Charaktere einräumen wollte; so würde es doch unmöglich seyn, dadurch zu erklären, wie jene vier Farbenunterschiede unter allen anerbenden die einzigen sind, die unausbleiblich anarten. Was kann anders die Ursache hievon seyn, als daß sie in den Keimen des uns unbekannten ursprünglichen Stammes der Menschengattung, und zwar als solche Naturanlagen, gelegen haben müssen, die zur Erhaltung der Gattung, wenigstens in der ersten Epoche ihrer Fortpflanzung, nothwendig gehörten, und daher in den folgenden Zeugungen unausbleiblich vorkommen mußten?

Wir werden also gedrungen anzunehmen: daß es einmal verschiedene Stämme von Menschen gegeben habe, ohngefähr in den Wohnsitzen, worin wir sie jetzt antreffen, die, damit sich die Gattung erhielte, von der Natur ihren verschiedenen Weltstrichen genau angemessen, mithin auch verschiedentlich organisirt waren; wovon die viererley Hautfarbe das äußere Kennzeichen ist. Diese wird nun einem jeden Stamme nicht allein in seinem Wohnsitze nothwendig anerben, sondern, wenn sich die Menschengattung schon genugsam gestärkt hat, (es sey, daß nur nach und nach die völlige Entwicklung zu Stande gekommen, oder durch allmäligen Gebrauch der Vernunft die Kunst der Natur hat Beihülfe leisten können), sich auch in jedem andern Erdstriche in allen Zeugungen eben derselben Klasse unvermindert erhalten. Denn dieser Charakter hängt der Zeugungskraft nothwendig an, weil er zur Erhaltung der Art erforderlich war. — Wären diese Stämme aber ursprünglich, so ließe es sich gar nicht erklären und begreifen, warum nun in der wechselseitigen Vermischung derselben unter einander der Charakter ihrer Verschiedenheit gerade unausbleiblich anarte, wie es doch wirklich geschieht. Denn die Natur hat einem jeden Stamm seinen Charakter, ursprünglich in Beziehung auf sein Klima und zur Angemessenheit mit demselben,

selben, gegeben. Die Organisation des einen hat also einen ganz andern Zweck, als die des andern; und, daß dem ungeachtet die Zeugungskräfte beyder, selbst in diesem Punkte ihrer charakteristischen Verschiedenheit, so zusammen passen sollten, daß daraus ein Mittelschlag nicht bloß entspringen könne, sondern sogar unausbleiblich erfolgen müsse: dies läßt sich bey der Verschiedenheit ursprünglicher Stämme gar nicht begreifen. Nur alsdann, wenn man annimmt, daß in den Keimen eines einzigen ersten Stammes die Anlagen zu aller dieser klassischen Verschiedenheit nothwendig haben liegen müssen, damit er zu allmäliger Bevölkerung der verschiedenen Weltstriche tauglich sey; läßt sich verstehen: warum, wenn diese Anlagen sich gelegentlich, und diesem gemäß auch verschiedentlich, auswickelten, verschiedene Klassen von Menschen entstehen, die auch ihren bestimmten Charakter in der Folge nothwendig in die Zeugung mit jeder andern Klasse bringen mußten, weil er zur Möglichkeit ihrer eigenen Existenz, mithin auch zur Möglichkeit der Fortpflanzung der Art gehörte, und von der nothwendigen ersten Anlage in der Stammgattung abgeleitet war. Von solchen, unausbleiblich, und zwar selbst in der Vermischung mit andern Klassen, dennoch halbschlächtig anerbenden Eigenschaften ist man also genöthigt, auf diese ihre Ableitung von einem einzigen Stamme zu schließen, weil ohne diesen die Nothwendigkeit des Anartens nicht begreiflich wäre.

6.

Nur das, was in dem Klassenunterschiede der Menschengattung unausbleiblich anerbt, kann zu der Benennung einer besondern Menschenrace berechtigen.

Eigenschaften, die der Gattung selbst wesentlich angehören, mithin allen Menschen als solchen gemein sind, sind zwar unausbleiblich erblich; aber, weil darin kein Unter-

H 4

schied

schied der Menschen liegt, so wird auf sie in der Eintheilung
der Racen nicht Rücksicht genommen. Physische Charaktere, wodurch sich Menschen (ohne Unterschied des Geschlechts) von einander unterscheiden, und zwar nur die,
welche erblich sind, kommen in Betracht (s. §. 3.) um eine
Eintheilung der Gattung in Klassen darauf zu gründen.
Diese Klassen sind aber nur alsdann Racen zu nennen,
wenn jene Charaktere unausbleiblich (sowohl in ebenderselben Klasse, als in Vermischung mit jeder anderen) anarten.
Der Begrif einer Race enthält also erstlich den Begrif eines gemeinschaftlichen Stamms, zweytens nothwendig
erbliche Charaktere des klassischen Unterschieds der Abkömmlinge desselben von einander. Durch das letztere werden
sichere Unterscheidungsgründe festgesetzt, wornach wir die
Gattung in Klassen eintheilen können, die dann, wegen des
ersteren Punkts, nämlich der Einheit des Stamms, kei-
neswegs Arten, sondern nur Racen heißen müssen. Die
Klasse der Weißen ist nicht als besondere Art in der Menschengattung von der der Schwarzen unterschieden; und es
giebt gar keine verschiedene Arten von Menschen. Dadurch würde die Einheit des Stamms, woraus sie hätten
entspringen können, abgeleugnet; wozu man, wie aus der
unausbleiblichen Anerbung ihrer klassischen Charaktere bewiesen worden, keinen Grund, vielmehr einen sehr wichtigen zum Gegentheil hat. *)

Der

*) Anfänglich, wenn man bloß die Charaktere der Vergleichung
(der Aehnlichkeit oder Unähnlichkeit nach) vor Augen hat, erhält man Klassen von Geschöpfen unter einer Gattung.
Sieht man ferner auf ihre Abstammung, so muß sich zeigen,
ob jene Klassen eben so viel verschiedene Arten, oder nur Racen seyen. Der Wolf, der Fuchs, der Jakal, die Hyäne, und
der Haushund sind so viele Klassen vierfüßiger Thiere:
Nimmt man an: daß jede derselben eine besondere Abstammung
bedurft habe, so sind es so viel Arten; räumt man aber ein,
daß sie auch von einem Stamme haben entspringen können, so
sind sie nur Racen desselben. Art und Gattung sind in
der

Der Begrif einer Race ist also: der Klassenunterschied der Thiere eines und desselben Stamms, so
fern er unausbleiblich erblich ist.

Dies ist die Bestimmung, die ich in dieser Abhandlung zur eigentlichen Absicht habe; das Uebrige kann man
als zur Nebenabsicht gehörig, oder bloße Zuthat ansehen,
und es annehmen oder verwerfen. Nur das erstere halte
ich für bewiesen, und überdem zur Nachforschung in der
Naturgeschichte als Princip brauchbar, weil es eines Experiments fähig ist, welches die Anwendung jenes Begrifs
sicher leiten kann, der ohne jenes schwankend und unsicher
seyn würde. — Wenn verschiedentlich gestaltete Menschen
in die Umstände gesetzt werden, sich zu vermischen, so giebt
es, wenn die Zeugung halbschlächtig ist, schon eine starke
Vermuthung, sie möchten wohl zu verschiedenen Racen gehören; ist aber dieses Produkt ihrer Vermischung jederzeit
halbschlächtig, so wird jene Vermuthung zur Gewißheit.
Dagegen, wenn auch nur eine einzige Zeugung keinen Mittelschlag darstellt, so kann man gewiß seyn, daß beyde Eltern von derselben Gattung, so verschieden sie auch aussehen mögen, dennoch zu einer und derselben Race gehören.

*Ich habe nur vier Racen der Menschengattung ange-
nommen: nicht als ob ich ganz gewiß wäre, es gebe nirgend eine Spur von noch mehreren; sondern weil bloß an
diesen das, was ich zum Charakter einer Race fordere,
nämlich die halbschlächtige Zeugung, ausgemacht, bey
keiner andern Menschenklasse aber genugsam bewiesen ist.
So sagt Herr Pallas in seiner Beschreibung der mongoli-
schen Völkerschaften: daß die erste Zeugung von einem

H 5   Russen

der Naturgeschichte (in der es nur um die Erzeugung und
den Abstamm zu thun ist) an sich nicht unterschieden. In der
Naturbeschreibung, da es bloß auf Vergleichung der
Merkmale ankommt, findet dieser Unterschied allein statt. Was
hier Art heißt, muß dort öfter nur Race genannt werden.

Ruffen mit einer Frau der letzteren Völkerschaft (einer Bu-
rätin) schon so fort schöne Kinder gebe; er merkt aber nicht
an, ob gar keine Spur des kalmukischen Ursprungs an denselben anzutreffen sey. Ein merkwürdiger Umstand, wenn
die Vermengung eines Mongolen mit einem Europäer die
charakteristischen Züge des erstern gänzlich auslöschen sollte,
die doch in der Vermengung mit südlichern Völkerschaften
(vermuthlich mit Indianern) an den Sinesen, Avanern,
Malaien, u. s. w. mehr oder weniger kenntlich noch immer
anzutreffen sind. Allein die mongolische Eigenthümlichkeit
betrifft eigentlich die Gestalt, nicht die Farbe; von welcher
allein die bisherige Erfahrung eine unausbleibliche Anartung,
als den Charakter einer Race, gelehrt hat. Man kann
auch nicht mit Gewißheit ausmachen, ob die Kafferrnge-
stalt der Papuas und der ihnen ähnlichen verschiedenen In-
selbewohner des stillen Meers, eine besondere Race anzeige,
weil man das Produkt aus ihrer Vermischung mit Weissen
noch nicht kennt; denn von den Negern sind sie durch ihren
buschichten, obzwar gekräuselten, Bart hinreichend unterschieden.

Anmerkung.

Gegenwärtige Theorie, welche gewisse ursprüngliche
in dem ersten und gemeinschaftlichen Menschenstamm auf die
jetzt vorhandenen Racenunterschiede ganz eigentlich angeleg-
te Keime annimmt, beruht gänzlich auf der Unausbleiblichkeit ihrer Anartung, die bey den vier genannten Racen durch alle Erfahrung bestätigt wird. Wer diesen
Erklärungsgrund für unnöthige Vervielfältigung der Principien in der Naturgeschichte hält, und glaubt, man könne
dergleichen specielle Naturanlagen gar wohl entbehren, und,
indem man den ersten Elternstamm als weiß annimmt, die
übrigen sogenannten Racen aus den in der Folge durch Luft
und Sonne auf die spätern Nachkömmlinge geschehenen Eindrücken erklären; der hat alsdenn noch nichts bewiesen,
wenn er anführt: daß manche andere Eigenthümlichkeit
blos

bloß aus dem langen Wohnsitze eines Volkes in eben demselben Landstriche auch wohl endlich erblich geworden sey,
und einen physischen Völkscharakter ausmache. Er muß
von der Unausbleiblichkeit der Anartung solcher Eigenthümlichkeiten und zwar nicht in demselben Volke, sondern
in der Vermischung mit jedem andern (das darin von ihm
abweicht), so daß die Zeugung ohne Ausnahme halbschlächtig ausfalle, ein Beyspiel anführen. Dieses ist er aber
nicht im Stande zu leisten. Denn es findet sich von keinem
andern Charakter, als dem, dessen wir erwähnt haben,
und wovon der Anfang über alle Geschichte hinausgeht, ein
Beyspiel zu diesem Behuf. Wollte er lieber verschiedene
erste Menschenstämme mit dergleichen erblichen Charak-
teren annehmen; so würde erstlich dadurch der Philosophie wenig gerathen seyn, die alsdenn zu verschiedenen
Geschöpfen ihre Zuflucht nehmen müßte, und selbst dabey
doch immer die Einheit der Gattung einbüßte. Denn Thiere,
deren Verschiedenheit so groß ist, daß zu deren Existenz eben
so viel verschiedene Erschaffungen nöthig wären, können
wohl zu einer Nominalgattung (um sie nach gewissen Aehnlichkeiten zu klassificiren), aber niemals zu einer Realgat-
tung, als zu welcher durchaus wenigstens die Möglichkeit
der Abstammung von einem einzigen Paar erfordert wird,
gehören. Die letztere aber zu finden, ist eigentlich ein Geschäft der Naturgeschichte; mit der ersteren kann sich der
Naturbeschreiber begnügen. Aber auch alsdenn würde
zweytens doch immer die sonderbare Uebereinstimmung
der Zeugungskräfte zweyer verschiedenen Gattungen, die,
da sie in Ansehung ihres Ursprungs einander ganz fremd
sind, dennoch mit einander fruchtbar vermischt werden können, ganz umsonst, und ohne einen andern Grund, als
daß es der Natur so gefallen, angenommen werden. Will
man, um dieses letztere zu beweisen, Thiere anführen, bey
denen dieses, ungeachtet der Verschiedenheit ihres ersten
Stamms, dennoch geschehe; so wird ein jeder in solchen
Fällen die letztere Voraussetzung leugnen, und vielmehr eben
daraus,

daraus, daß eine solche fruchtbare Vermischung statt findet, auf die Einheit des Stamms schließen, wie aus der Vermischung der Hunde und Füchse u. s. w. Die unausbleibliche Anartung beyderseitiger Eigenthümlichkeiten der Eltern ist also der einzig wahre und zugleich hinreichende Probierstein der Verschiedenheit der Racen, wozu sie gehören, und ein Beweis der Einheit des Stamms; woraus sie entsprungen sind: nämlich der in diesem Stamm gelegten sich in der Folge der Zeugungen entwickelnden ursprünglichen Keime, ohne welche jene erblichen Mannigfaltigkeiten nicht würden entstanden seyn, und vornehmlich nicht hätten nothwendig erblich werden können.

Das Zweckmäßige in einer Organisation ist doch der allgemeine Grund, woraus wir auf ursprünglich in die Natur eines Geschöpfs in dieser Absicht gelegte Zurüstung, und, wenn dieser Zweck nur später hin zu erreichen war, auf anerschaffene Keime schließen. Nun ist dieses Zweckmäßige zwar an der Eigenthümlichkeit keiner Race so deutlich zu beweisen möglich, als an der Negerrace; allein das Beyspiel, das von dieser allein hergenommen worden, berechtigt uns auch, nach der Analogie eben dergleichen von den übrigen wenigstens zu vermuthen. Man weiß nämlich jetzt: daß das Menschenblut, blos dadurch, daß es mit Phlogiston überladen wird, schwarz werde (wie an der untern Seite eines Blutkuchens zu sehen ist). Nun giebt schon der starke und durch keine Reinlichkeit zu vermeidende Geruch der Neger Anlaß zu vermuthen, daß ihre Haut sehr viel Phlogiston aus dem Blute wegschaffe, und daß die Natur diese Haut so organisirt haben müsse, daß das Blut sich bey ihnen in weit größerm Maaße durch sie dephlogistisiren könne, als es bey uns geschieht; wo das letztere am meisten ein Geschäft der Lunge ist. Allein die ächten Neger wohnen auch in Landstrichen, worinn die Luft durch dicke Wälder und sumpfigte bewachsene Gegenden so phlogistisirt wird, daß nach Lind's Berichte Todesgefahr für die englischen Ma-

tro-

trofen dabey ift, auch nur auf einen Tag den **Gambiaftrom**
hinauf zu fahren, um dafelbft Fleifch einzukaufen. Alfo
war es eine von der Natur fehr weißlich getroffene Anftalt,
ihre Haut fo zu organifiren, daß das Blut, da es durch die
Lunge noch lange nicht Phlogifton genug wegfchafft, fich
durch jene bey weitem ftärker, als bey uns, dephlogiftifi=
ren könne. Es müßte alfo in die Enden der Arterien fehr
viel Phlogifton hinfchaffen, mithin an diefem Orte, das ift,
unter der Haut felbft, damit überladen feyn, und alfo
fchwarz durchfcheinen, wenn es gleich im Innern des Körpers
roth genug ift. Ueberdem ift die Verfchiedenheit der Orga=
nifation der Regerhaut von der unfrigen, felbft nach dem
Gefühle, fchon merklich. — Was aber die Zweckmäßig=
keit der Organifation der andern Racen, fo wie fie fich aus
der Farbe fchließen läßt, betrifft; fo kann man fie freylich
wohl nicht mit gleicher Wahrfcheinlichkeit darthun: aber es
fehlt doch auch nicht ganz an Erklärungsgründen der Haut=
farbe, welche jene Vermuthung der Zweckmäßigkeit unter=
ftützen können. Wenn der Abt **Fontana** in dem, was er
gegen den Ritter **Landriani** behauptet, nämlich: daß die
fire Luft, die bey jedem Ausathmen aus der Lunge geftoßen
wird, nicht aus der Atmofpháre niedergefchlagen, fondern
aus dem Blute felbft gekommen fey, recht hat; fo könnte
wohl eine Menfchenrace ein mit diefer Luftfäure überladenes
Blut haben, welche die Lungen allein nicht fortfchaffen könn=
ten, und wozu die Hautgefäße noch das ihrige beytragen
müßten (freylich nicht in Luftgeftalt, fondern mit anderem
ausgedünftetem Stoffe verbunden.) Auf diefem Fall wür=
de gedachte Luftfäure den Eifentheilchen im Blute die röth=
liche Roftfarbe geben, welche die Haut der Amerikaner un=
terfcheidet; und die Anartung diefer Hautbefchaffenheit kann
ihre Nothwendigkeit daher bekommen haben, daß die jetzi=
gen Bewohner diefes Welttheils aus dem Nordoften von
Afien, mithin nur an den Küften und vielleicht gar nur über
das Eis des Eismeers in ihre jetzigen Wohnfitze haben ge=
langen können. Das Waffer diefer Meere aber muß in fei=

nem

nem kontinuirlichen Gefrieren, auch kontinuirlich eine unge-
heure Menge fixer Luft fahren laffen, mit welcher also die
Atmofphäre dort vermuthlich mehr überladen feyn wird, als
irgend anderwärts; für deren Wegfchaffung daher (da fie,
eingeathmet, die fixe Luft aus den Lungen nicht hinreichend
wegnimmt) die Natur zum Voraus, in der Organifation der
Haut geforgt haben mag. Man will in der That auch weit
weniger Empfindlichkeit an der Haut der urfprünglichen Amerikaner wahrgenommen haben, welches eine Folge jener
Organifation feyn könnte, die fich nachher, wenn fie fich einmal zum Racenunterfchiede entwickelt hat, auch in wärmern
Klimaten erhält. Zur Ausübung ihres Gefchäfts kann es
aber auch in diefer an Stoffe nicht fehlen; denn alle Nah-
rungsmittel enthalten eine Menge fixer Luft in fich, die
durchs Blut eingenommen und durch den gedachten Weg fort-
gefchafft werden kann. —— Das flüchtige Alkali ift noch
ein Stoff, den die Natur aus dem Blute wegfchaffen muß;
auf welche Abfonderung fie gleichfalls gewiffe Keime zur befondern Organifation der Haut für diejenigen Abkömmlinge
des erften Stamms angelegt haben mag, die in der erften
Zeit der Auswicklung der Menfchheit ihren Aufenthalt in einem trocknen und heißen Landftriche finden würden, der ihr
Blut vorzüglich zu übermäßiger Erzeugung jenes Stoffs fähig machte. Die kalten Hände der Indier, ob fie gleich mit
Schweiß bedeckt find, fcheinen eine von der unfrigen verfchie-
dene Organifation zu beftätigen. —— Doch es ift wenig
Troft für die Philofophie in Erkünftlung von Hypothefen.
Sie find indeffen dazu gut, um allenfalls einem Gegner, der,
wenn er gegen den Hauptfatz nichts rüchtiges einzuwenden
weiß, darüber frohlockt, daß das angenommene Princip
nicht einmal die Möglichkeit der Phänomene begreiflich machen könne, —— fein Hypothefenfpiel mit einem gleichen,
wenigftens eben fo fcheinbaren, zu vergelten.

Man mag aber ein Syftem annehmen, welches man
wolle; fo ift doch fo viel gewiß, daß die jetzt vorhandenen
Racen,

Racen; wenn alle Vermischung derselben unter einander ver-
hütet würde, nicht mehr erlöschen können. Die unter uns
befindlichen Zigeuner, von denen erwiesen ist, daß sie ihrem Abstamme nach Indier sind, geben davon den deutlichsten
Beweis. Man kann ihrer Anwesenheit in Europa weit über
dreyhundert Jahre nachspüren; und noch sind sie nicht im
mindesten von der Gestalt ihrer Vorfahren ausgeartet. Die
am Gambia in Neger ausgeartet seyn sollende Portugisen
sind Abkömmlinge von Weißen, die sich mit Schwarzen ver-
baßtert haben; denn wo steht es berichtet, und wie ist es
auch nur wahrscheinlich, daß die ersten hieher gekommenen
Portugisen eben so viel weiße Weiber mitgebracht hätten,
diese auch alle lange genug am Leben geblieben, oder durch
andere Weiße ersetzt worden wären, um einen reinen Abstamm
von Weißen in einem fremden Welttheile zu gründen? Dagegen sind bessere Nachrichten davon: daß König Johann
II. der von 1481 bis 1495 regierte, da ihm alle nach St.
Thomas abgeschickte Kolonisten ausstarben, diese Insel
durch lauter getaufte Judenkinder (mit portugisisch-christli-
chem Gewissen) bevölkerte, von welchen, so viel man weiß,
die gegenwärtigen Weißen auf derselben abstammen. Die
Negerkreolen in Nordamerika, die Holländer auf Java, bleiben ihrer Race getreu. Die Schminke, die die Sonne auf
ihrer Haut hinzuthut, eine kühlere Luft aber wieder wegnimmt, muß man nur nicht mit der der Race eigenen Farbe
verwechseln; denn jene erbt doch niemals an. Also müssen
sich die Keime, die ursprünglich in den Stamm der Menschengattung zu Erzeugung der Racen gelegt wären, schon
in der ältesten Zeit nach dem Bedürfniß des Klima, wenn
der Aufenthalt lange dauerte, entwickelt haben, und, nachdem eine dieser Anlagen bey einem Volke entwickelt war, so
löschte sie alle übrigen gänzlich aus. Daher kann man auch
nicht annehmen, daß eine in gewisser Proportion vorgehen-
de Mischung verschiedener Racen auch noch jetzt die Gestalt
des Menschenstamms aufs neue herstellen könne. Denn sonst
würden die Blendlinge, die aus dieser ungleichartigen Be-
gat

gattung erzeugt werden, sich auch noch jetzt (wie ehemals der erste Stamm) von selbst in ihren Zeugungen bey ihrer Verpflanzung in verschiedenen Klimaten wiederum in ihre ursprüngliche Farben zersetzen, welches zu vermuthen man durch keine bisherige Erfahrung berechtigt wird; weil alle diese Bastarderzeugungen in ihrer eigenen weitern Fortpflanzung sich eben so beharrlich erhalten, als die Racen, aus deren Vermischung sie entsprungen sind. Wie die Gestalt des ersten Menschenstamms (der Hautbeschaffenheit nach) beschaffen gewesen seyn möge, ist daher jetzt unmöglich zu errathen; selbst der Charakter der Weißen ist nur die Entwicklung einer der ursprünglichen Anlagen, die, nebst den übrigen, in jenem anzutreffen waren.

Gedanken

von der wahren Schätzung

der

lebendigen Kräfte

und

Beurtheilung der Beweise

deren sich

Herr von Leibniz und andere Mechaniker

in

dieser Streitsache

bedienet haben,

nebst einigen vorhergehenden Betrachtungen,

welche

die Kraft der Körper

überhaupt betreffen,

durch

Immanuel Kant.

Königsberg 1746.

S

Vorrede.

Nihil magis praestandum est, quam ne pecorum ritu se-
quamur antecedentium gregem, pergentes, non,
qua eundum est, sed qua itur.

Seneca de vita beata. Cap. I.

I.

Ich glaube, ich habe Ursache von dem Urtheile der Welt,
dem ich diese Blätter überliefere, eine so gute Meynung zu faffen, daß diejenige Freyheit, die ich mir heraus-
nehme, großen Männern zu widersprechen, mir vor kein
Verbrechen werde ausgelegt werden. Es war eine Zeit, da
man bey einem solchen Unterfangen viel zu befürchten hatte,
allein ich bilde mir ein, diese Zeit sey nunmehro vorbey,
und der menschliche Verstand habe sich schon der Fesseln glücklich entschlagen, die ihm Unwissenheit und Bewunderung
ehemals angelegt hatten. Nunmehro kann man es kühnlich
wagen, das Ansehen derer Newtons und Leibnitze für nichts
zu achten, wenn es sich der Entdeckung der Wahrheit entgegen setzen sollte, und keinen andern Ueberredungen als dem
Zuge des Verstandes zu gehorchen.

II.

Wenn ich es unternehme, die Gedanken eines Herrn
von Leibnitz, Wolfen, Herrmanns, Bernoulli, Bülfingers und anderer zu verwerfen, und denen meinigen den
Vorzug einzuräumen, so wollte ich auch nicht gerne schlech-
tere Richter, als dieselben haben, denn ich weiß, ihr Urtheil,
wenn es meine Meynungen verwürfe, würde die Absicht derselben doch nicht verdammen. Man kann diesen Männern

J 2 kein

kein vortrefflicher Lob geben, als daß man alle Meynungen, ohne ihre eigene davon auszunehmen, vor ihnen ungescheut tadeln dürfe. Eine Mäßigung von dieser Art war, obzwar bey einer andern Gelegenheit, einem großen Mann des Alterthums sehr ruhmwürdig. Timoleon wurde, ohngeachtet der Verdienste, die er um die Freyheit von Syracus hatte, einsmal vor Gericht gefordert. Die Richter entrüsteten sich über die Vermessenheit seiner Ankläger. Allein Timoleon betrachtete diesen Zufall ganz anders. Ein solches Unternehmen konnte einem Manne nicht mißfallen, der sein ganzes Vergnügen darinn setzte, sein Vaterland in der vollkommensten Freyheit zu sehen. Er beschützte diejenigen, die sich ihrer Freyheit so gar wider ihn selber bedienten. Das ganze Alterthum hat dieses Verfahren mit Lobsprüchen begleitet.

Nach so großen Bemühungen, die sich die größesten Männer um die Freyheit des menschlichen Verstandes gegeben haben, sollte man da wohl Ursache haben zu befürchten, daß ihnen der Erfolg derselben mißfallen werde?

III.

Ich werde mich dieser Mäßigung und Billigkeit zu meinem Vortheil bedienen. Allein ich werde sie nur da antreffen, wo sich das Merkmal des Verdienstes und einer vorzüglichen Wissenschaft hervorthut. Es ist außer diesem noch ein großer Haufe übrig, über den das Vorurtheil und das Ansehen großer Leute annoch eine grausame Herrschaft führet. Diese Herren, die gerne für Schiedsrichter in der Gelehrsamkeit angesehen seyn wollten, scheinen sehr geschickt zu seyn von einem Buche zu urtheilen, ohne es gelesen zu haben. Um es dem Tadel preis zu geben, darf man ihnen nur den Titel desselben zeigen. Wenn der Verfasser unbekannt, ohne Charakter und Verdienste ist, so ist das Buch nicht werth, daß die Zeit damit verdorben werde; noch mehr aber, wenn er sich großer Dinge unternimmt, berühmte Männer zu tadeln, Wissenschaften zu verbessern, und seine eigene Gedanken der Welt anzupreisen. Wenn es vor dem

Rich-

Richterstuhle der Wissenschaften auf die Anzahl ankäme, so würde ich eine sehr verzweifelte Sache haben. Allein diese Gefahr macht mich nicht unruhig. Dies ist diejenige, die, wie man sagt, nur unten am Parnaß wohnen, die kein Eigenthum besitzen, und keine Stimme in der Wahl haben.

IV.

Das Vorurtheil ist recht für den Menschen gemacht, es thut der Bequemlichkeit und der Eigenliebe Vorschub, zweyen Eigenschaften, die man nicht ohne die Menschheit ablegt. Derjenige, der von Vorurtheilen eingenommen, erhebet gewisse Männer, die es umsonst seyn würde zu verkleinern und sich herunter zu lassen, über alle andre zu einer unersteiglichen Höhe. Dieser Vorzug bedecket alles übrige mit dem Scheine einer vollkommenen Gleichheit, und läßt ihn den Unterschied nicht gewahr werden, der unter diesen annoch herrschet, und der ihn sonst der verdrüßlichen Beobachtung aussetzen würde, zu sehen, wie vielfach man noch von denenjenigen übertroffen werde, die noch innerhalb der Mittelmäßigkeit befindlich sind.

So lange also die Eitelkeit der menschlichen Gemüther noch mächtig seyn wird, so lange wird sich das Vorurtheil auch erhalten, d. i. es wird niemals aufhören.

V.

Ich werde in dem Verfolg dieser Abhandlung kein Bedenken tragen, den Satz eines noch so berühmten Mannes freymüthig zu verwerfen, wenn er sich meinem Verstande als falsch darstellt. Diese Freyheit wird mir sehr verhaßte Folgen zuziehen. Die Welt ist sehr geneigt zu glauben: daß derjenige, der in einem oder dem andern Falle eine richtigere Kenntniß zu haben glaubt, als etwa ein großer Gelehrter, sich auch in seiner Einbildung gar über ihn setze. Ich unterstehe mich zu sagen, daß dieser Schein sehr betrüglich sey, und daß er hier wirklich betrüge.

Es befindet sich in der Vollkommenheit des menschlichen Verstandes keine solche Proportion und Aehnlichkeit, als

etwa

etwa in dem Baue des menschlichen Körpers, bey diesem ist
es zwar möglich, aus der Größe eines und des andern Glie-
des einen Schluß auf die Größe des Ganzen zu machen; allein bey der Fähigkeit des Verstandes ist es ganz anders.
Die Wissenschaft ist ein unregelmäßiger Körper, ohne Eben-
maaß und Gleichförmigkeit. Ein Gelehrter von Zwerggrö-
ße übertrift öfters an diesem oder jenem Theile der Erkenntniß einen andern, der mit dem ganzen Umfange seiner Wissenschaften weit über ihn hervorraget. Die Eitelkeit des
Menschen erstreckt sich allem Ansehen nach nicht so weit, daß
sie diesen Unterschied nicht sollte gewahr werden, und die
Einsicht einer und der andern Wahrheit, mit dem weiten In-
begriffe einer vorzüglichen Erkenntniß für einerley halten sollte; zum wenigsten weiß ich, daß man mir Unrecht thun
würde, wenn man mir diesen Vorwurf machte.

VI.

Die Welt ist so ungereimt nicht, zu denken, ein Gelehrter von Range sey der Gefahr zu irren gar nicht mehr
unterworfen. Allein, daß ein niedriger und unbekannter
Schriftsteller diese Irrthümer vermieden habe, aus denen
einen großen Mann alle seine Scharfsinnigkeit nicht hat retten können, das ist die Schwierigkeit, die so leicht nicht zu
verdauen ist. Es steckt viel Vermessenheit in diesen Wor-
ten: Die Wahrheit, um die sich die größesten Meister der menschlichen Erkenntniß vergeblich beworben
haben, hat sich meinem Verstande zuerst dargestellt.
Ich wage es nicht, diesen Gedanken zu rechtfertigen, allein
ich wollte ihm auch nicht gerne absagen.

VII.

Ich stehe in der Einbildung, es sey zuweilen nicht unnütze, ein gewisses edles Zutrauen in seine eigne Kräfte zu
setzen. Eine Zuversicht von der Art belebt alle unsre Bemühungen, und ertheilet ihnen einen gewissen Schwung, die
der Untersuchung der Wahrheit sehr beförderlich ist. Wenn

man

man in der Verfassung steht, sich überreden zu können; daß man seiner Betrachtung noch etwas zutrauen dürfe, und daß es möglich sey, einen Herrn von Leibnitz auf Fehler zu ertappen, so wendet man alles an seine Vermuthung wahr zu machen. Nachdem man sich nur tausendmal bey einem Unterfangen verirret hat, so wird der Gewinnst, der hiedurch der Erkenntniß der Wahrheiten zugewachsen ist, dennoch viel erheblicher seyn, als wenn man nur die Haerestraße gehalten hätte.

Hierauf gründe ich mich. Ich habe mir die Bahn schon vorgezeichnet, die ich halten will. Ich werde meinen Lauf antreten, und nichts soll mich hindern, ihn fortzusetzen.

VIII.

Es ist noch ein neuer Einwurf, den man mir machen wird, und dem ich, wie es scheint, zuvor kommen muß. Man wird mich zuweilen in dem Tone eines Menschen hören, der von der Richtigkeit seiner Säze sehr wohl versichert ist, und der nicht befürchtet, daß ihm werde widersprochen werden, oder daß ihn seine Schlüsse betrügen können. Ich bin so eitel, nicht nur dieses in der That einzubilden, ich habe auch nicht Ursache, meinen Säzen den Schein eines Irrthums so sorgfältig zu benehmen; denn nach so vielen Fehltritten, denen der menschliche Verstand zu allen Zeiten unterworfen gewesen, ist es keine Schande mehr, geirret zu haben. Es steckt eine ganz andre Absicht unter meinem Verfahren. Der Leser dieser Blätter ist ohne Zweifel schon durch die Lehrsäze die izo von den lebendigen Kräften im Schwange gehen, vorbereitet, ehe er sich zu meiner Abhandlung wendet. Er weiß es, was man gedacht hat, ehe Leibnitz seine Kräftenschäzung der Welt ankündigte, und der Gedanke dieses Mannes muß ihm auch schon bekannt seyn. Er hat sich ohnfehlbar durch die Schlüsse einer von beyden Partheyen gewinnen lassen, und allem Ansehen nach ist dieses die Leibnizische Parthey, denn ganz Deutschland hat sich izo zu derselben bekannt. In dieser Verfassung lieset er diese Blätter. Die Vertheidigun-

gen

gen der lebendigen Kräfte haben unter der Gestalt geometrischer Beweise seine ganze Seele eingenommen. Er siehet meine Gedanken also nur als Zweifel an, und wenn ich sehr glücklich bin, noch etwa als scheinbare Zweifel, deren Auflösung er der Zeit überläßt, und die der Wahrheit dennoch nicht hinderlich fallen können. Hingegen muß ich meine ganze Kunst anwenden, um die Aufmerksamkeit des Lesers etwas länger bey mir aufzuhalten. Ich muß mich ihm in dem ganzen Lichte der Ueberzeugung darstellen, das meine Beweise mir gewähren, um ihn auf die Gründe aufmerksam zu machen, die mir diese Zuversicht einflößen.

Wenn ich meine Gedanken nur unter dem Nahmen der Zweifel vortrüge, so würde die Welt, die ohnedem geneigt ist, sie für nichts besseres anzusehen, sehr leicht über dieselbige hinweg seyn; denn eine Meynung, die man einmal glaubt erwiesen zu haben, wird sich noch sehr lange im Beyfalle erhalten, wenn gleich die Zweifel, durch die sie angefochten wird, noch so scheinbar sind, und nicht leichtlich können aufgelöset werden.

Ein Schriftsteller zieht gemeiniglich seinen Leser unvermerkt mit in diejenige Verfassung, in der er sich bey Verfertigung seiner Schrift selber befunden hatte. Ich wollte ihm also, wenn es möglich wäre, lieber den Zustand der Ueberzeugung, als des Zweifels mittheilen; denn jener würde mir, und vielleicht auch der Wahrheit, vortheilhafter seyn, als dieser. Dieses sind die kleinen Kunstgriffe, die ich izo nicht verachten muß, um das Gleichgewicht der Waage nur einigermaaßen herzustellen, in der das Ansehen großer Männer einen so gewaltigen Ausschlag giebt.

IX.

Die letzte Schwierigkeit, die ich noch wegräumen will, ist diejenige, die man mir wegen der Unhöflichkeit machen wird. Es scheinet: daß ich denen Männern, die ich mich unterfangen habe zu widerlegen, mit mehr Ehrerbietigkeit hätte begegnen können, als ich wirklich gethan habe. Ich

hätte

hätte mein Urtheil, das ich über ihre Sätze fälle, in einem viel gelindern Tone aussprechen sollen. Ich hätte sie nicht Irrthümer, Falschheiten oder auch Verblendungen nennen sollen. Die Härte dieser Ausdrücke scheinet denen großen Nahmen verkleinerlich zu seyn, gegen die sie gerichtet sind. Zu der Zeit der Unterscheidungen, welche auch die Zeit der Rauhigkeit der Sitten war, würde man geantwortet haben, daß man die Sätze von allen persönlichen Vorzügen ihrer Urheber abgesondert beurtheilen müsse. Die Höflichkeit dieses Jahrhunderts aber legt mir ein ganz ander Gesetz auf. Ich würde nicht zu entschuldigen seyn, wenn die Art meines Ausdrucks die Hochachtung, die das Verdienst großer Männer von mir fordert, beleidigte. Allein ich bin versichert, daß dieses nicht sey. Wenn wir neben den größesten Entdeckungen offenbare Irrthümer antreffen; so ist dieses nicht sowohl ein Fehler des Menschen, als vielmehr der Menschheit; und man würde dieser, in der Person der Gelehrten gar zu viel Ehre anthun, wenn man sie von denenselben gänzlich ausnehmen wollte. Ein großer Mann, der sich ein Gebäude von Sätzen errichtet, kann seine Aufmerksamkeit nicht auf alle mögliche Seiten gleich stark kehren. Er ist in einer gewissen Betrachtung insbesondre verwickelt, und es ist kein Wunder, wenn ihm alsdenn von irgend einer andern Seite Fehler entwischen, die er ohnfehlbar vermieden haben würde, wenn er außerhalb dieser Beschäftigung nur seine Aufmerksamkeit auf dieselbe gerichtet hätte.

Ich will die Wahrheit nur ohne Umschweife gestehen. Ich werde nicht ungeneigt seyn, diejenigen Sätze für wirkliche Irrthümer und Falschheiten zu halten, welche in meiner Betrachtung unter dieser Gestalt erscheinen; und warum sollte ich mir den Zwang anthun, diesen Gedanken in meiner Schrift so ängstlich zu verbergen, um dasjenige zu scheinen, was ich nicht denke, was aber die Welt gerne hätte, daß ich es dächte?

Und überhaupt zu reden, würde ich mit der Ceremonie auch schlecht zurechte kommen, allen meinen Urtheilen, die ich

J 5

ich über große Männer ausspreche, einen gewissen Schwung
der Artigkeit zu ertheilen, die Ausdrücke geschickt zu mildern,
und überall das Merkmal der Ehrerbietigkeit sehen zu lassen;
diese Bemühung würde mich wegen der Wahl derer Wörter
öfters in eine verdrüßliche Enge bringen, und mich der Nothwendigkeit unterwerfen, über den Fußsteig der philosophi-
schen Betrachtung von allen auszuschweifen. Ich will
mich also der Gelegenheit dieses Vorberichts bedienen, eine öffentliche Erklärung der Ehrerbietigkeit
und Hochachtung zu thun, die ich gegen die großen
Meister unserer Erkenntniß, welche ich jetzo die Ehre
haben werde meine Gegner zu heißen, jederzeit hegen
werde, und der die Freyheit meiner schlechten Urtheile nicht den geringsten Abbruch thun kann.

X.

Nach den verschiedenen Vorurtheilen, die ich mich jetzo
berühmt habe, wegzuräumen, bleibt dennoch endlich noch
ein gewisses rechtmäßiges Vorurtheil übrig, dem ich dasjenige, was in meiner Schrift etwa noch überzeugendes anzutreffen wäre, insbesondere zu verdanken habe. Wenn viele große Männer, von bewährter Scharfsinnigkeit und Urtheilskraft, theils durch einerley Wege zur Behauptung eben
desselben Satzes geleitet werden, so ist eine weit wahrschein-
lichere Vermuthung, daß ihre Beweise richtig sind, als daß
der Verstand irgend eines schlechten Schriftstellers die Schärfe in denenselben genauer sollte beobachtet haben. Es hat
dieser daher große Ursache, den Vorwurf seiner Betrachtung
sich besonders klar und eben zu machen, denselben so zu zergliedern und aus einander zu setzen, daß, wenn er vielleicht
einen Fehlschluß begienge, derselbe ihm doch alsbald in die
Augen leuchten müßte; denn es wird vorausgesetzt: daß,
wenn die Betrachtung gleich verwickelt ist, derjenige eher die
Wahrheit entdecken werde, der dem andern an Scharfsinnigkeit vorgehet: Er muß seine Untersuchung also so viel
möglich einfach und leicht machen, damit er nach dem Maaße

se seiner Urtheilskraft in seiner Betrachtung eben so viel Acht und Richtigkeit vermuthen könne, als der andre nach dem Maaße der seinigen in einer viel verwickeltern Untersuchung.

Diese Beobachtung habe ich mit in der Ausführung meines Vorhabens ein Gesetz seyn lassen, wie man bald wahrnehmen wird.

XI.

Wir wollen, ehe wir diesen Vorbericht endigen, uns den jetzigen Zustand der Streitsache von den lebendigen Kräften annoch kürzlich bekannt machen.

Der Herr von Leibnitz hat allem Ansehen nach die lebendigen Kräfte in denen Fällen nicht zuerst erblickt, darinn er sie zuerst der Welt darstellte. Der Anfang einer Meynung ist gemeiniglich viel einfacher, besonders einer Meynung, die etwas so kühnes und wunderbares mit sich führt, als die von der Schätzung nach dem Quadrat. Man hat gewisse Erfahrungen, die sehr gemein sind, und dadurch wir wahrnehmen: daß eine würkliche Bewegung, z. E. ein Schlag oder Stoß, immer mehr Gewalt mit sich führe, als ein todter Druck, wenn er gleich stark ist. Diese Beobachtung war vielleicht der Saame eines Gedankens, der unter den Händen des Herrn von Leibnitz nicht unfruchtbar bleiben konnte, und der nach der Hand zu der Größe eines der berühmtesten Lehrgebäuden erwuchs.

XII.

Ueberhaupt zu reden, scheinet die Sache der lebendigen Kräfte so zu sagen recht dazu gemacht zu seyn, daß der Verstand einmal, es hätte auch zu einer Zeit seyn mögen, welche es wollte, durch dieselbe mußte verführet werden. Die überwältigten Hindernisse der Schwere, die verrückten Materien, die zugedrückte Federn, die bewegte Massen, die in zusammengesetzter Bewegung entspringende Geschwindigkeiten, alles stimmt auf eine wunderbare Art zusammen, den Schein der Schätzung nach dem Quadrat zuwege zu bringen. Es giebt eine Zeit, darinn die

die Vielheit der Beweise dasjenige gilt, was zu einer andern ihre Schärfe und Deutlichkeit ausrichten würde. Diese Zeit ist izo unter den Vertheidigern der lebendigen Kräfte vorhanden. Wenn sie bey einem oder dem andern von ihren Beweisen etwa wenig Ueberzeugung fühlen, so befestiget der Schein der Wahrheit, der sich dagegen von desto mehr Seiten hervorthut, ihren Beyfall und läßt ihn nicht wankend werden.

XIII.

Es ist schwerer zu sagen, auf welcher Seite sich bisdaher in der Streitsache der lebendigen Kräfte die Vermuthung des Sieges am meisten gezeiget habe. Die zwey Herren Bernoulli, Herr von Leibniz und Herrmann, die an der Spitze der Philosophen ihrer Nation standen, konnten durch das Ansehen der übrigen Gelehrten von Europa nicht überwogen werden. Diese Männer, die alle Waffen der Geometrie in ihrer Macht hatten, waren allein vermögend eine Meynung empor zu halten, die sich vielleicht nicht hätte zeigen dürfen, wenn sie sich in den Händen eines minder berühmten Vertheidigers befunden hätte.

Sowohl die Parthey des Cartesius, als die des Herrn von Leibniz, haben für ihre Meynung alle die Ueberzeugung empfunden, der man in der menschlichen Erkenntniß gemeiniglich nur fähig ist. Man hat von beyden Theilen über nichts als das Vorurtheil der Gegner geseufzet, und jedwede Parthey hat geglaubt, ihre Meynung würde unmöglich können in Zweifel gezogen werden, wenn die Gegner derselben sich nur die Mühe nehmen wollten, sie in einem rechten Gleichgewichte der Gemüthsneigungen anzusehen.

Indessen zeigt sich doch ein gewisser merkwürdiger Unterschied, unter der Art, womit sich die Parthey der lebendigen Kräfte zu erhalten sucht, und unter derjenigen, womit die Schätzung des Cartesius sich vertheidigt. Diese beruft sich nur auf einfache Fälle, in denen die Entscheidung der Wahrheit und des Irrthums leicht und gewiß ist, jene

im

im Gegentheil macht ihre Beweise so verwickelt und dunkel als möglich, und rettet sich so zu sagen durch Hülfe der Nacht aus einem Gefechte, darinn sie vielleicht bey einem rechten Lichte der Deutlichkeit allemal den kürzern ziehen würde.

Die Leibnitzianer haben auch noch fast alle Erfahrungen auf ihrer Seite; dies ist vielleicht das einzige, was sie vor den Cartesianern voraus haben. Die Herren Poleni, s' Gravesande, und van Musschenbroeck haben ihnen diesen Dienst geleistet, davon die Folgen vortreflich seyn würden, wenn man sich derselben richtiger bedient hätte.

Ich werde in diesem Vorberichte keine Erzählung von demjenigen machen, was ich in gegenwärtiger Abhandlung in der Sache der lebendigen Kräfte zu leisten gedenke. Dieses Buch hat keine andre Hoffnung gelesen zu werden, als diejenige, die es auf seine Kürze baut; es wird also dem Leser leicht seyn, sich seinen Inbegriff selber bekannt zu machen.

Wenn ich meiner eigenen Einbildung etwas zutrauen dürfte: so würde ich sagen, meine Meynungen könnten einige nicht unbequeme Handleistungen thun, eine der größten Spaltungen, die itzo unter den Geometern von Europa herrsche, beyzulegen. Allein diese Ueberredung ist eitel: das Urtheil eines Menschen gilt nirgends weniger als in seiner eigenen Sache. Ich bin für die meinige so sehr nicht eingenommen, daß ich ihr zum besten einem Vorurtheile der Eigenliebe Gehör geben wollte. Indessen mag es hiemit beschaffen seyn, wie es wolle, so unterstehe ich es mir doch mit Zuversicht vorauszusagen: dieser Streit werde entweder in kurzen abgethan werden, oder er werde niemals aufhören.

Erstes

Erstes Hauptstück.

Von der Kraft der Körper überhaupt.

§. 1.

Jedweder Körper hat eine wesentliche Kraft.

Weil ich glaube, daß es etwas zu der Absicht beytragen kann, welche ich habe, die Lehre von den lebendigen Kräften einmal gewiß und entscheidend zu machen, wenn ich vorher einige metaphysische Begriffe von der Kraft der Körper überhaupt festgesetzt habe; so werde ich hiervon den Anfang machen.

Man sagt, daß ein Körper, der in Bewegung ist, eine Kraft habe. Denn Hindernisse überwinden, Federn spannen, Massen verrücken; dieses nennt alle Welt wirken. Wenn man nicht weiter sieht, als etwa die Sinne lehren, so hält man diese Kraft für etwas, was dem Körper ganz und gar von draussen mitgetheilet worden, und wovon er nichts hat, wenn er in Ruhe ist. Der ganze Haufe der Weltweisen vor Leibnitzen, war dieser Meynung, den einzigen Aristoteles ausgenommen. Man glaubt, die dunkele Entelechie dieses Mannes sey das Geheimniß für die Würkungen der Körper. Die Schullehrer insgesammt, die alle dem Aristoteles folgten, haben dieses Räzel nicht begriffen, und vielleicht ist es auch nicht dazu gemacht gewesen, daß es jemand begreifen sollte. Leibniz, dem die menschliche Vernunft so viel zu verdanken hat, lehrete zuerst, daß dem Körper eine wesentliche Kraft beywohne, die ihm sogar noch vor der Ausdehnung zukommt. Est aliquid praeter extensionem imo extensione prius; dieses sind seine Worte.

Digitized by Google

§. 2.

Diese Kraft der Körper nannte Leibnitz überhaupt die würkende Kraft.

Der Erfinder nannte diese Kraft, mit dem allgemeinen Rahmen der würkenden Kraft. Man hätte ihn in den Lehrgebäuden der Methaphysik nur auf dem Fuße nachfolgen sollen; allein man hat diese Kraft etwas näher zu bestimmen gesucht. Der Körper, heißt es, hat eine bewegende Kraft, denn man sieht ihn sonsten nichts thun als Bewegungen hervorbringen. Wenn er druckt, so strebt er nach der Bewegung, allein alsdenn ist die Kraft in der Ausübung wenn die Bewegung würklich ist. Ich behaupte aber, daß wenn man dem Körper eine wesentliche bewegende Kraft (vim motricem) beylegt, damit man eine Antwort auf die Frage von der Ursache der Bewegung fertig habe, so übe man in gewisser Maaße den Kunstgriff aus, dessen sich die Schullehrer bedienten, indem sie in der Untersuchung der Gründe der Wärme, oder der Kälte, zu einer vi calorifica oder frigifaciente ihre Zuflucht nahmen.

§. 3.

Man sollte billig die wesentliche Kraft vim motricem nennen.

Man redet nicht richtig, wenn man die Bewegung zu einer Art Würkungen macht, und ihr deswegen eine gleichnamige Kraft beylegt. Ein Körper, dem unendlich wenig Widerstand geschieht, der mithin fast gar nicht würket, der hat am meisten Bewegung. Die Bewegung ist nur das äusserliche Phänomenon des Zustandes des Körpers, da er zwar nicht würket, aber doch bemühet ist zu würken, allein wenn er seine Bewegung durch einen Gegenstand plötzlich verliert, das ist, in dem Augenblicke, darin er zur Ruhe gebracht wird, darin würkt er. Man sollte daher die Kraft einer Substanz nicht von demjenigen benennen, was gar keine

ne Würkung ist, noch viel weniger aber von den Körpern
die im Ruhestande würken, (z. E. von einer Kugel, die den
Tisch, worauf sie liegt, durch ihre Schwere drücket,) sagen,
daß sie eine Bemühung haben sich zu bewegen. Denn weil sie
alsdenn nicht würken würden, wenn sie sich bewegten, so
müßte man sagen: indem ein Körper würket, so hat er
eine Bemühung in den Zustand zu gerathen, darin er nicht
würkt. Man wird also die Kraft eines Körpers viel eher
eine vim activam überhaupt, als eine vim motricem nennen
sollen.

§. 4.
Wie die Bewegung aus der würkenden Kraft überhaupt kann erkläret werden.

Es ist aber nichts leichter, als den Ursprung dessen,
was wir Bewegung nennen, aus den allgemeinen Begriffen
der würkenden Kraft herzuleiten. Die Substanz A, deren
Kraft dahin bestimmt wird auser sich zu würken, (das ist
den innern Zustand anderer Substanzen zu ändern,) findet
entweder in dem ersten Augenblicke ihrer Bemühung sogleich
einen Gegenstand, der ihre ganze Kraft erduldet, oder er
findet einen solchen nicht. Wenn das erstere allen Substanzen begegnete, so würden wir gar keine Bewegung kennen,
wir würden also auch die Kraft der Körper von derselben
nicht benennen. Wenn aber die Substanz A in dem Augenblicke ihrer Bemühung ihre ganze Kraft nicht anwenden
kann, so wird sie nur einen Theil derselben anwenden. Sie
kann aber mit dem übrigen Theile derselben nicht unthätig
bleiben. Sie muß vielmehr mit ihrer ganzen Kraft würken,
denn sie würde sonsten aufhören eine Kraft zu heissen, wenn
sie nicht ganz angewandt würde. Daher weil die Folgen
dieser Ausübung in dem coexistirenden Zustande der Welt
nicht anzutreffen sind, wird man sie in der zweyten Abmessung derselben, nehmlich in der successiven Reihe der Dinge
finden müssen. Der Körper wird daher seine Kraft nicht
auf

auf einmal, sondern nach und nach anwenden. Er kann aber ur den nachfolgenden Augenblicken in eben dieselben Substanzen nicht wůrkeu, in die er gleich anfänglich wůrkte, denn diese erdulten nur den ersten Theil seiner Kraft, das übrige aber sind sie nicht fähig anzunehmen; also wůrket A nach und nach immer in andre Substanzen. Die Substanz C aber, in die er im zweyten Augenblicke wůrket, muß gegen A eine ganz andre Relation des Orts und der Lage haben, als B, in welches er gleich anfangs wůrkte, denn sonst wäre kein Grund, woher A nicht im Anfange auf einmal so wohl in die Substanz C als in B gewůrkt hätte. Eben so haben die Substanzen, in die er in den nachfolgenden Augenblicken wirket, jedwede eine verschiedene Lage gegen den ersten Ort des Körpers A. das heißt, A verändert seinen Ort, indem er successive wůrkt.

§. 5.

Was für Schwierigkeiten daraus, in die Lehre, von der Wůrkung des Körpers in die Seele fließen; wenn man diesem keine andre Kraft, als die vim motricem beylegt.

Weil wir nicht deutlich gewahr werden, was ein Körper thut, wenn er im Zustande der Ruhe wůrket, so denken wir immer auf die Bewegung zurück, die erfolgen wůrde, wenn man den Widerstand wegräumte. Es wäre genug, sich derselben dazu zu bedienen, daß man einen äusserlichen Charakter von demjenigen hätte, was in dem Körper vorgeht, und was wir nicht sehen können — Allein gemeiniglich wird die Bewegung als dasjenige angesehen, was die Kraft thut, wenn sie recht losbricht, und was die einzige Folge derselben ist. Weil es so leicht ist sich von diesem kleinen Abwege auf die rechte Begriffe wieder zu finden, so sollte man nicht denken, daß ein solcher Irrthum von Folgen wäre. Allein er ist es in der That, obgleich nicht in der Mechanik und Naturlehre. Denn eben daher wird es

K   in

in der Metaphyſik ſo ſchwer, ſich vorzuſtellen, wie die Materie im Stande ſey, in der Seele des Menſchen auf eine in
der That würkſame Art, (das iſt, durch den phyſiſchen Einfluß) Vorſtellungen herauszubringen. Was thut die Materie anders, ſagt man, als daß ſie Bewegungen verurſa-
che? daher wird alle ihre Kraft darauf hinaus laufen, daß
ſie höchſtens die Seele aus ihrem Orte verrücke. Allein
wie iſt es möglich, daß die Kraft, die allein Bewegungen
hervorbringt, Vorſtellungen und Ideen erzeugen ſollte?
Dieſes ſind ja ſo unterſchiedene Geſchlechter von Sachen,
daß es nicht begreiflich iſt, wie eine die Quelle der andern
ſeyn könne.

§. 6.

Die Schwierigkeit, die hieraus entſpringet, wenn von
der Würkung der Seele in den Körper die Rede iſt.
Und wie dieſe durch die Benennung einer vis activae
überhaupt könne gehoben
werden.

Eine gleiche Schwierigkeit äuſſert ſich, wenn die Frage iſt, ob die Seele auch im Stande ſey, die Materie in
Bewegung zu ſetzen. Beyde Schwierigkeiten verſchwinden
aber, und der phyſiſche Einfluß bekommt kein geringes Licht,
wenn man die Kraft der Materie, nicht auf die Rechnung
der Bewegung, ſondern der Würkungen in andre Subſtan-
zen, die man nicht näher beſtimmen darf, ſetzet. Denn
die Frage, ob die Seele Bewegungen verurſachen könne,
das iſt, ob ſie eine bewegende Kraft habe, verwandelt ſich
in dieſe: ob ihre weſentliche Kraft zu einer Würkung nach
drauſſen könne beſtimmet werden, das iſt, ob ſie auſſer ſich
in andre Weſen zu würken und Veränderungen hervorzubringen fähig ſey? Dieſe Frage kann man auf eine ganz ent-
ſcheidende Art dadurch beantworten: daß die Seele nach
drauſſen aus dieſem Grunde müſſe würken können, weil ſie
in einem Orte iſt! Denn wenn wir den Begriff von demjenigen

jenigen zergliedern, was wir den Ort nennen, so findet man, daß er die Würkungen der Substanzen in einander andeutet. Es hat also einen gewissen scharfsinnigen Schriftsteller nichts mehr verhindert, den Triumph des physischen Einflusses über die vorher bestimmte Harmonie vollkommen zu machen, als diese kleine Verwirrung der Begriffe, aus der man sich leichtlich heraus findet, so bald man nur seine Aufmerksamkeit darauf richtet.

Wenn man die Kraft der Körper überhaupt nur eine würkende Kraft nennet, so begreift man leicht, wie die Materie die Seele zu gewissen Vorstellungen bestimmen könne.

Eben so leicht ist es auch die Art vom paradoxen Satze zu begreifen, wie es nehmlich möglich sey: daß die Materie, von der man doch in der Einbildung steht, daß sie nichts als nur Bewegungen verursachen könne, der Seele gewisse Vorstellungen und Bilder eindrücke. Denn die Materie, welche in Bewegung gesetzt worden, würket in alles, was mit ihr dem Raum nach verbunden ist, mithin auch in die Seele; das ist, sie verändert den innern Zustand derselben, in so weit er sich auf das äussere beziehet. Nun ist der ganze innerliche Zustand der Seele nichts anders, als die Zusammenfassung aller ihrer Vorstellungen und Begriffe, und in so weit dieser innerliche Zustand sich auf das äusserliche beziehet, heißt er der Status repraesentativus universi; dahero ändert die Materie, vermittelst ihrer Kraft, die sie in der Bewegung hat, den Zustand der Seele, wodurch sie sich die Welt vorstellet. Auf diese Weise begreifet man, wie sie der Seele Vorstellungen eindrücken könne.

§. 7.
Es können Dinge würklich existiren, dennoch aber nirgends in der Welt vorhanden seyn.

Es ist schwer, in einer Materie, die von so weitem Umfange ist, nicht auszuschweifen; allein ich muß mich doch

nur

nur wieder zu dem wenden, was ich von der Kraft der Körper habe anmerken wollen. Weil alle Verbindung und Relation, außer einander existirender Substanzen, von den gewechselten Wirkungen, die ihre Kräfte gegen einander ausüben, herrühret, so laßt uns sehen, was für Wahrheiten aus diesem Begriffe der Kraft können hergeleitet werden. Entweder ist eine Substanz mit andern außer ihr in einer Verbindung und Relation, oder sie ist es nicht. Weil ein jedwedes selbstständiges Wesen die vollständige Quelle aller seiner Bestimmungen in sich enthält, so ist nicht nothwendig zu seinem Daseyn, daß es mit andern Dingen in Verbindung stehe. Daher können Substanzen existiren, und dennoch gar keine äußerliche Relation, gegen andre haben, oder in einer würklichen Verbindung mit ihnen stehen. Weil nun ohne äußerliche Verknüpfungen, Lagen und Relationen kein Ort statt findet, so ist es wohl möglich, daß ein Ding würklich existire, aber doch nirgends in der ganzen Welt vorhanden sey. Dieser paradoxe Satz, ob er gleich eine Folge und zwar eine sehr leichte Folge der bekanntesten Wahrheiten ist, ist, so-viel ich weiß, noch von niemanden angemerkt worden. Allein es fließen noch andre Sätze aus derselben Quelle, die nicht minder wunderbar sind, und den Verstand so zu sagen wider seinen Willen einnehmen.

§. 8.

Es ist im recht metaphysischen Verstande wahr, daß mehr wie eine Welt existiren könne.

Weil man nicht sagen kann, daß etwas ein Theil von einem Ganzen sey, wenn es mit den übrigen Theilen in gar keiner Verbindung stehet; (denn sonsten würde kein Unterschied unter einer würklichen Vereinigung, und unter einer eingebildeten zu finden seyn,) die Welt aber ein würklich zusammengesetztes Wesen ist, so wird eine Substanz, die mit keinem Dinge in der ganzen Welt verbunden ist, auch zu der Welt gar

nicht

nicht gehören, es sey denn etwa in Gedanken; das heißt es wird kein Theil von derselben seyn. Wenn dergleichen Wesen viel sind, die mit keinem Dinge der Welt in Verknüpfung stehen, allein gegen einander eine Relation haben, so entspringt daraus ein ganz besonder Ganzes, sie machen eine ganz besondre Welt aus. Es ist daher nicht richtig geredet, wenn man in den Hörsälen der Weltweisheit immer lehret, es könne im metaphysischen Verstande, nicht mehr wie eine einzige Welt existiren. Es ist würklich möglich, daß Gott viel Millionen Welten, auch in recht metaphysischer Bedeutung genommen, erschaffen habe; daher bleibt es unentschieden, ob sie auch würklich existiren, oder nicht. Der Irrthum, den man hierinn begangen, ist ohnfehlbar daher entstanden, weil man auf die Erklärung von der Welt nicht genau Acht gehabt hat. Denn die Definition rechnet nur dasjenige zur Welt, was mit den übrigen Dingen in einer würklichen Verbindung stehet, *) das Theorem aber vergißt diese Einschränkung, und redet von allen existirenden Dingen überhaupt.

§. 9.

Wenn die Substanzen keine Kraft hätten außer sich zu würken, so würde keine Ausdehnung, auch kein Raum seyn.

Es ist leicht zu erweisen, daß kein Raum und keine Ausdehnung seyn würden, wenn die Substanzen keine Kraft hätten außer sich zu würken. Denn ohne diese Kraft ist keine Verbindung, ohne diese keine Ordnung und ohne diese endlich kein Raum. Allein es ist etwas Schwerer einzusehen, wie aus dem Gesetze, nach welchem diese Kraft der Substanzen außer sich würket, die Vielheit der Abmessungen des Raumes her folge.

K 3   Der

*) Mundus est rerum omnium contingentium simultanearum et successivarum inter se connexarum series.

Der Grund von der dreyfachen Dimension des Raumes ist noch unbekannt.

Weil ich in dem Beweise, den Herr von Leibnitz irgendwo in der Theodicee von der Anzahl der Linien hernimmt, die von einem Punkte winkelrecht gegen einander können gezogen werden, einen Zirkelschluß wahrnehme, so habe ich darauf gedacht, die dreyfache Dimension der Ausdehnung, aus demjenigen zu erweisen, was man bey den Potenzen der Zahlen wahrnimmt. Die drey ersten Potenzen derselben sind ganz einfach, und lassen sich auf keine andre reduciren; allein die vierte, als das Quadratoquadrat, ist nichts als eine Wiederholung der zweyten Potenz. So gut mir diese Eigenschaft der Zahlen schien, die dreyfache Raumesabmessung daraus zu erklären, so hielte sie in der Anwendung doch nicht Stich. Denn die vierte Potenz ist in allem demjenigen, was wir uns durch die Einbildungskraft vom Raume vorstellen können, ein Unding. Man kann in der Geometrie kein Quadrat mit sich selber, noch den Würfel mit seiner Wurzel multipliciren; daher beruhet die Nothwendigkeit der dreyfachen Abmessung, nicht sowohl darauf, daß wenn man mehrere setzte, man nichts anders thäte, als daß die vorigen wiederholt würden, (so wie es mit den Potenzen der Zahlen beschaffen ist,) sondern vielmehr auf einer gewissen andern Nothwendigkeit, die ich noch nicht zu erklären im Stande bin.

§. 10.

Es ist wahrscheinlich, daß die dreyfache Abmessung des Raumes von dem Gesetze herrühre nach welchem die Kräfte der Substanzen in einander würken.

Weil alles, was unter den Eigenschaften eines Dinges vorkömmt, von demjenigen muß hergeleitet werden können, was den vollständigen Grund von dem Dinge selber in in sich enthält, so werden sich auch die Eigenschaften der Ausdehnung, mithin auch die dreyfache Abmessung derselben, auf die Eigenschaften der Kraft gründen, welche die Substanzen, in Absicht auf die Dinge, mit denen sie verbunden sind, besitzen. Die Kraft, womit eine Substanz in der Vereinigung mit andern würkt, kann nicht ohne ein gewisses Gesetz gedacht werden, welches sich in der Art seiner Würkung hervorthut. Weil die Art des Gesetzes, nach welchem die Substanzen in einander würken, auch die Art der Vereinigung und Zusammensetzung vieler derselben bestimmen muß, so wird das Gesetz, nach welchem eine ganze Sammlung von Substanzen (das ist ein Raum) abgemessen wird, oder die Dimension der Ausdehnung, von den Gesetzen herrühren, nach welchen die Substanzen vermöge ihrer wesentlichen Kräfte sich zu verhalten haben.

Die dreyfache Abmessung scheinet daher zu rühren, weil die Substanzen in der existirenden Welt so in einander würken, daß die Stärke der Würkung, sich wie das Quadrat der Weiten umgekehrt verhält.

Diesem zu folge, halte ich dafür, daß die Substanzen in der existirenden Welt, wovon wir ein Theil sind, wesentliche Kräfte von der Art haben, daß sie in Vereinigung mit einander nach der doppelten umgekehrten Verhältniß der Weiten ihre Würkungen von sich ausbreiten; zweytens, daß das Ganze, was daher entspringt, vermöge dieses Gesetzes die Eigenschaft der dreyfachen Dimension habe; drittens, daß dieses Gesetz willkührlich sey, und daß Gott dafür ein anders, zum Exempel der umgekehrten dreyfachen Verhältniß hätte wählen können; daß endlich viertens aus einem andern Gesetze, auch eine Ausdehnung von andern Eigenschaften und Abmessungen geflossen wäre. Eine Wissenschaft von allen diesen möglichen Raumesarten, wäre ohnfehlbar die höchste Geometrie, die ein endlicher Verstand

unter-

unternehmen könnte. Die Unmöglichkeit, die wir bey uns
bemerken, einen Raum von mehr als drey Abmessungen uns
vorzustellen, scheinet mir daher zu rühren, weil unsre Seele
ebenfalls nach dem Gesetze der umgekehrten doppelten Verhältniß der Weiten die Eindrücke von draussen empfängt,
und weil ihre Natur selber dazu gemacht ist, nicht allein so
zu leiden, sondern auch auf diese Weise ausser sich zu würken.

§. 11.
Die Bedingung unter der es wahrscheinlich ist, daß es viel Welten gebe.

Wann es möglich ist, daß es Ausdehnungen von andern Abmessungen gebe, so ist es auch sehr wahrscheinlich,
daß sie Gott würklich irgendwo angebracht hat. Denn seine
Werke haben alle die Größe und Mannigfaltigkeit, die sie
nur fassen können. Räume von dieser Art könnten nun unmöglich mit solchen in Verbindung stehen, die von ganz anderem Wesen sind; daher würden dergleichen Räume zu unsrer
Welt gar nicht gehören, sondern eigene Welten ausmachen
müssen. In dem vorigen habe ich gezeiget, daß mehr Welten im metaphysischen Sinne genommen, zusammen existiren könnten, allein hier ist zugleich die Bedingung, die,
wie mir deucht, die einzige ist, weswegen es auch wahrscheinlich wäre, daß viele Welten wirklich existiren. Denn wenn
nur die einzige Raumesart, die nur eine dreyfache Abmessung leidet, möglich ist, so würden die andern Welten, die
ich ausserhalb derjenigen setze, worinnen wir existiren, mit
der unsrigen dem Raume nach können verbunden werden;
weil sie Räume von einerley Art sind. Daher würde sich
fragen, warum Gott die eine Welt von der andern gesondert habe, da er doch durch ihre Verknüpfung seinem Werke
eine größere Vollkommenheit mitgetheilt haben würde; denn
je mehr Verbindung, desto mehr Harmonie und Uebereinstimmung ist in der Welt, da hingegen Lücken und Zertren-
nungen die Gesetze der Ordnung und der Vollkommenheit
verle-

verletzen. Es ist also nicht wahrscheinlich, daß viele Welten existiren, (ob es gleich an sich möglich ist,) es sey denn, daß vielerley Raumesarten, von denen ich itzo geredet habe, möglich sind.

Diese Gedanken könnten der Entwurf zu einer Betrachtung seyn, die ich mir vorbehalte. Ich kann aber nicht läugnen, daß ich sie so mittheile, wie sie mir beyfallen, ohne ihnen durch eine längere Untersuchung ihre Gewißheit zu verschaffen. Ich bin daher bereit sie wieder zu verwerfen, so bald ein reiferes Urtheil mir die Schwäche derselben aufdecken wird.

§. 12.

Einige Metaphysiklehrer behaupten, daß der Körper vermöge seiner Kraft, sich nach allen Gegenden zur Bewegung bestrebe.

Die neueste Weltweisheit setzet gewisse Begriffe von der wesentlichen Kraft der Körper fest, die nicht allerdings können gebilliget werden. Man nennt dieselbe eine immerwährende Bestrebung zur Bewegung. Ausser dem Fehler, den dieser Begrif, wie ich im Anfange gezeiget habe, mit sich führet, ist noch ein andrer, von dem ich anjetzt reden will. Wenn die Kraft eine immerwährende Bemühung zum Würken ist, so wäre es ein offenbarer Widerspruch, wenn man sagen wollte, daß diese Anstrengung der Kraft in Absicht auf die äussern Dinge ganz und gar unbestimmt sey. Denn vermöge ihrer Definition, ist sie ja dahin bemühet ausser sich in andre Dinge zu würken; ja nach denen angenommenen Lehrsätzen der neuesten Metaphysiklehrer würket sie würklich in dieselbe. Es scheinen daher diejenigen am richtigsten zu reden, die da sagen, daß sie vielmehr nach allen Gegenden gerichtet sey, als daß sie in Absicht auf die Richtung ganz und gar unbestimmt sey. Der berühmte Herr Hamberger behauptet daher, daß die Substantielle Kraft der Monaden sich nach allen Gegenden zur Bewegung gleich bestrebe,

strebe, und sich daher, so wie eine Waage, durch die Gleichheit der Gegendrücke in Ruhe erhalte.

§. 13.

Erster Einwurf gegen diese Meynung.

Nach diesem System entstehet die Bewegung, wenn das Gleichgewicht zweyer entgegengesetzter Tendenzen gehoben ist, und der Körper bewegt sich nach der Richtung der gröfsern Tendenz mit dem Uebermaße der Kraft, das diese über die entgegengesetzte kleinere erhalten hat. Diese Erklärung befriedigt die Einbildungskraft noch zwar in dem Falle, da der bewegende Körper mit dem bewegten immer zugleich fortrücket. Denn dieser Fall ist demjenigen ähnlich, da jemand mit der Hand eine von zweyen gleich wiegenden Waagschaalen unterstützet, und hierdurch die Bewegung der andern verursachet. Allein ein Körper, dem seine Bewegung durch einen Stoß mitgetheilet worden, setzet dieselbe ins Unendliche fort, ungeachtet die antreibende Gewalt aufhöret in ihm zu würken. Nach dem angeführten Lehrgebäude aber, würde er seine Bewegung nicht fortsetzen können, sondern sobald der antreibende Körper abließe in ihn zu würken, würde er auch plötzlich in Ruhe gerathen. Denn weil die nach allen Gegenden gerichtete Tendenzen der Kraft des Körpers, von seiner Substanz unzertrennlich sind, so wird das Gleichgewicht dieser Neigungen sich den Augenblick wieder herstellen, so bald die äusserliche Gewalt, die sich der einen Tendenz entgegengesetzt hatte, zu würken aufhöret.

§. 14.

Zweyter Einwurf gegen dieselbe Meynung.

Es ist dieses aber nicht die einzige Schwierigkeit. Weil ein Ding durchgängig bestimmt seyn muß, so wird die Bestrebung zur Bewegung, welche die Substanzen nach allen Gegenden ausüben, einen gewissen Grad der Intensität haben müssen. Denn unendlich kann sie nicht seyn;

allein

allein eine endliche Bemühung zum Würken ohne eine gewisse
Größe der Anstrengung ist unmöglich: daher weil der Grad
der Intensität endlich, und bestimmt ist, so setze man:
daß ein Körper A von gleich großer Masse, gegen ihn mit
einer Gewalt anlaufe, die dreymal stärker ist, als alle die
Bemühung zur Bewegung, die dieser in der wesentlichen
Kraft seiner Substanz hat, so wird er dem anlaufenden nur
den dritten Theil seiner Geschwindigkeit durch seine vim inertiae benehmen können: Er wird aber auch selber keine
größere Geschwindigkeit erlangen, als die dem Drittheil
von der Geschwindigkeit des bewegenden Körpers gleich ist.
Nach verrichtetem Stoße also wird A als der anlaufende
Körper sich mit zwey Graden Geschwindigkeit, B aber nur
mit einem Grade, in ebenderselben Richtung fortbewegen
sollen. Weil nun B dem Körper A im Wege steht, und so
viele Geschwindigkeit nicht annimmt als er nöthig hat, damit er der Bewegung des Körpers A nicht hinderlich sey;
weil er diesem ungeachtet dieses seine Bewegung doch nicht
vermögend ist aufzuhalten, so wird sich A würklich nach
der Richtung A C Fig. I. mit der Geschwindigkeit 2, B aber,
welches dem Körper A im Wege ist, nach eben dieser Richtung mit der Geschwindigkeit wie I bewegen, beyderseits
Bewegungen aber werden dennoch ungehindert vor sich gehen.
Dieses ist aber unmöglich, es sey denn, daß man setzen
wollte, B würde von A durchdrungen, welches aber eine
metaphysische Ungereimtheit ist. *)

§. 15.

Doppelte Eintheilung der Bewegung.

Es ist Zeit, daß ich diese metaphysische Vorbereitung
endige. Ich kann aber nicht umhin noch eine Anmerkung
bey-

---

*) Man begreifet dieses noch deutlicher, wenn man erwäget, daß
der Körper A nach verrichtetem Stoße werde in C istyn, wenn
B den Punkt D, der die Linie A C auf die Hälfte theilet, noch
nicht

beyzufügen, die ich zum Verstande des folgenden für unentbehrlich halte. Die Begriffe von dem todten Drucke und von dem Maaße desselben, die in der Mechanik vorkommen, setze ich bey meinen Lesern voraus, und überhaupt werde ich in diesen Blättern keine vollständige Abhandlung von allen dem, was zu der Lehre der lebendigen und todten Kräfte gehöret, vortragen; sondern nur einige geringe Gedanken entwerfen, die mir neu zu seyn scheinen, und meiner Hauptabsicht beförderlich seyn, das Leibnitzische Kräftenmaaß zu verbessern. Daher theile ich die Bewegungen in zwey Hauptarten ein. Die eine hat die Eigenschaft, daß sie sich in dem Körper, dem sie mitgetheilt werden, selber erhält, und ins unendliche fortdauert, wenn kein Hinderniß sich entgegen setzt. Die andre ist eine immerwährende Würkung einer stets antreibenden Kraft, bey der nicht einmal ein Wiberstand nöthig ist, sie zu vernichten, sondern die nur auf die äusserliche Kraft beruhet, und eben so bald verschwindet, als diese aufhöret sie zu erhalten. Ein Exempel von der ersten Art, sind die geschossene Kugeln und alle geworfene Körper; von der zweyten Art, ist die Bewegung einer Kugel, die von der Hand sachte fortgeschoben wird, oder sonst alle Körper, die getragen oder mit mäßiger Geschwindigkeit gezogen werden.

§. 16.

Die Bewegung von der ersten Art ist vom todten Drucke nicht unterschieden.

Man begreift leicht, ohne sich in eine tiefe Betrachtung der Metaphysik einzulassen, daß die Kraft, die sich in der Bewegung von der ersten Art äussert, in Vergleichung der Kraft von dem zweyten Geschlechte, etwas unendliches hat.

nicht überschritten hat; mithin werde jener diesen haben durchdringen müssen, denn sonst hätte er vor ihm keinen Vorsprung erlangen können.

hat. Denn diese vernichtet sich zum Theile selber, und höret von selber plötzlich auf, so bald man ihr die antreibende Kraft entziehet; man kann Sie dahero ansehen als wenn sie jeden Augenblick verschwände, aber auch eben so oft wieder erzeuget werde. Da hingegen jene eine innerliche Quelle, eine an sich unvergängliche Kraft ist, die in einer fortdaurenden Zeit ihre Würkung verrichtet. Sie verhält sich also zu jener wie ein Augenblick zur Zeit oder wie der Punkt zur Linie. Es ist daher eine Bewegung von dieser Art von dem todten Drucke nicht unterschieden, wie Herr Baron Wolf in seiner Cosmologie schon angemerket hat.

§. 17.

Die Bewegung von der zweyten Art setzet eine Kraft voraus, die sich wie das Quadrat der Geschwindigkeit verhält.

Weil ich von der Bewegung eigentlich reden will, die sich in einem leeren Raume in Ewigkeit von selber erhält, so will mit wenigem die Natur derselben, nach den Begriffen der Metaphysik, ansehen. Wenn ein Körper, in freyer Bewegung, in einem unendlich subtilen Raume läuft, so kann seine Kraft nach der Summe aller der Würkungen, die er in Ewigkeit thut, abgemessen werden. Denn wenn dieses Aggregat seiner ganzen Kraft nicht gleich wäre, so würde man, um eine Summe zu finden, die der ganzen Itensität der Kraft gleich sey, eine längere Zeit nehmen müssen, als die unendliche Zeit ist, welches ungereimt ist. Man vergleiche nun zweene Körper A, und B, von denen A eine Geschwindigkeit wie 2, B aber eine solche wie 1 hat, so drucket A, von dem Anfange seiner Bewegung an, in Ewigkeit, die unendlich kleine Massen des Raums, den er durchläuft, mit doppelt mehr Geschwindigkeit wie B, allein er legt auch in dieser unendlichen Zeit einen zweymal größern Raum zurück als B, also ist die ganze Größe der Würkung, welche A verrichtet, dem Product aus der Kraft, womit er

denen

denen kleinen Theilen des Raumes begegnet, in die Menge
dieser Theile, proportionirt; und eben so ist es mit der Kraft
von B beschaffen. Nun sind beyder ihre Würkungen, in
die kleine Moleculas des Raumes, ihren Geschwindigkeiten
proportionirt, und die Menge dieser Theile sind ebenfalls
wie die Geschwindigkeiten, folglich ist die Größe der ganzen
Würkung eines Körpers zu der ganzen Würkung des andern,
wie das Quadrat ihrer Geschwindigkeiten, und also sind
ihre Kräfte auch in dieser Verhältniß. *)

§. 18.

Zweyter Grund hiervon.

Zum bessern Begriffe dieser Eigenschaft der lebendigen
Kräfte, kann man auf dasjenige zurück denken, was im 16ten
§. gesagt worden. Die todten Drucke können nichts mehr
als die einfache Geschwindigkeit zum Maaße haben, denn
weil ihre Kraft auf den Körpern, die sie ausüben, selber
nicht beruhet, sondern durch eine äussere Gewalt verrichtet
wird, so hat der Widerstand, der dieselbe überwältiget, nicht
in Absicht auf die Stärke, mit der sich diese Kraft in dem
Körper zu erhalten sucht, eine gewisse besondre Bemühung
nöthig, (denn die Kraft ist in der würkenden Substanz auf
keinerley Weise eingewurzelt und bemühet, sich in derselben
zu erhalten,) sondern sie hat nur die einzige Geschwindigkeit zu vernichten nöthig, die der Körper gebraucht, den
Ort zu verändern. Allein mit der lebendigen Kraft ist es
ganz anders. Weil der Zustand, in welchem die Substanz
sich befindet, indem sie in freyer Bewegung mit einer gewis-

sen

*) Weil ich in dieser Schrift eigentlich der Meynung des Herrn
von Leibniz gewisse Einwürfe entgegen setzen will, so scheint es,
daß ich mir selber widerspreche, da ich in diesem §. einen Beweis zur Bestätigung seiner Meynung darbiete. Allein in dem
letzten Capitel werde ich zeigen, daß des Herrn von Leibniz
Meynung, wenn sie nur auf gewisse Weise eingeschränkt wird,
würklich statt habe.

fen Geschwindigkeit fortläuft, sich auf den innerlichen Bestimmungen vollkommen gründet; so ist dieselbe Substanz
zugleich dahin bemühet, sich in diesem Zustande zu erhalten.
Der äusserliche Widerstand also muß zugleich neben der
Kraft, die er brauchet, der Geschwindigkeit dieses Körpers
die Wage halten, noch eine besondre Gewalt haben die Bestrebung zu brechen, mit der die innerliche Kraft des Körpers angestrengt ist, in sich diesen Zustand der Bewegung
zu erhalten, und die ganze Stärke des Widerstandes, der
die Körper, die in freyer Bewegung sich befinden, in Ruhe
versetzen soll, muß also in zusammengesetzter Verhältniß
seyn, aus der Proportion der Geschwindigkeit, und der
Kraft, womit der Körper bemühet ist diesen Zustand der
Bemühung in sich zu erhalten; d. i. weil beyde Verhältnisse
einander gleich seyn, so ist die Kraft, die der Widerstand
bedarf, wie das Quadrat der Geschwindigkeit der anlaufenden Körper.

§. 19.

Ich darf mir nicht versprechen, etwas entscheidendes
und unwidersprechliches, in einer Betrachtung zu erlangen,
die bloß metaphysisch ist, daher wende ich mich zu dem folgenden Kapitel, welches durch die Anwendung der Mathematik, vielleicht mehr Ansprüche auf die Ueberzeugung wird
machen können. Unsre Metaphysik ist wie viele andre Wissenschaften in der That nur an der Schwelle einer recht gründlichen Erkenntniß; Gott weiß, wenn man sie selbige wird
überschreiten sehen. Es ist nicht schwer ihre Schwäche in
manchem zu sehen, was sie unternimmt. Man findet sehr
oft das Vorurtheil als die größte Stärke ihrer Beweise.
Nichts ist mehr hieran Schuld, als die herrschende Neigung
derer, die die menschliche Erkenntniß zu erweitern suchen.
Sie wollten gerne eine große Weltweisheit haben, allein es
wäre zu wünschen, daß es auch eine gründliche seyn möchte.
Es ist einem Philosophen fast die einzige Vergeltung für
seine Bemühung, wenn er nach einer mühsamen Untersuchung

chung sich endlich in dem Besitze einer recht gründlichen Wissenschaft beruhigen kann. Daher ist es sehr viel, von ihm zu verlangen, daß er nur selten seinem eignen Beyfall traue, daß er in seinen eigenen Entdeckungen die Unvollkommenheiten nicht verschweige, die er zu verbessern nicht im Stande ist, und daß er niemals so eitel sey, dem Vergnügen, das die Einbildung von einer gründlichen Wissenschaft macht, dem wahren Nutzen der Erkenntniß hie hintan zu setzen. Der Verstand ist zum Beyfalle sehr geneigt, und es ist freylich sehr schwer, ihn lange zurück zu halten; allein man sollte sich doch endlich diesen Zwang anthun, um einer gegründeten Erkenntniß alles aufzuopfern, was eine weitläuftige reizendes an sich hat.

Zweytes Hauptstück.

Untersuchung der Lehrsätze der Leibnitzischen Parthey von den lebendigen Kräften.

§. 20.

Ich finde in der Abhandlung, die Herr Bülfinger der Petersburgischen Academie überreicht hat, eine Betrachtung, der ich mich jederzeit als einer Regel in der Untersuchung der Wahrheiten bedienet habe. Wenn Männer von gutem Verstande, bey denen entweder auf keiner oder auf beyden Theilen die Vermuthung fremder Absichten zu finden ist, ganz wider einander laufende Meynungen behaupten, so ist es der Logik der Wahrscheinlichkeiten gemäß, seine Aufmerksamkeit am meisten auf einen gewissen Mittelsatz zu richten, der beyden Partheyen in gewisser Maaße Recht läßt.

§. 21.

§. 21.

Ich weiß nicht, ob ich sonst in dieser Art zu denken bin glücklich gewesen, allein in der Streitsache von den lebendigen Kräften hoffe ich es zu seyn. Niemals hat sich die Welt in gewisse Meynungen gleicher getheilet als in denen, die das Kräftenmaaß der bewegten Körper betreffen. Die Partheyen sind allem Ansehen nach gleich stark, und gleich billig. Es können sich freylich fremde Absichten mit einmischen, allein von welcher Parthey solte man sagen können, daß sie hievon ganz frey wäre? Ich wähle also den sichersten Weg, indem ich eine Meynung ergreife, wobey beyde große Partheyen ihre Rechnung finden.

§. 22.
Leibnitzens und Cartesens Schätzung der Kräfte.

Die Welt hatte vor Leibnitzen dem einzigen Säße des Cartes gehuldigt, der überhaupt den Körpern, auch denen, die sich in würklicher Bewegung befinden, zum Maaße ihrer Kraft nur die bloße Geschwindigkeiten ertheilte. Niemand ließe es sich beyfallen, daß es möglich wäre in dasselbe einen Zweifel zu setzen; allein Leibnitz brachte die menschliche Vernunft durch die Verkündigung eines neuen Gesetzes plötzlich in Empörung, welches nach der Zeit eines von denen geworden ist, die denen Gelehrten den größten Wettstreit des Verstandes dargebothen haben. Cartes hatte die Kräfte der bewegten Körper nach den Geschwindigkeiten schlechthin geschätzet, allein der Herr von Leibnitz setzte zu ihrem Maaße das Quadrat ihrer Geschwindigkeit. Diese seine Regel trug er nicht, wie man denken sollte, nur unter gewissen Bedingungen vor, die der vorigen annoch einigen Platz verstatten; nein, sondern er läugnete Cartesens Gesetze absolut und ohne Einschränkung, und setzte das seinige so fort an dessen Stelle.

§. 23.

§. 25.

Erster Fehler des Leibnitzischen Kräftenmaaßes.

Es sind eigentlich zwey Stücke, die ich an des Herrn von Leibnitz Regel auszusetzen finde. Dasjenige, wovon ich jezo handeln werde, ziehet in der Sache der lebendigen Kräfte keine Folgen von Wichtigkeit nach sich; man kann es aber dennoch nicht unterlassen anzumerken, damit bey einem so großen Satze nichts versäumet werde, was ihn von allen kleinen Vorwürfen, die man ihm etwan machen möchte, befreyen kann:

Das Leibnitzische Kräftenmaaß ist jederzeit in dieser Formul vorgetragen worden: Wenn ein Körper in würklicher Bewegung begriffen ist, so ist seine Kraft, wie das Quadrat seiner Geschwindigkeit. Also ist, nach diesem Satze, das Kennzeichen von diesem Maaße der Kraft nichts wie die würkliche Bewegung. Es kann aber ein Körper sich würklich bewegen, obgleich seine Kraft nicht größer ist, als diejenige, die er etwa mit dieser Anfangsgeschwindigkeit bloß durch den Druck ausüben würde. Ich habe dieses in dem vorigen Capitel schon erwiesen, und wiederhole es nochmals.

Eine Kugel, die ich auf einer glatten Fläche ganz sachte fortschiebe, hört so gleich auf sich ferner zu bewegen, wenn ich die Hand abziehe. Es verschwindet also in einer solchen Bewegung die Kraft des Körpers alle Augenblicke; sie wird aber eben so oft durch einen neuen Druck wieder hergestellet. In demselben Augenblicke also, da der Körper den Gegenstand antrift, ist ihm seine Kraft nicht von der vorigen Bewegung noch eigen, nein, diese ist schon alle vernichtet, nur diejenige Kraft besitzt er, welche ihm die antreibende Gewalt in eben diesem Augenblick mittheilet, da er den Gegenstand berühret. Man kann ihn also ansehen, als wenn er sich gar nicht bewegt hätte, und als wenn er den Widerstand bloß im Ruhestande druckte. Ein solcher Körper ist

mithin

mithin von demjenigen nicht unterschieden, der einen todten Druck ausübet, und daher ist seine Kraft nicht wie das Quadrat seiner Geschwindigkeit, sondern wie die Geschwindigkeit schlechthin. Dieses ist also die erste Einschränkung, die ich dem Leibnitzischen Gesetze mache. Er hätte nicht eine würkliche Bewegung allein, als das Kennzeichen der lebendigen Kraft angeben sollen, es war auch nöthig eine freye Bewegung hinzuzusetzen. Denn wenn die Bewegung nicht frey ist, so hat der Körper niemals eine lebendige Kraft. Nach dieser Bestimmung wird das Leibnitzische Gesetz, wo es sonsten nur richtig ist, in dieser Formul erscheinen müssen: Ein Körper, der sich in würklicher und freyer Bewegung befindet, hat eine Kraft, die dem Quadrat ꝛc. ꝛc.

§. 24.

1. Was eine würkliche Bewegung sey?

Nunmehro mache ich die zweyte Anmerkung, die uns die Quelle des berüchtigten Streits entdecken wird, und die vielleicht auch das einzige Mittel darbietet, denselben wieder beyzulegen.

Die Vertheidiger von der neuen Schätzung der lebendigen Kräfte sind hierinn noch mit den Cartesianern einig, daß die Körper, wenn ihre Bewegung nur im Anfange ist, eine Kraft besitzen, die sich wie ihre bloße Geschwindigkeit verhalte. Allein so bald man die Bewegung würklich nennen kann, so hat der Körper, ihrer Meynung nach, das Quadrat der Geschwindigkeit zum Maaße.

Lasset uns nun untersuchen, was eigentlich eine würkliche Bewegung sey. Denn dieses Wort war die Ursache des Abfalls von Cartesen, allein vielleicht kann sie auch eine Ursache der Wiedervereinigung werden.

Man nennt eine Bewegung alsdenn würklich, wenn sie sich nicht bloß in dem Punkte des Anfangs befindet, son-

dern

dern wenn, indem sie wahret, eine Zeit verfloſſen iſt. Dieſe verfloſſene Zeit, die zwiſchen dem Anfange der Bewegung, und dem Augenblicke, darinn der Körper wirket, darzwiſchen iſt, die macht es eigentlich, daß man die Bewegung wirklich nennen kann.

Man merke aber wohl, daß dieſe Zeit *) nicht etwas von geſetzter und gemeſſener Größe ſey, ſondern daß ſie gänzlich undeterminirt iſt, und nach Belieben kann beſtimmt werden. Das heißt: man kann ſie annehmen ſo klein man will, wenn man ſie dazu brauchen ſoll, eine wirkliche Bewegung darmit anzuzeigen. Denn es iſt nicht die und die Größe der Zeit, welche die Bewegung eigentlich wirklich macht, wenn, die Zeit überhaupt iſt es, ſie ſey ſo klein oder ſo groß, wie ſie wolle.

§. 25.

Zweyter Hauptfehler des Leibnitziſchen Kräftenmaaßes.

Demnach iſt die in der Bewegung aufgewandte Zeit, der wahre und einzige Character der lebendigen Kraft; und ſie allein iſt es, wodurch dieſe ein beſonderes Maaß vor der todten erhält.

Laßt uns nun die Zeit, die von dem Anfange der Bewegung an verfließet, bis der Körper einen Gegenſtand antrifft, in den er wirket, durch die Linie A B vorſtellig machen, wovon der Anfang in A iſt. *) In B hat der Körper alſo eine lebendige Kraft, aber im Anfangspunkte A hat er ſie nicht, denn daſelbſt würde er einen Wiederhalt, der ihm entgegenſtünde, bloß mit einer Bemühung zur Bewegung drucken. Laßt uns aber ferner folgender Geſtalt ſchließen. Vors

1ſte

---

*) In der Formul des Leibnitziſchen Kräftenmaaßes
**) Fig. II.

1ste ist die Zeit A B eine solche Bestimmung des Körpers, der sich in B befindet, wodurch in ihn eine lebendige Kraft gesetzt wird, und der Anfangspunkt A (wenn ich nehmlich den Körper in demselben setze,) ist eine Bestimmung, die ein Grund der todten Kraft ist. Vors

2te. Wenn ich in Gedanken diese Bestimmung, die durch die Linie A B ausgedruckt wird, kleiner mache; so setze ich den Körper dem Anfangspunkte näher, und es läßt sich leicht verstehen, daß wenn ich dieses fortsetzte, der Körper endlich sich gar in A selber befinden würde; folglich wird die Bestimmung A B durch ihre Abkürzung, der Bestimmung in A immer näher gesetzt werden; denn wenn sie sich dieser gar nicht näherte, so könnte der Körper durch die Abkürzung der Zeit, wenn ich sie gleich unendlich fortsetzte, doch niemals den Punkt A gewinnen, welches ungereimt ist. Es kömmt also die Bestimmung des Körpers in C, denen Bedingungen der todten Kraft näher, als in B, in D noch näher als in C, und so ferner, bis er in A selber alle Bedingungen der todten Kraft hat, und die Bedingungen zur lebendigen gänzlich verschwunden sind. Wenn aber

3tens gewisse Bestimmungen, die die Ursache einer Eigenschaft eines Körpers seyn, sich nach und nach in andere Bestimmungen verwandeln; die ein Grund einer entgegengesetzten Eigenschaft sind, so muß die Eigenschaft, die eine Folge der ersteren Bedingungen war, sich zugleich mit ändern, und sich nach und nach in diejenige Eigenschaft verwandeln, die eine Folge der letztern ist. *) Da nun, wenn ich die Zeit A B, (die eine Bedingung einer lebendigen Kraft in B ist,) in Gedanken abkürze, diese Bedingung der lebendigen Kraft, der Bedingung der todten Kraft nothwendig näher gesetzt wird, als sie in B war, so muß auch der Körper in C würklich eine Kraft haben, die der todten näher kommt, als die in B, und noch näher, wenn ich ihn in D

L 3   setzte.

*) Nach der Regel posita ratione ponitur rationatum.

ſetzte. Es hat demnach ein Körper, der unter der Bedingung der verfloſſenen Zeit eine lebendige Kraft beſitzet, dieſelbe nicht in jedweder Zeit, die ſo kurz ſeyn kann, als man will; nein, ſie muß determinirt und gewiß ſeyn, denn wenn ſie kürzer wäre, ſo würde er dieſe lebendige Kraft nicht mehr haben. Es kann alſo Leibnitzens Geſetze, von der Schätzung der Kräfte, nicht ſtatt finden; denn es legt den Körpern, die ſich überhaupt eine Zeit lang bewegt haben, (dies will ſo viel ſagen, als die ſich würklich bewegen) ohne Unterſchied eine lebendige Kraft bey, dieſe Zeit mag nun ſo kurz oder lang ſeyn, wie man wolle. *)

§. 26.

Beweiß eben deſſelben aus dem Geſetze der Continuität.

Was ich jetzo erwieſen habe, iſt eine ganz genaue Folge aus dem Geſetze der Continuität, deſſen weitläuftigen Nutzen man vielleicht noch nicht genug hat kennen gelernet. Der Herr von Leibnitz, der Erfinder deſſelben, machte ihm zum Probierſtein, an dem die Geſetze des Cartes die Probe nicht hielten. Ich halte es für den größten Beweiß ſeiner Vortreflichkeit, daß er faſt allein ein Mittel darbietet,

das

*) Der kurze Inhalt dieſes Beweiſes iſt folgender. Die Zeit, die ſich zwiſchen dem Anfange der Bewegung, und dem Augenblicke, darinn der Körper anſtößt, befindet, kann ſo viel kürzer gedacht werden, als beliebig iſt, ohne daß ſich dadurch verſtehen läßt, daß die Bedingung der lebendigen Kraft ſich dadurch verlieren werde, §. 24; nun iſt aber dieſe Abkürzung ein Grund, woraus verſtanden werden kann, daß wenn man ſie fortſetzte, der Körper endlich werde im Anfangspunkte ſeyn, wo die lebendige Kraft ſich würklich verlieret, und dagegen die Bedingung zur todten einfindet; es iſt alſo die Verkleinerung dieſer Zeit, kein Grund, der der Bedingung der lebendigen Kraft etwas entziehet, und iſt doch zugleich ein Grund hiezu: welches ſich widerſpricht.

das berufenste Geſetze der ganzen Mechanik recht aufzudecken, und in der wahren Geſtalt zu zeigen.

Man darf nur ſeine Aufmerkſamkeit auf die Art und Weiſe richten, wie Herr von Leibniz ſich dieſes Grundſa-
tzes gegen Carteſen bedienet hat, ſo wird man leicht wahr-
nehmen, wie er hier müſſe angewandt werden. Er bewei-
ſet, diejenige Regel, die da ſtatt hat, wenn ein Körper gegen einen ſtößt, der in Bewegung iſt, müſſe auch bleiben,
wenn er wider einen anläuft, der in Ruhe iſt; denn die Ruhe iſt von einer ſehr kleinen Bewegung nicht unterſchieden.
Was da gilt, wenn ungleiche Körper gegen einander laufen,
das muß auch gelten, wenn die Körper gleich ſind; denn eine ſehr kleine Ungleichheit, kann mit der Gleichheit verwech-
ſelt werden.

Auf dieſe Weiſe ſchließe ich auch: was da überhaupt
gilt, wenn ein Körper ſich eine Zeitlang beweget hat, das
muß auch gelten, wenn gleich nur die Bewegung im Anfange iſt, denn eine ſehr kleine Dauer der Bewegung, iſt von
dem bloßen Anfange derſelben nicht unterſchieden, oder man
kann ſie füglich verwechſeln. Hieraus folgere ich: wenn der
Körper überhaupt alsdenn eine lebendige Kraft hat, wenn er
ſich eine Zeitlang, (ſie ſey ſo kurz als man will) beweget hat,
ſo muß er ſie auch haben, wenn er ſich erſt anfängt zu bewegen. Denn es iſt einerley, ob er eben erſt anfängt, oder
etwa ſchon eine ungemein kleine Zeit fortfährt ſich zu bewegen. Und alſo ſchließe ich, weil aus dem Leibnitziſchem
Geſetze der Kräftenſchätzung dieſe Ungereimtheit folget, daß
ſelber im Anfangspunkte der Bewegung die Kraft lebendig
ſeyn würde, ſo könne man ihm nicht beypflichten.

Es iſt leicht wahrzunehmen, wie ſehr ſich der Verſtand dawider ſetzet, wenn dieſes Geſetz ihm in dem rechten
Lichte der Deutlichkeit vorgelegt wird. Es iſt unmöglich ſich
zu überreden, daß ein Körper, der im Punkte A eine todte
Kraft hat, eine lebendige, die unendlichmahl größer iſt, wie
die todte haben ſollte, wenn er ſich nur um eine unmerklich

L 4

Kei-

keine Linie von diesem Punkte entfernet hat. Dieser Sprung
der Gedanken ist zu plötzlich, es ist kein Weg, der uns von
der einen Bestimmung zur andern überführet.

§. 27.

**Die in der Bewegung verflossene Zeit, mithin auch
die Würklichkeit der Bewegung, ist nicht die wahre Bedingung unter der dem Körper eine lebendige Kraft zukommt.**

Man habe wohl auf das Acht, was hieraus fließet.
Die verflossene Zeit, wenn sie undeterminirt vorgetragen
wird, kann keine Bedingung zur lebendigen Kraft seyn; und
dies habe ich vorher erwiesen, aber wenn sie gleich determinirt, und auf eine gewisse Größe eingeschränkt vorgetragen
wird, so kann sie doch nicht die eigentliche Bedingung der
lebendigen Kraft abgeben, und dieses beweise ich jetzt folgendergestalt.

Gesetzt, man könnte erweisen, daß ein Körper, der
diese Geschwindigkeit hat, nach einer Minute eine lebendige
Kraft haben werde, und daß diese Minute diejenige Bedingung sey, unter der ihm diese Kraft zukommt; so würde,
wenn die Größe dieser Zeit verdoppelt würde, alles dasjenige in dem Körper doppelt seyn, was vorher, nur einzeln
genommen, in ihn schon eine lebendige Kraft setzte. Er setzte aber die Größe der ersten Minute zu der Kraft des Körpers eine neue Dimension hinzu; (per hypothesin) also wird
die Größe von zwey Minuten, weil sie die Bedingungen,
die die erstere in sie enthielte, verdoppelt in sich begreift, zu
der Kraft des Körpers eine Dimension mehr hinzusetzen.
Der Körper also, der seine Bewegung frey fortsetzet, wird
im Anfangspunkte derselben zwar nur eine Kraft von einer
Dimension, und nach Verfließung einer Minute, eine Kraft
von zwey Abmessungen haben; allein bey der zweyten Minute hat seine Kraft drey Abmessungen, bey der dritten vier,
bey

bey der vierten fünf, und so ferner. Das heißt: seine Kraft
wird bey einförmiger Bewegung bald die Geschwindigkeit
schlechthin, bald das Quadrat derselben, bald den Würfel, bald
das Quadratoquadrat u. s. w. zum Maaße haben; welches solche Ausschweifungen sind, die niemand unternehmen wird zu
vertheidigen. Man darf an der Richtigkeit dieser Schlüsse
nicht zweifeln. Denn wenn man verlangt, daß eine Zeit
von bestimmter Größe, die von dem Anfange der Bewegung
eines Körpers, bis zu einem gewissen Punkte verfließet, die
Bedingungen der lebendigen Kraft ganz und gar in sich fas-
se; so kann man auch nicht leugnen, daß in einer zweymal
größern Zeit auch zweymal mehr von diesen Bedingungen
seyn würden, denn die Zeit hat keine andere Bestimmungen
wie ihre Größe. Und wenn daher eine einfache Zeit der zu-
reichende Grund ist, eine neue Dimension in die Kraft eines
Körpers hineinzubringen, so wird eine zweyfache Zeit zwey
solcher Dimensionen setzen (nach der Regel: rationata sunt
in proportione rationum suarum.) Man kann noch hinzusetzen: daß die Zeit nur deswegen eine Bedingung zur lebendigen Kraft seyn konnte, weil der Körper bey der Verfließung derselben sich von der Bedingung der todten, welche in
dem Anfangsaugenblicke bestehet, entfernet; und deswegen
diese Zeit eine bestimmte Größe haben müsse, weil er in weniger Zeit sich von den Bestimmungen der todten Kraft nicht
genugsam entfernet haben würde, als die Größe einer lebendigen Kraft erfordert. Da er sich nun in einer größeren Zeit,
von dem Anfangsaugenblicke, d. i. von der Bedingung der
todten Kraft, immer weiter entfernet: so müßte die Kraft
des Körpers ins unendliche, je länger er sich beweget, auch
bey seiner einförmigen Geschwindigkeit immer mehr und mehr
Abmessungen erlangen; welches ungereimt ist.

Es ist also erstens die Abwesenheit der Würklichkeit der Bewegung nicht die wahre und rechte Bedingung, welche der Kraft eines Körpers die Schätzung der schlechten Geschwindigkeit zueignet.

L 5

Zwey-

Zweytens, weder die Würklichkeit der Bewegung überhaupt, und die damit verknüpfte allgemeine und unbestimmte Betrachtung der verflossenen Zeit, noch die bestimmte und gesetzte Größe der Zeit, ist ein zureichender Grund der lebendigen Kraft, und der Schätzung derselben nach dem Quadrat.

§. 28.

Die Mathematik kann die lebendigen Kräfte nicht erweisen.

Wir wollen aus dieser Betrachtung zwey Folgen von Wichtigkeit ziehen.

Die erste ist: daß die Mathematik niemals einige Beweise zum Vortheil der lebendigen Kräfte darbiethen könne, und daß eine auf diese Weise geschätzte Kraft, wenn sie sonsten gleich statt hat, dennoch zum wenigsten außerhalb dem Gebiethe der mathematischen Betrachtung sey. Jedermann weiß es, daß, wenn man in dieser Wissenschaft die Kraft eines mit einer gewissen Geschwindigkeit bewegten Körpers schätzen will, man an keinem bestimmten Augenblick, der in der Bewegung verflossenen Zeit, gebunden sey, sondern daß, in Absicht auf diese Einschränkung alles unbestimmt und gleichgültig sey. Es ist also die Schätzung der Kraft bewegter Körper, die die Mathematik darreicht, von der Art, daß sie sich über alle Bewegungen überhaupt erstreckt, die Zeit, die darüber verflossen ist, mag so kurz seyn, wie man wolle, und daß sie uns hierinn gar keine Grenzen setzt. Eine Schätzung von der Art aber gehet auch auf die Bewegung der Körper, die im Anfange ist, §. 25. 26. und die also todt ist, und die schlechte Geschwindigkeit zu ihrem Maaße hat. Und da die lebendigen Kräfte mit den todten zugleich unter einerley Schätzung nicht begriffen seyn können, so siehet man leicht, daß die erstere von einer mathematischen Betrachtung gänzlich ausgeschlossen seyn.

Ueber

Ueberdem betrachtet die Mathematik in der Bewegung eines Körpers nichts wie die Geschwindigkeit, die Masse, und noch etwa die Zeit, wenn man sie dazu nehmen wollte. Die Geschwindigkeit ist niemals ein Grund der lebendigen Kraft; denn der Körper, wenn er gleich nach der Meynung der Leibnitzianer eine lebendige Kraft besäße, würde sie doch nicht in allen Augenblicken seiner Bewegung haben können, sondern es würde eine Zeit nach dem Anfange derselben seyn, darinnen er sie noch nicht hätte, ob in ihm gleich alle Geschwindigkeit schon vorhanden wäre. §. 25. 26. Die Masse ist noch viel weniger ein Grund zu derselben. Endlich haben wir eben dasselbe auch von der Zeit erwiesen. Es hat hat also die Bewegung eines jeden Körpers besonders genommen, nichts in sich, was in einer mathematischen Erwegung eine ihr beywohnende lebendige Kraft anzeigte. Weil nun alle Schlüsse, die man von demjenigen macht, was ein Körper thut, der in Bewegung ist, aus denen Notionen müssen hergeleitet werden, die in der Betrachtung der Geschwindigkeit, der Masse, und der Zeit begriffen sind, so werden sie, wenn sie richtig herausgezogen sind, keine Folgerungen darbiethen, die die lebendigen Kräfte festsetzen. Und wenn es scheinet, daß sie ihnen diesen Dienst leisten, so traue man diesem Scheine nicht, denn es würde alsdenn in den Folgerungen mehr enthalten seyn, als die Grundsätze in sich faßeten, d. i. das rationatum würde größer seyn, als seine ratio.

Nach so vielfältigen und großen Bemühungen, die sich die Geometer dieser beyden Jahrhunderte gemacht haben, die Streitsache des Cartes und des Herrn von Leibnitz durch die Lehren der Mathematik abzuthun, scheinet es sehr seltsam zu seyn, daß ich anfange dieser Wissenschaft die Entscheidung derselben abzusprechen. Man hat zwar eine Zeit her gestritten, ob diese Wissenschaft Cartesens Gesetze günstig sey, oder ob sie die Parthey des Herrn von Leibnitz vertheidige. Allein bey diesem Zwiespalte ist jedermann darinn einig: daß man es, um die Streitfrage der Kräftenschätzung

recht

recht aufzulösen, auf den Ausspruch der Mathematik müsse ankommen lassen. Es ist wunderbar genug: daß große Schlußkünstler auf solche Abwege gerathen seyn sollten, ohne wahrzunehmen, oder auch nur daran zu gedenken, ob dieses auch der Weg sey, der sie zum Besitz der Wahrheit führen könne, welcher sie nachgespüret haben. Allein hier dünkt mich, daß ich Gründe finde, die mich nöthigen, alles das Wunderbare in den Wind zu schlagen, und wohin sollte ich mich nach ihrem Ausspruche weiter wenden?

Die zweyte Folge, die ich aus den vorhergehenden Betrachtungen ziehe, ist diese: daß die Gründe der Mathematik, anstatt den lebendigen Kräften günstig zu seyn, vielmehr Cartesens Gesetze immer bestätigen werden. *) Dieses muß aus den Sätzen dieses Sphi schon klar seyn, und ich kann noch hinzusetzen: daß die mathematischen Größen, die Linien, Flächen, u. s. w. eben dieselben Eigenschaften haben, wenn sie noch so klein seyn, als wenn sie, wer weiß, was für eine Größe haben; und daher aus den kleinesten mathematischen Größen, aus dem kleinesten Parallelogram, aus dem Fall eines Körpers durch die kleinste Linie, eben dieselben Eigenschaften und Folgerungen müssen hergeleitet werden können, als dem größesten von diesen Gattungen. Wenn nun eine Linie, die eine Bewegung anzeiget, wie sie alsbald nach dem Anfange beschaffen ist, eben dieselbe Bestimmungen und Eigenschaften, auch eben dieselben Folgerungen hat, als diejenige Linie, die eine Bewegung lange nach dem Anfange andeutet: so wird die Kraft, die man in einer mathematischen Betrachtung der Bewegung eines Körpers herausbringt, niemals andere Eigenschaften haben, als diejenige hat, die auch in der kleinesten Zeit, das ist, in einer unendlich kleinen Zeit, von dem Anfangsaugenblicke an in dem Körper vorhanden ist. Da dieses nun eine todte Kraft ist, und daher das Maaß der schlechten Geschwindigkeit an sich hat, so werden alle und jede mathematisch erwogene Bewegungen keine andere Schätzung als ein-

*) Die Mathematik bestätigt schon ihrer Natur nach Cartesens Gesetze.

einzig und allein die nach der bloßen Geschwindigkeit darlegen.

§. 29.

Wir wissen demnach, noch ehe wir uns in eine nähere
Untersuchung der Sache einlassen, daß Leibnitzens Anhänger, weil sie sich mit solchen Waffen vertheidigen wollen,
die von der Natur ihrer Sache weit entfernet sind, in dem
berüchtigten Streite wider Cartesen unterliegen werden.
Nach dieser allgemeinen Betrachtung wollen wir die Beweise
insbesondere in Erwägung ziehen, deren sich Leibnitzens
Parthey hauptsächlich in dieser Streitsache bedienet hat.

Der Herr von Leibnitz ist durch dasjenige, was man
bey dem Falle der Körper durch ihre Schwere wahrnimmt,
zuerst auf seine Meynung geleitet worden. Allein es war
ein unrecht angewandter Grundsatz des Cartes, der ihn zu
einem Irrthum führete, welcher nach der Zeit vielleicht der
scheinbarste geworden, welcher sich jemals in die menschliche
Vernunft eingeschlichen hat. Er setzte nehmlich folgenden
Satz fest: Es ist einerley Kraft nöthig, einen vier Pfund
schweren Körper einen Schuh hoch zu heben, als einen ein-
pfündigen vier Schuhe.

§. 30.

Der Satz, der den Herrn von Leibnitz zuerst auf
die lebendigen Kräfte gebracht hat.

Weil er sich auf den Beyfall aller Mechaniker seiner
Zeit beruft, so dünkt mich, er habe diesen Satz aus einer
Regel des Cartes gefolgert, deren dieser sich bediente, die
Natur des Hebels zu erklären. Cartes nahm an, daß die
an einem Hebel angehangene Gewichte, die unendlich kleinen Räume durchliefen, die in ihrer Entfernung vom Ruhepunkte können beschrieben werden. Nun sind zwey Körper
alsdenn im Gleichgewichte, wenn diese Räume gegen einander umgekehrt wie die Gewichte der Körper sind; und al-

§o

so schloß Leibnitz, ist nicht mehr Kraft nöthig, einen Körper von einem Pfunde zur Höhe vier zu erheben, als einen andern, dessen Masse vier ist, zur einfachen Höhe. Man wird leicht gewahr, daß diese Schlußfolge aus Cartesens Grundregel nur alsdenn herfließe, wenn die Zeiten der Bewegung gleich seyn. Denn bey der Schnellwage sind diese Zeiten einander gleich, darinn die Gewichter ihre unendlich kleinen Räume durchlaufen würden. Der Herr von Leibnitz ließ diese Bedingung aus der Acht, und schloß auch auf die Bewegung in Zeiten, die einander nicht gleich seyn.

§. 31.

Des Herrn Herrmanns Beweiß, daß die Kräfte wie die Höhen sind, die sie durch dieselben erreichen können.

Die Vertheidiger dieses Mannes scheinen den Einwurf gemerkt zu haben, den man ihnen wegen der Zeit machen könnte. Daher haben sie ihre Beweise so einzurichten gesucht, als wenn der Unterschied der Zeit bey der Kraft, welche die Körper durch den Fall erlangen, durchaus für nichts anzusehen sey.

Es sey die unendliche Feder AB, *) welche die Schwere vorstellet, die den Körper in währendem Fallen aus A in B verfolget; so, sagt Herr Herrmann, werde die Schwere dem Körper in jedem Punkte des Raumes einen gleichen Druck mittheilen. Diese Drucke bildet er durch die Linien AC, DE, BF, u. s. w. ab, die zusammen das Rektangulum AF ausmachen. Der Körper hat also nach seiner Meynung, wenn er den Punkt B erreicht hat, eine Kraft, die der Summe aller dieser Drucke, d. i., dem Rectangulo AF gleich ist. Es verhält sich also die Kraft in D, zur Kraft in B, wie das Rectangulum AE, zum Rectangulo AF, d. i. wie der durchgelaufene Raum AD, zum Raum AB, mithin wie die Quadrate der Geschwindigkeiten in D und B.

So

*) Fig. III.

So schließt Herr Herrmann, indem er behauptet, daß die Würkung, welche die Schwere in einem Körper thut, welcher frey fällt, sich nach dem Raume richte, den er im Fallen zurücklegt.

Die Cartesianer hingegen behaupten, daß die Würkung der Schwere, nicht denen, in aufgehaltener Bewegung, zurückgelegten Räumen, sondern den Zeiten proportionirt seyn, in welchen der Körper entweder fällt oder zurücksteigt. Ich werde itzo einen Beweiß geben, der die Meynung der Cartesianer außer Zweifel setzen wird, und daraus man zugleich wird einsehen lernen, worinn der scheinbare Beweiß des Herrn Herrmanns fehle.

§. 32.
Beweiß, der den Fall des Herrn Herrmanns widerlegt.

Es ist gleich viel Kraft nöthig, eine einzige von den fünf gleich gespannten Federn *) A, B, C, D, E, eine Secunde lang zuzudrücken, als sie alle fünfe nach und nach binnen eben dieser Zeit zuzudrücken. Denn man theile die Secunde, als die Zeit, wie lange der Körper M die Feder A zugedrückt hält, in fünf gleiche Theile, anstatt daß nun M alle diese fünf Theile der Secunde hindurch, auf die Feder A losdrückt, so nehme man an, daß er die Feder A nur in dem ersten Theil der Secunde drücke, und daß in dem zweyten Theil der Secunde, anstatt der Feder A, die andere B, die gleichen Grad der Spannung hat, untergeschoben werde, so wird in der Kraft die M zu drücken brauchet, bey dieser Verwechselung kein Unterschied anzutreffen seyn. Denn die Federn B und A sind in allem vollkommen gleich, und also ists einerley, ob in dem zweyten Secundtheile annoch dieselbe Feder A oder ob B gedruckt werde. Eben so ist es gleich viel, ob M in dem dritten Theil der Secunde, die dritte Feder

*) Fig. IV.

der C ſpanne, oder ob er in dieſem Zeittheile annoch auf die vorige B drückte; denn man kann eine Feder an der andern Stelle ſetzen, weil ſie nichts unterſchieden ſeyn. Es wendet alſo der Körper M ſo viel Kraft an, die einzige Feder A eine ganze Secunde lang zugedrückt zu halten, als er braucht fünf ſolcher Federn binnen eben dieſer Zeit nach und nach zu ſpannen. Eben dieſes kann geſagt werden, man mag die Menge der Federn auch ins unendliche vermehren, wenn die Zeit des Druckes nur gleich iſt. Es iſt alſo nicht die Menge der zugedrückten Federn, wornach die Kraft des Körpers, der ſie alle ſpannet, abgemeſſen wird, ſondern die Zeit der Druckung iſt das rechte Maaß.

Jetzt laßt uns die Vergleichung, die Herr Herrmann zwiſchen der Würkung der Federn und dem Druck der Schwere anſtellet, annehmen, ſo werden wir finden, daß die Zeit, wie lange die Kraft des Körpers der Schwere widerſtehen kann, und nicht der zurückgelegte Raum, dasjenige ſey, wornach die ganze Würkung des Körpers müſſe geſchätzt werden.

Dieſes iſt alſo der erſte Verſuch, der, wie ich glaube, dasjenige beſtätigt, was ich oben geſagt habe, daß nehmlich Carteſens Meynung in mathematiſchen Beweiſen das Geſetz des Herrn von Leibnitz übertreffe.

§. 33.

Der Carteſianer Fehler in Behauptung eben derſelben Sache.

Ich finde in dem Streite der Carteſianer, wider die Wertheidiger der lebendigen Kräfte, den die Frau Marquiſin Chaſtelet mit vieler Beredſamkeit ausgeführet hat, daß ſich jene auch des Unterſchiedes der Zeit bedienet haben, um die Schlüſſe der Leibnitzianer von dem Falle der Körper unkräftig zu machen. Allein aus demjenigen, was ſie aus der Schrift des Herrn von Mairan, gegen die neue Schätzung

ung der Kräfte anführet, sehe ich, daß ihm der wahre
Vortheil unbekannt gewesen sey, den er aus dem Unterschiede der Zeit hätte ziehen können, und den ich im vorhergehenden §. angezeigt zu haben glaube, welcher gewiß so einfach und deutlich ist, daß man sich wundern muß, wie es
möglich gewesen, ihn bey einem solchen Lichte des Verstandes
nicht wahrzunehmen.

Es ist gewiß recht seltsam, wie weit sich diese Männer verirret haben, indem sie einem wahren Gesetze der Natur nachgiengen, daß nemlich die Kraft, die die Schwere
einem Körper raubet, der Zeit und nicht dem Raume proportionirt sey. Nachdem sie sich so weit vergangen, daß sie
den Leibnitzianern zugegeben, ein Körper könne mit doppelter Geschwindigkeit vierfache Wirkung thun, nachdem sie,
sage ich, ihre Sache so verdorben haben, so sind sie genöthigt, sich mit einer ziemlich schlechten Ausflucht zu retten,
daß nehmlich der Körper zwar eine vierfache Wirkung, aber
nur in doppelter Zeit thue. Sie dringen daher ungemein
ernstlich darauf, daß die Kräfte zweyer Körper nach denen
Wirkungen geschätzt werden müssen, die sie in gleichen Zeiten thun, und daß man darauf gar nicht zu sehen habe, was
sie etwa in ungleichen Zeiten ausrichten können. Man hat
dieser Ausflucht mit unendlicher Deutlichkeit begegnet, und
ich begreife nicht, wie es möglich gewesen ist, sich dem
Zwange der Wahrheit noch ferner zu widersetzen.

Wir sehen aber auch hieraus, daß es eigentlich nur die
Fehlschlüsse der Cartesianer seyn, welche Leibnitzens Parthey triumphiren machen, und daß sie den Streit gar nicht
durch die Schwäche ihrer Sache verlieren. Sie würden allemal die Oberhand behalten, wenn sie die rechten Waffen
ergreifen möchten, die ihnen die Natur der Sache eigentlich darbiethet.

M. §. 34.

§. 34.
Ein Zweifel des Herrn Lichtscheids wird gehoben.

Ich habe erwiesen, daß die Würkungen, welche die Schwere ausübet, und der Widerstand, den sie im Hinaufsteigen verübet, sich wie die Zeit verhalte, welche die Körper in der Bewegung zubringen. Allein, ich besinne mich auf einen Fall, der vielleicht scheinbar genug ist, diesen Satz bey einigen zweifelhaft zu machen. Herr Lichtscheid bemerket in den Actis Erudit., wenn man einen Perpendikel *) aus D auf eine solche Art fallen läßt, daß sich der Faden an dem Widerhalte E anleget, mithin indem er aus B in C wieder in die Höhe steiget, einen kleinern Circul beschreibet, so erlange er doch, vermöge seiner in B erhaltenen Geschwindigkeit, wieder die Höhe C F, welche der Höhe D G gleich ist, von der er heruntergefallen. Es ist aber die Zeit, die der Perpendikel, im Falle durch den Bogen D B, zubringt, länger, als die Zeit in der er bis C wieder in die Höhe steigt. Also hat die Schwere dörten in dem Perpendikel länger, als wie hier gewirket. Man sollte nun denken, wenn es wahr ist, was ich vorher erwiesen habe, daß die Schwere in größern Zeiten größere Würkung thue, so habe der Körper in B eine größere Geschwindigkeit erhalten müssen, als die Schwere in der Bewegung aus B in C ihm wieder zu nehmen im Stande ist. Er müßte also vermittelst dieser Geschwindigkeit vermögend seyn, sich noch über den Punkt C hinauf zu schwingen, welches doch nach den Beweisen des Herrn Lichtscheids falsch ist.

Wenn man aber nur bedenket, daß der Faden A B, dem Körper, indem er sich aus D in B beweget, stärker entgegen gesetzt ist, und den Fall durch seine Schwere mehr hindert, als der Faden E B, oder E C, in dem Falle aus C in B; so lässet sich auch leicht begreifen, daß das Element der Kraft, welches sich in allen Augenblicken des Hinabsteigens aus D in B in den Körper häufet und sammlet, kleiner

sey

sey wie die elementarische Kraft, die die Schwere im Gegentheil in den Körper C jedweden Augenblick hineinbringt, wenn
er aus C in B hinabsinket. Denn da es einerley ist, ob
ein Körper, der an einem Faden befestiget ist, durch den
Zurückhalt A genöthiget werde, den Cirkelbogen D B oder
C B durchzulaufen, oder ob er auf einer eben so gekrümmten
Fläche B D C B. frey hinab kugele, so kann man sich vorstellen, als wenn der Fall, von dem wir reden, auf zwey
solchen holen mit einander verbundenen Flächen würklich geschehe. Nun ist die Fläche D B stärker gegen die Horizontallinie geneigt, als die andere C B, mithin ist in jener der
Körper zwar den Antrieben der Schwere länger ausgesetzt,
als in dieser, allein die Fläche hindert dafür auch einen grössern Theil der Schwere, die bemühet ist sich dem Körper
einzuverleiben, als es die andere C B thut.

Ich hätte der Auflösung dieses Einwurfs überhoben
seyn können, weil die Anhänger des Herrn von Leibniz seine Schwäche selber wahrgenommen zu haben scheinen, da
ich nirgends finde, daß sie sich desselben bedienet hätten.
Allein Herr von Leibniz, der von Herrn Lichtscheid zum
Richter seiner Abhandlungen erwählt worden war, ertheilet
derselben einen rühmlichen Beyfall, und sein Ansehen ist es,
welches ihm einiges Gewicht beylegen könnte.

§. 35.

Ehe ich die Materie, von dem Falle der Körper
durch ihre Schwere verlasse, will ich den Vertheidigern
der lebendigen Kräfte noch einen Fall aufzulösen geben, der,
wie mich dünkt, hinlänglich darthun soll: daß die Betrachtung der Zeit von der Schätzung der Kraft, die die Schwere
in einen Körper hineinbringt, unmöglich ausgeschlossen werden könne, wie Herr von Leibniz, und die Vertheidiger
desselben, uns bis daher haben überreden wollen.

§. 36.

§. 36.

Neuer Fall, der darthut, daß in der Schätzung der
Kraft, die durch die Schwere entstehet, die Zeit
nothwendig mit müsse in Erwegung gezogen
werden.

Der Fall ist folgender: Ich stelle mir auf die, den
Cartesianern und Leibnißianern gewöhnliche Art, die
Drucke der Schwere, die einem Körper von der Höhe *) ab,
bis zur Horizontallinie b c mitgetheilet werden, durch die un=
endliche Anzahl Blechfedern, AB, CD, EF, GH, vor.
Ferner setze ich einen Körper m auf die schiefe Fläche a c und
einen andern l lasse ich von a in b frey herunter fallen. Wir
werden nun die Leibnißianer die Kraft des Körpers m, der
durch den Druck der Federn die schiefe Fläche a c herunter
getrieben wird, am Ende dieses schrägen Falles in c schätzen?
Sie können nicht anders, als das Produkt, aus der Men=
ge Federn, die den Körper aus a bis in c antreiben, in die
Kraft, die jede Feder demselben nach der Richtung a c ein=
drücket, zum Maaße angeben, denn dieses erfordert ihr
Lehrgebäude, wie wir aus dem Falle des Herrn Herr=
manns, §. 31. gesehen haben. Und eben so werden sie auch
die Kraft, die sich in dem andern Körper l findet, der von
a bis in c frey fällt, durch das Factum, aus der Menge
Federn von denen er fortgetrieben worden, in die Intensität,
womit jede ihn fortgestoßen hat, zu schätzen genöthiget. Es
ist aber die Anzahl Federn von beyden Seiten, sowohl die
schiefe Fläche a c, als die Höhe a b hindurch, gleich, also
bleibt nur die Stärke der Kraft, die jede Feder in beyden
Fällen in ihren Körper hineinbringt, zum wahren Maaße
der in b und c erlangten Kräfte der Körper l und m übrig.
Diese Stärke, womit eine jede von denen Blechfedern den
Körper m nach der Richtung der schiefen Fläche a c drucket,
verhält sich zu der Intensität des Druckes eben dieser Blech=
federn

*) Fig. VI.

federn auf den Körper l nach der Richtung seiner Bewegung ab; wie ab zu ac; wie uns die ersten Anfangsgründe der Mathematik lehren. Es wird also die Kraft, die der Körper l am Ende des Perpendikularfalles in b hat, zu der Kraft, die m am Ende des schiefen Falles in c hat, sich gleichfalls wie ac zu ab verhalten; welches ungereimt ist, denn beyde Körper haben in b und c gleiche Geschwindigkeiten, und also auch gleiche Kräfte.

Die Cartesianer entgehen diesem Einwurfe, indem sie die Zeit mit herbeyziehen. Denn obgleich jede Feder in den Körpern m auf der schiefen Fläche ac weniger Kraft hineinbringt, (weil ein Theil durch den Widerstand der Fläche verzehret wird,) so würken dafür diese Federn in den Körper m viel länger als in den Körper l, der ihrem Drucke eine viel kürzere Zeit ausgesetzet ist.

§. 37.

Nachdem ich erwiesen habe, daß die Betrachtung derer durch die Schwere fallenden Körper den lebendigen Kräften auf keinerley Weise vortheilhaft sey, so ist es Zeit, eine andere Gattung von Beweisen in Erwegung zu ziehen, auf die sich die Vertheidiger der lebendigen Kräfte jederzeit sehr viel zu gute gethan haben. Es sind diejenigen, die ihnen die Lehre von der Bewegung elastischer Körper darzubieten scheinet.

§. 38.

Es sind in der Trennung, die des Herrn von Leibnitz Kräftenschätzung in der Welt veranlasset hat, so viel Verblendungen und Abwege unter den Geometern entstanden, als man bey großen Schlußkünstlern kaum vermuthen sollte. Die Nachrichten, die man uns von allen den Vorfällen dieses berüchtigten Streites aufbehalten wird, werden dereinst in der Geschichte des menschlichen Verstandes eine sehr nutzbare Stelle einnehmen. Keine Betrachtung ist siegreicher über die Einbildung derjenigen, die die Richtigkeit unsrer Vernunftschlüsse so sehr erheben, als solche Verführungen, denen

M 3

nen die scharfsinnigsten Meister der Geometrie in einer Untersuchung nicht haben entgehen können, die ihnen vor andern Deutlichkeit und Ueberzeugung hätte gewähren sollen.
Es wäre unmöglich gewesen auf solche Abwege zu gerathen, wenn die Herren Leibnizianer sich hätten die Mühe
geben wollen, auf die Construction derer Beweise selber ihre Aufmerksamkeit zu richten, die sie jetzt als unüberwindliche Beweißthümer vor die lebendigen Kräfte ansehen.

§. 39.

Die Summe aller Beweise, die aus der Bewegung elastischer Körper hergenommen sind.

Fast alle Beweise, zum wenigsten die scheinbarsten,
unter denen, die man für die lebendigen Kräfte, von der
Bewegung elastischer Körper durch den Stoß, entlehnet hat, sind auf folgende Art entsprungen. Man hat
die Kraft, die sich in ihnen nach verübtem Stoße befindet,
mit der Kraft, vor dem Anstoße verglichen. Jene ist größer
befunden worden, als diese, wenn man sie nach dem Produkt aus der Masse in die Geschwindigkeit geschätzet hat, allein nur alsdenn zeigte sich eine vollkommene Gleichheit,
wenn man anstatt der schlechten Geschwindigkeit, das Quadrat derselben setzte. Hieraus haben die Herren Leibnizianer geschlossen, ein elastischer Körper würde nie vermögend
seyn in diejenige, die er stößt, so viel Bewegung hineinzubringen, als würklich geschiehet, wenn seine Kraft nur schlechthin wie seine Geschwindigkeit wäre; denn nach diesem Maaße sey die Ursache immer kleiner, als die hervorgebrachte
Würkung.

§. 40.

Die Leibnizianer widerlegen ihre Schlüsse durch ihre eigene mechanische Lehrgebäude.

Dieser Schluß wird durch die Lehrsätze dererjenigen
selber, die sich derselben bedienet haben, vollkommen widerleget.

leget. Ich will **Wrens, Wallis, Huygens,** und anderer mechanische Entdeckungen nicht anführen. Der Herr Regierungsrath und Freyherr von **Wolf** soll mein Gewährsmann seyn. Man sehe seine Mechanik, die in aller Hände ist, man wird darinn Beweise finden, die keinen Zweifel mehr übrig lassen, daß die elastische Körper dem Gesetze, von der Gleichheit der Würkungen und der Ursache, ganz gemäß, alle die Bewegungen andern Körpern ertheilen, ohne daß man nöthig hat in ihnen eine andere Kraft, als die bloße Geschwindigkeit zu setzen. Ich kann noch dazu thun, daß man die lebendigen Kräfte gar nicht, auch nicht dem Rahmen nach, kennen darf, ohne daß dieses im geringsten hinderlich seyn sollte, zu erkennen, daß von der Kraft eines federharten Körpers, in dem Anlaufe gegen andere gleichartige, die und die Bewegungen herflieſſen werden, die jedweder aus derselben herleitet. Iſt es nicht seltsam, nach einem geometrischen Beweise, darinn man die nach der bloßen Geschwindigkeit geschätzte Kraft, hinlänglich befunden, eine gewiſſe Größe der Bewegung in andern Körpern daraus herzuleiten, ich sage nach einem solchen Beweise, sich noch den Gedanken einkommen zu laſſen, daß diese Kraft nicht groß genug dazu sey? Heißt dieses nicht, alles widerrufen, was einmal in aller Strenge erwiesen worden, und das bloß wegen einer geringen Anscheinung zum Gegentheil? Ich bitte diejenigen, die diese Blätter lesen, nur die Mechanik, die ich angeführt habe, hiermit zusammen zu halten, sie können nichts anders als die größeste Ueberzeugung fühlen: daß sie gar keinen Begriff von der Schätzung nach dem Quadrate nöthig haben, um in aller Strenge diejenigen Folgen und Bewegungen zu finden, die man den federharten Körpern zuzueignen pflegt. Wir wollen uns also von diesem Fußsteige durch alle Verführungen nicht ableiten laſſen. Denn was in einem geometrischen Beweis als wahr befunden wird, das wird auch in Ewigkeit wahr bleiben.

M 4 §. 41.

§. 41.

Der Fall des Herrn Herrmanns von dem Stoße dreyer elastischer Körper.

Lasset uns dasjenige in einem besondern Falle darthun, was wir überhaupt erwiesen haben. Herr Herrmann läßet in der Abhandlung, die er zur Vertheidigung der lebendigen Kräfte verfertiget hatte, einen Körper *) A, dessen Masse 1, und die Geschwindigkeit 2 ist, auf einer vollkommen glatten Fläche, eine Kugel B, die ruhig, und deren Masse 3 ist, nachher aber, indem A von der Kugel B abprellet und mit einem Grade Geschwindigkeit wieder zurück kehret, eine Kugel C, die 1 zur Masse hat, stoßen. Die Kugel A wird der Kugel B einen Grad Geschwindigkeit, und dem Körper C auch einen mittheilen, und alsdenn wird sie sich in Ruhe befinden. Herr Herrmann schließt hieraus, wenn die Kräfte nur wie die Geschwindigkeiten wären, so würde A vor dem Stoße eine Kraft wie 2 haben, nach dem Stoße aber würde sich in den Körpern B und C zusammen eine vierfache Kraft befinden, welches ihm ungereimt zu seyn scheinet.

Wir wollen untersuchen, wie der Körper A mit einer Kraft wie 2, in die Körper B und C eine vierfache Kraft ohne ein Wunderwerk hineinbringen könne, oder ohne daß es nöthig sey die lebendigen Kräfte zu Hülfe zu rufen. Man stelle sich die elastische Kraft des Körpers *) A, die durch den Stoß würksam wird, durch die Feder AD und die Elasticität der Kugel B, durch die Feder DB vor. Wir wissen nun aus den ersten Gründen der Mechanik: daß der Körper A in die Kugel B vermittelst der Federn so lange noch immer neue Drückungen und Kräfte hineinbringe, bis sich B und A mit gleichen Geschwindigkeiten fortbewegen, welches alsdenn geschiehet, wenn die Geschwindigkeit dieser Körper sich zur Geschwindigkeit der Kugel A vor dem Anlaufe verhält, wie die Masse A zur Summe beyder Massen

A

*) Fig. VII.

A und B zusammen; d. i. in dem gegenwärtigen Falle, wenn sie sich mit ½ Geschwindigkeit in der Richtung BE fortbewegen. Niemand leugnet es, daß hierinn noch die Würkung der nach der Geschwindigkeit geschätzten Kraft proportional befunden werde. Allein laßt uns auch untersuchen, was denn mit den Federn AD und BD geschehe, indem der Körper A vermittelst ihrer in die Kugel B würket. Weil die Feder AD in dem Puncte D eben so viel Kraft gegen die Feder DB anwenden muß, als diese dem Körper B eindrücken soll; die Kugel B aber der Würkung, welche in sie geschiehet eben so stark widerstehet, so ist klar, daß die Feder DB, durch die Anstrengung der andern Feder, mit eben demselben Grade Kraft werde zusammen gedrückt werden, als sie in die Kugel B hinein bringet. Eben desgleichen wird die Kugel A ihre Feder AD mit eben demselben Grade zusammen halten, womit diese im Punkte D in die Feder DB würket; weil nehmlich diese Feder der Feder AD eben so stark entgegen drücket, als diese in sie würket, mithin auch eben so stark als die Kugel A diese seine Feder zusammen zu drücken bemühet ist. Da nun die Kraft, womit die Feder DB gespannet wird, dem Widerstande der Kugel B, mithin auch der Kraft, welche diese Kugel hiedurch empfängt, gleich ist; die Kraft der Zusammendrückung der Feder AD aber jener auch gleich ist: so sind beyde so groß, als die Kraft, die der Körper B hiebey erhalten hat, d. i. womit er sich mit einer Masse wie 3, und ½ Grad Geschwindigkeit beweget. Wenn daher diese beyde Federn aufspringen; so giebt die Feder DB der Kugel B eine Geschwindigkeit, die der, vor dem Aufspringen gleich ist, nehmlich ½; und die Feder AD dem Körper B, weil er dreymal weniger Massen hat als B, auch dreymal so viel Geschwindigkeit, nehmlich 1 + ½ Grad; denn wenn die Kräfte gleich seyn, so sind die Geschwindigkeiten in umgekehrter Verhältniß der Massen, per hypothesin. Also hat die Kugel B von dem Anlaufe des Körpers A, und hernach auch von dem Aufspringen ihrer Feder, zusammen 1 Grad Geschwindigkeit, in der Rich-

tung

tung BE. Die Kugel A aber, weil die Geschwindigkeit
½, die in ihr nach dem Anlaufe in der Richtung AE noch
übrig war, von derjenigen, welche die Auffspringung der
Feder in sie nach der Richtung AC hineinbrachte, muß abgezogen werden, empfängt auch ein Grad Geschwindigkeit,
womit sie sich in der Richtung AC fortbeweget, *) welches
gerade der Fall ist, den Herr Herrmann für unmöglich gehalten hat nach dem Cartesianischen Gesetze zu erklären.

Ich schließe hieraus: der Körper A könne mit 2 Graden Geschwindigkeit, und auch mit 2 Graden Kraft, die
Würkung vollkommen ausrichten, die Herr Herrmann ihm
abstreiten wollen; und man verletze das Gesetz, von der
Gleichheit der Ursachen und Würkungen, wenn man
behauptet, er habe 4 Grade Kraft gehabt, und doch nur
so viel ausgerichtet, als er mit 2 ausrichten können.

§. 42.
Der Grund des Irrthums in der Schlußrede
des Herrn Herrmanns.

Wir wollen in dem Schlusse des Herrn Herrmanns
noch den rechten Punkt der Falschheit aufsuchen, der sich
zugleich fast allenthalben findet, wo man nur die elastischen
Körper zum Behuf der lebendigen Kräfte hat brauchen wollen. Man hat also geschlossen: die Kräfte der Körper nach
dem Stoße müssen der Kraft vor demselben gleich seyn;
denn die Würkungen sind so groß wie die Ursachen, die sich
erschöpfet haben sie hervorzubringen. Hieraus ersehe ich,
daß sie dafür gehalten haben, der Zustand und die Größe
der Kraft, nach geschehenem Stoße, sey einzig und allein
eine Würkung der Kraft, die in dem anlaufenden Körper
vor

___

*) Den Körper C mische ich hiebey nicht mit ein, denn weil seine
Geschwindigkeit und Masse in nichts von der Masse und Ge-
schwindigkeit der Kugel B unterschieden ist, so wird er von
Herrn Herrmann ohne Noth anstatt des Körpers B eingeschoben.

vor dem Anstoße befindlich war. Dieses ist der Fehltritt, dessen Folgen wir gesehen haben. Denn die Bewegungen, die eigentlich, und auf eine vollständige Art, von der Kraft des anlaufenden Körpers A herrühren, sind nichts mehr, als daß sich A und B da wie die Feder zusammen gedrückt war, mit $\frac{1}{2}$ Geschwindigkeit beyde fortbewegten, die Zusammendrückung der Feder war nicht so wohl eine besondere Würkung der Kraft, womit A gegen B fortrückte, als vielmehr eine Folge von der Trägheitskraft beyder Körper. Denn B könnte die Kraft $1 + \frac{1}{2}$ nicht erlangen, ohne eben so stark gegen die drückende Feder D B zurück zu würken, und die Feder A D könnte also keine Kraft in B hineinbringen, ohne daß der Zustand der Gleichheit des Druckes und Gegendruckes nicht zugleich die Feder B D gespannet hätte. Ferner könnte der Körper A die Feder D B vermittelst seiner Feder A D nicht drücken, ohne daß diese eben hiedurch mit einem gleichen Grade der Intensität wäre gespannet worden. Man darf sich darüber nicht wundern, daß auf diese Weise zwey ganz neue Kräfte in die Natur kommen, die vorher in A alleine nicht befindlich waren. In dem Augenblicke, darinnen auch unelastische Körper sich stoßen, ist mehr Kraft in der Ausübung, als vor dem Stoße war. Dieses geschiehet würklich, wenn auch ein unelastischer Körper in einen andern würket, nur daß in diesem Falle die Folgen dieser neuen Kraft, nicht wie bey federharten Körpern, aufbehalten werden, sondern verlohren gehen. Denn in dem Augenblicke, darinn A mit der Kraft x in B würket, empfängt nicht allein B diese Kraft nach der Richtung Bc, sondern B würkt zugleich noch mit der Intensität x in A wieder zurück. Es sind also vors erste z x in der Natur vorhanden; nehmlich x vor dem Druck der Kugel A gegen B, und ebenfalls x vor dem Gegendruck der Kugel B: zweytens noch x, als die Kraft, die aus A in B nach der Richtung Bc übertritt. Die beyden ersten Gewalten werden in dem Zusammenstoße elastischer Körper angewandt, zwey Federn zu spannen, die hernach, wenn sie aufspringen, denen Körpern ihre Kräfte mit-

mittheilen. Die elastischen Körper sind daher diejenige Maschinen der Natur, welche angelegt seyn, die ganze Größe der Kraft aufzubehalten, die in dem Augenblicke des Zusammenstoßes in der Natur befindlich ist; denn ohne diese würde ein Theil der Kräfte verlohren gehen, die der Conflictus der Körper in die Welt gebracht hat.

§. 43.

Ich habe, in der Auflösung des Herrmännischen Falles, nichts gesagt, was diesem Philosophen im Grunde des Beweises hätte unbekannt seyn können; oder was die ansehnlichsten Verfechter der lebendigen Kräfte würden zu leugnen verlangen, wenn es darauf ankäme, daß sie sich deswegen erklären sollten. Herr Herrmann mußte nothwendig wissen, wie man die Bewegungen, die in dem Stoße elastischer Körper entsprungen, aus ihrer bloßen Geschwindigkeit herleiten können; denn ohne dieses hätte es ihm unmöglich a priori bekannt seyn können: daß eine Kugel von einfacher Masse, in dem Stoße gegen eine dreyfache, mit zwey Graden Geschwindigkeit, vier Grade Kraft hervorbringe. Ich sage, dieser Fall hätte ihm selber, ohne die Art der Auflösung, welche wir gegeben haben, nicht bekannt seyn können; denn jedermann weiß: daß man in einer mechanischen Untersuchung, die Bewegungen, die ein elastischer Körper durch den Stoß hervorbringt, finde, indem man dasjenige zuerst insbesondere suchet, was er ohne seine Federkraft thut, und hernach die Würkung der Elasticität dazu nimmt, jedes aber nach demjenigen bestimmet, was er nach Proportion seiner Masse und seiner schlechten Geschwindigkeit thun kann. Man kann nichts stärkeres, in der Art der Schlußrede, die man ein argumentum ad hominem nennt, gegen den Herrn Herrmann und die Leibnitzianer überhaupt vorbringen. Denn sie müssen entweder bekennen: daß alle Beweise, darinn sie bis daher einig gewesen, den Grund von den Bewegungen zugeben, welche in dem Stoße elastischer Körper entspringen, falsch gewesen; oder

oder ſie müſſen geſtehen: daß ein ſolcher Körper, allein mit der, der Maſſe und Geſchwindigkeit ſchlechthin zuſammen genommen proportionirten Kraft, die Bewegungen hervorgebracht habe, weswegen ſie ihn das Quadrat der Geſchwindigkeit nöthig zu haben glaubten.

§. 44.
Der Frau von Chaſtelet iſt dieſe Auflöſung unbekannt geweſen.

Ich werde durch den Streit der Frau Marquiſin von Chaſtelet mit dem Herrn von Mairan überführet, daß es nicht überflüßig geweſen ſey, jetzo eine ausführliche Entwickelung, der Art und Weiſe, wie die elaſtiſche Körper durch den Stoß eine größere Quantität der Bewegung in die Welt bringen; als vor dem Stoß darinn geweſen, gegeben zu haben. Denn wenn Herr von Mairan ſaget: Die elaſtiſche Kraft ſey eine wahre Maſchine der Natur, ꝛc. daß wenn man alle Würkungen des Stoßes elaſtiſcher Körper beſonders betrachten will, indem man dasjenige als poſitiv ſummiret, was ſie in den beyden entgegengeſetzten Richtungen geben, man die neue Kraft, die daraus in der Natur zu entſpringen ſcheinet, und ſich durch den Stoß äuſſert, keinesweges der Thätigkeit des ſtoßenden Körpers zuſchreiben müſſe, als wenn er dieſelbe nur in den geſtoßenen übertrüge, ſondern einer fremden Quelle der Kraft ꝛc. Mit einem Worte einer gewiſſen phyſicaliſchen Urſache der Elaſticität, welche es auch immer ſey, deren Würkſamkeit der Stoß nur losgemacht, und ſo zu ſagen die Feder abgedrückt hat ꝛc. ich ſage, wenn Herr von Mairan dieſes ſaget, ſo antwortet ihm die Frau von Chaſtelet: es ſey unnütze es zu unterſuchen, bis der Urheber dieſer Meynung ſich die Mühe genommen, dasjenige, was er hier behaupten wollen auf einigen Beweiß zu gründen. Ich habe mir die Ehre genommen,

mich

mich dieser Mühe anstatt des Herrn von Maïran zu unterziehen, und dieses ist die Rechtfertigung, womit ich meine Weitläuftigkeit in dieser Materie entschuldige.

§. 45.

Herrn Jurins Einwurf von dem Gegenstoße zweener unelastischer und ungleicher Körper.

Es ist den Leibnitzianern durch Herrn Jurin, und andere, noch dieser Einwurf gemacht worden: daß zweene unelastische Körper, die sich einander mit solchen Geschwindigkeiten begegnen, welche sich umgekehrt wie ihre Masse verhalten, doch nach dem Stoß in Ruhe verbleiben. Hier sind nun, nach der Lehre von den lebendigen Kräften, zweene Kräfte, die man so ungleich machen kann, als man will, und die sich dennoch einander im Gleichgewicht erhalten.

Des Herrn Bernoulli Widerlegung dieses Einwurfs durch Vergleichung mit der Zudrückung der Federn.

Ich finde in der Frau von Chastelet Naturlehre eine Antwort auf diesen Einwurf, die, wie ich aus der Anführung ersehe, den berühmten Herrn von Bernoulli zum Urheber hat. Der Herr Bernoulli ist nicht glücklich gewesen, eine Schutzwehre vor seine Meynung ausfindig zu machen, welche seines Nahmens würdig gewesen wäre. Er sagt: daß die unelastischen Körper in einander durch den Eindruck ihrer Theile: eben dieselbe Würkung thun, als wenn sie eine Feder, die sich zwischen ihnen befände, zusammen drückten: daher nimmt er eine Feder K *) an, die sich zu gleicher Zeit auf beyde Seiten ausdehnet, und von beyden Seiten Körper von ungleicher Masse treibet. Er beweiset, daß die Geschwin-

*) Fig. IX.

ſchwindigkeiten, die den Körpern durch dieſe Feder mitgetheilet werden, in gegenſeitiger Verhältniß ihrer Maſſen
ſind, und daß alſo, wenn die Kugeln A und B mit dieſen
Geſchwindigkeiten zurückkehrten, ſie die Feder wieder in den
erſten Stand der Zuſammendrückung ſetzen würden. Bis ſo
weit iſt alles richtig, und mit den Lehrſätzen der Carteſianer
vollkommen übereinſtimmend. Allein laſſet uns ſehen, wie
er ſeinen Schluß verfolget. Die Theile der Feder, indem
ſie aus einanderſpringt, bewegen ſich theils nach der Seite
von A, theils nach der Seite von B, der Punct der Thei-
lung aber iſt in R, der die Feder nach der umgekehrten Proportion der Maſſen A und B theilet. Es würket alſo der
Theil RB von der Feder R in den Körper B, deſſen Maſſe
3 iſt, hingegen theilet der andere Theil RA, der Kugel A
deren Maſſe I. iſt ſeine Kraft mit. Es verhalten ſich aber
die Kräfte, welche in dieſe Körper gebracht werden, wie die
Anzahl der Federn, die ihren Druck an ſie angewandt haben; folglich ſind die Kräfte derer Kugeln A und B ungleich, obgleich ihre Geſchwindigkeiten in umgekehrter Proportion ihrer Maſſen ſtehen. Wenn nun die Feder R ſich
völlig ausgedehnet hat, und die Körper kämen mit eben denſelben Geſchwindigkeiten gegen ſie zurück, welche ſie ihnen
beym Losſpringen mitgetheilet hat, ſo ſiehet man leicht,
daß einer den andern vermittelſt der Zuſammendrückung der
Feder in Ruhe verſetzen würde. Nun ſind ihre Kräfte ungleich, folglich erkennet man hieraus, wie es möglich ſey,
daß ſich zwey mit ungleichen Kräften einander in Ruhe verſetzen können. Hievon macht er die Anwendung auf den
Zuſammenſtoß der unelaſtiſchen Körper.

§. 46.

Des Herrn Bernoulli Gedanken werden widerlegt.

Ich erkenne in dieſer Schlußrede nicht den Herrn Bernoulli, der gewohnt war, ſeine Beweiſe in viel vollkomme-

ner Schärfe zu bilden. Es ist unstreitig gewiß, daß die
von einander springende Feder einem von denen Körpern A
und B eben so viel Kraft ertheilen müsse, als wie dem andern. Denn sie bringet so viel Kraft in die Kugel A als die
Intensität groß ist, mit der sie sich gegen die andere Kugel B
steifet. Wenn sie sich gar nicht an irgend einen Widerhalt
steifete, so würde sie der Kugel A gar keine Kraft ertheilen,
denn alsdenn würde sie ohne einzige Würkung losspringen.
Daher kann diese Feder keine Kraft an A anwenden, ohne
von der andern Seite der beweglichen Kugel B eben denselben
Grad der Gewalt einzudrücken. Es sind also die Kräfte
der Kugeln A und B einander gleich, und nicht, wie die
Länge A R zu R B.

Man siehet leicht, wie der Irrthum in dem Schlusse
des Herrn Bernoulli entsprungen sey. Der Satz auf den
die Leibnitzische Parthey so sehr dringet, ist die Quelle desselben: nemlich, daß die Kraft eines Körpers sich wie die
Anzahl Federn verhalte, die in ihn gewürket haben. *) Wir
haben denselben schon oben widerlegt, und der Fall des
Herrn Bernoulli bestätiget unseren Gedanken.

§. 47.
Der Gedanke des Herrn Bernoulli bestätigt
unsre Meynung.

Man kann nicht ohne Vergnügen wahrnehmen, wie
vortreflich diese Erklärung, der man sich zur Vertheidigung
der lebendigen Kräfte hat bedienen wollen, uns zu Waffen
dienet, dieselbe vielmehr völlig niederzuschlagen. Denn da
es einmal gewiß ist, daß die Feder R den Körpern, deren
Massen 1 und 3 sind, gleiche Kräfte ertheilet, §. 46. ferner
daß

---

*) Die Körper A und B haben also deswegen gleiche Kräfte, weil
die Federn RA und RB in sie gleich lange gewürket haben;
und weil die Theile dieser Federn alle gleich stark gespannet waren.

daß die Geschwindigkeit der Kugel deren Masse 1 ist dreyfach, und die Geschwindigkeit der andern einfach sey, wie die Leibnitzianer selber gestehen; so fließen daraus zwey Folgen, die beyde den lebendigen Kräften schnurstracks widerstreiten. Erstlich, daß die Kraft, die ein Körper durch den Druck der Federn erhält, sich nicht wie die Anzahl der Federn verhalte, welche ihn fortgestoßen haben, sondern vielmehr wie die Zeit der Würkung derselben; zweytens, daß ein Körper, der eine einfache Masse, und eine dreyfache Geschwindigkeit hat, nicht mehr Kraft habe, als ein anderer, der dreymal mehr Massen, aber nur eine einfache Geschwindigkeit hat.

§. 48.

Vertheidigung der lebendigen Kräfte durch die beständige Erhaltung einerley Größe der Kraft in der Welt.

Bis hieher haben wir gesehen, wie sich Leibnitzens Anhänger des Zusammenstoßes elastischer Körper bedienet haben, die lebendige Kraft dadurch zu vertheidigen. Allein die Anwendung derselben war bloß mathematisch. Sie haben aber auch einen metaphysischen Grund in diesem Stücke der Phoronomie zum Behuf ihrer Meynung zu finden vermeynet. Herr von Leibnitz ist selbst der Urheber desselben, und sein Ansehen hat ihm kein geringes Gewichte ertheilet.

Er nahm Cartesens Grundsatz willig an; daß sich in der Welt immer einerley Größe der Kraft erhalte, allein nur einer solchen Kraft, deren Quantität nach dem Quadrate der Geschwindigkeit geschätzt werden muß. Er zeigte, daß das alte Maaß der Kraft diese schöne Regel nicht verstatte. Denn wenn man dasselbe annimmt, so vermindere oder vermehre sich die Kraft in der Natur unaufhörlich, nachdem die Stellung der Körper gegen einander verändert wird. Leibnitz glaubte, es sey der Macht und Weisheit Gottes unanständig, daß er genöthiget seyn sollte, die Bewegung

N

wegung, die er seinem Werke mitgetheilet, ohne Unterlaß
wieder zu erneuern, wie Herr Newton sich einbildete, und
dieses trieb ihn an, ein Gesetz zu suchen, wodurch er dieser
Schwierigkeit abhelfen könnte.

§. 49.
Erste Auflösung dieses Einwurfs.

Weil wir in dem vorigen erwiesen haben, daß die lebendigen Kräfte, in der Art wie sie von ihren Vertheidigern
selber gebraucht werden, nehmlich im mathematischen Verstande, nirgends Platz finden können; so rettet sich hier
die Macht und Weisheit Gottes schon selber durch die Betrachtung der gänzlichen Unmöglichkeit der Sache. Wir können
uns allemal hinter diese Schutzwehre verbergen, wenn wir
etwa in einer andern Art der Antwort auf diesen Einwurf
den kürzern ziehen sollten. Denn wenn es gleich nach dem
Gesetze der Bewegung, welches wir behauptet haben, nothwendig wäre, daß der Weltbau, nach einer allmähligen
Erschöpfung seiner Kräfte, endlich völlig in Unordnung ge-
riethe, so kann dieser Streich die Macht und Weisheit
Gottes doch nicht treffen. Denn man kann es dieser nim-
mer verdenken, daß sie nicht ein Gesetz in die Welt gebracht
hat, wovon wir wissen, daß es absolut unmöglich sey, und
daher auf keine Weise statt haben könne.

§. 50.
Zweyte Antwort auf gedachten Einwurf.

Allein man erhohle sich nur. Wir sind noch nicht ge-
zwungen eine so verzweifelte Ausflucht zu ergreifen. Dies
würde heissen den Knoten abhauen, wir wollen ihn aber
lieber auflösen.

Wenn die Leibnitzianer es zur Erhaltung der Weltma-
schine für unumgänglich nöthig halten, daß die Kraft der
Körper der Schätzung nach dem Quadrat unterworfen sey,

so würden wir ihnen diese kleine Forderung zugestehen. Alles, was ich bis daher erwiesen habe, und noch bis zum Beschlusse dieses Hauptstückes zu erweisen gedenke, geht nur dahin, sie zu überzeugen: daß weder in einer abstrakten Betrachtung, noch in der Natur, die Kraft der Körper, auf eine solche Art wie die Leibnitzianer es thun, nemlich mathematisch erwogen, eine Schätzung nach dem Quadrat geben werde. Ich habe aber deswegen noch nicht den lebendigen Kräften gänzlich abgesagt. In dem dritten Hauptstücke dieser Abhandlung werde ich darthun, daß in der Natur würklich diejenigen Kräfte zu finden seyn, deren Maaß das Quadrat ihrer Geschwindigkeit ist; nur mit der Einschränkung, daß man sie auf die Art, wie man es bis daher angefangen hat, niemals entdecken werde; daß sie sich vor dieser Gattung der Betrachtung (nemlich der mathematischen) auf ewig verbergen werden, und daß nichts, wie irgend eine metaphysische Untersuchung, oder etwa eine besondere Art von Erfahrungen, selbige uns bekannt machen können. Wir bestreiten hier also nicht eigentlich die Sache selbst, sondern den modum cognoscendi.

Demnach sind wir mit den Leibnitzianern in der Hauptsache einig, wir könnten es also vielleicht auch in den Folgerungen derselben werden.

§. 51.

Die Quelle des Leibnitzischen Schlusses von Erhaltung eben derselben Größe der Kraft.

Es gründet sich aber der Einwurf des Herrn von Leibnitz auf einer falschen Voraussetzung, die seit langer Zeit in die Weltweisheit schon viel Unbequemlichkeit hineingebracht hat. Es ist nemlich zu einem Grundsatze in der Naturlehre geworden, daß keine Bewegung in der Natur entstehe, als vermittelst einer Materie, die auch in würklicher Bewegung ist; und daß also die Bewegung, die in einem Theile der Welt ver-

lohren

lohren gegangen, durch nichts anders, als, entweder durch
eine andre würkliche Bewegung, oder die unmittelbare Hand
Gottes könne hergestellet werden. Dieser Satz hat denenjenigen jederzeit viel Ungelegenheit gemacht, die demselben
Beyfall gegeben haben. Sie sind genöthiget worden ihre
Einbildungskraft mit künstlich ersonnenen Wirbeln müde zu
machen, eine Hypothese auf die andre zu bauen, und anstatt, daß sie uns endlich zu einem solchen Plan des Weltge-
bäudes führen sollten, der einfach, und begreiflich genug
ist, um die zusammengesetzte Erscheinungen der Natur daraus herzuleiten; so verwirren sie uns mit unendlich viel
seltsamen Bewegungen, die viel wunderbarer und unbegreif-
licher sind, als alles dasjenige ist, zu dessen Erklärung selbige angewandt werden sollen.

Wie man dieser Schwierigkeit abhelfen könne.

Herr Hamberger hat, so viel ich weiß, zuerst Mittel
dargebothen, diesem Uebel abzuhelfen. Sein Gedanke ist
schön, denn er ist einfach, und also auch der Natur gemäß.
Er zeiget (aber noch in einem sehr unvollkommnen Risse,)
wie ein Körper eine würkliche Bewegung durch eine Materie
empfangen könne, die doch selber nur in Ruhe ist. Dieses
beuget unzehligen Abwegen, ja öfters so gar Wunderwerken
vor, die mit der entgegengesetzten Meynung vergesellschaftet
sind. Es ist wahr, der Grund dieses Gedankens ist metaphysisch, und also auch nicht nach dem Geschmacke der
itzigen Naturlehrer; allein es ist zugleich augenscheinlich:
daß die allerersten Quellen von den Würkungen der Natur,
durchaus ein Vorwurf der Metaphysik seyn müssen. Dem
Herrn Hamberger ist sein Vorsatz nicht gelungen, der
Welt einen neuen Weg anzuweisen, der kürzer und bequem-
licher ist, uns zur Erkenntniß der Natur zu führen. Dieses
Feld ist ungebaut geblieben; man hat sich von dem alten
Wege noch nicht losreissen können, um sich auf den neuen

zu

zu wagen. Ist es nicht wunderbar, daß man sich einem
unermeßlichen Meere von Ausschweifungen und willkührli-
chen Erdichtungen der Einbildungskraft anvertrauet, und
dagegen die Mittel nicht achtet, die einfach und begreiflich,
aber eben daher auch die natürlichen sind? Allein dieses ist
schon die gemeine Seuche des menschlichen Verstandes. Man
wird noch sehr lange von diesem Strohme hingerissen werden. Man wird sich an der Betrachtung belustigen, die
verwickelt und künstlich ist und wobey der Verstand seine eigene Stärke wahrnimmt. Man wird eine Physik haben,
die von vortreflichen Proben der Scharfsinnigkeit, und der
Erfindungskraft voll ist; allein keinen Plan der Natur selbst
und ihrer Würkungen. Aber endlich wird doch diejenige
Meynung die Oberhand behalten, welche die Natur, wie
sie ist, das ist einfach und ohne unendliche Umwege schildert.
Der Weg der Natur ist nur ein einziger Weg. Man muß
daher erstlich unzählig viel Abwege versucht haben, ehe man
auf denjenigen gelangen kann, welcher der wahre ist.

Die Leibnitzianer sollten mehr als andere die Meynung
des Herrn Hambergers ergreifen. Denn sie sind es, welche behaupten, daß ein todter Druck, der sich in dem Körper, welchem er mitgetheilt worden, erhält, ohne daß ihn
eine unüberwindliche Hinderniß wieder vernichtet, zu einer
würklichen Bewegung erwachse. Sie werden also auch nicht
leugnen können: daß ein Körper, der sich an die Theile
einer Flüßigkeit, die ihn umgiebt, nach einer Richtung mehr
anhängt, als nach der andern, alsdenn eine würkliche Bewegung erhalte, wenn diese Flüßigkeit von der Art ist, daß
sie ihm seine Kraft durch ihren Widerstand nicht wieder vernichtet. Dieses muß sie von demjenigen überzeugen, was
ich itzt behaupte, nehmlich: daß ein Körper eine würkliche
Bewegung von einer Materie empfangen könne, welche selber in Ruhe ist.

Ent-

Entſcheidung des Einwurfs, den der Herr von Leib- niß machet.

Wie werden wir alſo dem Streiche ausweichen, den der Herr von Leibniß dem Carteſianiſchen Geſetze, durch die Betrachtung der Weisheit Gottes beybringen wollen? Es kommt alles darauf an, daß ein Körper eine würkliche Be- wegung erhalten könne, auch durch die Würkung einer Ma- terie, welche in Ruhe iſt. Hierauf gründe ich mich. Die allererſten Bewegungen in dieſem Weltgebäude ſind nicht durch die Kraft einer bewegten Materie hervorgebracht worden; denn ſonſt würden ſie nicht die erſten ſeyn. Sie ſind aber auch nicht durch die unmittelbare Gewalt Gottes, oder ir- gend einer Intelligenz, verurſachet worden, ſo lange es noch möglich iſt, daß ſie durch Würkung einer Materie, welche im Ruheſtande iſt, haben entſtehen können; denn Gott er- ſparet ſich ſo viele Würkungen, als er ohne den Nachtheil der Weltmaſchine thun kann, hingegen macht er die Natur ſo thätig und würkſam, als es nur möglich iſt. Iſt nun die Bewegung, durch die Kraft, einer an ſich todten und unbewegten Materie, in die Welt zu allererſt hineingebracht worden; ſo wird ſie ſich auch durch dieſelbe erhalten und, wo ſie eingebüſſet hat, wieder herſtellen können. Man müßte alſo eine große Luſt zum Zweifeln haben, wenn man noch ferner Bedenken tragen wollte, zu glauben: daß das Weltgebäude keinen Abbruch erleiden dürfe, wenn gleich in dem Stoße der Körper gewiſſe Kräfte verlohren giengen, welche vorher darinn waren.

§. 52.

Nach Leibnitzens Geſetze iſt die Kraft in dem Anſtoße eines kleinen elaſtiſchen Körpers gegen einen größern vor und nach dem Stoße gleich.

Ich erhohle mich wieder von einer Ausſchweifung, die mich von der Hauptſache, darinn ich verwickelt bin, etwas ent-

entfernet hat. Ich habe schon angemerkt, daß die Verfechter der lebendigen Kräfte sich insbesondere mit derjenigen
Beobachtung sehr viel dünken lassen, dadurch sie befunden
haben: daß, wenn die Kraft der Körper nach dem Gesetze
des Herrn von Leibnitz geschätzet wird, sich in dem Anlaufe
elastischer Körper vor und nach dem Stoße allemal einerley
Größe der Kraft befände. Dieser Gedanke, der auf eine
so wundersame Art den lebendigen Kräften geneigt zu seyn
scheinet, soll uns vielmehr behülflich werden dieselbe niederzuschlagen. Laßt uns folgender Gestalt schließen: Dasjenige Gesetz, nach welchem, in dem Anlaufe eines
kleinern elastischen Körpers gegen einen größern, nach
dem Stoße nicht mehr Kraft befunden wird, als vor demselben, ist falsch. Nun ist Leibnitzens Gesetze von der Art,
Ergo etc. etc.

§. 53.
Die angeführte Beobachtung ist Leibnitzianern, ist den lebendigen Kräften gänzlich entgegen.

Unter den Vordersätzen dieser Schlußrede ist nur der
major zu erweisen. Wir wollen dieses auf folgende Weise
bewerkstelligen. Indem die Kugel A *) gegen eine größere
B anläuft, so empfängt in dem Augenblicke, darin A den
Stoß ausübet, und die Feder zudrückt, die wir die Elasticität nennen, der Körper B nicht mehr Kraft, als er durch
seine Trägheitskraft in A vernichtet, und der Körper A im
Gegentheil verlieret nicht mehr von seiner Kraft durch den
Widerstand der Masse B, der sich vermittelst der Intensität
der Feder, die er spannet, in ihn fortpflanzet, als er in eben
diese Kugel hineinbringt. Wenn man dieses leugnen wollte,
so würde auch nicht mehr gewiß seyn, daß die in einen Körper übertragene Würkung mit seiner Gegenwürkung gleich
sey. Es ist also die Feder gespannet, und in beyden Kör-

N 4   pern

*) Fig. VIII.

pern zufammen genommen ist eben dieselbe Kraft vorhanden, die vorher in der Kugel A allein befindlich war. Wenn diese Federn der beyderseitigen Elasticität nun losspringen, so dehnen sie sich gegen beyde Kugeln gleich stark aus. Nun ist es klar, daß wenn A noch nach verübter Zudrückung der Federn in der Richtung A E eine so große Kraft besäße, als die ist, womit nun die ihm zugehörige Feder aufspringet; so würde die Aufspringung dieser Feder eben so viel Kraft der Kugel A benehmen können, als auf der andern Seite die Feder D B in B hineinbringt; und also würde freylich, nachdem alles vollbracht ist, in denen Körpern A und B, so wohl durch den Stoß, als durch die Elasticität, keine Kraft mehr befindlich seyn, als vorhero in A allein war. Allein es ist vergeblich dieses vorauszusetzen. Wenn der Stoß geschehen, und die Feder eben zugedrückt ist, so hat A eben so viel Geschwindigkeit als B, nach der Richtung A E, aber weniger Masse, als auch weniger Kraft, als die Feder in ihrer Losspringung ausübet; denn diese hat eine Kraft der Spannung, die so groß ist, als die Kraft der Kugel B. Hieraus folget, daß die Elastizität nicht so viel von der Kraft, die in A befindlich ist, rauben kann, als sie dem Körper B mittheilet. Denn A hat nicht so viel Kraft, folglich kann sie ihm auch nicht genommen werden. Demnach muß durch die Würkung der Elasticität in B ein neuer Grad Kraft hinzukommen, ohne daß dafür eben so viel auf der andern Seite abgienge; ja es erzeuget sich so gar noch dazu ebenfalls in A eine neue Kraft. Denn da die Elasticität nichts mehr von Kraft fand, was sie in A verrichten konnte, so setzte die Kugel sich derselben mit nichts als der Trägheitskraft entgegen, und empfieng den Grad der Gewalt, den die Feder über die Kraft der Kugel A noch in sich hatte, um damit gegen C zurück zu kehren.

Es ist also klar: daß in dem Falle, da ein kleiner federharter Körper gegen einen größern anläuft, nach dem Stoße mehr Kraft vorhanden seyn müsse, als vor demselben. Nun würde man das Gegentheil setzen müssen, nemlich: daß nach dem Stoße nur eben dieselbe Größe der Kraft sich finde, als vor demselben, wenn Leibnitzens Kräftenmaaß wahr wäre. Also müssen wir entweder dieses Gesetz leugnen, oder aller der Ueberzeugung absagen, die uns in diesem §. dargethan worden.

§. 54.

Das vorige erhellet noch deutlicher, wenn man den Fall nimmt, darin ein größerer elastischer Körper einen kleineren stößet.

Wir werden von der Richtigkeit desjenigen, was itzo gesagt worden, vollkommen überführet werden, wenn wir den vorigen Fall umkehren, und annehmen, daß die Kugel B.*) von größerer Masse gegen die kleinere A anläuft. Denn hier verlieret erstlich die Kugel B durch den Stoß gegen A nicht mehr auch nicht weniger Kraft, als sie eben hierdurch in A erzeuget, (wenn wir nemlich dasjenige allein erwägen, was vorgehet, bevor die Elasticität sich hervorthut.) Also ist, ebe die Federkraft ihre Würkung thut, die Kraft in diesen Körpern weder vermehret, noch kleiner geworden. Nun ist die Federkraft mit demjenigen Grade gespannet, womit der Körper A gegen C fortrücket, also ist ihre Intensität kleiner, als die Kraft, die in B nach der Richtung B C übrig ist, sie wird sie also, wenn sie aufspringt, niemals erschöpfen, wenn sie gleich ihre ganze Gewalt anwendet. Und wenn nun also die Feder, die in dem Stoße gespannet worden, aufspringt, so wird sie zwar in den Körper A eine neue Kraft bringen, allein sie wird auch eben so viel in B vernichten, als sie jener Kugel mittheilet. Also wird auch durch die Federkraft die ganze Kraft nicht größer werden; weil allemal von der andern Seite eben so viel geraubet wird, als auf der einen hineinkommt.

Wir sehen hieraus, daß einzig und allein in dem Falle, da ein größerer Körper einen von kleinerer Masse stößt, a-

N 5

nerley

nerley Grad Kraft in dem Stoße aufbehalten werde; und daß in allen andern Fällen, wo die Elasticität nicht an der einen Seite so viel Kraft zu vernichten findet, als sie an der andern erzeuget, jederzeit die Kraft nach dem Stoße größer werde, als vor demselben; welches das Leibnizische Gesetz zerstöhret. Denn in demselben bleibt in allen nur möglichen Fällen immer eben dieselbe Größe der Kraft in der Natur, ohne einigen Abgang oder Vermehrung.

§. 55.

Die Berechnung bestätigt es, daß in dem Falle, da ein größerer Körper einen kleineren stößt, nach dem Cartesianischen Gesetze eben dieselbe Größe der Kraft verbleibe.

Die Leibnizianer sollten uns also, wenn sie könnten, einen Fall vorlegen, da ein größerer elastischer Körper einen kleinern anstößt, und der der Schätzung des Cartesius widerstritte; so würde niemand dagegen was aussetzen können. Denn nur einzig und allein ein solcher Fall würde entscheidend und ohne Ausnahme seyn; weil man in demselben nach dem Stoße gewiß immer die ganze Größe der Kraft vor demselben antrift. Allein niemalen hat sich irgend ein Vertheidiger der lebendigen Kräfte gewaget, in dieser Art des Stoßes das Cartesianische Gesetz anzugreifen; denn er würde nothwendig ohne Mühe wahrgenommen haben: daß die mechanischen Regeln mit der Cartesianischen Schätzung hier ganz wohl übereinstimmen. Man nehme z. E. an: daß die Masse der Körper B dreyfach, und A einfach sey, und daß B mit 4 Graden Geschwindigkeit gegen A anlaufe. Man argumentire alsdenn nach der bekannten phoronomischen Regel: Wie der Unterschied der Massen A und B zur Summe derselben; so verhält sich die Geschwindigkeit der Kugel B noch nach dem Stoße, zur Geschwindigkeit vor demselben. Sie hat also 2 Grade, ferner wie 2B: A+B; so ist die Geschwindigkeit der Kugel A nach dem Stoße, zur

Geschwin-

Geschwindigkeit, die in B vor demselben war. A erlange
also 6 Grade Geschwindigkeit. Mithin ist, nach Cartesianischer Schätzung die Kraft nach dem Conflictu in beyden
Körpern zusammen 12; vor demselben war sie aber auch
12. Und das ist es, was man verlanget hat.

§. 56.
Die Kraft, womit der kleinere Körper von dem größern abprallt, hat das Zeichen Minus.

Wenn man die Quantität einer Kraft messen will, so
muß man sie in ihren Würkungen verfolgen. Man muß
aber diejenigen Phänomena vorhero davon absondern, die
mit denen Würkungen zwar verbunden sind, aber keine eigentliche Folge der Kraft seyn, die da geschätzet werden soll.

Wenn nun ein elastischer Körper, einen andern von
größerer Maße anstößt; so wissen wir aus den Gesetzen
der Bewegung, daß der kleinere, mit einem gewissen Grade
Kraft nach dem Schlage zurück kehre. Wir haben auch
aus den letzten Paragraphis gelernet, daß diese Kraft, womit der kleinere Körper von dem größeren abprallet, dem
Ueberschusse derjenigen Kraft gleich sey, den die Anstrengung der lebendig gemachten Elasticität, über die Kraft des
Körpers A hat, womit dieser ehe die Federkräfte beyder
Kugeln wirksam wurden, mit der Kugel B zusammen nach
der Richtung A E fortrückte. Nun war, (nach demjenigen,
was vorher erwiesen worden,) so lange die Elasticität noch
in dem Körper A eine Kraft antraf, die nach A B gerichtet
war, welche sie nach ebendemselben Maaße vernichten konnte, als sie in die Kugel B Kraft hineinbrachte, ich sage,
so lange war nichts in beyden Körpern zusammen genommen, was nicht ganz genau dieselbe Quantität der Kraft in
sich enthielte, die vorher in A, als der Ursache, allein vorhanden gewesen; folglich war so lange der Zustand beyder
Körper als eine rechtmäßige Würkung der Kraft die A vo
dem

dem Anstoße hatte, anzusehen. Denn die Würkung ist jeder
Zeit weder größer noch kleiner als die Ursache. Wir wissen
aber ferner: daß, wenn die Federkraft schon alle Kraft
vernichtet hat, die in A nach der Richtung AE noch übrig
war; sie in beyde Körper A und B neue Kräfte bringe,
welche über diejenigen also hinzukommen, welche ge-
nuine und vollständige Würkung der Kugel A ausmachten.
Wie wissen also diese aus der Bewegung beyder Kugeln auf
die Weise wieder herausziehen können: wenn wir dem Körper A die Kraft nehmen, mit dem er nach dem Schlage zurückkehret, und auch eben so viel von der Kraft abziehen,
welche die Kugel B erlanget hat: Hieraus ist leicht zu ersehen, daß die Kraft, womit eine kleiner elastische Kugel
von einer größern, an welche sie anläuft, abprallet, von
einer verneinenden Art sey, und das Zeichen minus vor sich
habe. Wenn, z. E. eine Kugel A mit 2 Graden Geschwindigkeit gegen eine von dreyfacher Masse B anläuft; so pral-
let sie nach dem Stoße mit einem Grade Geschwindigkeit
ab, und giebt der Kugel B auch einen Grad. Die Kraft
nun, womit A nach dem Stoße zurück kehret, kann man
nicht zu der Kraft der Kugel B hinzuthun, wenn man die
ganze Größe der Würkung haben will, welche A verübet
hat. Nein, sie muß so wohl dem Körper A weggenommen,
als auch von der Kraft, die in B ist, abgezogen werden.
Der Ueberrest, welcher 2 ist, wird die ganz vollständige
Würkung seyn, die durch die Kraft der Kugel A vollzogen
worden. Also hat eine Kugel, die 2 zur Masse, und 1 zur
Geschwindigkeit hat, eben die Kraft als eine andere, welche eine einfache Masse, und eine zwiefache Geschwindigkeit
besitzet.

§. 57.

Die Frau von Chastelet hat hierüber zur Unzeit gescherzet.

Es hat also der erleuchteten Frau Marquisin von
Chastelet gegen den Herrn von Mairan, zur Unzeit gefal-

len

len scherzhaft zu seyn. Sie antwortet ihm auf eben die
Beobachtung, die wir itzo angeführet haben: Sie glaubte, er würde nicht leichtlich einen Versuch machen,
und sich auf dem Wege eines Körpers befinden wollen, der mit dem Zeichen Minus bemerket, mit 500 oder
1000 Graden Kraft zurückschlüge. Ich glaube es auch;
und ich würde mich sehr betrügen, wenn ich besorgte, daß
Herr von Mairan sich einlassen würde, die Wahrheit auf
diese Weise auszumachen. Allein die Sache kommt nicht
darauf an; daß die Kraft, welche mit dem Zeichen Minus
bemerket worden, nicht eine würkliche Kraft sey, wie die Frau
Marquisin daraus zu schließen scheinet. Der Herr von
Mairan hat dieses ohne Zweifel hiermit nicht sagen wollen.
Sie ist in der That eine würkliche Kraft, und würde auch
Würkungen ausüben, wenn man sie auf die Proben stellen
wollte. Nur dieses wird hiedurch angedeutet: daß sowohl
diese Kraft als auch ein Theil in der Kraft der Kugel B, welcher ihr gleich ist, nicht zu der vollständigen Würkung der
Kugel A könne gerechnet werden; sondern daß man sie vielmehr so ansehen müsse, als wenn sie in A gar nicht vorhanden wäre, und dagegen noch von B abgezogen würde, und
daß die nach diesem übrigbleibende Kraft, alsdenn allererst
die vollständige Würkung, der Kraft die vor dem Anlaufe
war, eigentlich darbiethe. Wenn man aber eine Größe
so ansiehet; so gilt sie in der Summirung weniger, wie
nichts, und erfordert das verne... ...eichen.

§. 58.

Die Leibnitzianer fliehen vor der Untersuchung der le-
bendigen Kräfte durch den Stoß unelastischer
Körper.

Nun werden meine Leser vermuthen, auch aus der Lehre von der Bewegung unelastischer Körper durch den
Stoß, gewisse Beweise angeführt zu finden, deren die Anhänger der Leibnitzischen Schätzung sich bedienet hätten, die
leben-

lebendigen Kräfte zu vertheidigen.   Allein sie betrügen sich.
Diese Herren finden die Bewegungen von der Art nicht für
gar zu vortheilhaft für ihre Meynung; sie suchen sie also von
dieser Untersuchung gänzlich auszuschließen.   Dies ist eine
Krankheit, woran diejenigen ordentlicher Weise darnieder
liegen, die in der Erkenntniß der Wahrheiten Unternehmun=
gen machen.   Sie schließen, so zu sagen, die Augen bey
demjenigen zu, was dem Satze, den sie sich in den Kopf ge=
setzt haben, zu widerstreiten scheinet. Eine kleine Ausflucht,
eine frostige und matte Ausrede, ist fähig ihnen genug zu
thun, wenn es darauf ankommt, eine Schwierigkeit wegzu=
schaffen, die der Meynung, für die sie eingenommen sind,
hinderlich ist.   Man hätte uns in der Philosophie viel Feh=
ler ersparen können, wenn man in diesem Stücke sich hätte
einigen Zwang anthun wollen.   Wenn man auf dem Wege
ist, alle Gründe herbeyzuziehen, welche der Verstand zu Be=
stätigung einer Meynung, die man sich vorgesetzet hat, dar=
biethet, so sollte man mit eben der Aufmerksamkeit und An=
strengung, sich bemühen, das Gegentheil auf allerley Arten
von Beweisen zu gründen, die sich nur irgend hervorthun,
eben so wohl als man für eine beliebte Meynung immer
thun kann.   Man sollte nichts verachten, was dem Gegen=
satze im geringsten vortheilhaft zu seyn scheinet, und es in
der Vertheidigung derselben aufs höchste treiben.   In einem
solchen Gleichgewichte des Verstandes, würde öfters eine
Meynung verworfen werden, die sonsten ohnfehlbar wäre
angenommen worden, und die Wahrheit, wenn sie sich end=
lich hervorthäte, würde sich in einem desto größern Lichte der
Ueberzeugung darstellen.

§. 59.

Der Stoß unelastischer Körper ist in Absicht auf die lebendigen Kräfte entscheidender, als der Stoß der elastischen.

Es ist denen Vertheidigern der lebendigen Kräfte schon
öfters eingeschärft worden: daß die Bewegungen unelasti=

scher

scher Körper durch den Stoß viel geschickter sind es auszumachen: ob die lebendigen Kräfte statt haben oder nicht, als
die Bewegung der elastischen. Denn in diesen mischet sich
die Federkraft immer mit ein, und macht die Verwirrungen
unendlich, da hingegen jener ihre Bewegung durch nichts als
die Wurkung und Gegenwurkung allein bestimmet wird. Es
ist kein Zweifel, daß die Leibnizianer sich durch die Deutlichkeit dieses Gedankens würden überzeugen lassen, wenn er
nur nicht das ganze Gebäude der lebendigen Kräfte um-
kehrte.

§. 60.

Die Ausflucht der Leibnizianer in Absicht auf den Einwurf, der ihnen von dem Stoße unelasti- scher Körper gemacht wird.

Sie sind daher genöthiget worden, zu einer Ausnahme ihre Zuflucht zu nehmen, welche vielleicht die schlechteste
ist, der man sich jemals bedienet hat. Sie behaupten nehmlich: daß sich stets in dem Stoße unelastischer Körper ein
Theil der Kraft verliere, indem derselbe angewandt wird, die
Theile des Körpers einzudrücken. Daher gehet die Hälfte
der Kraft, die ein unelastischer Körper hat, verlohren, wenn
er an einen andern von gleicher Mässe, der in Ruhe ist, anstößt, und verzehret sich bey dem Eindrücken derer Theile.

§. 61.

Der Ursprung dieses irrigen Gedankens.

Dieser Gedanke hat mehr wie eine schlimme Seite.
Wir wollen einige derselben betrachten.

Es kann uns gleich beym ersten Anblicke nicht schwer
werden, die Quelle dieses Irrthums wahrzunehmen. Man
weiß es theils durch die Erfahrung, theils durch die Gründe der Naturlehre: daß ein harter Körper, der im Stoße
seine

feine Figur nur sehr wenig oder gar nicht ändert, allemal
elastisch sey; und daß im Gegentheil die Theile unelastischer
Körper so zusammen gefügt sind, daß sie beym Stoße weichen und eingedrückt werden. Diese Eigenschaften hat die
Natur gemeiniglich zusammen verbunden; allein in einer mathematischen Betrachtung sind wir nicht genöthiget, sie zusammen zu nehmen.

Die Anhänger der lebendigen Kräfte haben sich hiemit verwirret. Sie bilden sich ein, weil in der Natur ein
unelastischer Körper gemeiniglich einen solchen Bau hat, daß
seine Theile beym Stoße weichen und eingedrückt werden, so
können die Regeln, die eine pur mathematische Betrachtung
der Bewegung solcher Körper darbiethet, ohne diese Eigenschaft auch nicht bestehen. Dieß ist der Ursprung derjenigen
Schwierigkeit, die wir §. 60. gesehen, und die ganz ohne
Grund ist, wie wir itzo lernen werden.

§. 62.
Erste Antwort auf die Ausnahme der Leibnitzianer.

In der Mathematik verstehet man unter der Federkraft
eines Körpers nichts anders, als diejenige Eigenschaft,
durch die er einen andern Körper, der an ihn anläuft, mit
eben demselben Grade Kraft wieder zurückstößet, mit welcher dieser an ihn angelaufen war. Daher ist ein unelastischer Körper ein solcher, der diese Eigenschaft nicht hat.

Die Mathematik bekümmert sich nicht um die Art und
Weise, wie sich diese Eigenschaft in der Natur hervorthut.
Es ist und bleibt bey ihr gänzlich unbestimmt, ob die Elasticität aus der Aendrung der Figur, und einer plötzlichen
Herstellung derselben herfließe, oder ob eine verborgene Entelechie, eine qualitas occulta, oder Gott weiß, was noch
sonst für eine Ursache mehr, die Quelle derselben sey. Wenn
man in den Mechaniken die Elasticität so beschrieben findet,

daß

daß sie aus der Eindrückung und Zurückspringung der Theile eines Körpers entstehe, so merke man: daß die Mathematiker, die sich dieser Erklärung bedienen, sich in dasjenige mengen, was sie nicht angeht, was zu ihrer Absicht nichts thut; und was eigentlich ein Vorwurf der Naturlehre ist.

Wenn demnach die Betrachtung eines unelastischen Körpers in der Mathematik nichts weiter voraussetzet, als nur daß er in sich keine Kraft habe, einen Körper, der an ihn stößt, wieder zurück zu prellen, und wenn diese einzige Bestimmung dasjenige ist; worauf das ganze Hauptstück der Bewegung unelastischer Körper gebauet ist; so ist es ungereimt zu behaupten: daß die Regeln dieser Bewegungen deswegen so beschaffen seyn, weil die Eindrückung der Theile, derer sich stoßenden Körper, solche und keine andere Gesetze zulassen. Denn in denen Grundsätzen, daraus man diese Gesetze gezogen, findet man keine Spur von dem Eindrücken der Theile. Alle Begriffe, worauf man dieselbe gebauet hat, sind so unbestimmt in Absicht auf diese Einschränkung, daß man unter die unelastischen Körper, ohne jenen Eintrag zu thun, eben so wohl diejenigen zählen kann, die in dem Stoße ihre Figur nicht ändern, als die, welche eine Zusammendrückung ihrer Theile erdulden. Hat man nun in der Construction dieser Gesetze, gar nicht auf diese Eindrückung Acht gehabt, um die Regeln der Bewegung derselben gemäß einzurichten, oder auch nicht einmal solche Begriffe zum Grunde gelegt, welche diese Eindrückung mit einschließen: so ist es ja sehr seltsam, auf diese die Schuld davon zu schieben, daß gedachte Gesetze so beschaffen seyn, wie sie würklich sind.

§. 63.

Zweyte Antwort. Weil man einen Körper unelastisch nennen kann, wenn er gleich vollkommen hart ist.

Wir haben gesagt, daß in der Betrachtung, welche uns die Mathematik von der Bewegung unelastischer Körper darbiethet, man diese auch als vollkommen hart ansehen kön-

O

könne, als wenn ihre Theile durch den Stoß nicht eingedrückt würden. Die Natur biethet uns auch Exempel dar, daß nicht eben derjenige Körper allemal unelastischer sey, dessen Theile mehr weichen, als die Theile eines andern, sondern daß öfters ein Körper, dessen Theile durch den Stoß, in Vergleichung gegen einen andern fast gar nicht eingedrückt werden kann, und gegen welche zu rechnen, jene ungemein hart genannt werden kann. Hieraus sehen wir: daß der Körper sogar in der Natur nicht deswegen unelastisch sey, weil seine Theile eingedrückt werden, sondern nur deswegen, weil sie sich nicht mit eben dem Grade Kraft wiederherstellen, mit welchem sie eingedrückt worden. Also können wir auch Körper setzen, deren Theile in dem Stoße unendlich wenig weichen, die aber zugleich so beschaffen seyn, daß sie sich auch von dieser unendlich kleinen Zusammendrückung nicht wieder herstellen, oder wo sie es thun, doch nur lange nicht mit dem Grade der Geschwindigkeit, womit sie eingedrückt worden. Wie etwa eine hölzerne Kugel thun würde, wenn man kleine Dinge mit großen vergleichen darf. Dergleichen Körper, von denen ich rede, würden vollkommen hart *) aber doch unelastisch seyn. Man würde sie also von den Gesetzen des Stoßes unelastischer Körper nicht ausnehmen können, und ihre Theile würden dennoch nicht eingedruckt werden. Wie würde hier die Ausnahme der Herren Leibnitzianer bestehen?

§. 64.

Dritte Antwort. Das Eindrücken der Theile ist kein Grund, weswegen in dem Stoße unelastischer Körper ein Theil der Kraft sollte verlohren gehen.

Wir können den Leibnitzianern noch ihre Voraussetzung schenken, daß die unelastischen Körper immer eine Eindrückung

---

*) Denn ein Körper, der nur unendlich wenig sich eindrücken läßt, kann ohne einen Irrthum vollkommen hart genannt werden.

ckung ihrer Theile erleiden, und es soll uns doch nichts schaden. Ein Körper thut in einen andern beweglichen, deſſen
Theile er durch den Stoß eindrückt, eben dieſelbe Würkung,
die er etwa ausüben würde, wenn ſich zwiſchen beyden eine
Feder befände, welche er durch den Anlauf zuſammendrück-
te. Ich kann mich dieſes Gedankens frey bedienen, weil
er nicht allein plan und überzeugend iſt, ſondern weil er auch
von einem großen Schutzgotte der lebendigen Kräfte, dem
Herrn Bernoulli, in eben demſelben Falle gebrauchet worden.

Wenn nun eine Kugel A *) gegen eine andere B bewegt
wird, und die Feder R im Anlauf zudrücket; ſo, ſage ich,
treten alle die kleinen Grade der Kraft, welche angewandt
werden, die Federn zuſammen zu drücken, in die Maſſe des
Körpers B über, und häufen ſich ſo lange, bis ſie in gedachten Körper B, die ganze Kraft hineingebracht haben, womit die Feder iſt zugedrückt worden. Denn der Körper A
verlieret keinen einzigen Grad der Kraft, und die Feder wird
auch nicht um den geringſten Theil zugedrückt, als nur in
ſo fern ſie ſich an den Körper B ſteifet. Sie ſteifet ſich aber
mit eben derſelben Gewalt gegen dieſe Kugel, mit welcher
ſie nach dieſer Seite aufſpringen würde, wenn die Kugel
plötzlich weiche, das iſt: mit der Kraft, womit A ſie von
der andern Seite zugedrückt, und welche dieſer Körper in
ihrer Zuſammendrückung aufwendet und verzehret. Nun iſt
es augenſcheinlich, daß eben derſelbe Grad Kraft, mit der
die Feder ſich gegen B auszudehnen bemühet iſt, und dem die
Trägheitskraft der Kugel B widerſtehet, in dieſelbe Kugel
hineinkommen müſſe. Alſo empfängt B die ganze Kraft ſich
nach der Richtung BE zu bewegen, welche in A verzehret
iſt, indem er die Feder R zuſammendrücket.

Die Anwendung iſt leicht zu machen. Denn die Feder
R deutet die Theile der unelaſtiſchen Kugeln A und B an, die
durch den Stoß eingedrückt werden. Es verzehret alſo der

D 2   Körper

*) Fig. IX.

Körper A, indem er in seinem Stoße gegen B, von beyden
Seiten die Theile eindrücket, nichts von seiner Kraft bey
diesem Eindrucke, was nicht der Körper B überkommt, und
womit er sich nach dem Stoße beweget. Es gehet also kein
Theil verlohren, noch viel weniger ein so großer Theil, als
die Leibnizianer fälschlich vorgeben.

§. 65.

Ich werde müde, alle Unrichtigkeiten und Widersprü-
chungen auszukramen, die in dieser Schwierigkeit begriffen
sind, welche die Leibnizianer uns in der Sache von dem
Stoße unelastischer Körper haben machen wollen. Die einzige, die ich noch anführen will, könnte allein genug seyn,
sie unnütze zu machen.

Vierte Antwort. Von der Proportion der
Härte unelastischer Körper, und dem Grade der
Kraft des Anlaufs, der bey der Ausnahme der
Leibnizianer bestimmt seyn müsse.

Wenn man gleich unsern Gegnern alles übrige verstattete, so kann man ihnen doch die Kühnheit nicht verzeihen,
die in der Forderung stecket: daß sich in dem Stoße unelastischer Körper nicht mehr auch nicht weniger, sondern nur
gerade so viel, von der Kraft durch das Eindrücken derer
Theile verzehren solle, als sie es selber in jedwedem Falle
nach ihrer Schätzung nöthig finden. Es ist eine Verwegen-
heit, die unmöglich zu verdauen ist: daß man uns ohne allen
Beweiß zu glauben aufdringen will: ein Körper müsse in einem Stoße gegen einen gleichen gerade die Hälfte, in dem
Stoße gegen einen dreyfachen, gerade ¾ der Kraft rc. durch
den Eindruck der Theile verlieren, ohne daß man uns einen
Grund angeben kann, woher denn eben genau, so viel und
nicht mehr oder weniger drauf gehe; denn gesetzt, daß der
Begriff eines unelastischen Körpers nothwendig einigen Ver-

luß

luſt der Kraft beym Eindrucken erfordert, ſo weiß ich
doch nicht, woraus man denn ſchließen wollte, daß dieſe
Abweſenheit der Elaſticität erfordere, daß gerade ſo viel und
nicht weniger Kraft verzehret werden müſſe. Die Leibnitzianer können doch nicht leugnen, daß je geringer die Feſtigkeit der Maſſe der unelaſtiſchen Körper in Vergleichung mit
der Kraft des Anlaufenden iſt, deſto ſtärker werde ſich die
Kraft beym Eindrücken der Theile verzehren, je härter aber
beyde Körper ſeyn, um deſto weniger müſſe ſich von derſelben verlieren; denn wenn ſie vollkommen hart wären, ſo
würde kein Verluſt der Kraft ſtatt finden. Es wird alſo eine gewiſſe beſtimmte Verhältniß der Härte zweener gleicher
und unelaſtiſcher Körper dazu erfordert, wenn ſich in dem
Stoße gerade die Hälfte von der Kraft des Anlaufenden verzehren und vernichtet werden ſoll. Und ohne dieſe Proportion würde mehr oder weniger herauskommen, nachdem man
die ſich ſtoßende Körper, weicher oder härter machte. Nun
iſt in den Regeln der Bewegung unelaſtiſcher Körper, wider
welche die Leibnitzianer eine Ausnahme ſuchen, der Grad der
Feſtigkeit, und noch vielmehr die Proportion derſelben zur
Stärke des Anlaufs, gänzlich indeterminirt, folglich läßt
ſich aus denenſelben gar nicht verſtehen, ob ein Eindruck der
Theile geſchehe, ob ſich hiedurch eine Kraft verzehren, und
wie viel von derſelben verlohren gehe. Denn dieſes geſchiehet nicht, ohne eine gewiſſe ganz genaue beſtimmte Verhältniß unter der Härte dieſer Körper und der Gewalt des An-
ſtoßes. Da nun keine ſolche Beſtimmung in den Grundſä-
tzen anzutreffen iſt, daraus die Geſetze des Stoßes unelaſtiſcher Körper hergeleitet werden, die irgend einen Grund eines beſtimmten Verluſtes der Kraft in ſich enthielte, ſo iſt
die Urſache, weswegen dieſe Regeln ſo und nicht anders beſchaffen ſeyn, nicht in der Eindrückung der Theile zu ſetzen,
die gerade ſo viel Kraft in jedwedem Falle verluſtig macht,
als die Leibnitzianer für gut befunden, aufzuheben.

Anwen-

Anwendung unsrer Schlüsse.

Nachdem nun der Vorwand, durch den sich die Vertheidiger der lebendigen Kräfte dem Schlage entziehen wollten, den ihnen alle Gesetze des Stoßes unelastischer Körper beybringen, auf mehr wie eine Art unkräftig befunden worden; so hindert uns nichts ferner, dieselbe zu dem Dienste zu gebrauchen, den sie uns allemal vortrefflich leisten werden, nehmlich die lebendigen Kräfte aus dem Gebiethe der Mathematik hinweg zu räumen, worinn sie sich unrechtmäßiger Weise eingedrungen haben.

§. 66.

Der Stoß unelastischer Körper hebet die lebendigen Kräfte gänzlich auf.

Es ist aber überflüßig, die Art und Weise hier weitläuftig aus einander zu setzen, wie die Bewegung unelastischer Körper die lebendigen Kräfte aufhebe. Ein jedweder Fall, den man nimmt, thut dieses ohne die geringste Ausnahme oder Schwierigkeit. Z. E. wenn ein unelastischer Körper A einen andern gleichartigen und gleich schweren B, der in Ruhe ist, anstößt, so bewegen sich beyde nach dem Stoße mit $\frac{1}{2}$ Grade der Geschwindigkeit, die vor dem Anstoße war. Es ist also, nach der Leibnitzischen Schätzungsart, ein jedwedem nach verübtem Stoße $\frac{1}{4}$ Kraft, und also alles zusammen $\frac{1}{2}$ Grad Kraft, da doch vor demselben ein ganzer Grad in der Natur vorhanden gewesen. Es ist also die Hälfte verlohren gegangen, ohne eine Wirkung gethan zu haben, welche ihr gleich ist, oder auch ohne einen einzigen Widerstand erlitten zu haben, durch den sie etwan hätte verzehret werden können, welches auch so gar nach dem Geständnisse unserer Gegner, eine der größten Ungereimtheiten ist, die man nur begehen kann.

§. 67.

Allgemeiner Beweiß: daß der Zusammenstoß elastischer Körper immer den lebendigen Kräften
entgegen seyn müsse.

Ich will diesen Abschnitt, darinn wir die lebendigen
Kräfte durch den Zusammenstoß der Körper widerlegt haben,
nicht endigen, ohne vorher eine allgemeine Betrachtung beygefügt zu haben, die alles in sich begreifet, was man in dieser Art wider die lebendigen Kräfte nur immer wird sagen
können. Ich werde in derselben darthun: daß wenn man
gleich den Leibnitzianern ihre Kräftenschätzung schenken wollte, so sey es doch der Natur der Sache ganz entgegen, selbige aus dem Zusammenstoße der Körper erweisen zu wollen,
und daß diese niemals ein anderes Maaß als die schlechte
Geschwindigkeit darbiethen würde, oder auch könnte, wenn
gleich die Schätzung nach dem Quadrat eine ganz wahre
und ungezweifelte Sache wäre. Es ist unmöglich, sage ich,
daß sie aus dem Zusammenstoße der Körper sollte erkannt
werden können, sie mag sich auch sonsten in tausend andern
Fällen so offenbar zeigen als man immer will.

§. 68.

Ausführung dieses Beweises.

Mein Beweiß beruhet auf folgendem.

Man ist darinken eins, daß man sich der Bewegung
der Körper durch den Stoß, auf keine andere Art zu dem
Endzwecke, davon wir reden, bedienen könne, als daß man
die Kraft, welche ein bewegter Körper durch den Stoß in
andere hineinbringt, wie die Würkung ansieht, mit der man
die Quantität der Ursache abmessen muß, die sich erschöpfet
hat, sie hervorbringen. Das ist, man muß die Größe der
Ursache in denen Würkungen aufsuchen, welche eine Folge
derselben sind. Es versteht sich also schon von selbsten: daß

D 4

man

man sich hiebey insbesondere, darinn wohl vorzusehen habe,
daß man in denen gestoßenen Körpern nur diejenige Kraft
nimmt, welche würklich nichts anders ist, als die durch den
Anlauf des andern Körpers unmittelbar hervorgebrachte
Würkung; denn sonst ist das ganze Maaß, was man gesucht
hat, betrüglich und unnütze. Es ist aber augenscheinlich,
daß unmittelbar nach dem Augenblicke, darinn der stoßende
Körper in dem gestoßenen seine Würkung verübt hat, alle
Kraft, die sich alsdenn in diesem befindet, eine ungezweifelte Würkung des Stoßes sey. Daher muß man sich nothwendig derselben und keiner andern bedienen, um sie zum
Maaße der Kraft, die der anlaufende Körper, in Hervorbringung derselben aufgewandt hat, zu machen. Nun hat
ein Körper, der seine Bewegung durch den Anstoß eines andern überkommt, so fort nach dem Augenblicke, darinn der
Stoß die Kraft in ihn hineingebracht hat, und wenn er also
sich von der Berührung des anstoßenden noch nicht eine endliche Weite hat entfernen können, zwar schon alle die Kraft,
die dieser ihm hat mittheilen können, allein noch keine würkliche Bewegung, weil man ihm keine Zeit dazu gelassen hat,
sondern nur eine bloße Bemühung zu derselben, mithin eine
Kraft, die da todt ist, und die schlechte Geschwindigkeit zu
ihrem Maaße hat. Also hat sich die Kraft, die in dem
stoßenden Körper befindlich war, erschöpfet, um in dem andern eine Kraft zu erwecken, deren ganz genaue Schätzung
niemals etwas anders, als die bloße Geschwindigkeit seyn
kann, wenn man auch gleich durch eine Hypothese in dem
Stoßenden eine setzen wollte, die, ich will nicht sagen das
Quadrat, sondern gar den Würfel, das Quadratoquadrat,
und wer weiß was für Potenzen der Geschwindigkeit mehr,
zum Maaße hätte.

Nun wäre es eine Ungereimtheit, die das Gesetz, von
der Gleichheit der Würkung und der Ursache gänzlich
umkehren würde, wenn man setzen wollte, daß eine Kraft,
die die Schätzung nach dem Quadrat erfordert, eine andere
hervorzubringen aufgewandt wäre, die nach der Geschwin-

dig-

digkeit allein geschätzet würde: Denn weil jene unendlich-
mal größer als diese ist; so würde es eben so viel seyn, als
wenn man sagen wollte, der ganze Inhalt eines Quadrats
wäre angewandt worden, eine Linie und zwar eine endliche
Linie hervorzubringen. Daher ist es klar, daß alle Gesetze,
so wohl elastischer, als unelastischer Körper, niemals einen
Beweiß einer andern Schätzung, als der schlechten Geschwindigkeit darbiethen werden, und daß sie schon ihrer Natur
nach den lebendigen Kräften allemal müssen entgegen seyn,
man mag gleich alle seine Erfindungskraft erschöpfen, Fälle
zu erdenken, die das Ansehen haben ihnen geneigt zu seyn.

§. 69.

Weil im vorigen §. alles darauf ankommt, daß man
nur diejenige Kraft des fortgestoßenen Körpers zum Maaße
der Kraft des anlaufenden annimmt, welche unmittelbar
nach dem Augenblicke der mitgetheilten Würkung in jenem
anzutreffen ist, und eben da er sich von der Berührung des
Anstoßenden losmachet, allein dennoch, noch ehe diese Bewegung schon würklich geschehen ist, so zweifle ich nicht, daß
dieses der Punkt seyn werde, dawider die Herren, die ich
itzo die Ehre habe, meine Gegner zu heißen, am meisten sich
empören werden: Ich wollte, daß ich so glücklich wäre, ihnen mit folgendem zuvorzukommen.

Fortgesetzter Beweiß, daß man in dem Stoß der Körper nichts, wie die Anfangsgeschwindigkeit des Gestoßenen zu erwegen habe.

Entweder ist die Kraft, die der gestoßene Körper hat,
den Augenblick zuvor, ehe er sich von dem Stoßenden entfernet, derjenigen Kraft gleich, die er hat, nachdem er sich
schon würklich beweget, und von demselben entwichen ist,
oder sie ihr nicht gleich. Ist das erste, so bedarf es nicht
einmal meiner Einschränkung, sondern man kann die Kraft
des gestoßenen Körpers nehmen, in welchem Augenblicke der

Bewe-

Bewegung man will, man wird sie aber allenthalben der Geschwindigkeit schlechthin gemäß finden, *) weil sie derjenigen gleich ist, die er hatte, ehe seine Bewegung würklich war. Ist sie ihr nicht gleich, so will man unfehlbar hiemit so viel sagen, daß die Kraft, die in dem gestoßenen Körper befindlich ist, nachdem er sich schon von dem anstoßenden entfernet hat, größer sey, als sie in der Berührung war. Wenn aber dieses ist, so gestehe ich, daß dieses die Ursache sey, weswegen ich mich derselben nicht bedienen könne, um die Kraft des Anlaufs darnach zu schätzen. Denn wenn in dem gestoßenen Körper, da er sich von dem Anlaufenden nach dem Stoße schon entfernet hat, ein Grad Kraft mehr ist, als wie in ihm war, so lange er diesen noch berührte: so ist dieser neue Grad Kraft auch keine Würkung des anlaufenden Körpers, denn die Körper würken nur so lange in einander, als sie sich berühren; sondern der erstere ist es allein. Daher kann man jene auch am füglichsten dazu brauchen, diejenige Kraft zu messen, die sich verzehrt hat, um sie hervorzubringen.

§. 70.

Wir haben die Schwierigkeiten glücklich überstiegen, die der Zusammenstoß der Körper dem alten Gesetze des Cartesius hätte machen können. Ich bilde mir, daß ich itzo kühnlich sagen könne, daß die Parthey des Herrn von Leibnitz ihm von dieser Seite nichts abgewinnen werde. Wir wollen uns bemühen, daß wir uns von denen übrigen dieses auch rühmen können.

§. 71.

*) Denn so lange die Bewegung des gestoßenen Körpers noch nicht würklich geworden ist, (so lange er nemlich sich von dem stoßenden noch nicht entfernet hat,) so lange ist seine Kraft, selber nach dem Geständnisse der Leibnizianer, noch todt.

§. 71.
Von der Vertheidigung der lebendigen Kräfte durch die Zusammensetzung der Bewegung.

Lasset uns itzo diejenigen Fälle in Erwegung ziehen, welche die Vertheidiger der lebendigen Kräfte von den zusammengesetzten Bewegungen der Körper zu Befestigung ihrer Schätzung entlehnet haben. Gleichwie eine schlimme Sache jederzeit das Merkmal an sich hat; daß sie sich gerne hinter dunkele und verwickelte Fälle verstecket: so hat auch die Parthey der lebendigen Kräfte sich die Verwirrung zu Nutze machen wollen, in die man leichtlich bey der Betrachtung der zusammengesetzten Bewegungen gerathen kann. Wir wollen uns bemühen, ihr die Decke der Dunkelheit abzuziehen, die den lebendigen Kräften bis daher einzig und allein geneigt gewesen. Herr **Bülfinger** hat sich um diese Art der Beweise am meisten verdient gemacht, und seine Gedanken sollen daher die ersten seyn, die wir auf die Probe stellen wollen.

Wir finden seine Abhandlung in dem ersten Bande des Commentarii Petropolitani. Der Satz, der seinem ganzen Gebäude zum Grunde liegt, ist folgender. *) Ein Körper A, der zwey Bewegungen zu gleicher Zeit empfängt, eine nach der Richtung AB mit der Geschwindigkeit AB, und eine andere, nach einer Richtung, welche mit der vorigen senkrecht verbunden ist, mit der Geschwindigkeit AC, bewegt sich die Diagonallinie dieses rechtwinklichten Parallelograms in eben der Zeit hindurch, darinn er eine jedwede von denen Seiten insbesondere durchlaufen würde. Es sind aber die nach den Seiten des Parallelograms gerichteten Kräfte einander nicht entgegen gesetzt; mithin kann die eine der andern auch nichts entziehen, und also wird die Kraft, die der Körper hat, wenn er beyden nachgiebt, nehmlich, wenn er sich in der Diagonallinie beweget, denen Kräften

nach

*) Fig. X.

nach den Seiten zusammen genommen gleich seyn. Nun würde dieses nach Cartesens Schätzung nicht statt finden. Denn
die Diagonallinie A D ist immer kleiner, wie die zwey Seiten A B und A C zusammen genommen; allein auch in allen
andern möglichen Schätzungen, würde die Kraft, die der
Körper mit der Geschwindigkeit A D hat, der Summe der
Kräfte mit denen Geschwindigkeiten A B und A C niemalen
gleich seyn, als nur in dem einzigen Falle, da dieselben
nach den Quadraten ihrer Geschwindigkeiten geschätzt werden.
Hieraus schließt Herr Bülfinger: die Kraft eines Körpers
der in würklicher Bewegung ist, könne durch nichts anders,
als mit dem Quadrate seiner Geschwindigkeit abgemessen
werden.

§. 72.

Herr Bülfinger hat in seinem Beweise nicht gänzlich
geirret. Seine Schlüsse sind im Grunde der Sache vollkommen richtig; allein die Anwendung derselben ist eigentlich nur fehlerhaft, und hat das Merkmal eines übereilten
Urtheils an sich.

In welchem Verstande der Bülfingerische Be-
weiß richtig sey.

Wenn man die Bewegung, die der Körper nach *) der
Seite A C hat, so ansiehet, wie gewöhnlich ist, nehmlich:
daß der Körper mit derselben bemühet ist, die Fläche C D
perpendicular zu stoßen, so ist gewiß; daß die andere Seitenbewegung in der Linie A B derselben in dieser Absicht
gar nicht entgegen gesetzet sey, weil sie mit der Fläche C D
parallel läuft, folglich den Körper weder zu derselben hinzu,
noch von ihr abziehet. Eben desgleichen wird die Seitenbewegung A C, der Bewegung in der andern Seite A B, in
Absicht auf die Würkung, die der Körper mit ihr gegen

*) Fig. X.

gen die Fläche B D zu thun bemühet ist, gar nicht ent=
gegen seyn, weil sie mit dieser Fläche gleichfalls parallel
läuft. Was folget aber hieraus? Nichts weiter, als daß
der Körper, wenn er diesen beyden Seitenbewegungen zu=
gleich nachgiebt, und die Diagonallinie durchläuft, gegen
die Flächen C D und B D eben die Würkungen auf einmal
ausüben werde, als er in abgesonderter Bewegung durch die
Seiten würde gethan haben. Der Körper hat also in der
Bewegung durch die Diagonallinie in Absicht auf die bey=
den Flächen C D und B D eine Kraft in sich, die der Sum=
me beyder Kräfte nach den Seiten gleich ist. Allein diese
Gleichheit ist in ihm nur unter dieser Bedingung, die ich ge=
sagt habe, anzutreffen.

§. 73.

Herr Bülfinger hat über den Sinn der Streit=
frage hinausgeschlossen.

Herr Bülfinger band sich nicht an diese Bedingung,
ohngeachtet er sich dazu durch die Natur seines Beweises
hätte genöthiget finden sollen. Er schloß gerade zu: Also
hat der Körper in der Bewegung durch die Diago=
nallinie eine Kraft in sich, die der Summe beyder
Seitenkräfte gleich ist.

Dieser so uneingeschränkt vorgebrachte Satz, nimmt
ordentlicher Weise eine Bedeutung an, die von dem Sinne
der Schlußfolge, in dem Bülfingerischen Beweise, weit ent=
fernet ist. Denn wenn man sagt: ein Körper, der die oder
jene Geschwindigkeit besitzet, hat diese oder jene Kraft in sich;
so verstehet man darunter die Kraft, die er in der geraden
Richtung seiner Bewegung, und auf einen Gegenstand, den
er perpendicular anstößet, ausüben würde. Man muß al=
so, wenn auf eine so eingeschränkte Weise die Rede von der
Kraft eines Körpers ist, ihre Größe in keiner andern Be=
deutung, als in dieser, zu bestimmen suchen, sonst glaubt
man: der Körper habe in der geraden Richtung seiner Be=
wegung

wegung eine gewiffe Kraft in fich, die er doch nur zur Seite bey einer gewiffen Lage des Gegenstandes, den er anstößt, ausüben kann. Herr Bülfinger, der diefes aus der Acht gelaffen hat, ist hiedurch der Beschuldigung einer fallaciae ignorationis elenchi ausgesetzet worden. Denn er hat den Sinn der Streitfrage verlaffen, und anstatt, daß er hätte beweisen follen: der Körper werde in der Bewegung durch die Diagonallinie einen Gegenstand, der der Richtung diefer feiner Bewegung perpendicular entgegen gefetzt ist, mit einer Kraft stoßen, die der Summe der Kräfte, womit er durch die abgefonderten Seitenbewegungen, die ihm unterliegende Flächen anstoßen würde, gleich ist: fo bewies er, daß derfelbe das Aggregat diefer Kräfte zwar ausübe, aber nur gegen die zwey Seitenflächen CD und BD, und nicht gegen die, feiner Bewegung gerade entgegen gefetzte Perpendicularfläche.

§. 74.

Eben derfelbe Beweiß ist in Abficht auf den Punkt, warum gestritten wird, fehlerhaft.

Es kommt also alles nur darauf an, daß ich beweife, ein in der Diagonallogie AD bewegter Körper habe, in der geraden Richtung AD nicht die Summe derer Seitenkräfte zufammen in fich. Ich brauche hiezu nichts weiter: als daß ich eine jedwede von den Seitenbewegungen als zufammengefetzt anfehe, wie die Mathematiker es zu thun gewohnt find. *) Die Seitenbewegung AB fey demnach aus der Bewegung AF und AH, die Seitenbewegung AC im Gegentheil, aus den Bewegungen AE und AG zufammengefetzt. Weil nun fowohl die Bewegung AF, als auch AE einander gerade widerstreiten, mithin weil fie gleich find, fich auch aufheben; fo find nur die Bewegung mit der Geschwindigkeit AH, und die mit der Geschwindigkeit AG übrig, womit der Körper in der Richtung der Diagonallinie fortfähret; und

*) Fig. XI.

und also ist nicht die ganze Kraft der beyden Seitenbewegungen in der Richtung der Diagonallinie vorhanden; sondern es ist in dieser Absicht nur ein Theil von derselben anzutreffen. Ferner, weil die Bewegungen A F und A E ohnedem mit der Fläche B H, die der Körper in der Diagonalbewegung perpendicular anstößt, parallel laufen, mithin keine von beyden dieselbe treffen kann, so siehet man sowohl aus diesem als dem vorhergehenden, der Körper werde den, seiner Bewegung durch A D senkrecht entgegengesetzten Gegenstand, nicht mit der Summe der Kräfte nach den Seiten A C und A B anstoßen.

§. 75.
Schluß hieraus.

Es ist jetzo alles abgethan. Denn nunmehro wissen wir; daß ein Körper in der Bewegung durch die Diagonallinie gegen einen senkrecht entstehenden Vorwurf nicht die ganze Summe beyder Seitenkräfte ausübe, die der Körper mit jedweder von seinen Seitenbewegungen, gegen die, ihnen gleichfalls perpendikular entgegengesetzte Flächen, besitzet. Hieraus folget nothwendig: die Kraft sey in der Bewegung durch die Diagonallinie kleiner, als beyde Seitenkräfte zusammen genommen; folglich könne die Kraft eines Körpers nicht nach dem Quadrat seiner Geschwindigkeit geschätzet werden: Denn in dieser Art der Schätzung würde gedachte Gleichheit nothwendig müssen angetroffen werden, die doch in der That nicht anzutreffen ist.

§. 76.
Aus dem Bülfingerischen Falle werden die lebendigen Kräfte selber widerleget.

Wir wollen uns hieran nicht begnügen. Anstatt daß wir uns vor die Schlüsse des Herrn Bülfingers fürchten sollten, wollen wir sie lieber willig ergreifen, um des Cartesens

tesens Gesetze dadurch zu beweisen. Eine gute Sache hat allemal dieses Merkmal an sich: daß selbst die Waffen der Gegner zur Vertheidigung derselben dienen müssen, und wir haben mehr wie einmal gesehen, daß die Unsrige sich auch dieses Vorzuges rühmen könne. *). Die Seitenbewegung AB, bringet, nach dem, was itzo erwiesen worden, in die Richtung der Diagonallinie keine andere Geschwindigkeit, als nur die Geschwindigkeit AH, womit der Körper in abgesonderter Bewegung die Fläche BH perpendicular treffen würde. Ferner bringt die Seitenbewegung AC für sich allein in die Richtung der Diagonallinie nur die Geschwindigkeit AG, womit der Körper die Fläche CG senkrecht anstoßen würde. Aus denen Kräften, welche diese beyden Bewegungen AH und AG mit sich führen, ist nun die ganze Kraft der Diagonallinie zusammengesetzt, und was also in jenen beyden nicht anzutreffen ist, das wird in dieser auch nicht vorhanden seyn; denn sonst würde in der Summe mehr enthalten seyn können, als in denen summandis zusammen. Es soll also die Kraft mit der Geschwindigkeit AD, der Kraft mit der Geschwindigkeit AH, plus der Kraft mit der Geschwindigkeit AG gleich seyn; und es fragt sich, was für Potenzen von AH, von AG, und von AD, man nehmen müsse, damit die Summe der beyden ersten, der letztern gleich sey. Hier ist es aus den leichtesten Gründen der Arithmetik klar, daß wenn man die Kräfte durch eine Potenz der Linien AH, AG, und AD schätzen wollte, die größer ist als die erste Potenz, die, auf diese Weise geschätzte Kraft des Körpers, mit der Geschwindigkeit AD größer seyn werde, als die Summe der Kräfte mit denen Geschwindigkeiten AH und AG; wenn man aber eine kleinere Function (wie Herr Bülffinger sich ausdrückt,) als die Function der schlechten Geschwindigkeit nehmen wollte, so würde das Aggregat der Theilkräfte größer seyn, als die ganze daraus entsprungene Kraft, welche die Geschwindigkeit AD zum Merk-

*) Fig. XI.

Merkmal hat, im Gegentheil werden sie gleich befunden
werden, wenn alles zusammen nach der bloßen Geschwindigkeit geschätzet wird. Hieraus folget: man müsse entweder die Kräfte in Proportion der Geschwindigkeiten AH,
AG, und AD setzen, oder zugeben: daß das Aggregat
kleiner oder größer seyn könne, als die Aggregandi zusammen.

§. 77.
Eben dieselbe Widerlegung: auf eine andere Art.

Wir können eben dasselbe auch auf eine andere Art
darthun. Wir nehmen wie Herr Bülfinger an: daß die Seitenkräfte *) AB und AC dem Körper a, durch den Stoß
zweyer gleicher Kugeln, mit den Geschwindigkeiten bA =
AB, und ca = AC, mitgetheilet werden, und daß diese
beyde zugleich geschehene Antriebe, die Bewegung und Kraft
durch die Diagonallinie veranlassen. Wir wollen aber,
weil es einerley ist, annehmen: daß diese Kugeln aus C
und B ausliefen, und den Körper a im Punkte D, mit den
Geschwindigkeiten CD = ba, und BD = ca, anstießen.
Es ist unläugbar, daß der Körper a in diesem Orte von gedachten Kugeln eben die Kraft erhalten werde, als er im
Punkte A erhalten konnte; denn der Ort macht gar keinen
Unterschied, da alles übrige sonst gleich ist. Es frägt sich
also: was für eine Kraft die Kugel a im Punkte D, von
diesen zweyen, zu gleicher Zeit in ihn geschehenen Stößen,
BD und CD, gegen die Perpendikularfläche FC erhal-
ten wird? Ich antworte: die Kugel B wird dem Körper
a mit der Bewegung BD, eigentlich nur die Geschwindigkeit
BE, in Absicht auf die Würkung in diese Fläche, ertheilen,
und von dem Anlaufe der Kugel C, mit der Geschwindigkeit
CD, wird eben derselbe Körper A nur die Geschwindigkeit
CF erlangen, womit er im Punkte D, in die Fläche CF wür-

ten

*) Tab. II. Fig. XII.

P

ken kann. Denn die andern zwey Bewegungen, Bg und
Ch, welche a annoch von diesem zwiefachen Stoße erhalten
hat, gehen mit der Fläche parallel, folglich treffen sie dieselbe nicht, sondern vernichten sich vielmehr einander, weil
sie einander entgegen gesetzt und gleich seyn. Es haben alle
beyde Seitenkräfte BD und CD, oder, welches eben so
viel ist, AC und AB, dem Körper, in Absicht auf die
Fläche, die er in der Diagonalbewegung perpendikular trift,
nur eine solche Kraft ertheilet, die der Summe der Kräfte
mit den Geschwindigkeiten BE und CF gleich ist; folglich,
erstlich nicht ihre ganze Kräfte, zweytens eine solche Kraft,
von der hier eben so augenscheinlich, als im vorigen §. erhellet, daß sie sich zu denen, aus welchen sie zusammen gesetzet ist, wie die Geschwindigkeit AD zu den Geschwindigkeiten CF und BE, und nicht wie die Quadrate derselben
verhalten müsse.

§. 78.

Die gerade Kraft in der Diagonallinie ist nicht der Summe der Kräfte nach den Seiten gleich.

Wir sehen aus der bisherigen Betrachtung, daß, wenn
man voraussetzet, die nach den Seiten des Parallelograms
in der Diagonalbewegung ausgeübten Kräfte wären zusammen der Kraft in der Richtung der Diagonallinie gleich,
hieraus folge: daß man die Kräfte nach den Quadraten
der Geschwindigkeit schätzen müsse. Allein wir haben zugleich erwiesen: daß diese Voraussetzung falsch sey, und
daß diejenige Würkungen, die ein Körper in schräger Bewegung ansübet, bis alle seine Kraft in ihm erschöpfet ist,
allemal größer sey, als dasjenige, was er durch einen perpendikularen Stoß ausrichten würde.

Diese Beobachtung hat das Ansehen eines paradoxen
Satzes. Denn es folget hieraus, ein Körper könne in An-
sehung gewisser ihm auf eine besondere Art entgegenstehender
Flächen

Flächen mehr Kraft ausüben, als man voraus setzet, daß er gar bey sich habe. Denn so viel Kraft sagt man, daß ein Körper habe, als er durch einen senkrechten Stoß gegen eine unüberwindliche Hinderniß aufwendet.

Wegen der metaphysischen Auflösung dieser Schwierigkeit dörfen wir nur immerhin unbekümmert seyn, denn es mag hiemit beschaffen seyn, wie es wolle, so thut die Mathematik doch einmal den Ausspruch, und nach ihrem Urtheile kann man nicht länger zweifeln.

§. 79.

In der Leibnizischen Kräftenschätzung ist die Summe der in schräger Richtung ausgeübten Kräfte, der Diagonalkraft gleich; allein bey der Cartesianischen ist jene oftermals unendlichemal größer als diese.

Aus der Zertheilung der Bewegung ist klar, daß, wenn ein Körper nach einander gegen viele Flächen in schräger Richtung anläuft, er seine Bewegung alsdenn gänzlich verliere, wenn die Summe derer Quadrate aller sinuum angulorum incidentiae dem Quadrate des sinus totius, der die erste Geschwindigkeit seiner Bewegung anzeiget, gleich ist. Bis dahin sind alle Mechaniker einig, die Cartesianer hievon nicht ausgenommen. Allein hieraus folget für die Leibnizianer insbesondere: daß der Körper, wenn man die Schätzung nach dem Quadrat statt finden lässet, alsdenn alle seine Bewegung verlohren habe, wenn die in schräger Richtung ausgeübten Kräfte alle zusammen der Kraft, die ihm in gerader Bewegung beywohnet, gleich sind. Hingegen nach der Cartesianischen Schätzung verhält es sich hiemit ganz anders. Die Kräfte, die der Körper durch viele nach einander folgende Stöße in schräger Richtung ausübet, bis alle seine Bewegung verzehret ist, sind nach derselben zusammen viel größer, als die einzige unzertheilte Kraft,

die

die er in gerader Bewegung besitzet. Also hat alsdenn der
Körper seine Bewegung noch nicht verlohren, wenn die
Summe aller in zertheilter Bewegung ausgeübten Kräfte
seiner ganzen unzertheilten Kraft schon gleich ist. Denn ein
Körper kann in Ansehung vieler schiefen Flächen weit mehr
ausrichten, als gegen diejenige, die er in gerader Richtung
perpendikular anstößt, und zwar dergestalt: daß, (wenn
man annimmt, die Neigung des Stoßes geschehe auf alle
schiefe Flächen in gleichen Winkeln,) sich die Größe der
Kraft, die da nöthig ist, um einem Körper durch schräg
entgegengesetzte Hindernisse seine Kraft zu verzehren, zu derjenigen, welche in gerader Richtung dieselbe aufheben würde, verhalte, wie der sinus totus zu dem sinui des Einfallswinkels. Sie ist also z. E. wenn der sinus totus zum sinu
anguli incidentiæ wie 2 : 1 ist, achtmal, und wenn dieser
unendlich klein ist, auch unendlich mal größer, als die Gewalt der Hindernisse, die genug gewesen wäre, um ihn in
gerader entgegengesetzter Richtung seine ganze Bewegung zu
verzehren. Also nimmt nach der Leibnitzischen Schätzung
eine gewisse Hinderniß einem Körper seine Kraft gänzlich,
die ihm doch von eben derselben in eben derselben Richtung
nach der Schätzung des Cartesius nur unendlich wenig zu
vernichten vermag, d. i. bey der Schätzung nach dem Quadrat ist der Verlust der Kraft des bewegten Körpers, wenn
die ganze Gewalt der summirten Hindernisse, die er überwunden hat endlich ist, auch endlich, der Körper mag nun
diese Hindernisse in so schiefer Bewegung überwältigt haben
als man wolle; hingegen bey der Schätzung nach den Geschwindigkeiten, kann die gesammte Kraft der ausgeübten
Würkungen eines Körpers endlich seyn, und der Verlust der
Kraft des Körpers dennoch unendlich klein, wenn nur der
Winkel, in welchem er alle diese Hindernisse überwindet,
unendlich klein ist.

Dieser Unterschied ist erstaunlich. Es muß sich hievon irgendwo in der Natur eine Würkung zeigen, sie sey
auch

auch, wo, sie wolle, und es wird sich der Mühe verlohnen sie aufzusuchen. Denn die Folge derselben wird nicht allein diese seyn: daß man entscheiden könne, ob die Kraft eines Körpers in der Diagonallinie eines rechtwinklichten Paralelogramms der Summe der Seitenkräfte gleich sey oder nicht, sondern auch, ob die Schätzung des Herrn v. Leibnitz, oder die des Cartesius, die wahre sey; denn die eine Frage ist mit der andern unzertrennlich verbunden.

§. 80.
Die lebendigen Kräfte werden durch einen neuen Fall widerlegt.

Die Bewegung eines Körpers in einer Cirkellinie um einen Mittelpunkt, gegen den er durch seine Schwere gezogen wird, von welcher Art, (von welcher Art die Bewegungen der Planeten seyn,) ist der Fall, den wir suchen.

Lasset uns einen Körper annehmen, der einen hinlänglichen Centrifugalschwung erhalten hätte, um die Erde in einer Cirkellinie zu laufen. Lasset uns auch von allen Hindernissen ausser der Schwere abstrahiren, die seine Bewegung vermindern könnten; so ist gewiß: daß erstlich die Geschwindigkeit seiner Bewegung endlich seyn, hernach zweytens mit eben demselben Grade, in eben derselben Linie unvermindert ins unendliche fortwähren werde. Diese zwey Lehnsätze setze ich zum Grunde, denn sie sind von beyden Partheyen, der Leibnitzischen so wohl als der Cartesianischen, gebilliget. Ich setze ferner drittens zum Grunde, daß die Schwere in einem Körper, der sich frey beweget, in einer endlichen Zeit eine endliche Kraft hineinbringe, oder auch in demselben verzehre, wenn die beyden Kräfte, die, welche dem Körper beywohnet, und die, womit die Schwere drücket, einander entgegen würken. Nun ist der angenommene Körper, der um den gegebenen Mittelpunkt in einem Cirkel läuft, dem Drucke der Schwere unaufhörlich ausgesetzet,

P 3

ſetzet, und erleidet alſo durch die Summe aller unendlich
kleinen Schwerdrückungen in einer endlichen Zeit eine endliche Kraft, womit er gegen den Mittelpunkt ſeiner Umwen-
dung getrieben wird, per Lemma 3. Indeſſen hält der
Körper, durch ſeine eigenthümliche Kraft, allen dieſen in
ihm geſchehenen Drückungen das Gleichgewicht, indem er
ſich immer in eben derſelben Entfernung von dem Mittelpunkte erhält. Alſo hat er in jedweder endlichen Zeit auch
eine endliche Kraft in Anſehung der überwundenen Hinderniſſe der Schwere ausgeübet. Nun iſt aus dem, was wir
§. 79. erſehen haben, klar, daß: wenn ein Körper in
ſchiefer Richtung eine gewiſſe Anzahl Hinderniſſe überwunden hat, die zuſammen eine endliche Größe der Kraft betragen, er hiebey zugleich, (wenn man die Leibnizianiſche
Schätzung zugiebt,) an ſeiner ihm beywohnenden Kraft einen Verluſt von einer endlichen Größe erleiden müſſe. Folglich verlieret der angenommene Körper in jedweder endlichen
Zeit ſeines Zirkellaufes durch die Zurückhaltungen der
Schwere eine endliche Kraft, und alſo in einer gewiſſen beſtimmten Zeit ſeine ganze Kraft und Geſchwindigkeit; denn
die Geſchwindigkeit, die er in ſeinem Kreislaufe beſitzet, iſt
nur endlich. Lemma I.

Er kann alſo entweder gar nicht in einem Cirkel laufen, es ſey denn, daß er eine unendliche Geſchwindigkeit
habe, oder man muß zugeben: daß ein Körper durch die
Summe aller ſchrägen Würkungen hier unendlich viel mehr
ausrichten könne, als er in geradem Anlaufe Kraft beſitzet,
und daß das Leibnizische Kräftenmaaß, das dieſes nicht
zugiebt, falſch ſey.

§. 81.

Weil der Gedanke, den wir hier ausgeführet haben,
ſehr fruchtbar von Folgen iſt, ſo wollen wir alle kleine
Schwierigkeiten um ihn wegräumen, und denſelben ſo viel
möglich iſt, klar und eben machen.

Er

Er weiß: daß ein in einen Cirkel laufender Körper gegen die Schwere eben so eine Würkung ausübe, als wenn er gegen eine schiefe Fläche anliefe.

Man muß zuerst deutlich begreifen lernen: daß die Kraft, die der bewegte Körper in der Cirkelbewegung anwendet der Schwere das Gleichgewicht zu halten, eine schräge Würkung ausübe, und mit dem Anlaufe eines Körpers gegen eine schiefe Fläche zu vergleichen sey, so wie wir es würklich im vorigen §. gethan haben.

Man stelle sich zu diesem Endzwecke die unendlich kleine Bogen, die der Körper in seiner Cirkelbewegung durchläuft, als so viel unendlich kleine gerade Linien vor, so, wie man auch in der Mathematik gewöhnlich den Cirkel als ein Polygon von unendlich viel Seiten ansiehet. *) Der Körper, der nun die unendlich kleine Linie a b durchgelaufen ist, würde, wenn ihm die Schwere keine Hinderniß entgegen setzte, die gerade Richtung dieser Bewegung fortsetzen, und in dem zweyten unendlich kleinen Zeittheile in d seyn. Allein durch den Widerstand der Schwere wird er genöthiget diese Richtung zu verlassen, und die unendlich kleine Linie b c zu beschreiben. Diese Hinderniß der Schwere hat ihm, per resolutionem virium, also die Seitenbewegung a c genommen, welche durch die perpendikellinie a c ausgedruckt wird, die auf die, bis in c verlängerte Linie b e gefället worden. Es erleidet also der Körper durch die Hinderniß der Schwere im Punkte b eben denselben Widerstand, den er von einer Fläche c c würde erlitten haben, gegen die, er, unter dem Winkel a b c, angelaufen wäre; denn die Hinderniß, welche diese Fläche ihm entgegen setzet, wird, eben so wie hier, durch die kleine Perpendikellinie a c ausgedrücket. Also kann man die Kraft die ein Körper in seiner

P 4

*) Fig. XIII.

ner Cirkelbewegung gegen die Schwere ausübet, welche ihn
herunter ziehet, mit dem Anlaufe desselben gegen schiefe
Flächen ganz wohl vergleichen, und auch auf eben die Weise,
wie diese schätzen. W. Z. E.

§. 82.

Der dritte von den angenommenen Grundsätzen unseres Beweises im 80ten §., scheinet zweytens noch einiger
Bestätigung zu bedürfen; zum wenigsten kann man, wenn
man mit solchen Gegnern zu thun hat, auch in Ansehung
der augenscheinlichsten Wahrheiten nicht behutsam genug
seyn, denn der Streit von den lebendigen Kräften hat uns
hinlänglich überführet, wie viel die Partheylichkeit in Ansehung gewisser Meynungen gewaltiger und einnehmender seyn
könne, als die nackte Stärke der Wahrheit, und wie weit
sich die Freyheit des menschlichen Verstandes erstrecke, bey
den augenscheinlichsten Wahrheiten annoch zu zweifeln, oder
sein Urtheil aufzuschieben.

Der Kreisläufende Körper thut in jedweder endlichen Zeit gegen die Hinderniſſe der Schwere eine Würkung einer endlichen Kraft.

Ich könnte mich wegen des Satzes: daß die Schwere
in einen Körper der sich frey beweget, in jedweder gegebenen
endlichen Zeit auch eine endliche Kraft hineinbringe, auf den
32ten §. berufen; allein derselbe hat an denen Vertheidigern der lebendigen Kräfte schon seine Gegner, und es ist
besser, sie mit ihren eigenen Waffen niederzuschlagen. Der
angenommene Körper, der in seiner Kreisbewegung in einer
endlichen Zeit den Bogen a f durchgelaufen ist, empfängt
die Drucke aller der Federn der Schwere, welcher er in dem
ganzen endlichen Raume a f unaufhörlich ausgesetzet ist. Nun
bringen, selbst nach dem Geständniſſe derer Leibnitzianer,
die, in einem gewiſſen endlichen Raume befindliche Federn,
der schwermachenden Materie, die ihren Druck einem Körper

per durchgehends mittheilen, in denselben eine endliche Kraft:
Ergo etc.

§. 83.
Der Schluß.

Demnach bestehet die, in zertheilter Bewegung ausgeübte Kraft, wenn sie dem Quadrate der Seiten des rechtwinklichten Parallelogramms proportional geschätzet wird,
so gar nicht mit den allerbekanntesten Gesetzen der Kreisbewegung der Körper, und mit den Centralkräften, die sie
verüben. Es sind also die Seitenkräfte in jedweder zusammengesetzter Bewegung nicht, so wie die Leibnitzische Schätzung es erfordert, in der Proportion der Quadrate von ihren Geschwindigkeiten, und eben daher ist der Schluß auch
allgemein: daß die Schätzung nach dem Quadrat gänzlich
irre; denn eine jede Bewegung kann als zusammengesetzt
angesehen werden, wie aus den ersten Grundlehren der Mechanik bekannt ist.

§. 84.
Wie die Cartesianische Schätzung dieser Schwierig-
keit abhelfe.

Es ist noch nöthig anzumerken, wie vortrefflich die
Cartesianische Kräftenschätzung der Schwierigkeit abhilft,
unter der die Leibnitzische erliegt, wie wir itzo ersehen haben.

Es ist aus der Mathematik bekannt: daß die kleine
Linie a c, *) die dem sinui verso bi, des unendlich kleinen
Bogens a b, parallel und gleich ist, ein unendlich kleines
vom zweyten Grade sey, und also unendliche mal kleiner als
die unendlich kleine Linie a b. Nun ist aber a c der sinus
des Winkels, womit der Körper allenthalben in seiner Kreisbewegung dem Drucke der Schwere entgegen würket, und

P 5   a b,

*) Fig. XII.

ab, als ein unendlich kleiner Theil der absoluten Bewegung des Körpers selber, ist der sinus totus desselben. Es ist aber aus dem vorher erwiesenen §. 79. bekannt, daß: wenn ein Körper in schiefer Bewegung dergestalt gegen eine gewisse Hinderniß würket, daß der sinus des Einfallswinkels, in Ansehung des sinus totius, durchgehends unendlich klein ist, die, durch die Hindernisse, verlohrne Kraft gegen die gesammte Gewalt aller überwundenen Hindernisse bey der Cartesianischen Schätzung unendlich klein sey. Also verlieret der Körper in seinem Cirkellaufe durch die Drucke der Schwere nicht eher eine endliche Kraft, als bis er in der ganzen Summe aller derer Zurückhaltungen der Schwere eine Kraft die unendlich groß ist, überwunden hat. Nun beträget aber die Summe aller Schwerdrückungen eine endliche Zeit hindurch nur eine endliche Kraft, §. 80. Lemma 3. und folglich nicht eher eine unendliche Kraft als nach einer unendlichen Zeit: Also verlieret der Körper, der um einen Mittelpunkt, gegen welchen er durch seine Schwere gezogen wird, in einem Cirkel läuft, durch die Hindernisse der Schwere nur in einer unendlichen Zeit eine endliche Kraft, und folglich in jedweder endlichen Zeit unendlich wenig. Hingegen würde der Verlust bey der Leibnitzischen Schätzung in eben diesen Umständen in jeder endlichen Zeit etwas endliches betragen, §. 80. folglich ist die Cartesianische Schätzung, in diesem Falle der Schwierigkeit nicht unterworfen, welcher die Leibnitzische, wie wir gesehen haben, allemal ausgesetzet ist.

§. 85.

Noch ein neuer Widerspruch, welchem die lebendigen Kräfte hier ausgesetzet seyn.

Der Einwurf, den wir itzo den lebendigen Kräften gemacht haben, entdecket zugleich eine seltsame Art des Widerspruchs in der Schätzung der Kräfte nach dem Quadrat. Denn jedermann ist darinn einig; daß die, nach dem ke-

Stantangulo, der in sich selbst multiplicirten Geschwindigkeit, geschätzte Kraft, unendlich mehr Gewalt haben müsse, als diejenige, die nur durch das schlechte Maaß der Geschwindigkeit ausgedrücket wird, und daß sie in Ansehung dieser letztern dasjenige sey, was die Fläche gegen die Linie ist. Allein hier zeiget sich gerade das Gegentheil, nemlich: daß in dem Falle, den wir gesehen haben, da beyde Arten von Kraft in ganz gleiche Umstände zu würken gesetzet werden, die Leibnitzische unendlich weniger vermöge als die Cartesianische, und durch unendlich weniger Hindernisse verzehret werde, als diese; welches ein Widerspruch ist, der nicht größer kann gedacht werden.

§. 86.

Die Zerstörung des allgemeinen Grundsatzes, von der in zusammengesetzter Bewegung befindlichen gleichen Größe der Kraft mit der einfachen, wirft zugleich viele Fälle mehr über den Haufen, die die Verfechter der lebendigen Kräfte auf eben diesem Grunde erbauet haben.

Widerlegung des Bernoullischen Falles von der Spannung 4 gleicher Federn.

Der Bernoullische Fall, den Herr von Wolf in seiner Mechanik anführet, ist einer von den ansehnlichsten unter denselben. Er nimmt 4 Federn an, die alle gleiche Kraft nöthig haben, gespannet zu werden. Er lässet ferner einen Körper mit 2 Graden Geschwindigkeit unter einem Winkel von 30 Graden, dessen sinus wie 1 ist, gegen die erste, hernach mit dem Ueberreste der Bewegung, unter einem Winkel, dessen sinus gleichfalls wie 1 ist, gegen die zweyte, und so auch gegen die dritte, und endlich gegen die vierte Feder perpendikular anlaufen. Eine jedwede von diesen Federn nun spannet dieser Körper; er übet also mit 2 Graden Geschwindigkeit 4 Grade Kraft aus, folglich hat er sie gehabt, denn sonst hätte er sie nicht ausüben können. Daher ist die

Kraft

Kraft dieses Körpers nicht wie seine Geschwindigkeit 2, sondern wie das Quadrat derselben.

Ich verlange es nicht zu behaupten: daß der Körper mit 2 Graden Geschwindigkeit, unter keinerley Umständen 4 Grade Kraft ausüben könne. Allein er kann sie nur in schiefem Anlaufe ausüben, und es ist genug, daß wir bewiesen haben, seine Kraft sey in geradem Anlaufe doch jederzeit nur wie 2, und in schräger Bewegung allemal größer als in der perpendikularen. Jedermann schätzet aber die Kraft eines Körpers nach der Gewalt die im senkrechten Stoße in ihm anzutreffen ist. Also ist in derjenigen Art der Würkung, die ohne Zweydeutigkeit ist, darinn alle Gegner zusammen stimmen, daß sie das wahre Maaß der Kraft sey, der Vortheil auf der Seite des Cartesius gegen die Parthey der lebendigen Kräfte.

§. 87.

Es gründet sich endlich auf die Zusammensetzung der Bewegung noch ein Fall, den man wohl den Achilles unsrer Gegner nennen könnte.

Des Herrn von Mairans Einwendung gegen den Herrmannschen Fall.

Er bestehet hierinn: Ein Körper A, der 1 zur Masse, und 2 zur Geschwindigkeit hat, stößet auf einmal unter einem Winkel von 60 Graden, zweene Körper B und B, die jeder zur Masse 2 haben. Hier bleibet der stoßende Körper A nach dem Stoße in Ruhe, und die Körper B und B bewegen sich jeder mit einem Grade Geschwindigkeit; folglich beyde zusammen genommen mit 4 Graden Kraft.

Der Herr von Mairan hat sehr wohl wahrgenommen wie seltsam und paradox es heraus komme, daß ein besonderer und nur auf gewisse Umstände eingeschränkter Fall eine neue Kräftenschätzung beweisen sollte, die sich doch wenn sie

wahr

wahr wäre ohne Unterschied bey allen und jeden Umständen hervorthun müßte. Die Leibnitzianer sind jederzeit so kühn zu verlangen: daß wenn ein Körper 4 Grade Kraft aus- übet, es sey auch in welcher Art es wolle, man allemal sicher sagen könne, er werde eben dieselbe Kraft auch in senk- rechter Richtung ausüben; allein in diesem gegenwärtigen Falle ist es augenscheinlich: daß alles auf eine bestimmte Anzahl der Elemente, welche bewegt werden sollen, und auf eine bestimmte Lage derselben gegen den stoßenden Kör- per ankomme, daß folglich die Sache sich ganz anders ver- halten werde, wenn diese Bestimmungen geändert würden, mithin daß man sich sehr betrüge, wenn man so schließet: der Körper hat in diesen Umständen diese oder jene Kraft verübet, also muß er, (gerade zu ohne alle Einschränkung zu reden,) auch diese oder jene Kraft haben, und sie wenn man will auch in senkrechter Würkung heraus lassen.

Ich habe mich itzt nur bemühen wollen, den Sinn, des Gedankens des Herrn von Mairan auszudrücken, wel- chen er in seiner Antwort auf die Einwürfe, die ihm die Frau von Chastellet in ihrer Naturlehre gemacht hatte, dem Herrmannschen Falle entgegen setzte. Allein mich dünkt, die ganze Sache könne viel leichter und überzeugender, ver- mittelst desjenigen, was wir bis daher in Ansehung der Zusammensetzung und Zertheilung der Kräfte angemerkt ha- ben, abgethan werden, und sie sey auch größtentheils hie- durch schon abgethan; weswegen ich glaube, der Leser die- ser Blätter werde mich leichtlich durch Herbeyziehung dessen, was ich hiebey erinnert habe, einer ferneren Weitläuftigkeit überheben.

§. 88.

Der Herr von Mairan ist der einzige unter denen Ver- theidigern des Cartesius, der über die Wahl der Gründe, worauf die Leibnitzianer eine neue Kräftenschätzung bauen wollen, einige Betrachtungen angestellet hat: allein er hat es auch nur in dem einzigen Falle gethan, den wir im vo-

rigen

rigen Spho angezogen haben. Diese Gattung der Unterſu-
chung ſcheinet von nicht großer Erheblichkeit zu ſeyn, wenn
man ſie obenhin anſiehet, allein ſie iſt in der That von ganz
vortreflichem Nutzen, ſo wie irgend nur eine Methode in
der Kunſt zu denken ſeyn mag.

Nutzbarkeit dieſer Methode des Herrn von Mairan.

Man muß eine Methode haben, vermittelſt welcher
man in jedwedem Falle, durch eine allgemeine Erwegung
der Grundſätze, worauf eine gewiſſe Meynung erbauet worden, und durch die Vergleichung derſelben mit der Folgerung, die aus denſelben gezogen wird, abnehmen kann, ob
auch die Natur der Vorderſätze alles in ſich faſſe, was in
Anſehung der hieraus geſchloſſenen Lehren erfordert wird.
Dieſes geſchiehet, wenn man die Beſtimmungen, die der
Natur des Schlußſatzes anhängen, genau bemerket, und
wohl darauf Acht hat, ob man auch in der Conſtruction des
Beweiſes ſolche Grundſätze gewählt habe, die auf die be-
ſondern Beſtimmungen eingeſchränkt ſind, welche in der
Concluſion ſtecken. Wenn man dieſes nicht ſo befindet, ſo
darf man nur ſicher glauben: daß dieſe Schlüſſe, die auf
eine ſolche Art mangelhaft ſind, nichts beweiſen, ob man
gleich noch nicht entdecken kann, worinn der Fehler eigentlich
liege, und wenn dieſes gleich niemals bekannt würde. Alſo
habe ich z. E. aus der allgemeinen Erwegung der Bewegungen elaſtiſcher Körper geſchloſſen, daß die Phänomena, die
ſich durch ihren Zuſammenſtoß hervorthun, unmöglich eine
neue Kräftenſchätzung, die von der Carteſianiſchen verſchie-
den iſt, beweiſen könnten. Denn ich erinnerte mich, daß
ja alle dieſe Phänomena von den Mechanikern aus der einzigen Quelle des Produkts der Maſſe in die Geſchwindigkeit,
zuſammt der Elaſticität aufgelöſet werden, wovon man den
Leibnitzianern hundert Proben aufzeigen kann, die alle die
größeſten Geometter zu Urhebern haben, und welche man
sie

sie selber unzählige mal durch ihren eigenen Beyfall bestätigen siehet. Also schloß ich, kann dasjenige, was bloß durch die, nach dem schlechten Maaße der Geschwindigkeit, geschätzte Kraft, hergebracht worden, auch von keiner andern Schätzung, als nur von der, nach der Geschwindigkeit, ein Beweißthum abgeben. Ich wuste damals noch nicht, wo eigentlich der Fehler in den Schlüssen der Leibnitzianer, über den Zusammenstoß elastischer Körper, zu suchen sey, allein, nachdem ich auf die angezeigte Art überführet worden, es müsse irgendwo in denenselben ein Fehlschluß stecken, er sey auch so verborgen, wie er wolle, so wandte ich alle Aufmerksamkeit an, ihn aufzusuchen, und mich deucht, daß ich ihn an mehr wie einem Orte angetroffen habe.

Mit einem Worte: diese ganze Abhandlung ist einzig und allein ein Geschöpfe von dieser Methode zu denken. Ich will es aufrichtig gestehen: ich habe alle diejenige Beweise für die lebendigen Kräfte, deren Schwäche ich itzo vollkommen zu begreifen glaube, anfänglich als so viel geometrische Demonstrationen angesehen, in denen ich nicht den geringsten Fehler vermuthete und auch vielleicht nie einen einzigen gefunden hätte, wenn die allgemeine Erwegung der Bedingungen, unter welchen die Schätzung des Herrn von Leibniz festgesetzet wird, meiner Betrachtung nicht einen ganz andern Schwung ertheilet hätte. Ich sahe, daß die Würklichkeit der Bewegung die Bedingung dieses Kräftenmaaßes sey, und daß sie die eigentliche Ursache ausmache, weswegen man die Kraft des bewegten Körpers nicht so wie die Kraft des zur Bewegung strebenden schätzen solle. Allein als ich die Natur dieser Bedingung erwogen, begriff ich leicht, daß da man sie mit der Bedingung der todten Kraft unter einerley Geschlecht setzen kann, und sie sich von ihr nur durch die Größe unterscheidet, sie unmöglich eine Folgerung haben könne, die von der Folgerung derer Bedingungen einer todten Kraft toto genere unterschieden ist, und auch

auch, eben so unendlich sehr von dieser unterschieden bleibet, wenn gleich die Bedingung, die eine Ursache dieser Folgerung ist, der andern Bedingung so nahe gesetzt wird, daß sie sich schon beynahe mit ihr vermenget. Also sahe ich, mit einer Gewißheit, die der Geometrischen gar nicht weichet, ein, daß die Würklichkeit der Bewegung kein hinlänglicher Grund seyn könne, zu schließen: daß die Kräfte der Körper in diesem Zustande wie das Quadrat ihrer Geschwindigkeit seyn müßten, da sie bey einer unendlich kurz gedauerten Bewegung, oder, welches einerley ist, bey der bloßen Bestrebung zu derselben, nichts wie die Geschwindigkeit zum Maaße haben. Ich schloß hieraus: wenn die Mathematik die Würklichkeit der Bewegung als den Grund der Schätzung nach dem Quadrat vor sich hat, und sonst nichts, so müssen ihre Schlüsse sehr hinken. Mit diesem gegründeten Mißtrauen in Ansehung aller Leibnizianischen Beweise bewapnet, griff ich die Schlüsse der Vertheidiger dieser Schätzung an, um, ausser dem, daß ich nunmehro wußte, es müßten in denenselben Fehler vorhanden seyn, auch zu wissen, worinnen sie bestehen. Ich bilde mir ein, mein Vorhaben habe mir nicht gänzlich fehl geschlagen.

§. 89.

Der Mangel dieser Methode ist eine Ursache mit gewesen, woher gewisse offenbare Irrthümer sehr lange sind verborgen geblieben.

Wenn man sich jederzeit dieser Art zu denken beflissen hätte, so hätte man sich in der Philosophie viel Irrthümer ersparen können, zum wenigsten wäre es ein Mittel gewesen, sich aus denenselben viel zeitiger herauszureissen. Ich unterstehe mich gar zu sagen, daß die Tyranney der Irrthümer über den menschlichen Verstand, die zuweilen ganze Jahrhunderte hindurch gewähret hat, vornemlich von dem Mangel dieser Methode, oder anderer, die mit derselben eine Ver-

Verwandſchaft haben, hergerühret hat, und daß man ſich
alſo dieſer nunmehro vor andern zu befleißigen habe, um jenem Uebel inskünftige vorzubeugen. Wir wollen dieſes beweiſen.

Wenn man vermittelſt gewiſſer Schlüſſe, die irgendwo
einen Fehler verſteckt halten, der ſehr ſcheinbar iſt, eine gewiſſe Meynung erwieſen zu haben glaubet, und man hat
hernach kein anderes Mittel, die Ungültigkeit des Beweiſes
gewahr zu werden, als nur ſo, daß ſich zuerſt der Fehler
entdecke, der in demſelben verborgen lieget, und daß man
alſo vorher wiſſen müſſe, was es für ein Fehler ſey, der
den Beweiß verwerflich macht, eher man ſagen kann, daß
einer in demſelben befindlich ſey; wenn man, ſage ich, keine
andere Methode als dieſe hat, ſo behaupte ich, der Irrthum werde ungemein lange unentdeckt bleiben, und der Beweiß werde unzähligemal betrügen, ehe der Betrug offenbar
wird. Die Urſache hievon iſt folgende: Ich ſetze voraus,
daß wenn die in einem Beweiſe vorkommende Sätze und
Schlüſſe vollkommen ſcheinbar ſind, und das Anſehen der
allerbekannteſten Wahrheiten an ſich haben, ſo werde der
Verſtand demſelben Beyfall geben, und ſich in keine müh-
ſame und langwierige Auffuchung eines Fehlers in demſelben
einlaſſen; denn alsdenn gilt der Beweiß, in Anſehung der
Ueberzeugung, die dem Verſtande daher entſtehet, eben ſo
viel, wie einer der eine geometriſche Schärfe und Richtigkeit
hat, und der Fehler, der unter den Schlüſſen verſteckt liegt,
thut, weil er nicht wahrgenommen wird, eben ſo wenig
Würkung zu der Verminderung des Beyfalles, als wenn er
in dem Beweiſe gar nicht anzutreffen wäre. Alſo müßte der
Verſtand, entweder niemalen dem Beweiſe einen Beyfall geben, oder er muß es in dieſem thun, wo er nichts erblicket,
was einem Fehler ähnlich ſtehet, d. i. wo er keinen vermuthet, wenn gleich einer in ihm verborgen wäre. In einem ſolchen Falle alſo wird er niemals eine beſondere Be-
ſtrebung zu Auffuchung eines Fehlers anwenden, weil er keinen Bewegungsgrund dazu hat; folglich wird derſelbe ſich

Q   nicht

nicht anders, als vermittelst eines glücklichen Zufalls her-
vorfinden, er wird also gemeiniglich sehr lange verborgen
bleiben, ehe er entdeckt wird, denn dieser glückliche Zufall
kann viele Jahre, ja oftmals ganze Jahrhunderte ausblei-
ben. Dies ist beynahe der vornehmste Ursprung der Irrthümer, die zur Schande des menschlichen Verstandes viel
Zeiten hindurch fortgewähret haben, und die hernach eine
sehr leichte Betrachtung aufgedecket hat. Denn der Fehler,
der irgendwo in einem Beweise stecket, sieht dem ersten Anblicke nach einer bekannten Wahrheit ähnlich, also wird der
Beweiß als vollkommen scharf angesehen, man vermuthet
mithin keinen Fehler in demselben, man suchet ihn also auch
nicht, und daher findet man ihn nicht anders, als zufälliger Weise. Hieraus läßt sich leicht abnehmen, worinnen
das Geheimniß werde zu suchen seyn, *) was dieser Schwierigkeit vorbeuget, und welches uns die Entdeckung der Irrthümer, die man begangen hat, erleichtert. Wir müssen
die Kunst besitzen, aus denen Vorbersätzen zu errathen und
zu muthmaßen, ob ein, auf gewisse Weise eingerichteter
Beweiß, in Ansehung der Folgerung auch werde hinlängliche und vollständige Grundsätze in sich enthalten. Auf diese Art werden wir abnehmen, ob in ihm ein Fehler befindlich seyn müsse, wenn wir ihn gleich nirgends erblicken, wir
werden aber alsdenn bewogen werden ihn zu suchen, denn
wir haben eine hinlängliche Ursache ihn zu vermuthen. Also
wird dieses ein Wall gegen die gefährliche Bereitwilligkeit
des Beyfalles seyn, der ohne diesen Bewegungsgrund alle
die Thätigkeit des Verstandes von der Untersuchung eines
Gegenstandes abwenden würde, indem er gar keine Ursache
findet, einen Zweifel und Mißtrauen zu setzen. Diese Methode hat uns in den Paragraphis 25, 40, 62, 65, 68, ge-
holfen, und sie wird uns auch ferner gute Dienste leisten.

§. 90.

*) Wie das Mittel beschaffen seyn muß, wodurch man der Lang-
wierigkeit der Irrthümer vorbeuget.

§. 90.

Es würde eine Betrachtung von nicht geringem Nutzen seyn, wenn man diese Methode etwas deutlicher auseinander setzen, und die Regeln ihrer Abwendung zeigen wollte, allein diese Art der Untersuchung gehöret nicht unter die Gerichtsbarkeit der Mathematik, welcher doch eigentlich diese Abhandlung gänzlich eigen seyn sollte. Wir wollen aber annoch eine Probe ihres Nutzens in der Widerlegung der Schlüsse, die zum Vortheil der lebendigen Kräfte aus der Zusammensetzung der Bewegungen entlehnet werden, darlegen.

In der Zusammensetzung der todten Drucke, z. E. derer Gewichte, die nach schrägen Richtungen einen Knoten ziehen, werden, wenn diese Richtungen einen rechten Winkel einschließen, die Anfangsgeschwindigkeiten derselben auch durch Linien ausgedruckt, welche Seiten eines rechtwinklichten Parallelogramms sind, und der hieraus entspringende Druck, wird durch die Diagonallinie vorgestellet. Obgleich nun hier ebenfalls das Quadrat der Diagonallinie der Summe der Quadrate derer Seiten gleich ist, so folget doch hieraus keinesweges, daß sich die zusammengesetzte Kraft zu einer von den einfachen, wie das Quadrat derer Linien, die die Anfangsgeschwindigkeiten ausdrücken, verhalten werde; sondern alle Welt ist darinn einig: daß diesem unerachtet, die Kräfte in diesem Falle dennoch nur in schlechter Proportion der Geschwindigkeiten seyn. Man nehme nun auch die Zusammensetzung der würklichen Bewegungen, so wie man sie durch die Mathematik vorstellet, und vergleiche sie hiemit. Die Linien, welche die Seiten und die Diagonal des Parallelogramms ausmachen, sind nicht anders, als die Geschwindigkeiten nach diesen Richtungen, eben so, wie es in dem Falle der Zusammensetzung todter Drücke beschaffen ist. Die Diagonallinie hat eben die Verhältniß gegen die Seiten, als sie dorten hat, und der Winkel ist auch derselbe. Also ist nichts von denen Bestimmungen, die in die mathematische Vorstellung der zusammengesetzten würklichen Bewegun-

Q 2

gen

gen hineinlaufen, von denen unterschieden, unter denen man sich in eben derselben Wissenschaft die Zusammensätze der todten Drucke vorstellet. Da also aus diesen keine Schätzung der Kräfte nach dem Quadrat der Geschwindigkeit herfließet, so wird sie aus jenen auch nicht können hergefolgert werden; denn es sind eben dieselben Grundbegriffe, mithin haben sie auch einerley Folgerungen. Man wird noch einwenden, daß ja ein offenbarer Unterschied unter denselben anzutreffen sey, weil man voraussetzet, daß die eine von denselben eine Zusammensetzung würklicher Bewegungen, die andere aber nur eine Zusammensetzung todter Drucke sey. Allein diese Voraussetzung ist eitel und vergeblich. Sie kommt nicht mit in den Plan der Grundbegriffe, die das Theorem ausmachen; denn die Mathematik drucket die Würklichkeit der Bewegung nicht aus. Die Linien, die der Vorwurf der Betrachtung sind, seyn nur Vorstellungen von der Verhältniß der Geschwindigkeiten. Also ist die Einschränkung von der Würklichkeit der Bewegung hier nur ein todter und müßiger Begriff, der nur nebenbey gedacht wird, und aus dem in der mathematischen Betrachtung nichts hergefolgert wird. Hieraus fließet: daß aus dieser Art der Untersuchung derer zusammengesetzten Bewegungen, nichts vortheilhaftes für die lebendigen Kräfte könne geschlossen werden, sondern, daß es etwa untermengte philosophische Schlußreden seyn müssen, wovon aber itzo nicht die Rede ist. Auf diese Weise haben wir durch Hülfe unserer angerühmten Methode itzo begriffen, daß die mathematischen Beweise für die lebendigen Kräfte aus der Zusammensetzung der Bewegungen falsch und voller Fehler seyn müssen, wir wissen aber noch nicht, was es für Fehler seyn, allein wir haben doch eine gegründete Muthmaaßung, oder vielmehr eine gewisse Ueberzeugung, daß sie ohnfehlbar darinn seyn werden. Also dürfen wir uns die Mühe nicht verdrüßen lassen, sie mit Ernst aufzusuchen. Ich habe meine Leser dieser Mühe überhoben, denn mich dünkt, daß ich diese Fehler gefunden, und in denen kurz vorhergehenden Paragraphis angezeigt habe.

§. 91.

§. 97.

Unsere Methode ist endlich noch ein Schwerdt gegen alle die Knoten der Spitzfindigkeiten und Unterscheidungen, womit Herr Bülfinger seine Schlüsse, die wir bis daher widerleget haben, gegen einen Einwurf, den ihm seine Gegner machen können, hat verwehren wollen. Es ist ein großer Vortheil für uns, daß wir denselben abhauen können, da es sonsten sehr mühsam seyn würde, ihn aufzulösen.

Die Unterscheidungen des Bülfingers, womit er dem Einwurfe des Herrn von Mairan entgehen will, werden vermittelst dieser Methode abgethan.

Herr Bülfinger hat sehr wohl bemerkt: daß man ihm einwenden würde, seine Beweise, wenn sie richtig wären, müßten eben dasselbe auch für die todten Drucke beweisen. Er hat sich aber von dieser Seite durch ein Bollwerk von verwickelten metaphysischen Unterscheidungen, wie er sie zu machen weiß, befestiget. Er bemerket, die Würkung der todten Kraft müsse durch das Produkt der Intensität in den Weg, den sie nimmt, geschätzet werden, dieses aber werde durch das Quadrat dieser Linie ausgedrucket; also könne man den Cartesianern zwar gestehen: daß die Würkungen in der Zusammensetzung todter Drucke gleich seyn, allein hieraus folge noch nicht, daß die Kräfte deswegen auch gleich seyn müßten. Er setzet hinzu: in motibus isochronis solum actiones sunt ut vires; non in nisu mortuo. Eine metaphysische Untersuchung thut in einem mathematischen Streite eine sonderbare Würkung. Der Mathematikkundige glaubet, daß er sich auf diese Spitzfindigkeiten nicht verstehet, und wenn er sie gleich nicht aufzulösen vermögend ist, so ist es doch weit entfernet, daß er sich durch dieselbe sollte irre machen lassen. Er gehet an dem Leitfaden der Geometrie fort, und alle andere Wege sind ihm verdächtig. Die Geo-

metrer

metrer haben sich in Ansehung der Außflüchte des Herrn Bülfingers eben so aufgeführet. Es hat sich noch niemand mit
ihm, so viel ich weiß, auf diese Waffen eingelassen. Man
hat sich diese Mühe mit gutem Bedachte ersparet; denn eine
metaphysische Untersuchung, insbesondere eine die so verwickelt und zusammengesetzet ist, verstattet nach allen Seiten
noch immer unzählige Schlupfwinkel, wohin der eine von
den Gegnern sich retten kann, ohne daß ihn der andere zu
verfolgen oder hervorzuziehen im Stande ist. Wir haben
sehr wohl gethan, daß wir die Schlüsse des Herrn Bülfingers gleich anfangs von derjenigen Seite angegriffen haben,
wo nach seinem eigenen Geständniß, die Mathematik allein
den Außspruch thut. Allein vermittelst unserer Methode, sind
wir, wie ich schon gesagt habe, auch über diese Unterscheidungen Meister, wenn sie sich gleich hinter noch so undurch-
dringliche Decken der Dunkelheit verborgen haben.

Unsere Methode beuget den Unterscheidungen des Herrn Bülfingers vor.

Es ist hier vornemlich die Frage: ob die Unterscheidungen des Herrn Bülfingers den mathematischen Beweiß,
den er aus der Verhältniß der Diagonallinie gegen die Sei-
tenlinie in der Zusammensetzung würklicher Bewegungen für
die lebendigen Kräfte genommen hat, geltend machen können,
oder ob dieser mathematische Beweiß allem diesen ungeachtet, dennoch keine Schutzwehre der neuen Schätzung abgeben kann. Dies ist eigentlich der Punkt, warum gestritten
wird; denn wenn das Gebäude des Herrn Bülfingers nur
auf metaphysischen Grundsätzen beruhet, und nicht durch die
mathematischen Begriffe von der Zusammensetzung der Bewegungen unterstützet wird, so entschuldiget uns schon die
Absicht dieses Hauptstückes, wenn wir uns in die Untersuchung desselben nicht einlassen. Es wird aber die Verhältniß der Diagonalgeschwindigkeit gegen die Seitengeschwin-
digkeiten in der Zusammensetzung würklicher Bewegungen,

gen, aus einem und eben demselben Grunde erwiesen, woraus man dieses Verhältniß ebenfalls in der Zusammensetzung todter Drucke herleitet. Sie ist also wahr, wenn gleich in denen zusammengesetzten würklichen Bewegungen keine anderer Eigenschaften und Bestimmungen anzutreffen seyn, als die sich bey denen todten Drucken befinden, weil sie hinlänglich bewiesen werden kann, ohne daß man etwas anders hiezu nöthig hat, als das, was man auch bey denen todten Drucken, die zusammen gesetzet werden, vorausseßen muß. Es kann also aus der Verhältniß der Diagonalgeschwindigkeit bey würklichen Bewegungen nicht geschlossen werden: daß die zusammengesetzten Kräfte von anderer Natur und Schäßungsart seyn müßten, als die todten Drucke; denn eben dieselbe Verhältniß hat dennoch statt, wenn gleich die Natur der zusammengesetzten Kräfte von den todten Drucken nicht unterschieden ist, weil man keine andere Gründe brauchet, um sie zu beweisen, als diejenigen, die man auch hier nöthig haben würde. Es ist also vergeblich, daß sich Herr Bülfinger derselben bedienen will, um hieraus zu schließen, daß die Kräfte nicht in Proportion der Geschwindigkeiten, sondern ihrer Quadrate stehen.

Demnach können die metaphysischen Unterscheidungen, deren sich dieser Philosoph bedienet hat, zwar vielleicht etwas darbiethen: woraus eine fortgesetzte philosophische Erwägung einige Gründe zum Vortheil der lebendigen Kräfte ziehen würde; allein zur Emporhaltung desjenigen mathematischen Beweises, von dem wir reden, sind sie nicht hinlänglich, weil er schon seiner Natur nach dasjenige unbestimmt lässet, was zu der Regel, die man daraus ziehen will, erfordert wird.

§. 92.
Ein besonderer zusammengesetzter Fall des Herrn von Leibniß.

Nach allen diesen unterschiedenen Gattungen der Beweise, deren Unrichtigkeit wir denen Vertheidigern der lebendigen

Q 4   digen

digen Kräfte gezeiget haben, komme ich endlich auf denjenigen, der den Herrn von Leibnitz, den Vater der lebendigen Kräfte selber, zum Urheber hat, und auch das Merkmal seiner Scharfsinnigkeit bey sich führet. Er hat ihn, bey der Gelegenheit, da er die Einwürfe des Abtes Catelan auflösete, in den Actis Eruditorum *) der Welt zuerst dargestellet. Er hat sich auch jederzeit, wenn er seiner Kräftenschätzung ein Licht geben wollen, auf dieselbe insbesondere berufen: Also werden wir ihn als eine Hauptstütze der lebendigen Kräfte anzusehen und wegzuräumen haben.

**) Eine Kugel A von vierfacher Masse, falle auf der schiefen und gebogenen Fläche, deren Höhe 1 A E wie 1 ist, aus 1 A in 2 A, und setze auf der Horizontalfläche E C, seine Bewegung, mit dem Grade Geschwindigkeit, den er durch den Fall erlanget hat, und der wie 1 ist, fort. Man setze ferner: daß er alle Kraft, welche er hat, in eine Kugel B von einfacher Masse übertrage, und nach diesem selber im Punkte 3 A ruhe. Was wird nun die Kugel B, die 1 zur Masse hat, von der Kugel A, die viermal mehr Masse, und einen einfachen Grad der Geschwindigkeit hat, für eine Geschwindigkeit erhalten sollen, wenn ihre Kraft hiedurch der Kraft, die der Körper A hatte, gleich werden soll? Die Cartesianer sagen: ihre Geschwindigkeit werde vierfach seyn müssen. Es laufe also der Körper B, mit 4 Graden Geschwindigkeit, auf der Horizontalfläche aus 1 B, in 2 B, und, nachdem er daselbst die schiefe und gebogene Fläche 2 B 3 B angetroffen, bewege er sich dieselbe hinauf, und erreiche mithin auf derselben, durch die ihm beywohnende Geschwindigkeit den Punkt 3 B, dessen Perpendikular-Höhe 3 B C wie 16 ist. Man nehme ferner die inclinirte Schnellwaage 3 A 3 B an, die sich an dem Punkte F beweget, und deren ein Arm F 3 B viermal und etwas weniges drüber länger ist, als der andere Waagbalken 3 A F, die aber einander

der

*) Acta. 1690.
**) Fig. XIV.

der dennoch das Gleichgewicht halten. Wenn nun der Körper B den Punkt 3 B erreichet, und daselbst den Arm der Waage betritt, so ist klar, daß, weil der Balken F 3 B, in Ansehung des andern 3 A F, etwas größer ist, als die Masse des Körpers 3 A, in Vergleichung mit der Masse der Kugel 3 B, so werde das Gleichgewicht gehoben seyn, und der Körper 3 B aus 3 B in 4 B herunter sinken, zugleich aber die Kugel 3 A aus 3 A in 4 A erheben. Es ist aber die Höhe 4 A 3 A beynahe das vierte Theil der Höhe 3 B C, mithin wie 4; also hat der Körper B die Kugel A auf diese Weise zu einer beynahe vierfachen Höhe erhoben. Es kann nun durch ein leichtes mechanisches Kunststück gemacht werden: daß die Kugel 4 A aus 4 A in 1 A wieder zurückgehe, und mit der, durch seinen Zurückfall erlangten Kraft, gewisse mechanische Würkungen ausübe, hernach aber nochmals aus dem Punkte 1 A die schiefe Fläche 1 A 2 A herablaufe, und alles in den vorigen Zustand setze, auch der Kugel B, welche durch eine unmerklich kleine Neigung der Fläche 2 B 4 B, wieder in dem Punkte 1 B seyn kann, alle seine Kraft, wie vorher, übertrage, und alles noch einmal bewerkstellige. Der Herr von Leibniß fähret fort zu schließen: also folget aus der Kräftenschätzung des Cartesius: daß ein Körper, wenn man sich seiner Kraft nur wohl bedienet, ins unendliche immer mehr und mehr Würkungen verüben, Maschinen treiben, Federn spannen, und Hindernisse überwinden könne, ohne daß seinem Vermögen etwas entgehe, eben dieses, ohne Aufhören noch ferner zu verüben; daß also die Würkung größer seyn könne, als ihre Ursache, und daß die immerwährende Bewegung, die alle Mechaniker für ungereimt halten, möglich sey.

§. 93.
Der Punkt des Fehlschlusses in diesem Beweise.

Dieser Beweiß ist der einzige unter allen Vertheidigungen der lebendigen Kräfte, dessen Scheinbarkeit die Uebereilung

Q 5

lung entschuldigen könnte, welche die Leibnitzianer in Ansehung der Schutzgründe ihrer Schätzung verlohren haben. Herr Bernoulli, Herr Herrmann und Wolf, haben nichts gesagt, was demselben an Erfindung und scheinbarer Stärke gleich käme. Ein so großer Mann als Herr von Leibnitz war, konnte nicht irren, ohne daß ihm sogar derjenige Gedanke rühmlich seyn mußte, der ihm zum Irrthum verleitete. Wir wollen in Ansehung dieses Beweises dasjenige sagen, was Hektor beym Virgil von sich rühmt:

—— —— —— Si Pergama dextra
defendi possent, etiam hac defensa fuissent.
Virg. Aeneid.

Ich will mein Urtheil über denselben kurz fassen. Der Herr von Leibnitz hätte nicht sagen sollen: daß der Zurückfall der Kugel A, nachdem sie vermittelst der Schnellwage zu der vierfachen Höhe 4 A 3 A erhoben worden, und auß 3 A auf die schiefe Fläche 1 A wieder zurückkehret, vorher aber mechanische Kräfte ausübet, eine Würkung der in die Kugel B übertragenen Kraft sey, so sehr dieselbe es auch scheinet zu seyn. Diese ausgeübte mechanische Kraft ist, wie wir bald sehen werden, zwar der nachfolgende Zustand in der Maschine, der vermittelst der in B übertretenen Kraft, veranlasset worden, allein sie ist dennoch keine Würkung dieser Kraft. Wir müssen die Vermengung dieser zweyen Bedeutungen sehr sorgfältig vermeiden, denn hier ist der rechte Punkt des Fehlschlusses, worauf aller Schein, der sich in dem Leibnitzischen Beweise hervorthut, gegründet ist. Denn wenn alle diese mechanischen Folgen nicht eine rechte Würkung der Kraft sind, die der Körper A in den andern B übertragen hat, so verschwindet alles Ansehen eines paradoxen Gedankens auf einmal, wenn man gleich sagt: daß mehr in dem nachfolgenden Zustande der Maschine enthalten sey, als in dem vorhergehenden. Denn es ist deswegen noch nicht die Würkung größer, als die Ursache, und die immerwährende Bewegung selber ist in diesem Falle keine Ungereimtheit,

heit, weil die hervorgebrachte Bewegung nicht die wahre Würkung der Kraft ist, welche dieselbe eigentlich nur veranlasset hat, folglich auch immerhin größer seyn kann, als diese, ohne daß man gegen das Grundgesetze der Mechanik anstößet.

§. 94.

Die Kraft, welche A durch die Einrichtung der Maschine erhalten, ist keine hervorgebrachte Würkung der Kraft des Körpers B.

Der Körper B, in welchen man alle Kraft der Kugel A übertragen hat, wendet dieselbe gänzlich auf, indem er die schiefe Fläche 2 B 3 B hinauf läuft. In dem Punkte 3 B hat er also die ganze Größe seiner Würkung vollendet, und auch alle ihm mitgetheilte Kraft verzehret. Indem er nun daselbst auf den Balken der Waage geräth, so ist es nicht mehr die vorige Kraft, womit er den Körper 3 A in die Höhe hebet, sondern die erneuerte Gewalt der Schwere thut allein diese Würkung, die Kraft aber, die B von der Kugel A erhalten hatte, hat hieran keinen Antheil. Wenn ferner die Kugel A hiedurch bis in 4 A erhoben worden, so hat die überwiegende Kraft der Kugel 3 B auch auf diese Art ihre völlige Würkung ausgeübet, und die Kraft, welche der Körper B empfängt, indem er aus 4 A in 1 A zurückkehret, ist wieder eine Würkung einer neuen Ursache, die von der Thätigkeit des Hebels gänzlich unterschieden, und auch viel größer als dieselbe ist, nemlich des Druckes der Schwere, welcher dem Körper im freyen Falle mitgetheilet wird. Also ist diejenige Kraft, womit der Körper A mechanische Würkungen ausübet, ehe er wieder im Punkte 1 A ankömmt, etwas, was zwar durch die Kraft der Kugel B veranlasset, das ist gewissen mechanischen Ursachen übergeben worden, aber sie selber nicht zur hervorbringenden Ursache hat.

§. 95.

§. 95.
Dieses wird bestätiget.

Wenn die Leibnitzianer in dem nachfolgenden Zustande, der in der Natur entstehet, allemal gerade nur so viel Kraft setzen wollen, als der vorhergehende in sich enthält, so möchte ich gerne wissen, wie sie sich nur aus dem Einwurfe hinaushelfen wollten, den man ihnen aus ihrem eigenen Beweise machen kann. Wenn ich die Kugel B in 3 B auf die Schnellwaage setze, folglich sie daselbst den Balken niederdrückt, und den Körper A aus 3 A in 4 A erhebet, so ist dieses der vorhergehende Zustand der Natur, die Kraft aber, die A hernach erhält, indem er aus 4 A wieder zurückfällt, ist der nachfolgende Zustand, der durch den vorigen veranlasset wird. Es ist aber in diesem viel mehr Kraft enthalten, als in jenem. Denn die Ueberwucht des Körpers 3 B über den Körper 3 A, kann in Ansehung ihres eigenthümlichen Gewichtes unvergleichbar klein seyn, also kann die Geschwindigkeit, womit 3 A gehoben wird, ungemein klein seyn, gegen die Geschwindigkeit, die er durch den freyen Zurückfall aus 4 A in 1 A erhält, denn hier häufen sich die unverminderten Drucke der Schwere, dort aber nur solche, die gegen diese unvergleichbar klein seyn. Also ist der nachfolgende Zustand der Kraft, der in der Natur ist, unstrittig größer, als der vorhergehende, der ihn veranlasset hat.

§. 96.
Eben dieses aus dem Gesetze der Continuität erwiesen.

Es kommt hier alles vornemlich darauf an: daß man überzeuget sey, die Kraft, welche B mit 4 Graden Geschwindigkeit besitzet, sey nicht die hervorbringende Ursache der Würkung, die sich hier in der Maschine hervorthut, wie die Leibnitzianer voraußsetzen müssen, wenn sie in des Cartesius Gesetze eine Ungereimtheit zeigen wollen. Denn, wenn dieses

ſes wäre, ſo würde, wenn man dieſe Urſache nur um etwas
weniges verminderte, die Würkung auch nur ſehr wenig kleiner werden. Allein dieſes zeiget ſich hier in der Maſchine
ganz anders. Wenn wir ſetzen: daß der Körper 1 B etwas
minder als 4 Grade Geſchwindigkeit habe, ſo wird er nur
bis zum Punkte a, auf der gebogenen Fläche 3 B a hinauf-
gelangen, wo die Länge 3 A F des einen Waagbalkens, gegen die Länge des andern Waagarmes ganz genau in vierfacher Verhältniß ſtehet, wo alſo das Gewichte des Körpers
B den Hebel nicht beweget, noch den Körper 3 A im geringſten aus ſeiner Stelle hinausrücket. Alſo wenn B einen Theil
der Kraft weniger hat, der ſo klein angenommen werden
kann, daß er faſt gar nicht in Betrachtung kommt: ſo er-
langt 3 A alsdenn ſchon gar keine Kraft mehr, ſo bald im
Gegentheil dieſes wenige noch hinzukommt, ſo wird 3 A
nicht allein die Kraft, die er anfänglich hatte, wieder bekommen, ſondern noch weit mehr drüber. Es iſt augenſcheinlich, daß dieſer Sprung ſich nicht zutragen würde,
wenn die Kraft des Körpers 3 B die wahre hervorbringende
Urſache desjenigen Zuſtandes wäre, der ſich in der Maſchine hervorthut.

§. 97.
Die ganze Größe des zureichenden Grundes in dem vorhergehenden Zuſtande.

Wenn man die Anlegung des Hebels in dieſer Maſchine, und ihre geometriſche Beſtimmung in Abſicht auf die
Proportion der Körper erweget, wenn man hiezu noch das
Uebermaaß der Verhältniß der Höhe 3 B 4 B, gegen die
Höhe 1 A E, über die Proportion der Maſſe des Körpers B
zur Maſſe A hinzuthut, (denn die Höhe 3 B 4 B iſt gegen
die Höhe 1 A E, wie 16 zu 1, die Maſſe A aber gegen B
nur wie 4 zu 1) ſo hat man die ganze Größe derjenigen Beſtimmungen, welche die Kraft in A veranlaſſet haben; hiezu nehme man noch die Druckungen der Schwere, welche ver-

vermittelst der vortheilhaften Anlegung der geometrischen Bestimmungen würksamer gemacht werden, so hat man die ganze Zusammenfassung aller zureichenden Gründe, darinn man die Größe der Kraft die in A entstehet, vollkommen wieder finden wird. Wenn man hievon die einzige Kraft des Körpers B absondert, so ist kein Wunder, daß sie viel zu klein befunden wird, um in ihr den Grund der Kraft, die in A hineinkommt, darzulegen. Alles, was der Körper B hieben thut, ist, daß er zu gleicher Zeit, da er die Zurückhaltungen der Schwere überwindet, eine gewisse Modalität gewinnet, das ist, eine gewisse Quantität der Höhe, die nemlich größer ist, als nach Proportion seiner Geschwindigkeit, und folglich auch seiner Masse.

So ist denn die Kraft des Körpers B nicht die wahre würkende Ursache der Kraft, welche in A erzeuget wird: es wird in Ansehung ihrer also das große Gesetze der Mechanik: effectus quilibet aequipollet viribus causae plenae, ohne Gültigkeit seyn; und es kann immerhin auf diese Weise eine immerwährende Bewegung hervorgebracht werden, ohne daß dieses Grundgesetze im geringsten verletzet wird.

§. 98.
Die einzige Schwierigkeit, die noch in dem Leibnizischen Argumente stecken könnte.

Es bestehet also alles, was der Herr von Leibniz mit seinem Argumente uns entgegen setzen kann, darinn, daß es, wenn man gleich die gänzliche Unmöglichkeit der Sache nicht darthun kann, dennoch sehr unregelmäßig und widernatürlich herauskomme, daß eine Kraft eine andere größere, als sie ist, erwecke, es mag nun auf eine Art geschehen, wie sie wolle. Der Herr von Leibniz lenket sich selber auf diese Seite: *) Sequeretur etiam causam non posse iterum restitui suoque effectui surrogari; quod quantum abhorreat a

more

*) Act. Erud. 1691. p. 542.

more naturae et rationibus rerum facile intelligitur. Et con-
sequens esset: decrescentibus semper effectibus, neque unquam crescentibus, ipsam continue rerum naturam declina-
re, perfectione imminuta, neque unquam resurgere atque
amissa recuperare posse sine miraculo. Quo in Physicis certe abhorrent a sapientia constantiaq. conditoris. Er würde
so gelinde nicht geredet haben, wenn er nicht gesehen hätte,
daß die Natur der Sache ihm diese Mäßigung auferlege.
Man mag nur gewiß versichert seyn: daß er mit dem ganzen
Donner seines geometrischen Bannes, und aller Gewalt der
Mathematik wider seinen Feind aufgezogen wäre, wenn seine Scharfsinnigkeit diese Schwäche nicht wahrgenommen
hätte. Allein er sahe sich genöthiget, die Weisheit Gottes
zu Hülfe zu rufen, ein gewisses Merkmal, daß die Geometrie ihm keine tüchtigen Waffen dargebothen hätte.

Nec DEVS intersit, nisi dignus vindice nodus
Inciderit. ———— ———— —

Horat. de arte poët.

Wird beantwortet.

Allein auch die kleine Schutzwehre ist von keiner Beständigkeit. Es ist hier blos von der Schätzung der Kräfte,
welche durch die Mathematik erkannt wird, die Rede, und
es ist kein Wunder, wenn dieselbe der Weisheit Gottes nicht
vollkommen genug thut. Dies ist eine, aus dem Mittel
aller Erkenntnisse herausgenommene Wissenschaft, die für
sich allein nicht mit den Regeln des Wohlanständigen und
Geziemenden gnugsam bestehet, und die mit den Lehren der
Metaphysik zusammen genommen werden muß, wenn sie auf
die Natur vollkommen angewendet werden soll. Die Harmonie, die sich unter den Wahrheiten befindet, ist wie die
Uebereinstimmung in einem Gemählde. Wenn man einen
Theil insbesondere herausnimmt, so verschwindet das Wohl-
anständige, das Schöne und Geschickte; allein sie müssen
alle zugleich gesehen werden, um dasselbe wahrzunehmen.
Die Cartesianische Schätzung ist den Absichten der Natur
zuwi-

zuwider: also ist sie nicht das wahre Kräftenmaaß der Natur, allein dieses hindert dennoch nicht, daß sie nicht das wahre und rechtmäßige Kräftenmaaß der Mathematik seyn sollte. Denn die mathematischen Begriffe von den Eigenschaften der Körper und ihrer Kräfte, sind noch von den Begriffen, die in der Natur angetroffen werden, weit unterschieden, und es ist genug, daß wir gesehen haben: die Cartesianische Schätzung sey jenen nicht entgegen. Wir müssen aber die metaphysischen Gesetze mit den Regeln der Mathematik verknüpfen, um das wahre Kräftenmaaß der Natur zu bestimmen; dieses wird die Lücke ausfüllen und den Absichten der Weisheit Gottes besser Gnüge leisten.

§. 99.
Der Einwurf des Herrn Papins.

Herr Papin, einer von den berichtigsten Widersachern der lebendigen Kräfte, hat die Sache des Cartesius gegen diesen Beweisgrund des Herrn von Leibnitz sehr unglücklich geführt. Er hat seinem Gegner das Schlachtfeld geräumet, und ist querfeldein gelaufen, um irgendwo einen Posten zu behaupten, der ihn schützen sollte. Er giebt dem Herrn von Leibnitz zu: daß, wenn man voraussetzet, der Körper A habe seine ganze Kraft in den Körper B übertragen, nach Cartesianischer Schätzung eine immerwährende Bewegung erfolge, und gestehet ihm sehr gutherzig zu, daß diese Art der Bewegung eine Ungereimtheit sey: Quomodo autem per translationem totius potentiae corporis A in corpus B juxta Cartesium obtineri possit motus perpetuus evidentissime demonstrat, atque ita Cartesianos ad absurdum reductos arbitratur. Ego autem et motum perpetuum absurdum esse fateor, et Cl. Vir. demonstrationem ex supposita translatione esse legitimam; nachdem er seine Sache auf diese Weise verdorben hat, so suchet er seine Ausflucht darinn: daß er die Voraussetzung seines Gegners, die ein sehr zufällig Stück seines Arguments ist, leugnet, und ihn her-

herausfodert, ihm diesen Knoten aufzulösen. Folgende Worte gaben seine Meynung zu erkennen: Sed Hypothesis ipsius possibilitatem translationis nimirum totius potentiae ex corpore A in corpus B pernego, etc. — — *)

§. 100.

Der Herr von Leibniß hat seinen Gegner auf einmal entwaffnet, und ihm nicht die geringste Ausflucht übrig gelassen. Er hat ihm gezeiget: daß die würkliche Uebertragung der Kraft kein wesentliches Stück seines Beweises sey, und daß es genug sey in B eine Kraft zu setzen, die der Kraft in A substituirt werden könne. Man kann alles in der Abhandlung, die er den Actis einverleibet hat, und die wir schon angezogen haben, bewiesen antreffen. Ich kann aber nicht unterlassen, ein Vergehn des Herr von Leibniß anzuführen, welches in einer öffentlichen Disputation seinem Gegner den Sieg würde in die Hände gespielet haben. Es bestehet darinn: daß er etwas, was, wie er selber erinnert, eigentlich zur Hauptsache nicht gehöret, zugiebt, um einen Nebenumstand im Argumente darzuthun, was aber, wenn es angenommen wird, zwar diese Nebenbedingung bewähret, allein den Hauptpunkt im Beweise gänzlich umkehret.

Die Sache verhält sich also **): Herr Papin, der es sich in den Kopf gesetzet hatte, keine andere Ausnahme in dem Einwurfe seines Gegners zu machen, als diejenige: daß es unmöglich sey, daß ein Körper seine ganze Kraft einem andern mittheile, suchte dem Herrn von Leibniß alle die Kunststücke verdächtig zu machen, wodurch er dieses zu leisten vermeynete. Daher widerstritte er ihm mit allem Eyfer: daß der vierfache Körper 1 A, ***) durch einen Stoß

auf

*) Act. 1691. pag. 9.
**) Ein Vergehen des Herrn von Leibniß.
***) Fig. XV.

R

auf den vollkommen steifen Hebel x ACB, im Punkte x A, deſſen Entfernung vom Ruhepunkte C, gegen die Entfernung CB viertheilig iſt, dem einfachen Körper B ſeine ganze Kraft mittheilen könne; denn dahin lenkte ſich der Herr von Leibnitz in Behauptung ſeines mechaniſchen Falles, von dem wir gehandelt haben. Herr Papin wurde den Vortheil nicht gewahr, den ſeine Sache erhalten konnte, wenn er dieſe Auflöſung ergriffen, und daraus ſelber gegen die lebendige Kräfte geſchloſſen hätte. Er faßte daher dieſelbe an: aber mit ſo ſchwachen Gründen, die ſeinem Gegner den Muth vermehrten auf der Behauptung deſſelben zu beharren. Leibnitz beſtand alſo auf der Richtigkeit dieſes Kunſtgriffes, deſſen er ſich glaubte bedienen zu können, um in einen Körper die ganze Kraft eines andern durch einen einzigen Stoß zu verſetzen. Er nahm die Gründe, die Papin angeführet hatte, die Scheinbarkeit deſſelben zu zeigen, mit Dankbarkeit an, und räumete die Schwierigkeiten weg, womit derſelbe dieſe hinwiederum zu vereiteln vermeynete. Ich glaube, daß er folgendes in rechtem Ernſt geſagt habe: Cum florentiæ eſſem, dedi amico aliam adhuc demonſtrationem, pro poſſibilitate translationis virium dotalium etc. corpore majore in minus quieſcens, prorſus affinem iis ipſis, quo Cl. Papinus ingenioſiſſime pro me juvando excogitavit, pro quibus gratias debeo imo et ago ſinceritate ejus dignas. Wir wollen jetzt ſehen, daß Leibnitz ſeiner Sache einen ſehr ſchlechten Schwung gegeben habe, indem er auf der Behauptung dieſes Satzes ſteif beharrte, den er ſeinem Gegner vielmehr hätte einräumen ſollen; denn alsdenn hätte er zwar die Nebenſache verlohren (deren Verluſt ihm aber gar keinen Nachtheil bringen konnte,) allein die Hauptſache würde er gewonnen haben: Herr Papin hätte auf folgende Art argumentiren können und auch ſollen, um ſeinen Gegner auf ſeinem eigenen Geſtändniſſe zu ertappen.

Beweiß

Beweiß, daß ein vierfacher Körper durch einen Stoß auf einen Hebel einem einfachen 4 Grade Geschwindigkeit mittheilen könne.

Wenn der vierfache Körper 1 A mit einem Grade Geschwindigkeit den Hebel in 1 A stößet, so ist augenscheinlich: daß er in einen andern 2 A, der mit ihm von gleicher Masse ist, und auch eben so weit vom Ruhepunkte des Hebels abstehet, durch diesen Stoß seine ganze Kraft und Geschwindigkeit versetzen werde. Weil aber diese Geschwindigkeit, womit 2 A weggepresset wird, eine Fortsetzung derjenigen Bewegung ist, womit der Hebel, indem er den Körper fortstößet, den unendlich kleinen Raum 2 A 2 a zurückleget, so ist die Geschwindigkeit dieser unendlich kleinen Bewegung, der Geschwindigkeit des fortgestoßenen Körpers 2 A, und also derjenigen, womit 1 A den Hebel stößet, gleich; mithin wird diese Kugel 1 A in ihrem Anlaufe den Hebel die unendlich kleine Linie 1 A 1 a hinunterdrücken, und zwar wird dieselbe mit eben derselben Geschwindigkeit, womit 1 A anläuft, zurückgelegt werden. Nun setze man anstatt des Körpers 2 A die Kugel 1 B, die viermal weniger Masse als A hat, in vierfacher Entfernung vom Ruhepunkte C, und sehe was für eine Hinderniß, alsdenn der Körper B dem Körper A, indem dieser den Hebel aus 1 A in 1 a wieder zu drücken bemühet ist, machen werde. Es ist bekannt, daß die vis inertiae, oder der Widerstand den ein Körper vermittelst seiner Trägheitskraft der Bewegung eines andern in den Weg leget, seiner Masse proportioniret sey; nun ist aber eine viertheilige Masse in vierfacher Entfernung vom Ruhepunkte, der Quantität einer einfachen in viertheiliger Entfernung gleich zu schätzen: Also thut B in B dem Stoße des Körpers 1 A auf den Hebel, gerade nur so viel Widerstand, als der Körper 2 A = 1 A in 2 A würde gethan haben. So wird denn der Körper 1 A auch in diesem Falle, da sich die Kugel B anstatt der Kugel 2 A auf dem Hebel befindet, die unendlich kleine Linie 1 A 1 a mit dem Hebel zugleich

gleich

gleich durchlaufen, und zwar mit eben der Geschwindigkeit, wie im vorigen Falle, d. i. die so groß ist als diejenige, womit er auf den Punkt 1 A anläuft. Es kann aber der Körper 1 A den Hebel aus 1 A in 1 a nicht niederdrücken, ohne zugleich das andere Ende in B aus B in b hinauf zu bewegen; die unendlich kleine Linie B b aber ist 4 mal größer als 1 A 1 a: also wird der Körper B durch diesen Stoß des Hebels eine Geschwindigkeit erhalten, die gegen diejenige, womit A anläuft, vierfach ist.

Eben dasselbe auf eine andere Art erwiesen.

Dieses erhellet noch auf eine andere Art. Alle harte Körper können wir uns als elastisch, das ist, als dem Stoße weichend, aber wieder zurückspringend, vorstellen; also können wir dem steifen Hebel 1 A C B auch eine solche Federkraft beylegen. Der Körper 1 A also, der auf den Hebel mit dem Grade Geschwindigkeit wie 1 anläuft, wendet seine ganze Kraft auf, indem er die Feder 1 A C spannet, und sie um den Raum 1 A 1 a aufdrücket. Nun sind die momenta der Geschwindigkeit, welche diese Feder die ganze Zeit dieses Druckes hindurch, durch ihren Widerstand in dem Körper 1 A verzehret, denjenigen momentis gleich, womit die Feder C 2 A, als der fortgesetzte Arm des Hebels, zu gleicher Zeit vermöge dieser Spannkugel durch den Raum 2 A 2 a aufspringet; mithin, wenn diese steife Linie bis B verlängert worden, sind die momenta der Geschwindigkeit, womit die Feder C B aufspringet, indem der Hebel 1 a C B sich in die gerade Linie 1 a C b wieder herstellet, viermal größer, als die momenta, womit er im Punkte 2 A zurückschläget, (denn der Raum b B, den der Punkt B zu gleicher Zeit zurücke leget, ist viermal größer als 2 A 2 a.) Allein, wegen der vierfachen Entfernung des Punktes B vom Ruhepuncte C, ist die Steife der Federn C B dennoch viermal schwächer als die Steife der Feder C 2 A; daher muß man dagegen den Widerstand in B viermal kleiner machen, als

als in 2 A, und alsdenn bleibet das momentum der Geschwindigkeit, daß die Feder CB in den viertheiligen Körper B hineinbringt, vierfach, da hingegen das momentum, welches die Feder C 2 A an den vierfachen Körper 2 A anwenden würde, einfach ist. Nun ist die Zeit, in der die Feder CB würket, so groß als diejenige, darin die C 2 A ausspringen würde, und die Geschwindigkeiten die zween Körper, 2 A und B, durch die Würkung zweyer Federn, C 2 A und CB, die gleich lange würken, erhalten, sind wie die momenta der Geschwindigkeiten, welche diese Federn in ihre Körper hineinbringen, mithin in dem Körper B viermal größer, als in 2 A; da aber die Geschwindigkeit die 2 A von dem Fortstoße der Feder C 2 A erhalten würde, der Geschwindigkeit, womit 1 A in 1 A anläuft, gleich ist, so wird die Geschwindigkeit, die der Körper B durch diesen Stoß des Körpers 1 A auf den Hebel erhält, viermal größer seyn, als diejenige war, womit 1 A seinen Stoß verrichtete. W. z. E.

Wie Herr Papin hieraus gegen Leibnitzen hätte argumentiren können.

Wir sehen also aus diesem zwiefachen Beweise: daß ein vierfacher Körper, einem einfachen durch einen einzigen Stoß eine vierfache Geschwindigkeit ertheilen könne. Dieses ist nach denen mechanischen Grundsätzen wahr, welche selbst die eifrigsten Vertheidiger der lebendigen Kräfte nicht würden in Zweifel zu ziehen im Stande seyn. Herr Papin hätte hiedurch seinen Gegner rechtschaffen in die Enge treiben können, wenn er seines Vortheils wohl wahrgenommen hätte. Er hätte ihm sagen sollen: Ihr habt mir zugegeben, daß ein vierfacher Körper, vermittelst eines Hebels, in einen einfachen, dessen Distanz vom Mittelpuncte vierfach ist, alle seine Kraft hinein bringen könne; ich kann euch aber darthun, daß er bey diesen Umständen demselben vier Grade Geschwindigkeit ertheile: also hat ein einfacher

Körper

Körper mit 4 Graden Geschwindigkeit alle Kraft eines vierfachen mit 1 Grade, dieses ist aber der Punkt, um welchen
gestritten wird, und den ihr mir zu leugnen verlanget.

§. 101.

So ist denn der fürchterlichste Streich unter allen,
womit die lebendigen Kräfte der Schätzung des Cartesius
gedrohet haben, leer ausgegangen. Nunmehro ist keine
Hofnung übrig, daß dieselbe nach diesem noch Mittel finden
werden, sich aufrecht zu erhalten.

—— —— —— vires inventum effudit, et ultro
Ipse gravis graviterque ad terram pondere vasto
Concidit: ut quondam cava concidit aut Erymantho,
Aut Ida in magna, radicibus eruta pinus.

Virg. Aen. Libr. V.

§. 102.

Wir haben die vornehmsten Gründe der Leib-
nitzianer widerlegt.

Wir haben die ansehnlichste und berühmteste Gründe der Neurung von den lebendigen Kräften bis
daher angeführet, und Sorge getragen, dieser Sek-
te, nach dem Rechte der Wiedervergeltung, alle die
Vorwürfe und Zurechtweisungen zu bezahlen, welche sie den
Schülern des Cartesius, so häufig gemacht haben. Man
würde mit Unrecht von uns verlangen: daß wir alles, was
in dieser Sache auf der Seite des Herrn von Leibnitz ge-
schrieben worden, herbey ziehen sollten, um unserer Parthey einen vollkommenen Triumph daraus zuzubereiten. Dieses würde heissen, von den Cedern auf dem Libanon an,
bis zu dem Ysop, der aus der Wand wächst, nichts ver-
schonen, damit man sein Werk nur bereichern könne. Wir könnten noch mehr wie einen Streif in das
Gebiete unserer Gegner thun, ihre Güter auszuplündern,
und

und dem Anhange des Cartesius so viel Siegeszeichen und
Triumpfbogen errichten; allein ich glaube, meine Leser
werden kein großes Verlangen darnach bezeigen. Wenn
man jemals mit Grunde gesagt hat, daß ein großes Buch
ein groß Uebel sey, so würde man es von einem solchen sagen können, welches wie dieses, wenig andere Dinge als
lauter verschiedene Vertheidigungen eben derselben Sache,
und zwar einer sehr abstrakten Sache anziehet, endlich sie
nur zu einem einzigen Endzwecke anziehet, nemlich sie alle
zu widerlegen.

Wir können indessen diesem Misbrauche der Weitläuftigkeit nicht so gänzlich absagen, daß wir nicht noch einen
Beweiß herbey zu ziehen berechtiget seyn sollten, von dessen
Verschweigung uns gleichwohl die ganze Anzahl der Gegner
und Verfechter unserer Streitsache lossprechen würde. Dieser Beweiß hat nur wegen des Ranges seines Verfassers einen Anspruch auf eine Stelle in dieser Abhandlung; allein
er hat nicht die geringste, in Betrachtung des Ansehens,
darin er bey den Anhängern beyder Partheyen stehet. Die
Leibnitzianer haben nicht geglaubet, daß er ihrer Meynung
etwas nützen könne, und man hat nicht gesehen, daß sie zu
demselben ihre Zuflucht genommen hätten, so sehr sie auch
öfters in die Enge getrieben worden.

§. 103.
Ein Argument des Herrn Wolfen.

Herr Wolf ist derjenige, von dem wir diesen Beweiß
haben, und den er, mit allem Gepränge der Methode ausg-
ezieret, in dem ersten Bande des Petersburgischen Commentarii vorgetragen hat. Man kann sagen: daß die Hin-
durchführung seines Satzes durch eine große Reihe von vorhergehenden Sätzen, die vermittelst einer gestrengen Methode sehr genau zertheilet und vervielfältiget werden, der
Kriegslist einer Armee zu vergleichen ist, welche, damit sie
ihrem Feinde ein Blendwerk mache, und ihre Schwäche

R 4   ver-

verberge, sich in viele Haufen sondert, und ihre Flügel
weit ausdehnet.

Ein jeder, der seine Abhandlung in dem angeführten
Werke der Akademie lesen wird, wird befinden: daß es
sehr schwer sey, in ihr dasjenige heraus zu suchen, was
darinn den rechten Beweiß ausmacht, so sehr ist alles,
vermöge der analytischen Neigung, die sich daselbst hervorthut, gedehnet und unverständlich gemacht worden. Wir
wollen uns die Beschaffenheit seines Unternehmens einigermaaßen bekannt machen.

§. 104.
Der Hauptgrundsatz dieses Arguments.

Herr Papin hatte behauptet: man könne nicht sagen, daß ein Körper etwas gethan habe, wenn er gar keine
Hindernisse überwältiget, keine Massen verrücket, keine Federn spannet, u. s. w. Herr Wolf widerspricht ihm hierinn, und zwar aus diesem Grunde: Wenn ein Mensch
eine Last durch einen gewissen Raum hindurch trägt, so ist
jedermann darinn einig, daß er etwas gethan und ausgerichtet habe; nun träget ein Körper seine eigene Masse,
vermöge der Kraft, die er in würklicher Bewegung besitzet,
durch einen Raum hindurch: Eben hiedurch hat seine Kraft
etwas gethan und ausgeübet. Herr Wolf verspricht im
Anfange seiner Abhandlung sich dieses Grundes zu begeben,
und unabhängig von demselben seinen Satz zu beweisen; allein er hat sein Wort nicht gehalten.

Nachdem er erkläret hatte, was er durch unschädliche Würkungen (effectus innocuos) verstehe, nemlich
solche, in derer Hervorbringung die Kraft sich nicht verseh-
ret; so setzet er einen Satz zum Grunde, auf welchem sein
Gebäude einzig und allein errichtet ist, und den wir ihm nur
nehmen dürfen, um alle Bemühung seiner Schrift fruchtlos
zu machen. Si duo mobilia per spatia in aequalia transferuntur

runtur, effectus innocüi funt ut fpatia.   Diefes ist der Satz,
den wir meynen *).   Laffet uns fehen, wie er es angefangen hat, ihn zu beweifen: Er fchließet auf folgende Weife:
Wenn der Effect durch den Raum A, wie c ist, fo ist derjenige Effect, der in einem gleichen oder eben demfelben
Raum A gefchiehet, auch c; folglich in dem Raum 2 A ist
er 2 c, in dem Raum 3 A wird er 3 c feyn, d. i. die Ef-
fekten werden in der Proportion der Räume ftehen.

Sein Beweiß beruhet alfo auf diefer Vorausfetzung:
Wenn der Körper durch eben denfelben Raum gehet,
fo hat er auch eben diefelbe unfchädliche Würkung
ausgeübet.   Diefes ist der rechte Punkt der Verführung
und des Irrthums, der fich hernach über feine ganze Schrift
ausbreitet.   Es ist nicht genug, daß nur der Raum eben derfelbe fey, wenn die Würkung, die in ihm durch einen gleichen
Körper verübet worden, auch diefelbe feyn foll; man muß
hieben die Gefchwindigkeit des Körpers, womit er den
Raum zurückleget, mit in Erwegung ziehen.   Wenn diefe
nicht ebenfalls gleich ist, fo wird, aber der Gleichheit des
Raums ungeachtet, die unfchädliche Würkung dennoch un-
terfchieden feyn.   Diefes zu begreifen müffen wir uns, fo
wie wir im 17. §. gethan haben, den Raum, den der Körper durchläuft, nicht als vollkommen leer, fondern als mit
Materie, aber mit unendlich dünner, folglich unendlich wenig widerftehender Materie erfüllet, vorftellen.   Diefes ge-
fchieht nur, damit wir eine wahre Würkung und ein gewif-
fes Subjekt derfelben haben, denn im übrigen bleibt es dennoch eine unfchädliche Würkung, fo wie im Wolfifchen Argumente.   Wenn alfo der Körper einen eben fo großen Raum

R 5   als

*) Es hat alfo Herr Wolf in der Bewegung durch einen Raum,
   darinn dem Körper nichts widerfteht, d. i. durch einen leeren
   Raum, demfelben gewiffe Würkungen beygeleget; und diefer
   Würkungen bedienet er fich hernach zu einem Maaße der Kraft
   des Körpers: folglich ist er feinem Verfprechen nicht nachge-
   kommen.

als ein anderer, der ihm gleich ist, zurücke leget: so haben
sie beyde gleich viel Materie verrücket, aber deswegen noch
nicht allemal gleiche Würkung ausgeübet. Denn, wenn
der eine seinen Raum mit zweymal mehr Geschwindigkeit
durchgelaufen hat, so haben alle Theilchen seines Raumes
durch seine Würkung auch zweymal mehr Geschwindigkeit
von ihm erhalten, als die Theilchen des Raumes, den der
andere Körper mit einfacher Geschwindigkeit durchläuft, folglich hat der erstere Körper eine größere Würkung ausgeübet,
obgleich die Masse und der zurückgelegte Raum in beyden
gleich war.

§. 105.
Noch ein Hauptgrund des Wolfischen Schediasmatis.

So ist denn der Grundsatz aller Schlüsse des Herrn
Wolfen augenscheinlich falsch, und streitet wider dasjenige,
was man von den Begriffen des Würkens und der Bewegung am allerklärsten und gewissesten beweisen kann. Wenn
man einmal geirret hat, so ist die Folge nichts anders, als
eine Kette von Irrthümern. Herr Wolf ziehet aus seinem
Grundsatze einen andern, der seinem System eigentlich alle
die große Folgerungen, die den Leser so unvermuthet über-
raschen und in Verwunderung setzen, darbiethet. Er heißt:
Weil in gleichförmiger Bewegung die Raume in zusammengesetzter Verhältniß der Geschwindigkeiten
und Zeiten sind; so sind die unschädliche Würkungen, wie die Massen, Zeiten und Geschwindigkeiten
zusammen. Hierauf bauet er das Theorem: Actiones,
quibus idem effectus producitur, sunt ut celeritates. *) In
dem Beweise dieses Lehrsatzes findet sich ein Fehlschluß, der
wo möglich noch härter ist als der, welchen wir kaum bemerket haben: Er hatte bewiesen: daß wenn zwey gleiche
Körper einerley Würkung in ungleicher Zeit ausrichten, ihre
Geschwin-

*) Wird widerlegt.

Geschwindigkeiten sich umgekehrt wie die Zeiten verhalten, darinn diese gleiche Würkungen hervorgebracht werden, das heißt: daß der Körper, der seine Würkung in halber Zeit vollendet, zwey Grade Geschwindigkeit habe, da der andere im Gegentheil, der die ganze Zeit dazu aufwenden muß, nur einen Grad besitzet: Hieraus schließet er: Weil jedermann gestehet, diejenige Action sey zweymal grösser, die in zweymal kürzerer Zeit als eine andere ihre Würkung vollbringet: so werden die Actiones in diesem Falle in umgekehrter Verhältniß der Zeiten, d. i. der geraden von den Geschwindigkeiten seyn. Hierauf gehet er weiter fort, und erweget den Fall, da zwey verschiedene Körper einerley Würkung in gleicher Zeit ausüben. Er zeiget: daß in diesem Falle die Geschwindigkeiten in umgekehrter Verhältniß der Massen seyn werden, und schließet ferner also: Quoniam hic eadem est ratio massarum, quae in casu priori erat temporum; ratio vero celeritatum eodem modo se habeat: perinde est, sive massae diversae et tempus idem, sive massae sint eaedem et tempus diversum etc. Dieser Schluß ist ein Ungeheuer, nicht aber ein Argument, das man in einer mathematischen Abhandlung finden sollte. Man erinnere sich: daß in dem vorigen Falle nur deswegen sey gesagt worden, die Actiones zweyer gleichen Körper, welche in ungleichen Zeiten gleiche Würkung ausrichten, seyn umgekehrt wie die Zeiten, weil diejenige Action, die eine Würkung in kürzerer Zeit ausrichtet, eben deswegen, und auch in eben demselben Maaße grösser ist, als eine andere, welche dazu mehr Zeit aufwendet. Also hat dieser Schluß aus diesem Grunde statt, weil die Kürze der Zeit, darinn eine Würkung vollendet wird, jederzeit von einer desto grössern Action zeuget. Allein, wenn ich, wie hier in dem zweyten Falle, anstatt der Ungleichheit der Zeiten die Ungleichheit der Massen setze, und dagegen die Zeiten, gleich mache; so siehet man leicht, daß die Ungleichheit der Massen die Folge nicht habe, welche die Ungleichheit der Zeiten hat. Denn bey der erstern

hatte

hatte der Körper, der in kleinerer Zeit seine Würkung vollendete, eben deswegen, weil die Zeit kleiner war, eine
größere Action ausgeübet; allein hier hat der Körper, der
eine kleinere Maſſe hat, und mit derſelben in gleicher Zeit
eben ſo viel Würkung als der andere ausrichtet, nicht wegen der Kleinigkeit ſeiner Maſſe eine größere Activität.
Dies wäre ganz ungereimt zu ſagen; denn die Kleinigkeit
der Maſſe, iſt ein wahrer und weſentlicher Grund, worauf
vielmehr die Kleinigkeit der Activität beruhet, und wenn
ein Körper ohnerachtet dieſer Kleinigkeit der Maſſe dennoch
in gleicher Zeit eben ſo viel Würkung als ein anderer ausübet, ſo kann man nur ſchließen: daß das, was ſeiner
Actioni wegen einer geringen Maſſe abgehet, durch eine
größere Geſchwindigkeit erſetzet und ausgefüllet, und dadurch der Actioni des andern gleich gemacht worden. Alſo,
wenn die Maſſen ungleich, die Zeiten und Würkungen aber
gleich ſeyn: ſo kann man nicht ſagen, die Actiones der Körper verhalten ſich umgekehrt wie ihre Maſſen, ob wohl in
dem Falle der ungleichen Zeiten und gleichen Maſſen dieſe
Proportion in Anſehung der Zeiten und Actionum ſtatt hatte: Es iſt daher nicht einerley: ob die Maſſen ungleich und die Zeiten gleich), oder ob die Zeiten ungleich und die Maſſen gleich ſeyn.

So iſt denn derjenige Beweiß, worauf ein Haupt-
theorem in der Wolfiſchen Abhandlung gegründet worden,
ungültig und unnütze; alſo werden die lebendige Kräfte daſelbſt kein Land finden, das ſie nähren kann.

Es giebt zuweilen in einer Schrift gewiße mäßige Fehler, die ſich nicht ſehr weit ausbreiten, und die Gältigkeit
der Hauptſache nicht gänzlich verderben. Allein in derjenigen, von welcher wir reden, laufen die Sätze an der Methode als an einem Seile herab; daher machen ein oder
zwey Irrthümer das ganze Syſtem verwerflich und un-
brauchbar.

§. 106.

§. 106.

Wir haben noch keine Dynamick.

Herr Wolf hatte in seiner Abhandlung das Vorhaben, uns die erste Grundlage zu einer Dynamick zu liefern. Sein Unternehmen ist unglücklich ausgefallen. So haben wir denn noch zur Zeit keine Dynamische Grundsätze, auf welche wir mit Recht bauen können. Unsere Schrift, welche die wahre Schätzung der lebendigen Kräfte darzulegen verspricht, sollte diesen Mangel ergänzen. Das dritte Capitel soll hievon einen Versuch machen; allein darf man wohl hoffen: daß man das Ziel treffen werde, da es einem von den versuchtesten in dieser Art der Betrachtung nicht gelungen ist, es zu erreichen.

§. 107.

Das Argument des Herrn von Muschenbröck.

Eben da ich im Begriffe bin, die Widerlegung derer Gründe, worauf die berühmteste Leibnitzianer ihre Kräftenschätzung gründen, mit dem vorhergehenden Falle zu beschließen, erhalte ich die vom Herrn Professor Gottscheden übersetzte Grundlehren der Naturwissenschaft des Herrn Peters von Muschenbröck, die in der Ostermesse dieses 1747sten Jahres an das Licht getreten sind. Dieser große Mann, der größeste unter den Naturforschern dieser Zeit, an dessen Meynungen das Vorurtheil und der Secteneifer weniger als an irgend eines andern Menschen Lehrsätzen einen Antheil hat, dieser so berühmte Philosoph, hat die Schätzung des Herrn von Leibnitz erstlich seiner mathematischen Untersuchung, hernach denen Versuchen, die er so geschickt zu machen weiß, unterworfen, und in beyden bewährt befunden. Dieser letztere Weg, den er genommen hat, gehöret nicht zu gegenwärtigem Hauptstücke; allein der erstere gehöret zu demselben. Die Absicht dieser Abhandlung erfordert es von mir, die Schwierigkeiten, die

der

der berühmte Verfasser daselbst der Schätzung des Cartesius machet, zu erwegen, und sie, wo möglich, von dem Gegenstande, dessen Vertheidigung unser Geschäfte ist, abzuwenden. Werden mir aber nicht die enge Grenzen dieser Blätter, oder damit ich mich offenherzig ausdrücke, die erstaunliche Ungleichheit, die sich hier hervorthut unüberwindliche Hindernisse setzen?

Laßt uns sehen, was für Gründe es gewesen sind, die ihm in der mathematischen Erwegung Leibnitzens Gesetze zu beweisen geschienen haben. *) Wenn eine gewisse äusserliche Ursache, die sich mit dem gedruckten Körper zugleich mit beweget, z. E. eine Feder BC, die an dem Wiederhalte AS befestiget, einen Körper F fortstößet, gegeben ist: so wird sie demselben, wenn er in Ruhe ist, 1 Grad Geschwindigkeit ertheilen. So bald aber dieser Körper diesen Grad schon besitzet, so werden zweymal mehr Federn erfordert, ihm den zweyten Grad der Geschwindigkeit zu geben. Denn wenn sich die einfache Feder noch einmal allein ausstreckete, so würde der Körper, der sich schon mit eben dem Grade Geschwindigkeit würklich beweget, womit die Feder sich ausdehnet, dieselbe fliehen, und ihre Drucke nicht in sich aufnehmen. Allein es muß die zweyte Feder *DB hinzukommen, die da machet, daß der Punkt B, an welchem sich die Feder BC steifet, dem Körper mit der Geschwindigkeit, damit er entfliehen würde, nachfolge, und daß auf diese Weise der Körper F wie anfänglich in Ansehung der Feder BC ruhe, damit er, wenn diese sich ausstrecket, den Grad Geschwindigkeit wie 1 erhalte. Eben **) so werden drey Federn ED, DB, BC, erfordert, um dem Körper F, der schon an sich 2 Grade Geschwindigkeit besitzet, nur den dritten zu ertheilen. Einem Körper, der schon 100 Grade hat, einen einzigen neuen zu ertheilen, werden 101 Federn erfordert, und so weiter. Also ist die Anzahl der Federn, die

nöthig

*) Fig. XVI.
**) Fig. XVIII.

nöthig sind einem Körper einen gewissen Grad Geschwindigkeit zu geben, wie die Anzahl der Grade, in welche die ganze Geschwindigkeit des Körpers zertheilet ist; d. i. die ganze Kraft der Federn, die einem Körper einen Grad Geschwindigkeit mittheilen, ist wie die ganze Geschwindigkeit, die der Körper alsdenn haben würde, wenn er diesen Grad besäße. Nun sind in dem Triangel *) ABC, dessen Cathetus AB in gleiche Theile getheilet werden, die Linien DE, FG; HI, etc. wie die Linien, AD, AF, AH, folglich kann man sich der Linie DE bedienen, um diejenige Feder anzuzeigen, die dem Körper den ersten Grad Geschwindigkeit AD ertheilet, die zweymal größere Linie FG, um die zweyfache Feder anzuzeigen, die den zweyten Grad Geschwindigkeit DF hervorbringt; die Linie HI, um die dreymal größere Feder anzudeuten, die den dritten Grad Geschwindigkeit FH erwecket, u. s. w. Wenn man sich diese Linien DE, FG, etc. unendlich nahe gedenket, so werden sie nach der Methode des unendlich kleinen, die Cavalerius in die Meßkunst eingeführet hat, den ganzen Inhalt des Triangels ABC ausmachen. Also ist die Summe aller Federn, die in einem Körper die Geschwindigkeit AB erzeugen, wie die Fläche ABC, d. i. wie das Quadrat der Geschwindigkeit AB. Diese Federn aber stellen die Kräfte vor, welche zusammen in dem Körper gedachte Geschwindigkeit hervorgebracht haben, und wie sich die Anzahl Kräfte, die in einen Körper würken, verhält, so verhält sich auch die in demselben hervorgebrachte Kraft; also ist die Kraft eines Körpers wie das Quadrat der Geschwindigkeit, die er besitzet.

§. 108.
Untersuchung dieses Argumentes.

Ich glaube ein Anhänger des Cartesius würde folgendes gegen diesen Beweiß einwenden:

Wenn

*) Fig. XIX.

Wenn man die, in einen Körper übertragene Kraft, nach der Summe gewisser Federn schätzen will: so muß man nur diejenige Federn nehmen, die ihre Gewalt in den Körper würklich hineinbringen; allein diejenige, die in ihn gar nicht gewürket haben, kann man auch nicht gebrauchen, um eine ihnen gleiche Kraft in den Körper zu setzen. Dieser Satz ist einer von den allerdeutlichsten der Mechanik, und den nie ein Leibnitzianer in Zweifel gezogen hat. Der Herr von Muschenbröck selber bekennet sich zu demselben am Ende seines Beweises; denn dieses sind seine Worte: Wie sich die Anzahl Kräfte, die in einen Körper würken, verhält, so verhält sich auch die in demselben hervor gebrachte Kraft. Wenn aber ein Körper F, der sich schon mit 1 Grade Geschwindigkeit beweget, durch die Ausstreckung der zweyen Federn DB, BC den 2ten Grad erhält; so würket von diesen zweyen Federn nur BC in ihn, DB aber bringet nichts von ihrer Spannungskraft in ihn hinein. Denn die Feder DB strecket sich mit 1 Grade Geschwindigkeit aus; der Körper F aber beweget sich auch schon würklich mit 1 Grade; also fliehet F den Druck dieser Feder, und dieselbe wird ihn in ihrer Ausbreitung nicht erreichen können, um die Kraft ihrer Ausspannung in ihn zu übertragen. Sie thut weiter nichts, als daß sie den Widerhalt B, an welchem sich die Feder BC steifet, dem Körper F, mit eben der Geschwindigkeit, womit er sich beweget, nachträget, damit derselbe, in Ansehung dieses Körpers, ruhe, und die Feder BC ihre ganze Kraft, die wie 1 ist, in ihn hineinbringe. Sie ist also keine würkende, sondern nur eine Gelegenheitsursache, der Kraft, die auf diese Weise in F zu der ersteren hinzu kommt; die einzige Feder BC aber ist die würkende Ursache derselben. Ferner, wenn dieser Körper schon 2 Grade Geschwindigkeit besitzet, so ertheilet ihm unter den dreyen gleichen Federn ED, DB, BC, nur die einzige BC ihre Kraft und auch den dritten Grad der Geschwindigkeit, u. s. w. ins unendliche. Also wenn DE *) die erste Feder ist,

deren

*) Fig. XIX.

deren Kraft in den Körper F hineingekommen, und den ersten Grad Geschwindigkeit A D in ihm erwecket hat, so hat
die Feder F G, die ihr gleich ist, ihm den zweyten Grad
Geschwindigkeit gegeben, und ihre Kraft in ihm übertragen;
die Feder hI den dritten Grad, u. s. w. folglich macht die
Summe der Federn $DE + fG + hI + kM + lN +$
$rO + bC = BC$ die ganze Größe der Kraft aus, die an
den Körper F von seiner Ruhe an angewandt worden, und
die in ihm die Geschwindigkeit A B erwecket hat. Es verhält sich aber B C wie A B, und B C ist die Kraft, A B aber
die Geschwindigkeit; also ist die Kraft wie die Geschwindigkeit, und nicht wie das Quadrat derselben.

§. 109.

Neuer Fall zu Bestätigung des Cartesianischen Kräftenmaaßes.

Nunmehro sind wir über alle die Schwierigkeiten hinweg, die uns in der Behauptung des Cartesianischen Gesetzes entgegen stehen könnten. Wir wollen es aber hiemit
noch nicht gut seyn lassen. Eine Meynung, die einmal im
Besitze des Ansehens, und so gar des Vorurtheiles ist,
muß man ohne Ende verfolgen, und aus allen Schlupfwin-
keln herausjagen. Eine solche ist wie das vielköpfigte Ungeheuer, das nach jedwedem Streiche neue Köpfe aushecket.

Vulneribus foecunda suis erat ille: nec ullum
De centum numero caput est impune recisum,
Quin gemino cervix haerede valentior esset.
Ovid. Metam.

Ich würde es mir für sehr rühmlich halten: wenn man an
diesem Werke tadelte, daß es die Leibnizische Kräftenschätzung überstäßig und mit mehr Gründen als es nöthig gewesen wäre, widerlegt hätte; allein ich würde mich schä-
men, wenn ich es daran hätte ermangeln lassen.

S   Reh-

Nehmet eine inclinirte Stellwaage *) ACB, deren ein Arm CB gegen den andern AB vierfach, der Körper B aber, der das Ende des vierfachen Armes drücket, gegen den andern A viertheilig ist. Diese werden in der Lage, darinn wir sie gesetzet haben, ruhen und gegen einander vollkommen im Gleichgewichte stehen. Hänget zu dem Körper A noch ein kleines Gewicht e hinzu; so wird der Körper B durch den Bogen Bb gehoben, und A dagegen durch den Bogen Aa herab sinken, der Körper B aber wird in dieser Bewegung viermal mehr Geschwindigkeit als A erhälten. Nehmet das Gewichte e hinweg, und hänget dagegen ein viermal kleineres d zu dem Körper b an das Ende des Waagarmes Cb hinzu; so wird b durch den Bogen bB niedergedrückt, a aber durch den Bogen aA hinauf gehoben werden; b aber, welches einerley mit B ist, wird hiedurch eben so viel Geschwindigkeit als in dem ersten Falle erhalten, imgleichen a, welches einerley mit A ist, wird seine Geschwindigkeit, die in ihn im erstern Falle hineingebracht wurde, nun ebenfalls bekommen; nur mit diesem Unterschiede: daß die Richtung der Bewegungen umgekehrt wird. Da nun die Würkung, welche das angehängte Gewichte e ausübet, in der Kraft, die der Körper A und B zusammen haben, bestehet, und die Würkung, die das viermal kleinere d ausrichtet, ebenfalls in derjenigen Kraft, welche b = B und a = A hiedurch zusammen erhalten, zu setzen ist; so ist klar: daß diese Gewichter e und d gleich große Wirkungen ausgeübt, folglich gleich viel Kraft müssen angewandt und also auch gehabt haben. Es sind aber die Geschwindigkeiten, womit diese Gewichter e und d wirken, (nemlich so wohl ihre Anfangsgeschwindigkeiten, als die endliche Geschwindigkeiten, die sie durch die Häufung aller dieser Druckungen erhalten) umgekehrt wie ihre Massen: also haben zwey Körper, deren Geschwindigkeiten in umgekehrter Verhältniß ihrer Massen sind, gleiche Kräfte; welches die Schätzung nach dem Quadrate umwirft.

§. 110.

*) Fig. XX.

§. 110.

Leibnitzens Zweifelsknoten.

Die Cartesianer haben den Vertheidigern des neuen Kräftenmaaßes niemals mit mehr Zuversicht Trotz biethen können, als nachdem Herr Jurin den Fall gefunden hat, dadurch man auf eine einfache Art und mit sonnenklarer Deutlichkeit einsiehet: daß die Verdopplung der Geschwindigkeit jederzeit nur die Verdoppelung der Kraft setze. Herr von Leibnitz leugnete dieses insbesondere in dem Versuche einer Dynamischen Abhandlung, die er den Actis *) einverleibet. Man höre ihn nur folgendergestalt reden: Cum igitur comparare vellem corpora diversa, aut diversis celeritatibus praedita, equidem facile vidi: si corpus A sit simplum, & B duplum, utriusque autem celeritas aequalis, illius quoque vim esse simplam, hujus duplam, cum praecise quicquid in illo ponitur semel, in hoc ponatur bis. Nam in B est bis corpus ipsi A aequale, & aequivelox nec quicquam ultra. Sed si corpora A & B sint aequalia, celeritas autem in A sit simpla, et in C dupla, videbam non praecise quod in A est duplari in C. Diesen Knoten hat Herr Jurin durch den leichtesten Fall von der Welt aufgelöset.

Auflösung des Herrn Jurins.

Er nahm eine bewegliche Fläche, z. E. **) einen Kahn A B an, der sich nach der Richtung B C, mit der Geschwindkeit, wie 1 beweget und die Kugel E mit gleicher Bewegung mit sich wegführet. Diese Kugel hat also durch die Bewegung der Fläche die Geschwindigkeit 1, und auch die Kraft 1. Er nimmt ferner auf dieser Fläche eine Feder R an, die an dem Widerhalte D losschnellet, und der gedachten Kugel E vor sich noch einen Grad Geschwindigkeit, und also auch einen Grad Kraft ertheilet. Also hat dieselbe zusammen

S 2
zwey

*) Acta 1695. p. 155.
**) Fig. XXI.

zwey Grade Geschwindigkeit, und mit demselben zwey Grade Kraft empfangen. Es ziehet folglich die Verdoppelung der Geschwindigkeit nichts mehr, als die Verdoppelung der Kraft nach sich, und nicht wie die Leibnitzianer sich fälschlich überreden, die Vervierfachung derselben.

Dieser Beweiß ist unendlich deutlich, und leidet gar keine Ausflucht, denn die Bewegung der Fläche kann nichts mehr thun, als daß sie dem Körper eine Geschwindigkeit, die ihr gleich ist, das ist, eine einfache Geschwindigkeit, und folglich auch eine einfache Kraft ertheile. Die Feder R aber, weil sie eine gemeinschaftliche Bewegung mit der Fläche und Kugel zugleich hat, würket mit nichts als ihrer Spannungskraft. Diese nun ist gerade so groß, daß sie einem Körper wie der unsrige ist, nicht mehr wie einen Grad Geschwindigkeit, und also auch nur einen Grad Kraft ertheilen könne. Also wird man in allem, was in die Construction dieses Problems hineinkommt, nichts mehr als die Ursachen zu 2 Graden Kraft antreffen, man mag sich wenden, wohin man wolle, und dennoch werden in dem Körper würklich 2 Grade Geschwindigkeit vorhanden seyn.

§. III.
Der Frau von Chastelet Einwurf gegen Jurins Argument.

Die Marquisin von Chastelet hat dieses Argument des Herrn Jurins bestritten, aber auf eine Art, deren Schwäche zu bemerken, sie scharfsinnig genug gewesen wäre, wenn die Neigung gegen eine Meynung, auf welche einmal die Wahl gefallen, nicht einer schlimmen Sache den schönsten Anstrich geben konnte.

Sie hat folgendes eingewandt. Der Kahn A B ist keine unbewegliche Fläche; folglich wenn sich die Feder K gegen den Widerhalt D steifet, so wird sie in den Kahn gewisse Kräfte hineinbringen, und man wird also in der Masse

des

des Kahns, die 2 Grade wieder finden, die man in dem Körper E, nach Leibnitzischer Schätzung vermisset.

§. 112.

In dieser Ausflucht findet sich der Fehler desjenigen Trugschlusses, den man fallaciam ignorationis elenchi nennet. Sie greift das Argument ihres Gegners nicht eigentlich da an, wo er den Nerven seines Beweises hineingeleget hat; sondern bekümmert sich um einen zufälligen Nebenumstand, der ihrer Meynung günstig zu seyn scheinet, der aber dem Jurinischen Beweise nicht nothwendig anklebet. Wir können diesen Stein des Anstoßes leicht aus dem Wege räumen. Es hindert uns nichts, uns den Kahn AB als durch eine solche Kraft getrieben, vorzustellen, die ihm nicht verstattet, vermöge der Feder gegen D, in die Richtung AF im geringsten zurück zu weichen. Man darf ihn zu diesem Ende nur von unendlich großer Masse gedenken. Der Kahn wird alsdenn durch die endliche Kraft der Feder R nur unendlich wenig, d. i. gar nicht weichen; also wird der Körper eben die Kraft von dieser Feder erhalten, als wenn dieselbe gegen einen gänzlich unbeweglichen Widerhalt gespannet, losgeschnellete, d. i. er wird ihre ganze Kraft erhalten.

§. 113.

Herrn Richters Einwurf gegen Jurins Argument.

Herr Richter, der in dem Verzeichnisse dererjenigen, welche zu der Emporhaltung des neuen Kräftenmaaßes ihren Beytrag gethan haben, keine geringe Stelle verdienet, hat einen etwas scheinbaren Einwurf gegen Jurins Argument vorgebracht. *)

S 3   Er

*) Act. Erud. 1735. p. 511.

Er glaubt, eben dieselbe Kraft könne in Relation gegen verschiedene Dinge sehr ungleich seyn. Die Feder R habe der Kugel E zwar in Ansehung derer Dinge, die sich mit dem Kahne zugleich in einer Richtung und Geschwindigkeit bewegen, eine Kraft wie 1 ertheilet, allein in Ansehung derer Gegenstände, die da außerhalb dem Kahne würklich ruhen, habe die Feder der Kugel nicht eine einfache, sondern dreyfache Kraft gegeben.

Ich möchte gerne wissen, wo doch die zwey Grade Kraft, die nach Herrn Richters Meynung der Körper E in Relation gegen die ruhende Gegenstände erhält, herkommen sollten; denn sie können doch nicht wegen einer leeren Abstraction oder eines mäßigen Gedankens in ihm entstanden seyn; sondern es müssen durchaus thätige Ursachen und Kräfte seyn, wodurch sie hätten hervorgebracht werden sollen. Wenn aber alles gegen die äussere Dinge in absoluter Ruhe ist, und der Kahn fängt an, sich mit einem Grade Geschwindigkeit zu bewegen, so entstehet in dem Körper E hiedurch ein Grad absoluter Kraft. Von da an thut der Kahn schon keine Würkung mehr in den Körper; denn er ruhet in Ansehung seiner, allein die Spannungskraft der Feder fängt an ihre Thätigkeit auszulassen. Diese hat nun gerade nur so viel, als zu Hervorbringung eines Grades Kraft erfordert wird; mehr wird man in ihr vergeblich suchen. Es ist also in dem Körper nicht mehr absolute Würkung verübt worden, als nur so viel man zu 2 Graden Kraft rechnet. Wenn nun in Relation gegen die ruhenden Dinge, d. i. in absolutem Verstande, in dem Körper 4 Grade Kraft entstanden seyn sollten, und es wäre dennoch nicht mehr wie 2 Grade absolute Würkung in demselben ausgeübet worden, so müßten 2 Grade von ohngefähr und ohne Ursache entstanden, oder aus dem Nichts hervorgekrochen seyn.

Man kann zu gänzlicher Vermeidung alles Scrupels, wenn anders in einer so klaren Sache einiger Scrupel statt hat, den Fall des Herrn Jurins so einrichten; daß, wenn

alles

alles in abſoluter Ruhe iſt, der Körper E zuerſt von der Feder einen Grad Geſchwindigkeit überkomme, indeſſen, daß
der Kahn noch ruhet, ſo wird unſtreitig dieſe erlangte Kraft
des Körpers E eine abſolute Kraft ſeyn. Wenn nun der
Kahn ſich alsdenn auch anfängt mit einem Grade zu bewegen, ſo iſt dieſes wiederum eine abſolute Bewegung, weil
er vorher gegen alle Dinge ruhete. Er theilet alſo allem demjenigen, was zu ſeiner Maſſe gehöret, folglich auch dem
Körper E, wiederum einen Grad Kraft mit; der, weil die
Urſache, die ihm erzeugete, in abſoluter Bewegung gewürket hat, von derſelben nicht mehr wie einfach ſeyn kann.
Alſo entſpringen auch auf dieſe Weiſe in allem nicht mehr
wie 2 Grade Kraft für den Körper E.

Herr Richter ſucht ſich noch mit einer andern Ausflucht,
die er von dem Stoße elaſtiſcher Körper hernimmt, heraus-
zuwickeln. Allein ſeine Rechtfertigung iſt auf der gemeinen
Hypotheſe der Leibnitzianer erbauet: daß man nach dem
Stoße elaſtiſcher Körper gerade die Kraft, die vor dem Stoße war, antreffen müſſe. Wir haben dieſe Vorausſetzung
widerlegt, alſo iſt es nicht nöthig, ſich mit Herrn Richtern
hier insbeſondere einzulaſſen.

§. 114.

Zuſätze und Erläuterungen, die einige Stücke dieſes Capitels betreffen.

I.

Erläuterung zum 25ten §.

Weil das Theorem dieſes §. die vornehmſte Grundbe-
ſte unſerer gegenwärtigen Betrachtungen iſt, ſo wollen wir
es unter einer etwas deutlichern Geſtalt vortragen.

Das Merkmal einer würklichen Bewegung iſt eine endliche Dauer derſelben. Dieſe Dauer aber, oder, die von
dem Anfange der Bewegung verfloſſene Zeit iſt unbeſtimmt,
kann alſo nach Belieben angenommen werden. Wenn dem-

S 4

nach

nach die Linie A B *) die während der Bewegung verfließende endliche Zeit vorstellet: So hat der Körper in B eine würkliche Bewegung, ferner in C, als der Hälfte, auch in D, als dem Punkte des Viertheiles, **) und so fort an in allen noch kleineren Theilen dieser Zeit, man mag sie ins unendliche so klein machen, als man will; denn dieses erlaubet der unbestimmte Begriff ihrer Größe. Also kann ich diese Zeit unendlich klein gedenken, ohne daß hiedurch dem Begriffe der Wirklichkeit der Bewegung etwas abgehet. Wenn aber die Zeit dieser Dauer unendlich klein ist, so ist sie wie nichts zu rechnen, und der Körper ist nur in dem Anfangspunkte, d. i. in einer bloßen Bestrebung zur Bewegung. Folglich, wenn es ohne fernere Einschränkung, so wie Leibnitzens Gesetze erheischet, wahr ist, daß des Körpers Kraft in jeder wirklichen Bewegung das Quadrat zum Maaße hat: So ist sie auch bey bloßer Bestrebung zur Bewegung also beschaffen; welches sie selber doch verneinen müssen.

Woher der undeterminirte Begriff der endlichen Zeit, die unendlich kleine mit in sich schließet.

Es scheinet beym ersten Anblicke, als wenn Leibnitzens Gesetze, durch die ihm anhängende Einschränkung der endlichen verflossenen Zeit genugsam gesichert sey, daß es nicht auf die Bewegung, deren Dauer unendlich klein ist, könne gezogen werden; denn die endliche Zeit ist ja ein Begriff, der, ein, von der unendlich kleinen Zeit, ganz unterschiedliches Geschlechte, andeutet: also hat es das Ansehen, daß, bey dieser Einschränkung, dasjenige durchaus nicht könne auf die unendlich kleine Zeit gezogen werden, was nur unter der Bedingung der endlichen zugelassen wird. Es hat dieses auch seine Richtigkeit: wenn man von der endlichen Zeit so redet, daß man dabey voraussetzet, daß sie bestimmt, und ihre Größe determinirt seyn müsse, wenn diese oder jene Eigen-

S 5

schaft

*) Tab. I Fig. 2.

**) Deutlicher Vortrag des 25. §.

schaft aus ihr, als einer Bedingung, herfließen soll. Wenn
man aber eine endliche Zeit erfordert, aber dabey zuläffet,
daß man sie so groß oder klein nehmen könne, als man wolle: so ist alsdenn auch die unendlich kleine Zeit mit in ihr
Geschlecht eingeschloffen. Denen Leibnitzianern kann dieses
nicht unbekannt seyn. Denn sie müssen wissen, daß ihr An-
herr das Gesetze der Continuität auf diesem Grunde erbauet
habe: daß nemlich, wenn man annimmt, A sey größer als
B, doch so, daß es unbestimmt sey, wie viel oder wenig
es größer sey, so werde man, ohne den Gesetzen, die unter
dieser Bedingung wahr seyn, Eintrag zu thun, auch sagen
können, A sey B gleich, oder, wenn man A gegen B anlaufen läßt, und annimmt, daß sich B auch bewege, so
werde man, wenn der Grad dieser seiner Bewegung unbestimmt ist, auch annehmen können, daß B ruhe, ohne daß
hiedurch dasjenige könne aufgehoben werden, was unter jener Bedingung festgesetzet ist, und so in andern Fällen mehr.

Leibnitzens Schätzung gilt auch nicht unter der Bedingung der endlichen Geschwindigkeit.

Wollte man endlich noch sagen: daß Leibnitzens Schätzung zwar nicht unter der Bedingung der endlichen Zeit,
aber dennoch unter der Voraussetzung der endlichen Geschwindigkeit, wahr sey, (obgleich dieses offenbar gegen ihre Lehre seyn würde,) so merke man, daß man die endliche
Geschwindigkeit eben so wohl als die endliche Zeit, durch
die Linie A B *) vorstellen könne, und alsdenn wird es sich
gleichfalls ausweisen, daß, wenn ihr Gesetz überhaupt bey
endlicher Geschwindigkeit gilt, es auch bey unendlich kleiner
gelten müsse, welches sie doch selber nicht umhin können zu
leugnen.

S 5   II. Zu-

*) Tab. I. Fig. 2.

II.

Zuſätze zu den §. 31, bis §. 36.

Unſre Gegner rechnen es unter die klärſten Begriffe, die man nur haben kann: daß ein Körper gerade die Kraft aller der Federn habe, die er zudruckt, bis ihm ſeine ganze Bewegung genommen worden, die Zeit, in der dieſe Federn gedrucket worden, ſey wie ſie wolle. Herr Johann Bernoulli ſagt von denen, die mit der Anzahl der überwältigten Federn allein nicht zufrieden ſeyn, ſondern noch immer nach der Zeit der Zudrückung fragen, daß ſie eben ſo ungereimt wären, als einer, der die Menge Waſſer in einem Becher meſſen will, und ſich an dem würklichen Maaße, was er vor ſich hat, nemlich der Capacität des Bechers, nicht begnüget, ſondern meynet, er müſſe noch die Zeit dazu wiſſen, in der dieſer Becher angefüllet worden. Er ſetzet vor Zuverſicht und Unwillen hinzu,*): Deſine igitur quaerete nodum in ſcirpo. Die Frau Marquiſin von Chaſtelet hat einen eben ſo ſcherzhaften Einfall in Bereitſchaft; allein ſie irren beyde, und zwar, wo mir es erlaubt iſt zu ſagen, mit eben ſo großem Nachtheile ihres Ruhms, als die Zuverſicht war, die ſie in dieſem Irrthume haben blicken laſſen.

Woher die Zeit nothwendig bey der Hinderniß der Schwere in Anſchlag kommt,

Wenn eine jede von den Federn A B C D E von ſolcher Art iſt, daß ſie nur einem einzigen Drucke des Körpers M widerſtehet, und zugleich dadurch ihre ganze Thätigkeit verlieret, folglich hernach in dem Körper M gar keine Würkung mehr thut, er mag ihr ſo lange ausgeſetzet ſeyn, als er wolle: ſo geſtehe ich ſelber, daß der Körper einerley Kraft ausgeübet habe, er mag dieſe Federn in einfacher oder vierfacher Zeit zugedrückt haben, denn nachdem er ſie einmal zugedrückt hat, ſo bringt er die übrige Zeit bey ihr müſſig

zu.

*) Acta Erud. 1735. p. 210.

ist es auch noch, und zwar eben so stark, in dem zweyten ferner in dem dritten, und so weiter in allen folgenden ins

nicht einerley, Feder
überwältiget, es in kürzerer oder längerer Zeit thue; denn in der längern hat er mehr Drückungen ausgehalten, als in der kürzeren. Nun ist aber der Druck der Schwere von dieser Art. Eine jede Feder derselben wirket alle Augenblicke mit gleicher Thätigkeit, und der Körper, der ihren Druck in dem ersten Augenblicke überwindet, hat es deswegen noch nicht auf alle folgende Augenblicke gethan. Er wird zu dem zweyten eben so viel Kraft brauchen, u. s. f. Die Kraft also, die ein Körper aufwendet, der Drückung eines einzigen Theiles der schwermachenden Materie Wi sten, ist nicht bloß wie die Intensität der Sch son dern wie das Rectangulum aus dieser in die Zeit.

Noch ein Beweiß gegen die lebendigen Kräfte.

Man kann zum überflüßigen Beweiß des Satzes: daß nicht die Anzahl der Federn, sondern die Zeit, das Maaß der verübten Wirkung sey, noch dieses hinzusetzen. Ein schreg geworfener Körper, dessen Bewegung parabolisch ist, müßte sowohl eine gewisse Höhe weit schneller durch den Fall zurücklegen, als auch eine viel größere Geschwindigkeit und Kraft am Ende desselben überkommen, als ihm der senkrechte Fall von gleicher Höhe ertheilen könnte. Denn indem er die krumme Linie beschreibt, so durchläuft er bis zum Ende des Falles einen größern Raum, als wenn er vertikal gefallen wäre. In jenem größeren Raum aber muß er noth-

wenwindig mehr Federn der Schwere erhielten, als er in der kurzen geraden Linie antreffen konnte, denn die schwerdrückende Materie ist nach allen Seiten gleich verbreitet: also müßte er, Leibnitzens Satze zufolge, in jenem mehr Kraft und Geschwindigkeit erlangen, als in diesem, welches ungereimt ist.

Gedanken über den Streit, zwischen der Frau Marquisin von Chastelet, und dem Herrn von Mairan, von den lebendigen Kräften.

Der Herr von Mairan ist auf den Anschlag gekommen, die Kraft eines Körpers nach den nicht überwundenen Hindernissen, nicht zugedrückten Federn, nicht verrückten Materien zu schätzen, oder, wie sich die Frau von Chastelet ausdrückt, nach demjenigen, was er nicht thut. Diese Gegnerin hat so etwas wunderliches in diesem Gedanken zu finden vermeynet, daß sie geglaubet hat, sie dürfe, um ihn lächerlich zu machen, ihn nur anführen. Ungeachtet dieser berühmte Mann nun seinem Gedanken eine Einschränkung beygefügt hat, worauf eigentlich alles ankommt, nemlich: Daß diese Federn dennoch würden zugedrückt worden seyn, wenn man durch eine Hypothese annähme, daß er seine Kraft behalten, oder immer wieder angenommen hätte; so findet seine Gegnerinn dennoch so etwas unerlaubtes und unbefugtes in dieser Hypothese, daß sie ihm deswegen einen noch viel härteren Vorwurf machet. Ich werde kürzlich zeigen, wie gewiß und untrüglich der Gedanke dieses vortrefflichen Mannes sey, und daß, außer des Herrn Jurins seinem, den wir schon angeführet haben, nicht leicht etwas entscheidenderes und gründlicheres in dieser Sache habe ersonnen werden können.

Vertheidigung der Schätzungsart des Herrn von Mairan gegen die Frau von Chastelet.

Wenn man dasjenige nimmt, was die Kraft eines Körpers eingebüßet hat, indem gewisse Hindernisse durch

die-

dieselbe überwunden worden, wenn man, sage ich, diese
Einbuße mißt: so weiß man auf das gewisseste, wie groß
die gesammte Gewalt des überwältigten Widerstandes gewesen ist; denn der Körper hätte diesen Widerstand ohne
Hinderniß nicht überwinden können, ohne einen ihr gleichen
Grad Kraft dabey aufzuwenden, und wie groß denn diese in
dem Körper zernichtete und verzehrte Kraft ist, so stark ist
auch die Hinderniß gewesen, die ihm dieselbe genommen hat,
und auch die Wirkung, die auf dieselbe Weise verübet
worden.

Nehmet nun einen Körper an, der mit fünf Graden
Geschwindigkeit von dem Horizonte senkrecht in die Höhe steiget, und drücket den Raum, oder die Höhe, die er erreichet, wie gewöhnlich durch den Inhalt des Triangels A B C
aus, in welchem die Linie A B die verflossene Zeit, B C aber
die Geschwindigkeit, womit er sich zu der Höhe erhebt, ausdrücke. Die gleichen Linien A D, D F, F H, u. s. w. sollen die Elemente der ganzen Zeit A B ausdrücken, folglich
die kleinen Triangel, daraus die Fläche des großen zusammengesetzt ist, und die alle so groß sind, wie A D E, die
Elemente des ganzen Raums, oder die Anzahl aller Federn,
die der Körper binnen der Zeit A B zudrückt. Demnach drücket unser Körper in dem ersten Zeittheilchen B K, darinn er
anfängt in die Höhe zu steigen, die 9 Federn zu, die er in
dem Raume K L B C antrifft. Er würde aber, wenn die
Zurückhaltung dieser Federn, die ihm keine Kraft verzehret
hätten, oder wenn dieser Verlust immer anders woher wäre
ersetzet worden, annoch die Feder L E C dazu zugedrückt haben, die er itzo nicht zudrücken kann, weil ihm gerade so
viel Kraft, als er hiezu haben muß, bey der Zudrückung der
andern aufgegangen. Also ist die Feder L E C das Maaß
derjenigen Kraft, die der Widerstand der zugedrückten 9 Federn in unserm Körper verzehret hat. Nachdem er nun dieses verrichtet hat, so fähret er fort, mit dem Ueberreste seiner Kraft, der ihm nach dem angezeigten Verluste überge-
blieben, weiter in die Höhe zu steigen, und drücket in dem

zwey-

zweyten Zeittheilchen KH die 7 Federn, die in dem Raum HIKL angetroffen werden, zu. Hier ist nun aufs neue klar: daß wenn unser Körper diese 7 Federn hätte zudrücken können, und ihm doch seine Kraft ganz verblieben wäre, so würde er in eben derselben Minute noch die Feder IiL dazu zugedrücket und überwältigt haben; allein, da er dieses nicht gethan hat, so folget: daß er, durch die Zudrückung der 7 übrigen Federn, den Grad verlohren habe, dessen Ergänzung ihn würde in den Stand gesetzet haben, IiL noch dazu zu überwältigen; folglich zeiget diese Feder die Größe des Verlustes an, den der Widerstand der 7 Federn seiner Kraft zugezogen hat. Auf eben diese Weise wird die Feder G gi die Einbuße der Kraft, durch die Zurückhaltungen der Schwere in dem dritten Zeittheilchen F H, zu erkennen geben, und so weiter. So ist denn also der Verlust, den der frey in die Höhe steigende Körper erleidet, indem er die Hinderniß der Schwere überwindet, wie die Summe der nicht zugedrückten Federn LIc, IiL, Ggi, Eeg, AaE, folglich auch die Quantität der Hinderniß selber, die er bezwungen hat, und mithin seine Kraft, in dieser Proportion. Und, da die nicht zugedruckten Federn die Verhältniß der Zeiten oder Geschwindigkeiten haben, so ist die Kraft des Körpers auch wie diese. W. Z. E.

Es erhellet ferner hieraus, warum Herr von Mairan befugt sey, durch eine Hypothese anzunehmen, der Körper habe Hindernisse überwunden, und doch seine Kraft ganz behalten, welches anfänglich dem ersten Grundgesetze der Bewegungen zu widersprechen scheinet. Denn die Hindernisse nehmen ihm freylich einen ihnen gleichen Theil der Kraft; allein es stehet dennoch frey, diesen Abgang immer in Gedanken anderswoher zu ersetzen, und den Körper dennoch schadlos zu halten, damit man sehe, wie viel er, bey auf diese Weise unverminderter Kraft, mehr thun würde, als wenn dasjenige wäre verlohren geblieben, was die Hinderniß verzehret hatte. Dieses wird alsdenn das ganze Maaß derjenigen

nigen Kraft an die Hand geben, die der Widerstand wirklich
dem Körper benimmt, weil es zu erkennen giebt, was für
einen Grad man hinzuthun müsse, damit der Körper nichts
verlohren habe.

Ich kann nicht umhin, hier noch eine Anmerkung über
diejenige Art zu machen, womit die Frau Marquisin die
Lehrsätze ihres Gegners angreifet. Mich dünkt, sie habe
keine bessere Methode erwählen können, ihm den allerem-
pfindlichsten Streich beyzubringen, als, da sie seinen
Schlüssen den Zug von etwas seltsamen und ungereimten zu
geben beschäftigt ist. Eine ernsthafte Vorstellung locket den
Leser zu der gehörigen Aufmerksamkeit und Untersuchung an,
und lässet die Seele zu allen Gründen offen, die von einer
oder der andern Seite in sie eindringen können. Aber die wun-
derliche Figur, unter der sie die Meynungen ihres Gegners
auftreten lässt, bemächtigt sich sogleich der schwachen Seite
des Lesers, und vernichtet in ihm die Lust zu einer nähern
Erwegung. Diejenige Kraft der Seele, die die Beurtheilung und das Nachsinnen regieret, ist von einer trägen und
ruhigen Natur; sie ist vergnügt, den Punkt ihres Ruhe-
standes anzutreffen, und bleibt gerne bey demjenigen stehen,
was sie von einem mühsamen Nachdenken losspricht; darum
lässt sie sich leicht von solchen Vorstellungen gewinnen, die
die eine von zweyen Meynungen auf einmal unter die Wahrscheinlichkeit heruntersetzet, und die Mühe fernerer Untersuchungen für unnöthig erkläret. Unsere Philosophie hätte also ihr ridendo dicere verum, oder den Einfall, ihrem Gegner im Lachen die Wahrheit zu sagen, mit mehrerer Billigkeit, und vielleicht auch mit besserem Erfolg gebrauchen können, wenn ihr Gegner ernsthafter Gründe unfähig gewesen
wäre, und man ihn seine Auslachenswürdigkeit hätte wollen empfinden lassen. Die Anmerkung, die ich hier mache,
würde gegen eine jede andere Person ihres Geschlechts, das
Ansehen eines ungesitteten Betragens und einer gewissen Auf-
führung, die man pedantisch nennet, an sich haben; allein
der

der Vorzug des Verstandes und der Wissenschaft an derjenigen Person, von der ich rede, der sie über alle übrige ihres Geschlechtes, und auch über einen großen Theil des andern hinwegsetzet, beraubet sie zugleich desjenigen, was das eigentliche Vorrecht des schönern Theiles der Menschen ist, nemlich der Schmeicheley und der Lobsprüche, die dieselbe zum Grunde haben.

Die Wahl des Herrn von Mairans wird noch dadurch vortrefflich: daß die Federn, die in seiner Methode das Maaß der aufgewandten Kraft seyn, nicht allein gleich seyn, sondern auch in gleichen Zeiten würden seyn zugedrücket worden, folglich so wohl die Leibnitzianer vergnügt werden, die auf eine Gleichheit des Raumes dringen, wenn sie gestehen sollen, daß die Kraft gleich sey, als auch die Cartesianer, die dieses in Ansehung der Zeit erfordern.

III.

Zusätze zu den §. 45, 46, 47.

Mich deucht, ich habe nichts Gewisseres und Unwidersprechlicheres sagen können, als daß eine Feder einen Körper unmöglich fortstoßen kann, wenn sie sich nicht mit eben der Gewalt gegen einen Widerhalt steifet, und eben so stark! anstämmet, als sie auf der andern Seite mit ihrer Spannungskraft den Körper stößt, und folglich, weil in dem Falle des Herrn Bernoulli, kein anderer Widerhalt ist, als der Körper B, sie eben dieselbe Gewalt der Anstrengung gegen ihn anwenden müsse, als sie gegen A anwenden kann, denn die Feder würde den Körper A gar nicht fortstoßen, wenn B nicht dieselbe in der Spannung erhielte, indem er ihrer Ausstreckung widerstrebet; daher empfängt derselbe, weil er kein unbeweglicher Widerhalt ist, alle Kraft gleichfalls, die die Feder in A hineinbringt. Ohngeachtet die ganze Welt auf gleiche Weise denket, so fand doch Herr Johann Bernoulli in dem Gegensatze, ich weiß nicht was für ein helles Licht, worauf er eine unüberwindliche Zuversicht gründet.

Er

Er spricht: Non capio, quid pertinacissimus adversarius, si vel scepticus esset, huic evidentissimae demonstrationi opponere queat, und bald darauf: Certe, in nostra potestate non est, aliquem eo adigere, ut fateatur, discere, quando videmus solem horizontem ascendere. Lasset uns diesen Zufall der menschlichen Vernunft, in der Person eines so großen Mannes nicht mit Gleichgültigkeit ansehen, sondern daraus lernen, auch in unsere größeste Ueberzeugung ein weises Mißtrauen zu setzen, und allemal zu vermuthen, daß wir auch alsdenn noch nicht außer der Gefahr seyn, uns selber zu hintergehen; damit der Verstand in seinem Gleichgewichte wenigstens sich so lange erhalte, bis er Zeit gewonnen hat, die Umstände, den Beweiß und das Gegentheil in genugsamer Prüfung kennen zu lernen.

In eben dieser Abhandlung, von der wir reden, zeiget der Herr Bernoulli: Wie man einem Körper eben dieselbe Kraft, in kürzerer Zeit, durch den Druck einer gleichen Anzahl Federn ertheilen könne. Ich habe darauf, in so weit es unser Geschäft eigentlich angehet, schon genug geantwortet; allein hier will ich noch eine Beobachtung beyfügen, die zwar unser Vorhaben nicht betrift, allein dennoch ihren besondern Nutzen haben kann. Er spricht daselbst: die Kugel F werde durch die 4 Federn a b c d, allemal gleiche Kraft erhalten, man mag sie in einer Linie, wie Fig. 23, oder in zwey Theilen neben einander, wie Fig. 24, oder in 4 solchen Zertheilungen, wie die 25ste Fig. ausweiset, zusammensetzen.

Erinnerung bey der Art, wie Herr Bernoulli in einen Körper die ganze Kraft von viel Federn zu bringen vermeynet.

Hieben merke man folgende Cautele. Der Gedanke desselben ist nur bey solchen Umständen wahr, da die hinter einander hangende Federn a b c d, dem Körper noch nicht eine größere Geschwindigkeit ertheilen, als diejenige ist, womit

T

mit

mit eine dieser Federn abgesondert für sich allein auffspringen würde; denn so bald dieses ist, so schlägt es fehl, wenn man, nach dem Anschlage des Herrn Bernoulli, durch neben einander verknüpfte Federn, dem Körper eben dieselbe Geschwindigkeit geben will, als sie ihm nach einander in einer Reihe mittheilen können. Es sey nemlich die Geschwindigkeit, die die Reihe Federn in der 23sten Figur dem Körper, bis sie sich völlig ausgestrecket haben, ertheilet, wie 10, die Geschwindigkeit aber, womit eine derselben, z. E. d vor sich allein, nemlich ohne daß sie einen Körper fortstößt, auffspringet, wie 8: so ist klar, daß in der Methode der 25sten Figur, die 4 Federn dem Körper nur 8 Grade Geschwindigkeit werden ertheilen können. Denn so bald der Körper diese Grade empfangen hat, so hat er eben so viel Geschwindigkeit, als die Federn, die ihn fortstoßen sollen, selber haben, wenn sie frey auffspringen, also werden sie alsdenn nichts mehr in ihn hineinbringen können. Indessen ist doch unstrittig, daß, wenn dieser Körper F durch den Anlauf diese 4 Federn in der 25. Figur wieder zudrücken soll, er eben so wohl 10 ganze Grade Kraft hiezu nöthig habe, als in der 23sten oder 24sten. Weil aber eben diese 25ste Figur die Abbildung der elastischen Kraft eines jeden Körpers seyn kann, so erhellet hieraus, daß es möglich sey, daß ein völlig elastischer Körper gegen einen unbeweglichen Widerhalt mit einer gewissen Geschwindigkeit anlaufen könne, und daß diesem ohngeachtet die Geschwindigkeit, womit er zurückprallet, viel kleiner seyn könne, als womit er angestoßen hatte. Wenn man aber doch gerne haben will, daß diese 4 Federn dem Körper, den sie stoßen, ihre ganze Kraft mittheilen sollen, so muß man zu der Masse F noch $\frac{2}{25}$ hinzuthun, denn alsdenn werden die 4 Federn an der Menge der Materie dasjenige ersetzen was sie mit der Geschwindigkeit nicht einbringen können.

IV. Er

IV.

Erläuterung des 105ten §.

Ich habe mich deutlich genug erkläret, *) da ich pag. 147. den ungemeinen Fehler in dem Argumente des Herrn Baron Wolfens habe anzeigen wollen. Es scheinet beym ersten Anblicke, als wenn der Schluß darinn noch mathematisch genug herauskomme, nemlich der Regel gemäß, aequales rationes sibi substitui invicem possunt; allein er hat in der That mit derselben gar keine Gemeinschaft. Der vorhergehende Fall war dieser: Tempora, quibus duo mobilia, si sunt aequalia, eosdem effectus patrant, sunt reciproce ut celeritates. Darauf folgt in der zweyten Nummer des Beweises: Massae corporum inaequalium, quae eosdem effectus patrant, sunt reciproce ut celeritates. Hieraus folgert Herr Wolf nun, (denn so lautet sein Argument, wenn man es gehörig auflöset) weil die Verhältniß der Zeiten und der Massen in beyden Fällen der Verhältniß der Geschwindigkeiten gleich seyn: so werden sie unter einander gleich seyn. Dieses kann gebilliget werden, aber daß man nur die Bestimmungen nicht aus der Acht lasse, unter welchen sie einander gleich sind, nemlich: daß die Massen ungleicher Körper, die einerley Würkung thun, sich eben so verhalten, als die Zeiten, worinn NB. gleiche Körper eben dieselbe Würkung verüben, denn, das ist die Einschränkung, die, wie man sehen kann, den Verhältnissen anhänget. Allein der Schluß des Herrn Wolfen ist dieser: also verhalten sich die Massen dieser Körper, wie die Zeiten, darinn eben diese ungleiche Körper ihre gleiche Würkung verüben; welches eine augenscheinliche Verfälschung der gegebenen Proportion ist.

Wenn unser Autor nur auf den Gedanken gekommen wäre, die zwey Sätze, die er aus einander herleiten will,

T 2   mit

*) Ausführliche Darstellung der Fehler in dem Wolfischen Beweise.

mit einander zu vergleichen: so hätte er sonnenklar sehen müssen, daß sie von einander nicht allein nicht herfließen, sondern so gar sich gerade widersprechen. Nemlich der erste Satz ist dieser: Actiones, quibus corpora aequalia eosdem effectus patrant, sunt ut celeritates. Hieraus will er den andern Satz, der das Resultat der zweyten Nummer im Beweise ist, herfolgern, nemlich: Actiones, quibus corpora inaequalia eosdem effectus patrant, sunt etiam ut ipsorum celeritates; celeritates autem eorum sunt reciproce ut massae.

Wenn wir nun, nach Maaßgebung des ersten Satzes, zwey gleiche Körper nehmen A und B, so, daß B zweymal mehr Geschwindigkeit habe, als A: so ist nach dieser Regel, die Action, womit B ebendenselben Effect thut als A, zweymal größer als die Action des Körpers A; weil jener nemlich wegen seiner größeren Geschwindigkeit, diesen Effect in zweymal kleinerer Zeit verrichtet. Allein nach der zweyten Regel würde ich B zweymal kleiner machen können, und die besagte Action würde dort eben so groß seyn, wie vorher, wenn gleich die Geschwindigkeit so wie vorher verbliebe. Nun ist es aber augenscheinlich: daß, wenn B zweymal kleiner wird, als es vorher gewesen, und seine Geschwindigkeit dieselbe verbleibt, es unmöglich den gegebenen Effect in eben der Zeit thun kann, als da seine Masse zweymal größer war, sondern es wird mehr Zeit dazu brauchen; mithin, weil die Action desto kleiner wird, je größer die Zeit ist, die zu eben demselben Effect angewandt worden, so wird die Action nothwendig alsdenn kleiner seyn müssen, als wenn die Masse von B bey eben derselben Geschwindigkeit zweymal größer ist, welches also dem Resultat der zweyten Nummer widerspricht.

Alle diese Widersprüche aber sind in dem vorhabenden Wolfischen Beweise anzutreffen, wenn man ihm gleich den Satz schenket, den er zum Grunde leget, nemlich: daß die Actiones ungleich seyn können, deren Effectus doch gleich seyn.

seyn. Dieser Satz, den nie ein Sterblicher sich hat einfallen laffen zu behaupten, ist ein Widerspruch in der besten Form, so genau als man sie nur immer ersinnen kann. Denn das Wort der Action ist ein relatives Wort, welches die Wirkung oder Effekt in einem Dinge andeutet, in so weit ein anderes Ding den Grund davon in sich enthält. Es ist also der Effekt und die Action eben daffelbe, und die Bedeutung unterscheidet sich nur darinn, daß ich es bald zu demjenigen Dinge referire, welches der Grund davon ist, bald außer demselben betrachte. Es würde also eben so viel gesagt seyn, als: eine Action könne sich selber ungleich seyn. Zudem hat es nur deßwegen den Nahmen der Action, weil von ihr ein Effekt abhänget, und wenn in dieser Action ein Theil seyn könnte, von dem nicht ein ihm gleicher Effekt abhienge, so würde derselbe Theil den Nahmen der Action auch nicht haben können. Wenn auch schon die Zeiten ungleich seyn, darinn eben dieselbe Effectus hervorgebracht worden, so bleiben die daran gewandte Actiones dennoch gleich, und es folget nur daraus: daß bey gleichen Zeiten, die Effekte, und auch die ihnen correspondirende Actiones, ungleich seyn werden.

Kurz hievon zu reden: Es leuchtet sogleich in die Augen, daß ganz besondere Ursachen müssen gewesen seyn, welche so ausnehmende Fehler in dieser Abhandlung veranlaffet haben, die mit der bekannten und hochgepriesenen Scharfsinnigkeit des Verfaffers, die aus allem demjenigen hervorleuchtet, was sein Eigenthum ist, gar nicht zusammen stimmen. Es ist nicht schwer zu ermessen: daß das rühmliche Verlangen, die Ehre des Herrn von Leibniß, welche man damals für die Ehre von ganz Deutschland hielte, zu retten, diese Bemühung hervorgebracht, und die Beweise in einer viel vortheilhafteren Gestalt dargestellet haben, als sie auffer diesem Lichte ihrem Urheber würden erschienen seyn. Die Sache selber war von so verzweifelter Art, daß sie nicht konnte ohne Irrthümer vertheidigt wer-

T 3   den

ben; aber ihr Unterfangen war doch so anlockend, daß
sie der Kaltsinnigkeit der Untersuchung nicht Platz ließe.
Eben dieses will ich von den Vergehungen der hochberühmten Männer, des Herrn Herrmanns, Bernoulli rc. gesagt
haben, die ich entweder schon gezeigt habe, oder noch zeigen werde, und dergleichen man auffer diesem Vorwurfe
bey ihnen fast gar nicht antrifft. Die Ehre des Mannes
also, von dem wir reden, bleibt gesichert. Ich habe Freyheit mit seiner Schutzschrift so umzugehen, als mit einer
Sache, die sein Eigenthum nicht ist. Er kann mir unter-
dessen dasjenige zurufen, was ein älterer Philosoph, ob
zwar bey einer Gelegenheit, die ihn etwas näher angieng,
ausrief: Du triffst nur das Gehäuse des Ana-
rachus.

Drittes Hauptstück,

welches eine neue Schätzung der lebendigen Kräfte, als das wahre Kräftenmaaß der Natur
darleget.

---

§. 114.

Woher dasjenige Gesetze, welches in der Mathematik
falsch befunden worden, in der Natur statt haben könne.

Wir haben demnach ausführlich dargethan, daß die
Schätzung der Kräfte nach dem Quadrat in der Mathematik falsch befunden werde, und daß diese kein anderes Kräftenmaaß erlaube, als nur das alte, oder Cartesianische.
Indessen haben wir doch an unterschiedlichen Stellen des
vorigen Hauptstückes dem Leser Hofnung gemacht, die
Qua-

Quadratschätzung, dem ohngeachtet doch in die Natur einzuführen, und jetzo ist es Zeit unser Versprechen zu erfüllen. Dieses Unterfangen wird die meisten von meinen Lesern stutzig machen; denn es scheinet, als wenn daraus folge, daß die Mathematik nicht unbetrüglich sey, und daß es angehe von ihrem Ausspruche noch zu appelliren. Allein die Sache befindet sich wirklich nicht so. Wenn die Mathematik ihr Gesetze über alle Körper insgemein ausspräche; so würden auch die natürlichen darunter begriffen seyn, und es würde vergeblich seyn, eine Ausnahme zu hoffen. Allein sie setzet den Begriff von ihrem Körper selber fest, vermittelst der Axiomatum, von denen sie fordert, daß man sie bey ihrem Körper voraussetzen müsse, welche aber so beschaffen seyn, daß sie an demselben gewisse Eigenschaften nicht erlauben und ausschliessen, die an dem Körper der Natur doch nothwendig anzutreffen seyn: Folglich ist der Körper der Mathematik ein Ding, welches von dem Körper der Natur ganz unterschieden ist, und es kann daher etwas bey jenem wahr seyn, was doch auf diesen nicht zu ziehen ist. —

§. 115.

Unterschied zwischen dem mathematischen und natürlichen Körper, und derer, beyderseits betreffenden Gesetze.

Wir wollen jetzt sehen, was denn dieses für eine Eigenschaft sey, die in dem Körper der Natur anzutreffen ist, und die die Mathematik an dem ihrigen nicht erlaubet, und welches hernach verursachet, daß jener ein Ding von ganz anderem Geschlechte ist, als dieser. Die Mathematik erlaubet nicht, daß ihr Körper eine Kraft habe, die nicht von demjenigen, der die äusserliche Ursache seiner Bewegung ist, gänzlich hervorgebracht worden. Also läßt sie keine andere Kraft in dem Körper zu, als in so weit sie von draussen in ihm verursacht worden, und man wird sie daher in den Ursachen seiner Bewegung allemal genau, und in eben dem-

selben

selben Maaße, wieder antreffen. Dieses ist ein Grundgesetze der Mechanik, dessen Voraussetzung aber auch keine
andere Schätzung, als die Cartesianische statt finden lässet.
Mit dem Körper der Natur aber hat es, wie wir es bald
erweisen werden, eine ganz andere Beschaffenheit. Derselbe
hat ein Vermögen in sich, die Kraft, welche von draussen
durch die Ursache seiner Bewegung in ihm erwecket worden,
von selber in sich zu vergrößern, so, daß in ihr Grade
Kraft seyn können, die von der äusserlichen Ursache der Bewegung nicht entsprungen seyn, und auch größer seyn wie
dieselbe, die folglich mit demselben Maaße nicht können gemessen werden, womit die Cartesianische Kraft gemessen
wird, und auch eine andere Schätzung haben. Wir wollen
diese Eigenschaft des natürlichen Körpers mit aller Genau-
heit und Gründlichkeit, die eine so wichtige Sache erfordert,
abhandeln.

§. 116.
Die Geschwindigkeit ist kein Begriff von einer Kraft.

Die Geschwindigkeit schließet, wie wir §. 3. gesehen
haben, an und für sich keinen Begriff einer Kraft in sich.
Denn sie ist eine Bestimmung der Bewegung, das ist,
desjenigen Zustandes des Körpers, da er die Kraft, die er
hat, nicht anwendet, sondern mit derselben unthätig ist.
Sie ist aber eigentlich die Zahl von derjenigen Kraft, die
der Körper hat, wenn er ruhet, d. i. die er mit unendlich
kleiner Geschwindigkeit hat; das ist, sie ist die Zahl, darinn diejenige Kraft, die dem Körper bey unendlich kleiner
Geschwindigkeit beywohnet, die Einheit ist. Dieses erhellet
am klärsten aus der Art der Zergliederung, nach Anweisung
des vortreflichen Jurinischen Falles, §. 110; wenn wir
nemlich auf die ähnliche Art, wie er die Geschwindigkeit
aus zwey gleichen Theilen bestehend, betrachtet, sie in ihren unendlich kleinen Theilen erwegen.

§. 117.

§. 117.

Es würde keine Kraft seyn, wenn keine Bestrebung wäre, den Zustand in sich zu erhalten.

Um genau zu wissen, was den Begriff der Kraft eigentlich bestimme, müssen wir auf nachfolgende Weise verfahren. Die Kraft wird mit Recht durch die Hinderniß geschätzet, welche sie bricht, und in dem Körper aufhebet. Hieraus erhellet: daß ein Körper gar keine Kraft haben würde, wenn in ihm nicht eine Bestrebung wäre, den Zustand, den die Hinderniß aufheben soll, in sich zu erhalten; denn wenn dieses nicht wäre, so würde dasjenige, was die Hinderniß zu brechen hätte, wie o seyn.

Was die Intension sey.

Die Bewegung ist das äusserliche Phänomenon der Kraft, die Bestrebung aber, diese Bewegung zu erhalten, ist die Basis der Activität, und die Geschwindigkeit zeigt an, wie vielmal man dieselbe nehmen müsse, damit man die ganze Kraft habe. Jene wollen wir hinführo die Intension nennen; also ist die Kraft dem Produkt aus der Geschwindigkeit in die Intension gleich.

Erläuterung dieses Begriffes.

Damit man ein Beyspiel habe, davon man diese Begriffe desto deutlicher vermerken könne, so nehme man die vierfache Feder a, b, c, d, *) an. Wenn wir nun sehen, daß die Geschwindigkeit, womit eine jede derselben allein sich anfängt auszurecken, wie 1 ist: so ist die Anfangsgeschwindigkeit, womit die ganze Feder a d, die aus 4 dergleichen zusammen gesetzet ist, wenn sie sich frey ausstreckte, wie 4, und es scheinet, als wenn daraus folge, daß die Anfangsgeschwindigkeit, die die vierfache Feder einem Körper eindrückt, viermal grösser seyn werde, als diejenige, die die einfache wärket. Allein diese Intension ist in der vierfachen Feder 4 mal kleiner als in der einfachen; denn

T 5   eben

*) Fig. XXIII.

eben dieselbe Kraft, die eine von diesen vier verbundenen
Federn gegen einen unbeweglichen Widerhalt in gewisser
Maaße zudrücken würde, drücket die vierfache viermal mehr
zu, weil der Widerhalt der einzelnen Feder, wenn sie auf
diese Weise mit 3 anderen verbunden worden, ein beweg-
licher Widerhalt ist, und folglich der Steifigkeit, oder
welches hier einerley ist, der Intension, der vierfachen Feder dasjenige abgehet, was ihre Geschwindigkeit überträgt.
Daher geschieht es denn: daß die Anfangsgeschwindigkeit,
die die vierfache Feder einem Körper ertheilet, nicht größer
ist, als diejenige, die er von einer einfachen haben kann,
obgleich jener ihre Anfangsgeschwindigkeit, wenn sie sich
frey ausdehnet, diese viermal übertrifft. Und dieses kann
dienen, den Begriff der Intension verständlich zu machen,
und zu zeigen, woher sie bey Schätzung der Kraft nothwendig in Anschlag kommen müsse.

§. 118.

**Wenn die Intension wie ein Punkt ist, so ist die
Kraft wie eine Linie, nemlich wie die
Geschwindigkeit.**

Wenn die Kraft eines Körpers von der Art ist, daß
sie den Zustand der Bewegung nur auf einen Augenblick zu
erhalten bestrebt ist, die Geschwindigkeit mag seyn, wie sie
wolle: so ist diese Bestrebung, oder Intension, bey allen
Geschwindigkeiten gleich; folglich ist die ganze Kraft eines
solchen Körpers nur in Proportion seiner Geschwindigkeit;
denn der eine von denen Faktoren ist immer gleich, folglich
verhält sich das Produkt, welches die Quantität der Kraft
andeutet, wie der zweyte Faktor.

§. 119.

**Wenn die Intension endlich, d. i. wie eine Linie ist,
so ist die Kraft wie das Quadrat.**

Bey einer solchen Bewegung würde eine unaufhörliche
Ersetzung der in dem Körper alle Augenblicke verschwinden-

den

den Kraft von draussen nöthig seyn, und die Kraft würde immer fort nur eine Wirkung eines beständigen äusserlichen Antriebes seyn, wenn der Körper auf diese Weise eine immerwährende Bewegung leisten sollte. Allein hieraus erhellet auch klärlich; daß wenn im Gegentheil die Kraft des Körpers von der Art wäre, daß sie eine hinlängliche Bestrebung in sich enthielte, die Bewegung mit der gegebenen Geschwindigkeit einförmig und unaufhörlich von selber ohne eine äusserliche Machthülfe zu erhalten, diese Kraft von ganz anderer Art, und auch unendlich viel vollkommener seyn müßte.

Denn da jener ihre Intension bey allen Geschwindigkeiten gleich, nemlich unendlich klein ist, und nur durch die Menge der Grade Geschwindigkeit vervielfältiget ist: so muß dieselbe im Gegentheil in dieser allemal in Proportion der Geschwindigkeit seyn, und auch mit dieser multipliciret werden, wovon das Resultat das wahre Maaß der Kraft ist. Denn die endliche Geschwindigkeit, deren Intension unendlich klein ist, giebt eine Kraft an die Hand, wovon diejenige, die eben diese Intension bey unendlich kleiner Geschwindigkeit ausmacht, die Einheit ist. Wenn also ein Körper diese Geschwindigkeit und Kraft in sich selber hinlänglich gründen soll, damit er die vollständige Bestrebung habe, sie immerwährend in sich zu erhalten; so wird seine Intension, dieser Kraft oder Geschwindigkeit proportionirt seyn müssen. Und hieraus entspringet alsdenn eine ganz neue Gewalt, die das Produkt ist, aus der, der Geschwindigkeit proportionirten Kraft, in die Intension, die nun auch wie die Geschwindigkeit ist; welches Produkt also dem Quadrate der Geschwindigkeit gleich ist. Es ist nemlich leicht zu begreifen: daß, da die Kraft, die der Körper mit unendlich kleiner Intension und bey endlicher Geschwindigkeit hatte, wie eine Linie war, die diese Geschwindigkeit vorstellet, und die Intension wie ein Punkt, nunmehro aber die Intension ebenfalls wie eine Linie ist, die hieraus entsprinspringende Kraft, wie eine Fläche sey, die aus dem Flusse der ersteren Linie erzeuget worden, und zwar wie das Quadrat, weil benannte Linien einander proportional seyn.

Man merke, daß ich hier durchgehends von dem Unterschiede der Massen abstrahire, oder sie gleich gedenke. Zweytens, daß ich den Raum bey denen Bewegungen, davon ich rede, als leer ansehe.

§. 130.

Der Körper, der seine Bewegung frey und immerwährend zu erhalten, die innerliche Bestrebung in sich hat, hat eine Kraft, die wie das Quadrat der Geschwindigkeit ist.

Es hat demnach derjenige Körper, der seine Bewegung in sich selber hinlänglich gründet, so, daß aus seiner inneren Bestrebung hinlänglich verstanden werden kann, daß er die Bewegung, die er hat, frey, immerwährend und unvermindert ins unendliche selber in sich erhalten werde, eine Kraft, die das Quadrat seiner Geschwindigkeit zum Maaße hat, oder, wie wir sie hinführo nennen wollen, eine lebendige Kraft. Im Gegentheil, wenn seine Kraft den Grund nicht in sich hat, sich selber zu erhalten, sondern nur auf der Gegenwart der äusserlichen Ursache beruhet, so ist sie, wie die bloße Geschwindigkeit, d. i. es ist eine todte Kraft.

§. 131.

Der Körper erhebet aus seinem innern Antriebe den Eindruck von draussen unendlich höher und in ein ganz anderes Geschlechte.

Nun wollen wir aber die Kraft eines Körpers erwegen, wie sie beschaffen ist, wenn sie durch die Wirkung einer äusserlichen Ursache in ihm zuerst entstehet. Sie ist alsdenn ohnfehlbar auf der Gegenwart dieser äusserlichen Ursache gegrün-

gegründet, und würde in demselben Augenblicke in dem Körper nicht vorhanden seyn, wenn jene den Antrieb nicht erweckte. Also ist in demselben Augenblicke, darinn sie auf der Gegenwart der äusserlichen Ursache beruhet, von der Art, daß sie augenblicklich verschwinden müßte, wenn jene nicht gegenwärtig wäre; denn, ob der Körper diese in ihm erweckte Kraft nach diesem Augenblicke hernach in sich selber gründen könne, und was alsdenn hieraus fliessen würde, davon reden wir vorizo nicht. In demselben Augenblicke ist die Intension der Kraft also unendlich klein, und folglich die Kraft selber, die sich nur auf den äusserlichen Antrieb gründet, wie die bloße Geschwindigkeit, d. i. todt. Wenn hernach aber eben derselbe Körper diese ihm ertheilte Geschwindigkeit also in seiner inneren Kraft gründet, daß aus seiner Bestrebung eine immerwährend freye Erhaltung der Bewegung herfolget: so ist sie alsdenn keine todte Kraft mehr, sondern eine lebendige, die das Quadrat zum Maaße hat, und gegen jene wie eine Fläche gegen eine Linie zu rechnen ist. Hieraus ist klar: daß ein Körper auf diese Weise, wenn er seine ihm eingedrückte Geschwindigkeit von selber frey fort setzet, diejenige Kraft, die er von der äusserlichen mechanischen Ursache empfangen hat, von selber in sich unendlich vergrößere, und zu einem ganz anderen Geschlechte erhebe, daß folglich die Anmerkung, die wir §. 115. gegeben haben, hier erwiesen sey, und daß die lebendigen Kräfte gänzlich aus der Gerichtsbarkeit der Mathematik ausgeschlossen werden.

Der Körper kann keine lebendige Kraft von draussen erlangen.

Ferner ersiehet man hieraus, daß die lebendige Kraft nicht könne durch eine äusserliche Ursache, sie sey auch so groß wie sie wolle, in einem Körper hervorgebracht werden; denn in so fern eine Kraft von einer Ursache von draussen abhängt, so ist sie allemal nur wie die schlechte Geschwindigkeit,

digkeit, wie wir erwiesen haben: sondern sie muß aus der innern Quelle der Naturkraft des Körpers die zum Quadratmaaße gehörige Bestimmungen überkommen.

§. 122.

Es sind unendlich viel Zwischengrade zwischen der todten und lebendigen Kraft.

Wir haben erwiesen: daß, wenn ein Körper die Ursache seiner Bewegung in sich selber hinlänglich und vollständig gegründet hat, so, daß aus der Beschaffenheit seiner Kraft verstanden werden kann; daß sie sich in ihm unverändert und frey auf immer erhalten werde, er eine lebendige Kraft habe, wenn er aber seine Kraft in sich gar nicht gründet, sondern damit von draußen abhängt, nur eine todte Kraft habe, die unendlich kleiner ist als jene. Dieses giebt sogleich die Folge an die Hand: daß, wenn eben derselbe Körper seine Kraft zwar etwas, aber noch nicht vollständig in sich gegründet hat; seine Kraft der lebendigen etwas näher komme, und von der todten etwas unterscheide, und daß nothwendig zwischen diesen beyden äussersten Grenzen, der gänzlich todten und gänzlich lebendigen Kraft, noch unendlich viel Zwischengrade seyn, die von jener zu dieser überführen.

Die lebendige Kraft entspringet nur in einer endlichen Zeit nach dem Anfange der Bewegung.

Ferner fließet hieraus Kraft des Gesetzes der Continuität, daß eben derselbe Körper, der im Anfangsaugenblicke eine todte Kraft hat, und hernach eine lebendige überkommt, die gegen die erstere wie eine Fläche gegen die erzeugende Linie ist, diese Kraft erst in einer endlichen Zeit erlange. Denn, wenn man setzen wollte; er überkomme diese letztere Kraft nicht in einer endlichen Zeit von dem Anfangsaugenblicke, sondern unmittelbar in dem unendlich kleinen

nen

nen Zeittheilchen nach demselben; so würde dieses so viel
sagen, daß er in dem Anfangsaugenblicke selber diese lebendige Kraft schon habe. Denn das Gesetz der Continuität,
und selbst die Mathematik, beweiset; daß es einerley sey,
ob ich sage der Körper befinde sich im Anfangsaugenblicke
seiner Bewegung, oder in dem unendlich kleinen Zeittheilchen nach demselben. Nun ist aber die Kraft in dem Anfangspunkte der Bewegung selber todt: also kann man,
ohne einen Widerspruch zu begehen, nicht sagen, daß sie
hernach lebendig sey, als wenn man zugleich fest setzet, daß
diese lebendige Kraft in ihr allererst nach einer endlichen Zeit,
nach der Wirkung der äusserlichen Ursache, in ihr angetroffen werde.

Erläuterung desselben.

Die Naturkraft des Körpers setzet nemlich den von
draussen empfangenen Eindruck in sich selber fort, und indem sie, durch eine fortgesetzte Bestrebung, die Intension,
die vorher wie ein Punkt war, in sich häufet, bis sie wie
eine Linie wird, die der von draussen in sie erregten Kraft,
die sich wie die Geschwindigkeit verhielte, proportional ist,
so häufet sie hiedurch die von draussen erlangte Kraft selber,
welche vorher auch nur wie eine Linie war, daß sie itzo wie
eine Fläche ist, in der die eine Seite die äusserlich ertheilte
Geschwindigkeit und Kraft vorstellet, die andere aber, die
aus dem inneren des Körpers von selber erwachsene Intension vorbildet, die jener proportional ist.

§. 123.
Was die Vivification ist.

Denjenigen Zustand, da die Kraft des Körpers zwar
noch nicht lebendig ist, aber doch dazu fortschreitet, nenne
ich die Lebendigwerdung oder Vivification derselben.

Wie

Wie die Intension während der Lebendigwerdung der Kraftbeschaffenheit sey.

In der Zwischenzeit also, darin die Kraft sich zur lebendigen erhebet, welche zwischen den beyden Punkten, dem Anfangspunkte, und demjenigen, da die Kraft schon völlig lebendig ist, begriffen wird, hat der Körper noch nicht seine Kraft und Geschwindigkeit in sich selber hinlänglich gegründet. Hie wird es vielleicht meinem Leser einfallen zu fragen, wie denn der Körper in dieser Zwischenzeit im Stande sey, seine ihm ertheilte Geschwindigkeit frey und einförmig zu erhalten und fortzusetzen, da er doch alsdenn seine Kraft und Bewegung in sich selber noch nicht hinlänglich gegründet hat, und folglich sie auch nicht selber erhalten kann. Hierauf antworte ich: die Kraft ist in dieser Zwischenzeit zwar freylich nicht so beschaffen, daß sich aus ihr eine immerwährend freye und unverminderte Bewegung verstehen ließe, wenn sie nicht durch die innere Bestrebung noch weiter erhoben würde. Allein ob die Bestrebung der Kraft sich zu erhalten in dieser Art unvollständig ist, davon ist hie nicht die Rede. Es fragt sich nur: ob die Intension der Kraft, die noch nicht so weit erwachsen ist, daß sie die Bewegung unvermindert und unaufhörlich erhalten könne, doch wenigstens sie diejenige Zeit hindurch erhalten könne, die bis zur vollendeten Vivification nöthig ist. Daß dieses aber nicht allein möglich sey, sondern sich auch in der That so verhalte, erhellet hieraus, weil in dieser ganzen Zwischenzeit, jeden Augenblick ein neues Element der Intension in dem Körper entspringet, welches die gegebene Geschwindigkeit ein unendlich kleines Zeittheilchen erhält, folglich alle die Elemente dieser Intension, die die ganze Zwischenzeit hindurch in dem Körper entspringen, in allen Augenblicken derselben, das ist in der ganzen Zeit, dieselbe Geschwindigkeit erhalten, wie dieses aus der Zusammenhaltung mit dem 18ten §. klar einleuchtet.

Wenn

Wenn die Vivification aufhören sollte, ehe sie vollständig geworden, was würde alsdenn mit der Bewegung geschehen.

Wenn wir aber annehmen: daß in der Zwischenzeit der Vivification, ehe diese noch vollständig geworden, der Körper auf einmal ablasse die Elemente der Intension ferner zu häufen, und die Kraft völlig lebendig zu machen, was wird alsdenn wohl geschehen?; Es ist offenbar: daß alsdenn der Körper nur diejenige Grade der Geschwindigkeit in sich gründen, und in freyer Bewegung fortan beständig erhalten werde, welcher diejenige Intension, die er in dieser Zeit der Vivification schon gewonnen hat, proportional ist, die übrigen Grade Geschwindigkeit aber, die eine größere Intension, als wirklich vorhanden ist, fordern, um zu der völligen Vivification zu gelangen, plötzlich verschwinden, und aufhören müssen. Denn die vorhandene Intension ist nur im Stande einen Theil dieser Geschwindigkeit in sich zu gründen, und es entspringen auch nicht weiter in jedem Augenblicke neue Elemente der Intension, die alle Augenblicke die gegebene Geschwindigkeit erhalten, also muß der übrige Theil von selber verschwinden.

Und wie wäre es alsdenn mit der Kraft beschaffen.

Wenn also ein frey bewegter Körper einen Widerstand trifft, an dem er seine Kraft anwendet, bevor er zur völligen Vivification mit seiner ganzen Geschwindigkeit gelanget ist: so ist diejenige Kraft, die er ausübet, wie das Quadrat deßjenigen Grades Geschwindigkeit, dem seine erlangte Intension proportional und gemäß ist, und welche also in der gegebenen Zeit hat lebendig werden können, oder auch dem Quadrate dieser seiner erlangten Intension; mit den übrigen Graden ist der Körper unthätig, oder wirket doch nur nach dem Maaße der schlechten Geschwindigkeit, welches aber gegen die andere Kraft wie nichts zu achten ist.

U $.124.

§. 124.

Neue Schätzung der Kr.

Es hat demnach ein Körper, der seine Geschwindigkeit in freyer Bewegung ins unendliche unvermindert erhält, eine lebendige Kraft, d. i. eine solche, die das Quadrat der Geschwindigkeit zum Maaße hat.

Allein dieses sind auch die Bedingungen, *) die diesem Gesetze anhängen.

1. Muß der Körper den Grund in sich enthalten, in einem nicht widerstehenden Raume seine Bewegung gleichförmig, frey und immerwährend zu erhalten.

2. Siehet man aus dem vorher erwiesenen: daß er diese Kraft nicht von der äusserlichen Ursache herhabe, die ihn in Bewegung gesetzet, sondern, daß sie nach der äusserlichen Anreizung aus der inneren Naturkraft des Körpers selber entspringe.

3) Daß diese Kraft in ihm in einer endlichen Zeit erzeuget werde.

§. 125.

Dieses Gesetze ist der Hauptgrund der neuen Kräftenschätzung, von welcher ich sagen würde: daß ich sie an die Stelle der Schätzungen des Cartes und Leibnitzens setze, und zum Fundament der wahren Dynamick mache, wenn die Geringschätzigkeit meiner Urtheile, in Vergleichung mit so großen Männern, mit denen ich zu thun habe, mir erlaubte mit solcher Auctorität zu reden. Indessen bin ich nicht ungeneigt, mich zu überreden: daß dieses Gesetze vielleicht dasjenige Ziel bestimmen könne, dessen Verfehlung den Zwiespalt und die Uneinigkeit unter den Philosophen aller Nationen erregt hat. Die lebendigen Kräfte werden in die Natur aufgenommen, nachdem sie aus der Mathematik ver-

*) Bedingungen derselben.

verwiesen worden. Man wird keinen von beyden großen
Weltweisen, weder Leibnißen noch Cartesen, durchaus des
Irrthums schuldig geben können. Auch so gar in der Natur wird Leibnißens Gesetze nicht anders statt finden, als
nachdem es durch Cartesens Schätzung gemäßiget worden.
Es heißt gewissermaaßen die Ehre der menschlichen Vernunft
vertheidigen, wenn man sie in den verschiedenen Personen
scharfsinniger Männer mit sich selber vereiniget und die
Wahrheit, welche dieser ihre Gründlichkeit niemals gänzlich
verfehlet, auch alsdenn heraus findet, wenn sie sich gerade
widersprechen.

§. 126.
Weil es freye Bewegungen giebt, so giebt es auch lebendige Kräfte.

Es kommt nur darauf an, daß es in der Welt freye
Bewegungen gebe: die sich immerwährend und unvermindert erhalten würden, wenn kein äußerlicher Widerstand
wäre: so ist die Sache ausgemacht, und es giebt gewiß
in der Natur lebendige Kräfte. Die freye und immerwährende Bewegung der Planeten, wie auch die unzählbare andere Erfahrungen, welche es ausweisen, daß die freybe-
wegte Körper nur nach Maaßgebung des Widerstandes ihre
Bewegung verlieren, und ohne dieselbe sie immer erhalten
würden, leisten diese Gewährung, und behaupten das Daseyn der lebendigen Kräfte in der Natur.

Die Mathematik erlaubt keine freye Bewe-gungen.

Indessen ist hieraus auch klar: daß die Mathematik,
nach der Schärfe zu urtheilen, an ihrem Körper keine freye
Bewegung erlaube. Denn sie erlaubet dasjenige nicht,
welches nothwendig ist die Bewegung frey und immerwährend zu machen, nemlich, daß der Körper aus seinem innern eine Bestrebung und Kraft in sich erzeuge, die weder

U 2   von

von der äufferlichen Ursache entstanden ist, noch von ihr
herkommen kann. Denn sie erkennet keine andere Kräft in
einem Körper, als diejenige, die von demjenigen Körper
hervorgebracht worden, der die Ursache seiner Bewegung ist.

§. 127.
Leichtere Methode diese Betrachtungen
zu nußen.

Obgleich die bisherige Betrachtungen und Beweise
von der Art seyn, daß sie, so viel als nur die Natur der
Sache zuläßt, den mathematischen Begriffen und ihrer Klar-
heit gleich kommen: so will ich doch denen zu gefallen, denen alles verdächtig ist, was nur den Schein einer Metaphysik an sich hat, und die durchaus eine Erfahrung fordern, sie zum Grunde der Folgerungen zu legen, eine Methode anzeigen, nach welcher sie diese Betrachtungen mit ihrer besseren Befriedigung gebrauchen können. Ich werde
nemlich gegen das Ende dieses Hauptstückes aus einer Erfahrung in mathematischer Schärfe darthun: daß in der
Natur wirklich Kräfte, die das Quadrat der Geschwindigkeit haben, zu finden seyn.

Hierauf können diese Herren aus dem Resultat aller
Beweise des zweyten Hauptstückes sich überführen: daß
eine dergleichen Kraft nicht könne eine Wirkung der äufferlichen mechanischen Ursache seyn, weil, wenn man die Kraft
nur als eine Wirkung derjenigen Ursache zuläßt, die die Bewegung zuwege gebracht hat, keine andere Schätzung statt
haben könnte, als die nach der bloßen Geschwindigkeit.
Dieses wird sie hernach auf die Art und Weise leiten, wie
diese Kraft aus der inneren Naturkraft des Körpers entspringen könne, und sie allmählig in diejenige Betrachtungen hineinführen, die ich über das Wesen der lebendigen
Kräfte angestellet habe.

§. 128.

Herr Bernoulli hat schon diese Begriffe gehabt.

Ich habe gesagt, daß die freye, und aus dem innern des Körpers fortgesetzte, Dauer der Kraft, das wahrhafte Merkmal sey, woraus man einzig und allein abnehmen könne, daß dieselbe lebendig sey; und das Quadrat zum Maaße habe. Ich bin ungemein erfreut, diesen Gedanken auf das genaueste in derjenigen Abhandlung des Herrn Johann Bernoulli anzutreffen, welche wir oben angeführet haben. Er hat seine Meynung als ein bloßer Geometrer, zwar nicht in der rechten Sprache der Metaphysik, aber dennoch vollkommen deutlich ausgedrücket: Vis viva, spricht er, est aliquid reale et substantiale, quod per se subsistit, et quantum in se est, non dependit ab alio; — — — Vis mortua non est aliquid absolutum, et per se durans etc. etc.

Diese Anführung gereichet meiner Betrachtung zu nicht geringem Vortheil. Der Mathematikkundige siehet sonst die Schlüsse, von denen er glaubt, daß sie aus spitzfündigen metaphysischen Unterscheidungen herfließen, mit einem gewissen Mißtrauen, welches ihn nöthiget seinen Beyfall aufzuschieben, und ich müßte besorgen, daß er es auch in Ansehung der meinigen thun möchte; allein hier liegt die Sache so am Tage, daß sie sich dem strengsten Geometrer in seiner mathematischen Erwegung von selber darstellet.

Ich erstaune, *) daß, da Herr Bernoulli in dem Begriffe von der lebendigen Kraft diese Erleuchtung hatte, es ihm möglich gewesen ist, sich in der Art und Weise so sehr zu verirren, dadurch er diese Kraft beweisen wollte. Er hätte leichtlich abnehmen können, daß er sie in denen Fällen nicht finden würde, die in Ansehung dieses realis et substantialis, quod per se subsistit, et est absolutum aliquid, un-

U 3 be-

*) Aber er hat sie nicht in den tüchtigen Gründen aufgesucht.

bestimmt seyn, oder in denen diejenige Bestimmungen, welche hierauf führen sollen, nicht anzutreffen sind; denn dasselbe ist ja, wie er es selber einsahe, das Geschlechtsmerkmal der lebendigen Kraft, und dasjenige, was in Ansehung dieses Charakters unbestimmt ist, kann auch nicht auf die lebendige Kraft führen. Indessen meynte er sie in dem Falle der, zwischen zwey ungleiche Körper sich ausstreckenden Feder, anzutreffen, darinn nicht allein nichts zu finden ist, was vielmehr auf die, durch obiges Unterscheidungszeichen bemerkte, lebendige Kraft, als auf die so genannte todte führen sollte, sondern sogar alle Kraft, die in der Einrichtung seines Beweises vorkommt, etwas ist, quod non est aliquid absolutum, sed dependet ab alio.

Wir werden hiedurch nochmals überführt wie gefährlich es sey, sich dem bloßen Ausgange des Beyfalls in einem zusammengesetzten und scheinbaren Beweise zu überlassen, ohne den Leitfaden der Methode, die wir §. 88, 89, 90. angepriesen, und mit großem Nutzen gebraucht haben, d. i. wie unumgänglich nothwendig es sey, die der Sache, welche das Subjekt des Beweises ist, nothwendig anhängende Begriffe, zum voraus zu erwegen, und hernach zu untersuchen, ob die Bedingungen des Beweises auch die gehörige Bestimmungen in sich schließen, die auf die Festsetzung dieser Begriffe abzielen.

§. 129.

Die lebendige Kräfte sind von zufälliger Natur.

Wir haben erwiesen: daß das Daseyn der lebendigen Kräfte in der Natur sich auf der Voraussetzung allein gründe, daß es darinn freye Bewegungen giebt. Nun kann man aber aus den wesentlichen und geometrischen Eigenschaften eines Körpers kein Argument ausfindig machen, welches ein solches Vermögen zu erkennen geben sollte, als zu Leistung einer freyen und unveränderten Bewegung erfordert wird, nach demjenigen, was wir in Ansehung dessen in dem

dem vorhergehenden ausgemacht haben. Also folget: *) daß
die lebendigen Kräfte nicht als eine nothwendige Eigenschaft
erkannt werden, sondern etwas hypothetisches und zufälli-
ges sind. Herr von Leibnitz erkannte dieses selber, wie er
es insonderheit in der Theodicee bekennet; und Herr Nico-
laus Bernoulli bestätiget es durch die Manier, die man,
wie er meynet, brauchen muß, die lebendigen Kräfte er-
weislich zu machen; nemlich daß man die Grundäquation
voraussetzen müsse d v — p d t, in welcher d v das Element
der lebendigen Kraft, p der Druck der die Geschwindigkeit
erzeuget, und d t das Element der Zeit, darinn der Druck
die unendlich kleine Geschwindigkeit hervorgebracht hat, anzeiget. Er sagt **) dieses sey etwas hypothetisches, welches man annehmen müsse. Die andern Verfechter der lebendigen Kräfte, die sich einen Gewissensscrupel daraus
machten, anders zu urtheilen, als Herr von Leibnitz, haben aus demselben Tone gesungen. Und dennoch haben sie
die lebendigen Kräfte in denen Fällen gesuchet, die durchaus
geometrisch nothwendig seyn, und auch darinn zu finden
vermeynet; welches gewiß äusserst zu verwundern ist.

Herr Herrmann ***) versuchte es auf die gleiche Art,
ohne daß er sich durch die Zufälligkeit der lebendigen Kräfte
irre machen ließe. Allein die vorhergefaßte gute Meynung
von Leibnitzens Gedanken, und der Vorsatz durchaus zum
Zwecke zu kommen, leitete ihn in einen Fehlschluß, der gewiß anmerkungswürdig ist. Mich dünkt, es sollte nicht
leichtlich jemand gefunden werden, dem es einfallen sollte,
also zu schließen: die zwey Größen a und b soll man zusammen nehmen, und in ihrer Verbindung betrachten, ergo
muß man sie zusammen multipliciren; und dennoch geschahe

U 4   dieses

---

*) Dieses haben auch die Leibnitzianer erkannt.

**) Und dennoch suchen sie sie in geometrischnothwendigen Wahr-
heiten.

***) Sonderbarer Fehltritt des Herrn Herrmanns in dieser Ma-
terie.

dieses recht nach dem Buchstaben, von Herrn Herrmann, der ein so großer Meister im Schließen war. „Weil der, „sagt er, der im Fallen ein neues Element der Kraft em- „pfängt, doch schon eine Geschwindigkeit hat, so muß man „diese doch auch mit in Betrachtung ziehen. Man wird also „die Geschwindigkeit, die er schon hat, seine Mässe M, „und das Element der Geschwindigkeit, oder welches einer- „ley ist, das Product aus der Schwere G in die Zeit, d. i. „gdt zusammen setzen. Ergo ist dv, oder das Element „der lebendigen Kraft, gleich gMdt, d. i. dem Product „aus denen hier bezeichneten Größen.

§. 130.

Die Erfahrung bestätigt die successive Lebendig-werdung.

Unser Lehrgebäude führet mit sich, daß ein frey und gleichförmig bewegter Körper in dem Anfange seiner Bewe- gung noch nicht seine größeste Kraft habe, sondern daß die- selbe größer sey, wenn er sich eine Zeitlang schon beweget hat. Mich dünkt, es sind jedermann gewisse Erfahrungen bekannt, die dieses bestätigen. Ich habe selber befunden: daß bey vollkommen gleicher Ladung einer Flinte, und bey genauer Uebereinstimmung der andern Umstände, ihre Kugel viel tiefer in ein Holz drang, wenn ich dieselbige einige Schritte vom Ziele abbrannte, als wenn ich sie nur einige Zolle davon in ein Holz schloß. Diejenige, die bessere Ge- legenheit haben als ich Versuche anzustellen, können hierüber genauere und besser abgemessene Proben machen. Indessen lehrt doch also die Erfahrung, daß die Intension eines Kör- pers, der sich gleichförmig und frey bewegt, in ihm wachse, und nur nach einer gewissen Zeit ihre rechte Größe habe, de- nen Sätzen gemäß, die wir hievon erwiesen haben.

§. 131.

Nunmehr nachdem wir das Fundament einer neuen Kräftenschätzung gelegt haben, sollten wir uns bemühen,

diese

diejenige Gesetze anzuzeigen, die mit derselben insonderheit verbunden seyn, und die gleichsam das Gerüste zu einer neuen Dynamick ausmachen.

Ich bin in dem Besitze, einige Gesetze darzulegen, nach denen die Vivification oder Lebendigwerdung der Kraft geschiehet; allein, da diese Abhandlung den ersten Plan dieser so neuen und unvermutheten Eigenschaften der Kräfte zu entwerfen, bemühet ist, so muß ich mit Recht besorgen, daß meine Leser, die vornemlich begierig sind von dem Hauptwesen gewiß gemacht zu werden, sich mit Verdruß in einer tiefen Untersuchung einer Nebensache verwickelt sehen möchten, zumal, da es Zeit genug ist, sich darinn einzulassen, wenn das Hauptwerk erstlich genugsam gesichert, und durch Erfahrungen bewähret ist.

Diesem zufolge, werde ich nur die allgemeinsten und beobachtungswürdigsten Gesetze, die mit unserer Kräftenschätzung verknüpfet sind, und ohne die ihre Natur nicht wohl kann begriffen werden, mit möglichster Deutlichkeit zu eröffnen bemühet seyn.

§. 132.

Folgende Anmerkung leget ein ganz unbekanntes Dynamisches Gesetze dar, und ist in der Kräftenschätzung von nicht gemeiner Erheblichkeit.

Es gilt nicht bey allen Geschwindigkeiten überhaupt die Lebendigwerdung der Kr.

Wir haben gelernet: daß ein Körper, der im Ruhestande wirket, nur einen todten Druck ausübe, der von dem Geschlechte der lebendigen Kräfte ganz unterschieden ist, und auch nur die schlechte Geschwindigkeit zum Maaße hat; womit auch so wohl der ganze Anhang der Cartesianer, als Leibnizens Schüler übereinstimmen. Ein Körper aber, dessen Geschwindigkeit unendlich klein ist, bewegt sich eigentlich

U 5   gar

gar nicht, und hat also eine im Ruhestande bestehende Kraft; also hat sie das Maaß der Geschwindigkeit schlechthin.

Wenn wir also die, zum Geschlechte der lebendigen Kräfte gehörige, Bewegungen bestimmen wollen: so müssen wir sie nicht über alle Bewegungen ausdehnen, deren Geschwindigkeit so groß oder klein seyn kann, als man will, d. i. ohne daß ihre Geschwindigkeit dabey bestimmt ist. Denn alsdenn würde bey allen ins unendliche kleinern Graden Geschwindigkeit dasselbe Gesetze wahr seyn, und die Körper würden auch bey unendlich kleiner Geschwindigkeit eine lebendige Kraft haben können, welches kurz vorher falsch befunden worden.

Die Geschwindigkeit muß hiebey bestimmt seyn.

Demnach gilt das Gesetze der Quadratschätzung nicht über alle Bewegungen, ohne Betrachtung ihrer Geschwindigkeit, sondern diese kommt dabey mit in Anschlag. Daher wird bey einigen Graden Geschwindigkeit, die mit denenselben verbundene Kraft, nicht lebendig werden können, und es wird eine gewisse Größe der Geschwindigkeit seyn, mit welcher die Kraft allererst die Vivification erlangen kann, und unter welcher in allen kleinern Graden bis zur unendlich kleinen, dieses nicht angehet.

Folglich ist auch nicht ohne Unterschied mit allen Geschwindigkeiten eine freye Bewegung möglich.

Weil ferner die völlige Lebendigwerdung der Kraft die Ursache der freyen und immerwährenden Erhaltung der Bewegung ist, so folget, daß diese auch nicht bey allen Geschwindigkeiten ohne Einschränkung möglich sey, sondern daß dieselbe die gleichfalls bestimmt seyn muß, d. i. es müsse die Geschwindigkeit eine gewisse bestimmte Größe haben, wenn der Körper mit derselben eine immerwährende, un-

verän-

veränderte und freye Bewegung leisten soll; unter diesem bestimmten Grade würde bey allen kleineren Graden dieses nicht möglich seyn, bis bey unendlich kleinem Grade Geschwindigkeit diese Eigenschaft ganz verschwindet, und die Dauer der Bewegung nur etwas augenblickliches ist.

Also wird die Regel der freyen und unverminderten Fortsetzung der Bewegung nicht überhaupt, sondern nur von einem gewissen Grade Geschwindigkeit an, gelten, unter demselben werden alle kleinere Grade der Bewegungen sich von selber aufzehren und verschwinden, bis bey unendlich kleinen Grade die Bewegung nur einen Augenblick dauert, und einer immerwährenden Ersetzung von draussen nöthig hat. Daher gilt Newtons Regel in seiner unbestimmten Bedeutung nicht von den Körpern der Natur: Corpus quodvis pergit in statu suo, vel quiescendi, vel movendi, uniformiter, in directum, nisi a causa externa statum mutare cogatur.

§. 133.
Die Erfahrung bestätigt dieses.

Die Erfahrung bestätigt diese Anmerkung, denn wenn die unendlich kleine Geschwindigkeit lebendig werden könnte, so müßte sie, wegen der Proportion gegen die Lebendigwerdung der endlichen Kräfte, in unendlich kleiner Zeit lebendig werden. §. 122. also würden zweene Körper, wenn sie nur allein den Druck der Schwere ausübeten, zwar nur ihren Geschwindigkeiten proportionale Kräfte haben — aber, so bald sie nur von ganz unmerklich kleinen Höhen herabgelassen würden, so müßte ihre Kraft sogleich wie das Quadrat derselben seyn. Welches dem Gesetze der Continuität und der Erfahrung entgegen ist; denn wie wir schon erwähnet haben, so hat ein Körper, der ein Glas durch sein Gewicht nicht zerbricht, auch nicht die Kraft es zu zerbrechen, wenn man es eine ungemein kleine Entfernung davon auf dasselbe fallen läßt, und 2 Körper, die einander gleich wiegen, werden

sich

sich auch das Gleichgewicht halten, wenn man sie gleich beyde ein wenig auf die Waagschalen fallen läßt, da doch, wofern jenes statt hätte, alsdenn hier ein ungemeiner Ausschlag erfolgen müßte.

Anwendung auf die Bewegung in medio resistente.

Diese Regel muß also in Bestimmung der Regeln, von dem Widerstande des Mittelraumes, darinn Körper sich frey bewegen, hinführo mit in Anschlag kommen. Denn, wenn die Geschwindigkeit schon sehr klein zu werden anfängt, so thut der Mittelraum nicht mehr so viel zur Verringerung der Bewegung, als vorher, sondern dieselbe verliert sich zum Theil von selber.

§. 134.
Ob die Lebendigwerdung und freye Bewegung in allen größern Graden der Geschwindigkeit ins unendliche möglich sey.

Wir sind in dem Mittelpunkte der artigsten Aufgaben, welche die abstracte Mechanik vorher niemals hat gewähren können.

Wir haben die Frage aufgeworfen, ob die Körper auch bey allen Geschwindigkeiten, sie mögen so klein seyn, wie sie wollen, zur völligen Lebendigwerdung der Kraft gelangen, und ihre Bewegungen unverändert frey fortsetzen können. Jetzt wollen wir untersuchen, ob sie auch dieselbe in allen höhern Graden der Geschwindigkeit ins unendliche zu leisten, vermögend seyn, das ist, ob die Körper, die, ihnen ertheilte Bewegung frey fortsetzen und unvermindert erhalten, folglich zur völligen Lebendigwerdung der Kraft gelangen können, die Geschwindigkeit, die ihnen ertheilt worden, mag so groß seyn, wie sie wolle.

Weil

Weil die Lebendigwerdung, und die darauf sich grün-
dende unvermindert freye Fortsetzung der Bewegung, ein
Erfolg der innern Naturkraft des Körpers ist, folglich allemal voraußsetzet, daß diese vermögend sey, jene in sich hervorzubringen, und zu dem erforderlichen Grade der Intension von selber zu gelangen, so kommt es bey der Leistung
aller ins unendliche höhern Graden der lebendigen Kraft, einzig und allein auf die Größe und das Vermögen dieser Naturkraft an. Nun ist aber keine Größe der Natur wirklich
unendlich, wie dieses die Metaphysik auf eine unbetrügliche
Art parthut: also muß die besagte Naturkraft eines jeden
Körpers eine bestimmte endliche Quantität haben. Daher
ist ihr Vermögen zu wirken auch in ein endliches Maaß eingeschränkt, und es folget: daß sie ihre Fähigkeit, lebendige Kräfte bey immer größern Graden Geschwindigkeit aus
sich hervorzubringen, nur bis auf ein gewisses endliches Ziel
erstrecken werde, das ist, daß der Körper nicht ins unendliche, bey allen Graden Geschwindigkeit, die Kraft mit derselben in sich lebendig machen, und folglich derselben unendliche und unverminderte Fortdauer in freyer Bewegung leisten könne, sondern daß dieses Vermögen des Körpers allemal nur bis auf eine gewisse Größe der Geschwindigkeit gel-
te, so daß in allen höhern Graden über dieselbe das Vermögen des Körpers weiter nicht zureicht, die derselben gemäße
Vivification zu vollführen, und eine so große Kraft aus sich
hervorzubringen.

§. 135.
Was in Ansehung der freyen Bewegung hier-
aus erfolge.

Hieraus fließet: daß, wenn dieser Grad bestimmt ist,
der Körper, wenn ihn eine äußerliche Ursache mit größerer
Geschwindigkeit antreibt, zwar derselben nachgeben, und so
lange, als der Antrieb von draussen dauert, diese Geschwindigkeit der Bewegung annehmen werde, allein, so bald jene

 abläßt,

abläßt, auch so fort denjenigen Grad von selber verlieren
müsse, der über die bestimmte Maaße ist, und nur denjenigen übrig behalten, und frey und unvermindert fortsetzen
werde, welcher der Körper nach dem Maaße seiner Naturkraft in sich lebendig zu machen vermögend ist.

Der Körper Fähigkeit in Ansehung dessen ist verschieden.

Ferner ergiebt sich hieraus: daß es möglich, und auch
wahrscheinlich sey, daß unter der großen Mannigfaltigkeit
der Körper der Natur dieser ihre Naturkraft in verschiedenen
Körpern von verschiedener Größe seyn werde, folglich, daß
einer von denselben eine gewisse Geschwindigkeit frey fortzusetzen, vermögend sey, wozu doch des andern Naturkraft
nicht zulanget.

Summa.

Es sind also zwey Grenzen, darinnen die Größe derjenigen Geschwindigkeit eingeschlossen ist, bey welcher die
Lebendigwerdung der Kraft eines gewissen Körpers bestehen
kann, die eine unter welcher, die andere über welcher, die Lebendigwerdung und freye Bewegung nicht mehr kann erhalten
werden.

§. 136.
Die lebendige Kraft kann zum Theil ohne Wir-
kung verschwinden.

Wir haben §. 121. gelernet: daß die Kraft eines Körpers, wenn sie lebendig geworden ist, viel größer sey, als
diejenige mechanische Ursache war, die ihm die ganze Bewegung gegeben hatte; und daß daher ein Körper mit 2 Graden Geschwindigkeit 4 Grade Kraft habe, obgleich die äusserlichen Ursachen seiner Bewegung, nach Anweisung der
Jurinischen Methode, §. 110. in ihn nur mit 2 Graden

Kraft

Kraft gewirket hat. Jetzt wollen wir erklären: wie eine Hinderniß, deren Gewalt viel kleiner ist, als die Kraft, die der Körper hat, ihm dennoch seine ganze Bewegung nehmen könne, und daß folglich, so wie die lebendige Kraft im ersteren Falle zum Theil von selber entstehet, also auch im zweyten sich von selber in der Ueberwältigung einer Hinderniß, die viel geringer ist, als sie, verzehren könne.

Beweiß.

Dieses zu beweisen, dürfen wir nur den Jurinischen Fall §. 110. umkehren. Es bewege sich nemlich der Kahn A B von C gegen K, mit der Geschwindigkeit wie 1. Ferner wollen wir setzen: die Kugel E bewege sich in derselben Richtung, nemlich C B, aber in freyer Bewegung und mit lebendiger Kraft, mit einer Geschwindigkeit wie 2, folglich wird diese Kugel die Hinderniß R, die hier durch eine Feder vorgestellet wird, und deren Kraft wie 1 ist, nur mit einem einfachen Grade Geschwindigkeit treffen; denn was den andern Grad betrift, so bewegt er sich nicht mit demselben in Ansehung dieser Hinderniß, weil diese eben dieselbe Bewegung nach einerley Richtung gleichfalls hat, folglich dem Körper nur ein Grad Bewegung in Relation gegen dieselbe übrig bleibet. Bey einfachem Grade Geschwindigkeit aber ist die Kraft auch nur wie 1, folglich stößt die Kugel mit einer Kraft wie 1 auf die Hinderniß, welche ebenfalls eine einfache Kraft hat, und wird also durch dieselbe diesen seinen Grad Geschwindigkeit und Kraft verlieren. Es bleibt ihm alsdenn aber nur ein Grad absolute Bewegung, und folglich auch nur ein Grad Kraft übrig, die mithin wiederum durch eine andere Hinderniß, welche wie 1 ist, mag vernichtet werden; folglich kann ein Körper, in dem wir eine lebendige Kraft setzen, und der also mit 2 Graden Geschwindigkeit 4 Grade Kraft hat, von zwey Hindernissen zur Ruhe gebracht werden, die jede nur 1 Grad Kraft haben, mithin müssen auf diese Weise 2 Grade in ihm von selber ver-

schwin-

schwinden, ohne durch äußerliche Ursachen aufgehoben und
gebrochen zu werden.

§. 137.

Die Umstände, unter welchen ein Körper einen Theil
seiner lebendigen Kraft ohne Wirkung verschwendet, sind also diese: daß zwey oder mehr Hindernisse ihm nach einander auf solche Weise Widerstand thun, daß jedwede nicht der
ganzen Geschwindigkeit des bewegenden Körpers, sondern
nur einem Theile derselben sich entgegensetzet, wie die Auflösung des vorigen §. es zu erkennen giebt.

Erklärung dieses Satzes nach unseren Begriffen der lebendigen Kraft.

Wie dieses mit unsern Begriffen von der lebendigen
Kraft zusammenstimme, läßt sich auf folgende Weise ohne
Schwierigkeit begreifen. Wenn die Geschwindigkeit eines
Körpers in ihre Grade zertheilt wird, so ist die lebendige
Kraft, die bey einem von diesen Graden von den andern abgesondert anzutreffen ist, und welche also der Körper auch
anwendet, wenn er mit diesem Grade ganz allein ohne die
übrigen wirket, wie das Quadrat dieses Grades; wenn er
aber mit seiner ganzen Geschwindigkeit unzertheilt und zugleich wirket, so ist die ganze Totalkraft, wie das Quadrat
derselben, folglich derjenige Theil der Kraft, der dem be-
nannten Grade Geschwindigkeit zukommt, wie das Rectangulum aus diesem Grade, in die ganze Geschwindigkeit, welches eine viel größere Quantität ausmacht, als die in dem
vorigen Falle war. Denn, wenn wir z. E. die ganze Geschwindigkeit aus zwey Graden bestehend, annehmen, welche dem Körper eine nach der andern zertheilt worden, so erhob sich die lebendige Kraft, da die Geschwindigkeit noch 1
war, nur zu einer Größe wie 1; nachdem aber der zweyte
Grad hinzu kam, so entsprang in demselben nicht allein wiederum ein Grad Kraft, der diesem zweyten Grade Geschwindigkeit

digkeit allein proportionirt ist, sondern die Naturkraft erhob die Intension noch in derselben Proportion, darinn die Geschwindigkeit wuchs, und machte, daß die lebendige Kraft bey der gesammten Geschwindigkeit 4fach wurde, da doch die Summe der Kräfte bey allen abgesonderten Graden, nur 2 fach gewesen seyn würde, folglich, daß ein jeder Grad, in der verbundenen Wirkung mit den übrigen, 2 Grade Kraft ausüben konnte, da ein jeder vor sich in abgesonderter Wirkung nur eine einfache hatte. Daher wenn ein Körper, der eine lebendige, folglich mit 2facher Geschwindigkeit 4 Grade Kraft hat, seine ganze Geschwindigkeit nicht zugleich, sondern einen Grad nach dem andern anwendet: so übet er nur eine zwiefache Kraft aus, die übrigen 2 aber, die dem Körper bey der gesammten Geschwindigkeit beywohneten, verschwinden von selber, nachdem die Naturkraft aufhöret sie zu erhalten, eben so, wie sie bey ihrer Erzeugung gleichfalls aus dieser Naturkraft von selber hervorgebracht worden.

§. 138.

Diese Anmerkung belohnet unsre Mühe mit wichtigen Folgerungen.

Folgerungen.

1. Wir werden die vollständige Wirkung der lebendigen Kraft nirgends antreffen, als wo die Hinderniß der ganzen Geschwindigkeit, des, mit lebendiger Kraft eindringenden Körpers zugleich Widerstand thut, und alle Grade derselben zusammen erduldet.

2. Wo im Gegentheil die Hinderniß sich nur einem Grade derselben allein widersetzet, folglich die ganze Geschwindigkeit nicht anders, als in zertheilten Graden, nach und nach erduldet, da gehet ein großer Theil der lebendigen Kraft von selber verlustig, ohne daß er durch die Hinderniß vernichtiget worden, und man würde sich betrügen, wenn man glaubete, die Hinderniß, die auf diese Weise die ganze Bewegung verzehret, habe auch die ganze Kraft selber gebrochen.

X   Die

Dieser Verlust ist jederzeit um desto beträchtlicher, je kleiner der Grad Geschwindigkeit, den die Hinderniß erduldet, gegen die ganze Geschwindigkeit des bewegenden Körpers ist. Z. E. Es sey die Geschwindigkeit, in der der Körper seine lebendige Kraft hat, in 3 gleiche Grade zertheilet, deren jedwedem allein sich die Hinderniß auf einmal nur widersetzen kann, so ist, wenn gleich der Körper mit jedem dieser Grade besonders auch eine lebendige Kraft hat, die Kraft jeden Grades wie 1, folglich die Gewalt der Hinderniß, die diese 3 nach einander überwindet, auch wie 3; die ganze lebendige Kraft aber dieses Körpers war wie das Quadrat von 3, d. i. wie 9: folglich sind auf diese Weise 6 Grade Kraft, d. i. $\frac{2}{3}$ vom ganzen ohne äußerlichen Widerstand von selber verlohren gegangen. Im Gegentheil, wenn wir eine andere Hinderniß nehmen, die nicht das Drittheil, sondern die Hälfte besagter ganzen Geschwindigkeit auf einmal erduldet, folglich die ganze Bewegung nicht in 3, sondern in 2 getrennten Graden verzehret, so ist der Verlust, den die lebendige Kraft hiebey außer demjenigen erduldet, was diese Hinderniß verzehret, nur wie 2, d. i. $\frac{1}{2}$ vom ganzen, folglich kleiner als im vorigen Falle. Auf gleiche Weise, wenn der Grad, dem die Hinderniß auf einmal widerstrebet, $\frac{1}{7}$ von der ganzen Geschwindigkeit ist, so verschwendet der Körper $\frac{7}{7}$ von der ganzen Kraft, davon die Ursache nicht in der Hinderniß zu suchen ist, und so ins unendliche

3. Wenn der Grad Geschwindigkeit, dem die Hinderniß sich in jedem Augenblick entgegensetzet, nur unendlich klein ist: so ist alsdenn gar keine Spur einer lebendigen Kraft mehr in den überwältigten Hindernissen zu finden, sondern, weil alsdenn jeder einzelne Grad nur in Proportion seiner schlechthin genommenen Geschwindigkeit wirket, und die Summe aller Grade der ganzen Geschwindigkeit gleich ist, so ist die ganze Wirkung der Kraft des Körpers, ob sie gleich lebendig ist, doch nur der schlechten Geschwindigkeit proportionirt, und die ganze Größe der lebendigen Kraft verschwindet

det von selber völlig, ohne eine ihr gemäße Wirkung auszuüben, nemlich, da sie eigentlich wie eine Fläche ist, die aus
dem Flusse derjenigen Linie, die die Geschwindigkeit vorstellet, erzeuget worden, so verschwinden alle Elemente dieser
zweyten Abmessung nach und nach von selber, und es thut
sich in der Wirkung keine andere Spur einer Kraft hervor,
als die nur der erzeugenden Linie, d. i. der Geschwindigkeit
schlechthin proportionirt ist.

4. Also findet sich nirgends eine Spur einer lebendigen Kraft in den verübten Wirkungen, oder überwältigten
Hindernissen, wenn gleich der Körper wirklich eine lebendige
Kraft hat, als nur da, wo das Moment der Geschwindigkeit, womit die Hinderniß widerstrebet, von endlicher Größe ist; aber auch alsdenn doch nicht ohne diese wichtige Bedingung, nemlich, daß auch diese Größe der Geschwindigkeit nicht so klein seyn mag, als sie wolle, denn wir wissen
aus dem 132. §. daß eine gewisse Quantität derselben erfordert werde, damit der Körper, der sich mit derselben beweget, eine lebendige Kraft haben könne, und wenn das Moment der Widerstrebung der Hinderniß nach Maaßgebung
derselben zu klein ist, in derselben auch keine Wirkung der lebendigen Kraft könne verspüret werden.

Den höchst erheblichen Nutzen dieser Anmerkung, werden wir insonderheit gegen das Ende dieses Hauptstückes ver-
nehmen, woselbst sie dienen wird, die vornehmste Erfahrung, die die lebendigen Kräfte beweiset, recht zu erleuch-
ten und bewährt zu machen.

§. 139.

Die Phänomena derer Körper, die die Schwere überwinden, beweisen keine lebendige Kraft, dennoch streiten sie nicht dawider.

Da das Moment der Schwerdrückung nur mit unend-
lich kleiner Geschwindigkeit geschiehet, so erhellet vermittelst

der dritten Nummer des vorigen §. gar deutlich, daß ein
Körper, der seine Bewegung aufwendet, indem er die Hindernisse der Schwere überwindet, gegen dieselbe nur eine
Wirkung ausüben werde, die seiner Geschwindigkeit schlechthin proportionirt ist, obgleich die Kraft selber sich wie das
Quadrat dieser Geschwindigkeit verhält, demjenigen ganz gemäß, was auch die Erfahrung hievon zu erkennen giebt, wie
wir es im vorigen Hauptstücke ausführlich, und mehr als
auf eine Weise gesehen haben.

Sehet also hier sogar eine Erfahrung, die kein anderes
als Cartesens Gesetze zuzulassen scheinet, und welches auch in
der That eigentlich keine Merkmale von irgend einer anderen
Schätzung als von dieser von sich zeiget, gleichwohl aber
bey genauer Erwegung der Quadratschätzung, wenn sie in
ihrer richtigen Bedeutung genommen wird, nicht widerstreitet, sondern ihr dennoch Platz läßt.

Also widerleget die Wirkung, welche senkrecht in die
Höhe steigende Körper verüben, indem sie die Hindernisse der
Schwere überwinden, zwar Leibnitzens Schätzung ohne alle
Widerrede, allein unsre lebendigen Kräfte beweiset sie zwar
eigentlich nicht; jedennoch hebet sie dieselbe auch nicht auf.
Indessen, wenn wir unsre Aufmerksamkeit nur genau hierauf
richten, so werden wir auch sogar daselbst noch einige Strahlen von unserer Schätzung antreffen. Denn der Körper würde seine ihm beywohnende Bewegung nicht frey fortsetzen,
und dieselbe so lange selber erhalten können, bis die äußerliche Widerstrebung sie ihm nach und nach nimmt, wo er nicht
diejenige innerliche Bestrebung oder Intension aus sich selbst
hervorbrächte, die zugleich der Grund der freyen Bewegung,
und auch der lebendigen Kraft ist.

§. 140.
Hierauf gegründete Proben.

Aus dem bis daher erwiesenen, ersehen wir zugleich die
Ursache des wohlbekannten Kunststückes, wie man fast unbezwing-

zwingliche Gewalten durch gar geringe Hinderniſſe aufheben
könne. Wenn nemlich die Gewalt, die man brechen ſoll,
auf einer lebendigen Kraft beruhet, ſo ſetzet man ihr nicht
eine Hinderniß entgegen, die ihren Widerſtand auf einmal
thut, und plötzlich muß gebrochen werden, denn dieſe müßet
oftermals unermeßlich groß ſeyn, ſondern vielmehr eine ſolche, welche die Kraft nur in ihren kleinern Graden der Geſchwindigkeit nach und nach erduldet und aufzehret; denn
auf dieſe Weiſe wird man durch ganz unbeträchtliche Wider-
ſetzungen erſtaunlich große Gewalten vereiteln; gleichwie man
z. E. die Stöße der Mauerbrecher durch Wollſäcke zernichtet
hat, welche Mauern würden zermalmet haben, wenn ſie unmittelbar auf dieſelbe getroffen hätten.

§. 141.

Weiche Körper wirken nicht mit ihrer ganzen Kraft.

Ferner erhellet: daß die Körper, welche weich ſind,
und ſich im Anlaufe leichtlich zuſammendrücken, lange nicht
alle ihre Kraft durch den Stoß anwenden werden, und daß
ſie vielmals gar geringe Wirkungen verüben, welche doch bey
eben derſelben Kraft und Maſſe, aber größerer Härtigkeit,
ungleich größer ſeyn würden. Ich weiß wohl, daß noch andere Urſachen dazu kommen, die außer derjenigen, von welcher wir reden, zu dieſem Verluſte das ihre beytragen, oder
vielmehr machen, daß einer zu ſeyn ſcheinet, aber unſere
angeführte iſt unſtrittig die vornehmſte, und zwar eines
wahrhaften Verluſtes.

§. 142.

Aufgeworfene Frage, ob die Wirkung der Körper ohne Unterſchied ihrer Maſſe ihrer lebendigen Kraft proportional ſeyn könne.

Nunmehro wollen wir unterſuchen, wie denn die Wirkung eines Körpers, der eine lebendige Kraft hat, deſſen

X 3   Maſſe

Maſſe man aber unendlich klein gedenket, ſeyn werde, denn dieſes giebt hernach zu erkennen, ob bey gleichen Umſtänden, wenn die Kräfte zweyer Körper beyde lebendig ſeyn, alle beyde auch die, dieſen lebendigen Kräften proportionale Wirkungen ausüben können, wenn man ſie in gleiche Umſtände ſetzet, die Maſſe des einen ſey auch ſo klein wie ſie wolle, oder ob vielmehr eines jeden Körpers Maſſe eine gewiſſe Gröſſe haben müſſe, ſo, daß, wenn man ſie kleiner machet, die Wirkung, die er verübet, ſeiner lebendigen Kraft nicht proportional ſeyn kann.

Das iſt wohl untrüglich: daß wenn ein Körper von endlicher Maſſe eine lebendige Kraft hat, ein jegliches ſeiner Theile, ſie mögen ſo klein ſeyn, wie ſie wollen, auch eine lebendige Kraft haben müſſe; und dieſe auch haben würde, wenn es ſich gleich von den andern abgeſondert bewegte; allein hier iſt die Frage, ob ein ſolches kleines, oder wie wir es hier annehmen wollen, unendlich kleines Theilchen, für ſich allein auch eine, ſeiner lebendigen Kraft proportionale Wirkung, in der Natur ausüben könne, wenn man es in die gleiche Umſtände ſetzet, darinn ein größerer in dieſer Proportion wirken würde. Wir werden befinden, daß dieſes nicht geſchehen könne, und daß ein Körper, der eine lebendige Kraft hat, wenn ſeine Maſſe kleiner iſt, als ſie nach Maaßgebung der Regel, die wir beweiſen wollen, ſeyn muß, in der Natur keine ſolche Wirkung verübe, die dieſer ſeiner lebendigen Kraft proportional iſt, ſondern, daß er um deſto weniger dieſer Proportion beykomme, je kleiner hernach die Maſſe iſt, bis, wenn die Maſſe unendlich klein iſt, der Körper mit derſelben nur in Proportion ſeiner Geſchwindigkeit ſchlechthin wirken kann, ob er gleich eine lebendige Kraft hat, und ein anderer Körper, mit eben derſelben Geſchwindigkeit und lebendigen Kraft, aber gehörig größer Maſſe, in gleichen Umſtänden eine Wirkung ausüben würde, die dem Quadrate ſeiner Geſchwindigkeit in die Maſſe multiplicirt gemäß wäre.

§. 143.

§. 143.
Beantwortung.

Die Sache kommt einzig und allein darauf an, daß alle Hinderniffe in der Natur, die von einer gewiffen Kraft follten gebrochen werden, derfelben nicht alfofort im Berührungspunkte gleich einen endlichen Grad der Widerftrebung entgegen fetzen, fondern vorher einen unendlich kleinen, und fo fortan bis nach dem unendlich kleinen Räumchen, welches die bewegende Kraft durchbrochen hat, der Widerftand, den fie antrift, endlich wird. Diefes fetze ich, Kraft der Uebereinftimmung der wahren Naturlehre voraus, ohne daß ich mich einlaffen will, die mancherley Gründe, die es beftätigen, hier anzuführen. Newtons Schüler nehmen daher Gelegenheit zu fagen, daß die Körper in andere wirken, wenn fie fich gleich noch nicht berühren. Diefem zu Folge treffen wir einen befondern Unterfchied, zwifchen der Wirkung, die ein Körperchen von unendlich kleiner Maffe, in folche Hinderniffe der Natur ausübet, und zwifchen derjenigen, die er verrichtet, wenn feine Maffe die beftimmte endliche Größe hat, wenn wir gleich den Unterfchied nicht achten, der ohnedem zwifchen den Kräften zweyer Körper ift, deren Maffen verfchieden feyn, und der fchon lange bekannt ift, fondern nur den in Betrachtung ziehen, der aus dem Begriffe unferer lebendigen Kräfte allein herfließet.

Wir wiffen nemlich fchon: daß, wenn der Körper gleich eine lebendige Kraft hat, diefe aber angewandt wird, die Hinderniß der Schwerdrückungen zu überwinden, feine Wirkung dennoch nur in Proportion der Gefchwindigkeit fchlechthin ftehe, und alle Intenfion, die das Merkmal der lebendigen Kraft ift, ohne Wirkung verfchwinde. Nun wirket aber der Gegendruck der Schwere mit unendlich kleiner Sollicitation, bis in das innerfte feiner Maffe; d. i. unmittelbar auf die unendlich kleinen Theile des bewegenden Körpers, alfo ift diefes fein Zuftand dem Zuftande desjenigen Körperchens gleich, der zwar mit lebendiger Kraft, aber

X 4 unend-

unendlich kleiner Masse gegen eine jegliche Hinderniß der Natur anläuft, denn dieser erduldet, wie wir angemerkt haben, auch hier allemal einen Widerstand, der, eben so wie bey der Schwere, mit unendlich kleiner Sollicitation ihm unmittelbar widerstrebet, folglich wird eine solche unendlich kleine Masse auch auf gleiche Weise seine lebendige Kraft in sich selbst verzehren, und bey jeder Hinderniß der Natur nur nach Proportion seiner Geschwindigkeit wirken.

Daß dieses aber nur dem unendlich kleinen Körper begegne, und dagegen einer von endlicher und bestimmter Masse in dieselbe Hinderniß, eine, seiner lebendigen Kraft gemäße Wirkung ausüben könne, erhellet klärlich daraus, weil, wie wir annehmen, daß die Hinderniß ihren Widerstand nur von aussen thut, und nicht wie die Schwere in das innerste wirket; folglich der endliche Körper daselbst, wo die unendlich kleine Widerstrebung der Hinderniß ihre ganze Geschwindigkeit verlohr, nur unendlich wenig, d. i. nichts verlieret; sondern seine Kraft nur gegen die endlichen Grade der Widerstrebung aufwendet, wozu jene nicht durchdringen kann, folglich in die Umstände gelanget, in welchen, wie wir §. 38. No. 4 gesehen haben, derjenige Körper seyn muß, der seine lebendige Kraft zu einer ihr proportionalen Wirkung anwenden soll.

§. 144.

Die Masse muß bestimmt seyn, mit welcher ein Körper, die seiner lebendigen Kraft proportionirte Wirkung ausüben kann, unter dieser Größe können kleinere Massen dieses nicht thun.

Da nun also die Wirkung des Körpers, der sich mit endlicher Kraft, aber unendlich kleiner Masse beweget, nirgend in der Natur dem Quadrat der Geschwindigkeit, sondern nur derselben schlechthin proportionirt ist, so folget, vermöge der Art zu schließen, die uns schon durch die öftmalige Ausübung bekannt seyn muß, daß man nicht allge-

mein

mein und ohne Einschränkung sagen könne: Dieser Körper
hat eine lebendige Kraft, folglich wird seine Wirkung bey
gehörigen *) Umständen, seiner lebendigen Kraft auch proportional seyn, die Masse mag sonsten so klein seyn, wie sie
wolle, sondern es wird eine gewisse Quantität der Masse dazu erfordert werden, daß man dieses sagen könne, und unter diesem bestimmten Maaße wird keine Wirkung eines solchen Körpers in die Hindernisse der Natur seiner lebendigen
Kraft proportionirt seyn können, sie mögen auch seyn, welche sie wollen; es wird aber die Wirkung um desto mehr von
der Verhältniß der lebendigen Kraft abgehen, je mehr die
Quantität der Massen unter diesem bestimmten Maaße ist,
in allen höhern Größen aber über dieselbe, versteht es sich
schon von selber, daß diese Abweichungen gar nicht angetroffen werde.

§. 145.

Es folgen hieraus nachstehende Anmerkungen: **)

1. Daß ein kleines Theilchen Materie, in fester Vereinigung mit einer großen Masse, mit lebendiger Kraft eine
ganz andere und ausnehmend größere Wirkung ausüben könne, als es allein und von derselben getrennet, verrichten
kann.

2. Daß dieser Unterschied dennoch nicht nothwendig
sey, sondern auf dieser zufälligen Eigenschaft der Natur be-
ruhe: daß alle ihre Hindernisse der Regel der Continuität
gemäß, schon von weitem, und mit unendlich kleinen Graden anheben, ehe sie ihre endliche Widerstrebung dem anlaufenden Körper entgegen setzen, daß aber diesem ungeachtet
die Natur schon keine andere Wirkung verstattet.

X 5   3. Daß

*) Nemlich in denenjenigen, darinnen ein anderer von größerer
  Masse, mit derselben Geschwindigkeit seine lebendige Kraft ganz
  anwendet.
**) Folgerungen.

3. Daß es nicht ohne Unterschied wahr sey: daß die Wirkungen zweyer Körper, deren Kräfte lebendig sind, und deren Geschwindigkeit gleich ist, sich bey gleichen Umständen wie ihre Masse verhalten; denn, wenn die eine von ihnen kleiner ist, als nach Maaßgebung der angeführten Regel seyn soll, so gehet ihre Wirkung noch dazu von dem Quadratmaaße der Geschwindigkeit ab; und ist also viel kleiner als, sie nach der Verhältniß der Massen allein hätte seyn sollen.

4. Daß sogar die Veränderung der Figur der Körper ohne Aenderung ihrer Masse verursachen könne, daß ihre Wirkung bey den angeregten Umständen die Proportion ihrer Geschwindigkeit habe, obgleich die Kraft die Verhältniß vom Quadrate derselben hat, und daß also ein Körper, der eine lebendige Kraft hat, eine viel kleinere Wirkung thun könne, blos deswegen, weil seine Figur geändert worden, ohne daß, weder seine Masse, noch Geschwindigkeit, noch lebendige Kraft, oder die Beschaffenheit der Hinderniß, im geringsten eine Veränderung erlitten. Z. E. So muß eine goldene Kugel mit lebendiger Kraft eine viel größere Wirkung thun, als wenn eben dieselbe goldene Masse mit gleicher Geschwindigkeit und Kraft, gegen dieselbe Hinderniß anliefe, aber so, daß sie vorher zu einem dünnen und weit ausgedehnten Goldblatt geschlagen worden. Denn obgleich hier in Ansehung der Kraft nichts verändert worden ist, so machet doch die Aenderung der Figur, daß seine kleinsten Theile die Hinderniß hier eben so treffen, als wenn sie von einander abgesondert, auf dieselbe gestoßen hätten, folglich, laut dem kurz vorher erwiesenen, lange nicht mit ihrer lebendigen Kraft, und derselben proportional wirken, sondern eine Wirkung ausüben, die dem Maaße der schlechten Geschwindigkeit entweder nahe kommt, oder mit ihr übereintrift; da im Gegentheil, wenn die Masse in der Figur einer soliden Kugel gegen die Hinderniß anläuft, sie auf eine so kleine Fläche derselben trift, daß die unendlich kleine Momente der Widersetzungen, welche sie in so kleinem Raume antrift,

antrift, nicht im Stande seyn, die Bewegung dieser Masse
aufzuzehren, folglich die lebendige Kraft unversehrt bleibt,
um einzig und allein gegen die endlichen Grade der Widerstrebung dieser Hinderniß angewandt zu werden; gleichwie
es dagegen klar ist, daß sie mit ihrer ersten Figur eine überaus große Fläche der Hinderniß decket, und folglich bey einerley Masse, einen unglaublich größern Widerstand, von
der unendlich] kleinen Solicitation, die in jedem Punkte der
Hinderniß anzutreffen ist, erleidet, und daher von dieser
leichter muß können aufgezehrt werden, mit, entweder gänz-
lichem, oder doch großem Verluste der lebendigen Kraft, welches auf die erstere Art nicht geschiehet.

§. 146.

Flüßigkeiten wirken in Proportion des Quadra-
tes der Geschwindigkeit.

Allein die wichtigste Folgerung, die ich aus dem jetzt
erwiesenen Gesetze ziehe, ist diejenige, welche ganz natürlicher Weise daraus herfließt, nemlich, daß flüßige Körper
durch den Stoß in Verhältniß des Quadrats ihrer Geschwindigkeit wirken, *) ob sie gleich, wenn die Wirkung hier ihren lebendigen Kräften proportional seyn sollte, solches nicht
nach dem Maaße des Quadrats, sondern des Würfels ihrer Geschwindigkeit thun müßten; und wie dieses unserer
Theorie der lebendigen Kräfte nicht entgegen sey, ob es gleich
die lebendigen Kräfte des Herrn von Leibnitz aufhebet, wie
Herr Jurin schon sehr wohl angemerket hat.

Wie dieses aus dem vorigen folge.

Denn die Flüßigkeiten sind in die feinsten Theile, welche für unendlich klein gelten können, zertheilet, und machen zusammen keinen zusammenhängenden festen Körper aus,
                                                    sondern

*) Wie es Herr Mariotte durch Versuche dargethan hat.

sondern wirken alle nach einander, ein jedes für sich, und von den übrigen abgesondert; folglich erdulden sie denjenigen Verlust der lebendigen Kraft, den die unendlich kleine Körperchen, wie wir angemerket haben, allemal erleiden, wenn sie gegen eine Hinderniß der Natur, sie sey welche sie wolle, anlaufen, und wirken also nur in Proportion ihrer Geschwindigkeit, ob ihre Kraft gleich wie das Quadrat derselben ist.

Herr Richter hat sich viel vergebliche Mühe gegeben, diesen Streich des Herrn Jurins abzuwenden. Seine Sache war hülflos, da sie an die Regel gebunden war: daß die Kräfte in keiner andern Proportion stehen, als derjenigen, darinn ihre Wirkungen sind.

Vom Widerstande des Mittelraumes.

Endlich begreifet auch jedermann hieraus leichtlich, woher die Körper mit freyer Bewegung und lebendiger Kraft, in einem flüßigen Mittelraume, nur in Proportion des Quadrates ihrer Geschwindigkeit Widerstand leiden, ohne daß hiedurch unseren lebendigen Kräften Eintrag geschiehet, obgleich es der Leibnitzschen Schätzung widerspricht, nach welcher dieser Widerstand dem Würfel der Geschwindigkeit proportionirt seyn müßte.

§. 147.
Wird durch die Erfahrung bestätigt.

Es sind unzählbare Erfahrungen, die die Regel bestätigen, von der wir bis daher geredet haben. Ob dieselbe gleich nicht so genau abgemessen seyn, so sind sie dennoch untrüglich, und haben die Uebereinstimmung eines allgemeinen Beyfalles.

Denn wofern wir unserer Regel nicht Platz einräumen, so müssen wir sagen: daß ein Körper, wenn er noch so klein und gering ist, eben so große Wirkung in gleichen Umständen durch den Anstoß thun würde, als eine große Masse,

wenn

wenn man nur ihre Geschwindigkeiten den Quadratwurzeln
ihrer Maſſen umgekehrt proportionirt machte, oder nach Carteſens Regel, wenn ſie ſich wie dieſe Maſſen ſelber umgekehrt verhielten. Allein die Erfahrung widerſpricht dieſem.
Denn jedermann iſt darinn einig, daß eine Pflaumfeder oder
ein Sonnenſtäubchen durch eine freye Bewegung nicht die
Wirkungen einer Kanonenkugel ausrichten würden, wenn
man ihnen gleich noch ſo viele Grade Geſchwindigkeit, als
man ſelber verlanget, zugeſtehen wollte; und niemand wird,
wie ich glaube, vermuthen, daß eines von denſelben die feſte
ſte Klumpen der Materie zertrümmern, und Mauern durch-
brechen könne, wenn ſie mit noch ſo großer Geſchwindigkeit
in freyer Bewegung auf dieſelbe treffen ſollten. Dieſes alles kann zwar durch keinen ordentlich angeſtellten Verſuch ge-
prüfet und beſtätiget werden, allein die unzählbaren Erfahrungen, die hievon in ähnlichen Fällen, obzwar nicht in ſo
großer Maaße vorkommen, verurſachen, daß niemand an
dem angeregten Erfolge zweifelt.

Nun iſt doch aber nicht zu leugnen, daß beſagte kleine
Körpertheilchen unter der angeführten Einrichtung ihrer Geſchwindigkeit nothwendig mit den großen Körpern gleiche Kraft
haben müßten, es ſey nach Carteſens oder Leibnitzens, oder
unſerm Kräftenmaaße: alſo bleibt kein ander Mittel übrig,
dieſes zu erklären, als, daß der kleine Körper eine viel kleinere Wirkung verüben müſſe, als nach Maaßgebung ſeiner
Kraft geſchehen ſollte, und daß ſeine lebendige Kraft größtentheils ohne Wirkung vereitelt wird, gerade ſo, wie wir
es §. 43. 44. 45. von demſelben bewieſen haben.

§. 148.

Die Bewegungen elaſtiſcher Körper heben Leibni-
tzens Schätzung, aber nicht die unſri-
ge auf.

Zu denjenigen Erfahrungen, welche keine Spur von
einer andern Schätzung, als nur der Carteſianiſchen, geben,

ben, und daher unferem Kräftenmaaße zu widerftreiten fcheinen, gehören endlich noch die Bewegungen elaftifcher Körper, durch den Stoß, wovon wir im vorigen Hauptftücke ausführlich gehandelt haben, und welche alle in ganz untrüglichen Verfuchen wahr befunden werden. Sie heben auch in der That die Quadratfchätzung des Herrn von Leibnitz gänzlich auf, vermöge der Vorausfetzung, die damit unzertrennlich verbunden ift: nemlich, daß die Wirkungen, in deren Hervorbringung die Kraft fich verzehret, diefer allemal gleich feyn. Unfere hat den wohlgegründeten Vorzug, diefem Gefetz nicht unterworfen zu feyn, und entgehet daher diefem Streiche.

Wir wiffen fchon aus dem vorigen: daß die lebendige Kraft nicht fo etwas ift, welches von drauffen durch eine äufferliche Urfache, z. E. durch einen Stoß, in einem Körper könne hervorgebracht werden; diefes kann uns fchon unterweifen: daß wir die lebendigen Kräfte der geftoßenen Körper nicht für die Wirkungen der ftoßenden anfehen, und diefe durch jene abzumeffen fuchen werden. Die Realauflöfung aber der ganzen Schwierigkeit, wo man ja eine noch hierinn anzutreffen vermeynt, beftehet im nachfolgenden.

§. 149.
B e w e i ß.

Alle Mechanikverftändige müffen wiffen: daß ein elaftifcher Körper in den andern nicht mit feiner ganzen Gefchwindigkeit auf einmal wirke, fondern durch eine fortgefetzte Häufung der unendlich kleinen Grade, die er in denfelben nach einander hineinbringt. Ich habe nicht nöthig, mich in die befondern Urfachen hievon einzulaffen, genug für mich, daß ich hierinn den einftimmigen Beyfall auf meiner Seite habe, und daß jedermann es erkennet: daß ohne diefe Vorausfetzung kein Bewegungsgefetze könne erklärt werden. Die wahre Urfache hievon ift wohl diefe: weil die Elafticität, nach der Natur einer Feder, fich nur demjeni-

gen

gen Grade Geschwindigkeit entgegensetzet, welche hinlänglich
ist, sie zu spannen, folglich bey jedem unendlich kleinen Grade der Eindrückung, die sie leidet, nur immer einen unendlich kleinen Grad der Geschwindigkeit des anstoßenden Körpers erduldet, und also jeden Augenblick nicht der ganzen
Geschwindigkeit, sondern nur dem unendlich kleinen Grade
entgegengesetzet ist, und ihn in sich aufnimmt, bis die successive Häufung, die ganze Geschwindigkeit in den leidenden
Körper auf diese Weise übertragen hat.

Hieraus folget, laut dem vorhergehenden, daß, da
der anstoßende Körper hier nur nach einander mit einzelnen
unendlich kleinen Graden seiner Geschwindigkeit wirket, er
auch nur in schlechter Proportion seiner Geschwindigkeit wirken werde, ohne Nachtheil seiner lebendigen Kraft, die er
dem ungeachtet in sich haben kann.

§. 150.

Das beliebte Gesetze des Herrn von Leibnitz, von der
unveränderten Erhaltung einerley Größe der Kraft in der
Welt, ist noch ein Vorwurf, der allhier eine genaue Prüfung zu erfordern scheint. Es leuchtet sogleich in die Augen: daß, wenn in den bisherigen Betrachtungen etwas ge-
gründetes ist, es in derjenigen Bedeutung, darinn es sonsten aufgenommen worden, nicht statt finden könne. Was
aber unsere Schätzung in diesem Stücke einführen würde, und
wie sie den Regeln der allgemeinen Harmonie und Ordnung,
welche besagtes Leibnitzische Gesetze so preiswürdig gemacht
haben, Gnüge leisten könne, das erlaubet mir die Beschaffenheit unseres Vorhabens, und die Ermüdung, welche
ich in einer so rauhen und ungebahnten Materie mit Recht
von der Aufmerksamkeit meines gelehrten Lesers besorge, und
die ich vielleicht schon gar zu sehr beleidigt zu haben fürchten muß, nicht gehörig zu entwerfen, obgleich ich im Besitze
bin, einige Abrisse davon darzulegen.

§. 151.

§. 151.

Wir befinden uns jetzo in dem Lande der Erfahrungen; ehe wir aber darinn Besitz nehmen können, müssen wir erst gewiß seyn, daß diejenige Ansprüche vertilget worden, welche ein gegründeteres Recht hierauf zu haben vorschützen, und uns aus diesem Gebiete verdringen wollen. Unsere Bemühung, die wir bis daher hiezu angewandt haben, würde unvollständig seyn, wenn wir denjenigen Versuch und mechanischen Beweiß, der den hochberühmten Herrn von Muschenbröck zum Urheber hat, und folglich überredend und scharfsinnig ist, vorübergiengen, ohne unsere übernommene Kräftenlehre dawider zu schützen. Er hat durch denselben die lebendigen Kräfte in Leibnitzischer Bedeutung zu vertheidigen gedacht, und daher ist es unsere Pflicht, ihn zu prüfen.

Wir werden bey genauer Erwegung desselben belehret werden, daß er nicht den verhofften Erfolg habe, sondern vielmehr Cartesens Kräftenmaaß bestätige. Und dieses wird unsere oft erwähnte Anmerkung aufs neue bestätigen: daß man keine Spur einer nach dem Quadrat zu schätzenden Kraft antreffe, so lange man ihren Ursprung nirgend anders, als in den äusserlichen Ursachen zu finden vermeynet, und daß die wahrhafte lebendige Kraft nicht von draussen in dem Körper erzeuget werde, sondern der Erfolg, der, bey der äusserlichen Solicitation in dem Körper aus der innern Naturkraft entstehenden Bestrebung ist; daß also alle diejenigen, die nichts als das Maaß der äusserlich wirkenden mechanischen Ursachen annehmen, um das Maaß der Kraft in dem leidenden Körper, daraus zu bestimmen, wofür sie nur richtig urtheilen, niemals etwas anders, als Cartesens Schätzung, antreffen werden.

§. 152.
Muschenbröckscher mechanischer Beweiß der lebendigen Kräfte.

Der Beweiß des Herrn von Muschenbröck ist folgender:

Nehmet

Nehmet einen hohlen Cylinder, an welchem eine Feder feste gemacht ist. Aus dem Cylinder muß ein Stab hervorragen, der mit Löchern versehen ist, und der durch die Oefnung eines steifen Bleches durchgestecket wird. Wenn ihr nun die stählerne Feder an dieses Blech mit Gewalt andrücket, und spannet, so, daß der Stab durch die Oefnung desselben weiter heraus raget, so könnet ihr sie in dieser Spannung erhalten, indem ihr auf der hervorragenden Seite desselben einen Stift durch ein Loch des Stabes durchstecket. Endlich hänget den Cylinder als ein Pendul an zwey Fäden an irgend einer Maschiene auf; sodann ziehet den Stift heraus, so wird die Feder losschnellen, und dem Cylinder eine gewisse Geschwindigkeit geben, die durch die erlangte Höhe erkannt wird. Benennet diese Geschwindigkeit mit 10. Hierauf machet denselben Cylinder zweymal schwerer als er vorher war, indem ihr in denselben so viel Gewichte hineinleget als hiezu nöthig seyn, und spannet die Feder wie zuvor. Wenn ihr sie nun alsdenn wiederum losschnellen lasset: so werdet ihr durch die Höhe, die er erreichet, befinden, daß die Geschwindigkeit 7,07 Grade habe. Hieraus argumentiret Herr von Muschenbröck wie folget.

Die Feder war beydemal gleich gespannet, und hat daher in beyden Fällen gleiche Kraft gehabt, und da sie jedesmal ihre ganze Kraft anwendet, so hat sie auch beydemale gleiche Kräfte in den Cylinder hineingebracht; also muß die Kraft, die ein Körper von einfacher Masse mit 10 Graden Geschwindigkeit besitzet, derjenigen gleich seyn, die in einem andern, der eine zweyfache Masse und 7,07 Grade Geschwindigkeit hat, anzutreffen ist. Dieses ist aber auf keine andere Art möglich, als wenn man die Kraft nach dem Produkt aus der Masse in das Quadrat der Geschwindigkeit schätzet; denn alle andere mögliche Functionen der Geschwindigkeit lassen diese Gleichheit nicht zu, aber nach der Quadratschätzung allein sind die Quadrate der Zahlen

10 und 7, 07, quam proxime in umgekehrter Verhältniß der Massen 1 und 2) folglich die Produkte derselben in die gegenseitige Massen gleich.

Es sind also, schließt er, die Kräfte nicht nach dem Maaße der Geschwindigkeiten, sondern dem Quadrate derselben zu schätzen.

§. 153.

Ich bin verbunden, die Erinnerung, die ich gegen dieses Argument darlegen will, nicht gar zu weitläuftig zu machen; daher will ich von der gegründeten Einwendung, die ich hiebey noch machen könnte, nichts erwehnen, daß die Momente des Druckes, der sich ausspannenden Feder, auch nach dem Geständnisse der Leibnitzianer nur todte Kräfte seyn, folglich, sowohl sie, als die damit dem Körper ertheilte Momente der Kraft, nur schlechthin nach den Geschwindigkeiten müssen geschätzet werden, mithin auch die ganze Kraft, die die Summe dieser Momente ist; sondern ich will auf eine, jedermann bekannte mechanische Art, die die Deutlichkeit der Geometrie an sich hat, verfahren, aber zugleich etwas ausführlich erläutern, nicht als wenn die Sache nicht leicht genug wäre, daß sie auch kürzer könnte begriffen werden, sondern damit alle Verwirrung, die in Ansehung der Wirkung der Federn bis daher in dem Streite der Kräftenschätzung geherrschet hat, ein für allemal gänzlich abgethan werde.

§. 154.

Herr von Musschenbröck spricht: die Feder ist in beyden Fällen gleich gespannet, folglich hat sie in beyden gleiche Kraft, sie theilet aber jedesmal ihrem Cylinder ihre ganze Kraft mit, also giebt sie auch beydemale, wenn sie

sich

sich ausstrecket, ihrem Cylinder eine gleiche Kraft. Dieses ist das Fundament des Beweises, aber auch des Irrthums, wiewohl dieser nicht so wohl persönlich dem Herrn von Musschenbröck als vielmehr den gesammten Vertheidigern der Leibnitzischen Kräftenschätzung eigen ist.

Eine gleich gespannte Feder, theilet einem größeren Körper eine größere Kraft mit, als einem kleineren.

Wenn man von der ganzen Kraft einer Feder redet, so kann man darunter nichts anders als die Intension ihrer Spannung verstehen, welche derjenigen Kraft gleich ist, die der Körper, in den sie wirket, in einem Moment von dem Drucke derselben überkommet. In Ansehung dieser kann man wohl sagen, daß sie gleich sey, der Körper, in den die Feder wirket, mag groß oder klein seyn. Allein, wenn man auf diejenige Kraft siehet, welche dieselbe in einen Körper in einer gewissen Zeit durch ihre fortgesetzte Drückung hineinbringt, so ist offenbar: daß die Größe, der auf diese Weise in den Körper gebrachten Kraft, auf die Größe der Zeit ankomme, in welcher die gleiche Drückung sich in dem Körper gehäufet hat; und daß je größer die Zeit ist, desto größer auch die Kraft sey, die die gleichgespannte Feder in derselben dem Körper ertheilet. Nun kann man aber die Zeit, die die Feder, indem sie einen Körper fort stößet, brauchet, bis sie sich ganz ausgestrecket hat, länger machen, nachdem man will, wenn man nemlich die Masse, die da fortgestoßen werden soll, größer macht, wie dieses niemanden unbewußt ist; also kann man auch nach Belieben veranstalten, daß eben dieselbe Feder bey gleicher Spannung bald mehr bald weniger Kraft durch ihre Ausstreckung austheilet, nachdem die Masse, die durch die Feder getrieben wird, vermehret oder vermindert wird. Hieraus erhellet

wie,

wie widernatürlich der Ausdruck ist: daß die Feder einem Körper, den sie fortstößt, durch die Ausreckung ihre ganze Kraft ertheile. Denn die Kraft, die sie dem Körper giebt, ist ein Erfolg, der nicht allein von der Kraft der Feder, sondern zugleich von der Beschaffenheit des gestoßenen Körpers abhanget, nachdem dieser sich länger, oder kürzer unter den Drückungen dieser Feder befindet, d. i. nachdem er größer, oder kleiner an Masse ist, die Kraft der Feder an sich betrachtet aber, ist nichts anders, als das Moment ihrer Ausspannung.

§. 155.

Auflösung der Musschenbröckschen Schwierigkeit.

Nunmehro ist es leicht die Verwirrung in dem Musschenbröckischen Beweise zu verhüten.

Der zweymal schwerere Cylinder ist den Drückungen der Feder länger ausgesetzt, indem diese sich ausstrecket, als der andere von einfacher Masse. Diesen stößt die Feder mit gleicher Spannungskraft geschwinder fort, und endigt den Raum ihrer Ausstreckung mit ihm in kürzerer Zeit, als mit jenem. Weil aber das Moment der Kraft, welche die Feder in jedwedem Augenblicke den Cylindern eindruckt, in beyden gleich ist, (denn das Moment ihrer Geschwindigkeit ist umgekehrt wie die Massen,) so muß der schwerere Cylinder durch den Antrieb der Feder mehr Kraft überkommen, als der leichtere. Also ist diejenige Schätzung falsch, nach welcher diese Kräfte in beyden würden gleich befunden werden, d. i. sie können nicht nach dem Quadrat der Geschwindigkeit geschätzet werden.

§. 156.

§. 156.

Woher die Quad. der Geschwindigkeiten der Cylinder in verkehrter Verhältniß der Massen
seyn.

Wenn man noch die Ursache wissen will, woher denn
hier eben die Geschwindigkeiten der Cylinder, die sie von
derselben Feder erhalten, just so proportionirt seyn, daß
ihre Quadrate sich umgekehrt wie die Massen verhalten,
(welche Verhältniß eigentlich dasjenige ist, wodurch der
Vertheidiger des Herrn von Leibnitz angelocket worden,) so
können wir auch dieses ohne Schwierigkeit klar machen,
ohne deßhalber eine andere als Cartesens Maaß zu Hülfe zu
nehmen.

Denn es ist aus den ersten Gründen der Mechanick bekannt: daß in einförmig beschleunigter Bewegung, (motu
uniformiter accelerato) die Quadrate der erlangten Geschwindigkeiten, sich wie die durchgelaufene Räume verhalten;
folglich, wenn die Momente der Geschwindigkeiten zweyer
Körper, die beyde in motu uniformiter accelerato begriffen
sind, ungleich seyn, werden die Quadrate der Geschwindigkeiten, die sie in solcher Bewegung erlangen, in zusammengesetzter Verhältniß, aus den Räumen und diesen Momen-
ten stehen. Nun theilet aber im Musschenbröckischen Versuche die gleichgespannte Feder jedwedem Cylinder seine Bewegung motu uniformiter accelerato mit, und die Räume
sind gleich, die sie mit solcher beschleunigten Bewegung
durchlaufen, indem die Feder sich bis zum Punkte ihrer
größten Ausdehnung ausstrecket, also verhalten sich die
Quadrate der hierbey überkommenen Geschwindigkeiten, wie
die Momente der Geschwindigkeit, die die Drückung der Feder jedwedem Cylinder ertheilet, d. i. umgekehrt, wie die
Massen dieser Cylinder.

Y 3

§. 157.

§. 157.

Nunmehro komme ich dahin, diejenige Versuche und Erfahrungen darzulegen, welche die Wirklichkeit und das Daseyn der nach dem Quadrat der Geschwindigkeit zu schätzenden Kräfte in der Natur unwidersprechlich beweisen, und meinen geneigten Leser für alle mühsame Aufmerksamkeit, die ihm gegenwärtige schlechte Aufsätze verursacht haben, mit einer siegreichen Ueberzeugung belohnen werden.

Versuche, die die lebendigen Kräfte beweisen.

Ich habe nur mit denenjenigen zu thun, welchen die Beschaffenheit der Streitsache von den lebendigen Kräften genugsam bekannt ist. Daher setze ich voraus, daß meine Leser von den berüchtigten Versuchen der Herren Ricciolus, s'Gravelande, Poleni, und von Musschenbröck hinlängliche Kundschaft haben, welche den Kräften der Körper nachforscheten, indem sie die Eindrücke maaßen, die dieselbe durch den Stoß in weiche Materien verursachten. Ich will nur kürzlich berühren: daß Kugeln von gleicher Größe und Masse, die von ungleicher Höhe in die weiche Materie z. E. Unschlitt frey herabfielen, solche Höhlen in dieselbe eingeschlagen haben, welche die Proportion der Höhen hatten, von denen sie herabgefallen waren, d. i. die Verhältniß des Quadrates ihrer Geschwindigkeiten; und daß, wenn dieselbe gleich an Größe, aber von ungleicher Masse waren, die Höhen aber, von denen man sie fallen ließ, in umgekehrter Proportion dieser Massen standen, alsdenn die in die weiche Materie eingeschlagenen Höhlen gleich befunden wurden. Wider die Richtigkeit dieser Versuche haben die Cartesianer nichts einzuwenden gewußt, es ist nur die hieraus gezogene Folgerung gewesen, darum man gestritten hat.

Die

Die Leibnißianer haben hieraus folgendergestalt ganz richtig argumentirt. Die Hinderniß, die die weiche Materie der Kraft des hineindringenden Körpers entgegensetzet, ist nichts anders, als der Zusammenhang ihrer Theile, und daher bestehet dasjenige, was der Körper zu thun hat, indem er in dieselbe hineindringt, einzig und allein darinn, daß er ihre Theile trennet. Es ist aber dieser Zusammenhang durch die ganze weiche Masse gleichförmig, also ist die Quantität des Widerstandes und daher auch der Kraft, die der Körper anwenden muß dieselbe zu brechen, wie die Summe der zertrennten Theile, d. i. wie die Größe der eingeschlagenen Höhlen. Diese aber verhalten sich, laut dem angeführten Versuche, wie die Quadrate der Geschwindigkeiten der eindringenden Körper, folglich sind die Kräfte von diesen wie die Quadrate ihrer Geschwindigkeiten.

§. 158.

Einwurf der Cartesianer.

Die Vertheidiger des Cartesius haben hiewider nichts tüchtiges einwenden können. Allein, weil sie ehedem mit ungezweifelter Gewißheit eingesehen hatten, daß die lebendige Kräfte durch die Mathematik verdammet würden, auf die sich gleichwohl die Leibnißianer auch beriefen, so gedachten sie sich aus dieser Schwierigkeit so gut als sie konnten heraus zu helfen, indem sie nicht zweifelten, daß derjenige Versuch betrüglich seyn müßte, welcher etwas festzusetzen schiene, was die Geometrie nicht erlaubte. Wir haben hergegen schon oben die nöthige Erinnerungen beygebracht, jetzt wollen wir nur sehen, was es für eine Ausflucht gewesen sey, deren die Cartesianer sich bedienet haben den angeführten Versuch ungültig zu machen.

Sie wandten ein, die Leibnißianer hätten hier wiederum auf die Zeit nicht Acht, in der diese Höhlen gemacht wären.

wären. Die Zeit sey bey der Ueberwindung der Hinderniſſe dieſer weichen Materie eben ſo ein Knoten, als ſie bey der Ueberwindung der Schwere geweſen war. Die eingedruckte Höhlen würden nicht in gleicher Zeit gemacht. Kurz ſie waren überzeugt, daß der Einwurf von wegen der Zeit bey der Ueberwältigung der Hinderniſſe der Schwere gültig geweſen, (wie er es denn auch in der That geweſen iſt,) und nun, dachten ſie, könnte man ihn hie wiederum auf die Bahn bringen, und mit eben ſolchem Erfolg gegen die lebendige Kräfte gebrauchen.

§. 159.
Wird widerleget.

Ich weiß wohl, daß die Leibnitzianer dieſer Klage kurz abgeholfen haben, indem ſie unter andern zwey Kegel von unterſchiedlicher Grundfläche in die weiche Materie fallen ließen, wobey die Zeiten, darinn ihre Höhlen gemacht würden, nothwendig mußten gleich ſeyn, und dennoch der Erfolg ſo wie vorher beſchaffen war; allein ich will auch dieſem Vortheile abſagen, und die Schwierigkeit, die die Carteſianer machen, aus dem Grunde zernichten.

Bey der Würkung der Schwere kommt die Zeit mit in Anſchlag.

Man darf weiter nichts thun, als die Urſache erwegen, weswegen der Widerſtand der Schwerdrückung, die ein Körper überwinden ſoll, nicht dem Raume, ſondern der Zeit proportionirt iſt. Der Grund iſt aber dieſer. Wenn der Körper eine Feder der Schwere überwindet, ſo vernichtet er nicht hiedurch ihre Wirkſamkeit, ſondern er leiſtet ihr nur das Gegengewichte, ſie aber behält ihre Widerſtrebung dennoch unvermindert, um in ihn ſo lange immerfort mit

glei-

gleichem Grade zu wirken, als er ihr ausgesetzet ist. Wenn der Körper eine jede Feder der Gravität dadurch, daß er sie überwältiget, zugleich so zu sagen zersprengen und ihre Kraft vernichtigen möchte, so ist kein Zweifel, daß, weil jede Feder gleiche Kraft hat, der Widerstand, den der Körper erleidet, der Summe aller zersprengten Federn gleich seyn würde, die Zeit möchte nun seyn, wie sie wollte. Aber nun behält jede Feder, ohngeachtet sie vom Körper überwunden wird, ihre Drückungskraft, und setzet diese in ihn so lange fort, als er sich unter derselben befindet, folglich kann für die Wirkung, die eine einzige Feder thut, nicht ein einzelner und untheilbarer Druck angegeben werden, sondern sie thut eine an einander hangende Reihe von Drückungen, welche um desto größer ist, je längere Zeit der Körper ihr unterworfen ist, z. E. in denenjenigen Theilen des Raumes, da die Bewegung des Körpers langsamer ist, da ist auch das Zeittheilchen des Aufenthaltes in jedem Punkte länger, als da, wo die Bewegung geschwinder ist, folglich erduldet er dort von einer jeden einzelnen Feder eine längere Reihe gleicher Drückungen als hier.

Dieses befindet sich bey der weichen Materie ganz anders.

Allein dieses befindet sich bey der Trennung der weichen Masse ganz anders. Ein jedes Element der weichen Masse hat eine gleiche Kraft zusammen zu hängen, und hiedurch benimmt sie dem Körper, der sie trennet, einen gleichen Grad Kraft, aber eben dadurch wird sie auch zugleich zertrennet, und thut also fortan schon keinen Widerstand mehr, die Zeit, die er sich bey ihr aufhält, mag hernach so groß seyn, wie sie wolle. Denn hier wird die Feder durch eben die Wirkung, die ihrem Widerstand gleich ist, zugleich zerbrochen, und kann daher nicht noch fortfahren zu wirken, so wie die Feder der Schwere, die an sich unzerstörlich war.

Z

Daher

Daher ist der Widerstand, den die weiche Masse dem eindringenden Körper thut, wie die Summe der Federn, die er zerbricht, d. i. wie die Höhle, die er einschläget, ohne daß hiebey im geringsten etwas zu thun hat.

§. 160.

Die Leibnitzianer haben Ursache über diese wichtige Vergehung der Cartesianer mit nicht geringer Befriedigung zu triumphiren. Dieser Zufall rächet den Schimpf, den ihnen die Verweisung so mancherley Fehltritte zugezogen hat, durch ein gleiches Schicksal an ihren Gegnern. Die Leibnitzianer haben die lebendige Kräfte in solchen Fällen zu finden vermeynet, darinn sie nicht waren, aber was hindert dieses? haben die Cartesianer sie doch nicht in denen Fällen sehen können, darinn sie wirklich waren, und darinn sie niemand ohne große Verblendung hätte übersehen können.

§. 161.

Der angeführte Versuch also, erweiset das Daseyn solcher Kräfte in der Natur, die das Quadrat der Geschwindigkeit zum Maaße haben; allein unsere vorhergehende Betrachtungen erklären, bey welchen Bedingungen dieselbe nicht statt haben, und auch welche Bedingungen die einzigen sind, unter denen sie Platz finden können. Wenn man sich dieses alles nach unsrer Anweisung zu Nutze macht, so überkommt man nicht allein eine hinlängliche Gewißheit von den lebendigen bigen Kräften, sondern auch einen Begriff von ihrer Natur, der nicht allein richtiger, sondern auch vollständiger ist als er sonst jemals gewesen ist, oder auch hat seyn können. Die besondere Beschaffenheit dieses vorhabenden Versuches, giebt noch einige ausserordentliche Merkmale an die Hand, die zu besondern Anmerkungen Anlaß geben können; allein ich kann mich durchaus in dieselbe nicht einlassen, nachdem die Aufmerksamkeit des geneigten Lesers durch so viel verwickelte Untersuchungen ermüdet, vielleicht nichts mehr als den Schluß dieser Betrachtungen wünschet.

Es ist aber noch ein einziges, welches ich nicht unberührt lassen kann, weil es die vorhergehenden Gesetze bestätiget, und ihnen ein großes Licht ertheilet. Der Versuch, den wir vorhaben, beweiset solche Kräfte, die die Schätzung nach dem Quadrat der Geschwindigkeit an sich haben, daher müssen, nach Maaßgebung der 4ten Nummer des 138. §. die Geschwindigkeiten der Widerstrebung jedes Elementes der Hinderniß in diesem Versuche mit endlichen Graden geschehen, denn wenn sie nur mit unendlich kleinen geschehen möchten, wie die Drückungen der Schwere, so würde die Ueberwindung derselben eben so wenig als an diesen eine nach dem Quadrat zu schätzende Kraft zu erkennen geben, §. 139. Wir wollen also beweisen: daß der Renisus eines jeglichen Elementes der weichen Masse nicht mit unendlich kleiner Geschwindigkeit, wie die Schwere, sondern mit einem endlichen Grade geschehe.

Z 2 §. 162.

§. 162.

Das Moment der Hinderniß der weichen Materie geschiehet mit endlicher Geschwindigkeit.

Wenn man die Cylindrische Höhle, welche der Kugelförmige Körper in die weiche Materie einschläget, in ihre übereinander liegende Cirkelscheibchen, deren Dicke unendlich klein ist, eintheilet, so zeigt ein jegliches derselben das Element der verrückten Masse an. Ein jedes von diesen benimmt also dem eindringenden Körper einen unendlich kleinen Theil seiner Geschwindigkeit, weil sie alle insgesammt ihm die ganze Geschwindigkeit nehmen. Da aber die Quantität eines solchen Cirkelscheibchens gegen die Masse der Kugel unendlich klein ist, so folget, daß die Geschwindigkeit seiner Widerstrebung von endlicher Größe seyn müsse, damit er dem Körper einen unendlich kleinen Theil seiner Bewegung durch seinen Widerstand benehmen könne. Also leistet ein jegliches Element der weichen Materie, dem hineinschlagenden Körper ihren Widerstand, mit einer Bestrebung, die ein endliches Maaß der Geschwindigkeit hat. W. z. E.

§. 163.

So haben wir denn unser Geschäfte vollführet, welches in Ansehung des Vorwurfs, worauf es gerichtet war, groß genug gewesen ist, wenn nur die Ausführung diesem

Unter-

Unterfangen gemäß gewesen wäre. Ich bilde mir ein, daß
ich, insonderheit was das Hauptwerk betrift, auf eine un-
widersprechliche Gewißheit, Anspruch machen könne. In
Ansehung dieses Vorzuges, dessen ich mich anmaaße, kann
ich die gegenwärtige Handlung nicht endigen, ohne vorher
mit meinen Gläubigern die Rechnung an Gelehrsamkeit und
Erfindung, zu schließen. Nach den scharfsinnigen Bemühungen der Cartesianer, war es nicht schwer, die Verwirrung der Quadratschätzung mit der Mathematik zu berhüten,
und nach den sinnreichen Anstalten der Leibnißianer, war
es fast unmöglich, sie in der Natur zu vermissen. Die
Kenntniß dieser zwey äußersten Grenzen, mußten ohne
Schwierigkeit den Punkt bestimmen, darinnen das wahre
von beyden Seiten zusammen fiel. Diesen anzutreffen, war
nichts weniger als eine große Scharfsinnigkeit nöthig, es
bedurfte nur einer kleinen Abwesenheit des Partheyeneifers,
und ein kurzes Gleichgewicht der Gemüthsneigungen, so
war die Beschwerde so fort abgethan. Wenn es mir gelungen hat, in der Sache des Herrn von Leibniß einige Fehltritte wahrzunehmen, so bin ich dennoch auch hierinn ein
Schuldner dieses großen Mannes, denn ich würde nichts
vermocht haben, ohne den Leitfaden des vortreflichen Gese-
ßes der Continuität, welches wir diesem unsterblichen Erfinder zu danken haben, und welches das einzige Mittel
war, den Ausgang aus diesem Labyrinthe zu finden. Kurz,
wenn

wenn gleich die Sache aufs beste zu meinem Vortheile ausfällt: so ist der Antheil der Ehre, der mir übrig bleibt,
doch so gering, daß ich nicht befürchte, die Ehrsucht könne
sich so weit erniedrigen, mir dieselbe zu mißgönnen.

E n d e.

Errata.

Pag. 138. Lin. penult. für Spannkugel ließ Spannung.
—— 168. vergleiche damit die 22te Figur.
—— 198. für d v — p d t ließ d v = p d t.

Digitized by Google

Fig. 12

Fig. 13

Fig. 14

Fig. 15

Fig. 20

Fig. 16

Fig. 17

Fig. 18

Fig. 19

Fig. 21

Fig. 22

Fig. 23

Fig. 24

Fig. 25

Tab. II.

Digitized by Google

Digitized by Google

Digitized by Google

DE
MVNDI SENSIBILIS
ATQVE
INTELLIGIBILIS
FORMA ET PRINCIPIIS.

DISSERTATIO PRO LOCO
PROFESSIONIS LOG. ET METAPH. ORDINARIAE RITE
SIBI VINDICANDO

QVAM

EXIGENTIBVS STATVTIS ACADEMICIS PVBLICE
TVEBITVR

IMMANVEL KANT.

RESP. MVNERE FVNGITVR

MARCVS HERTZ,

BEROLINENSIS, GENTE IVDAEVS, MEDICINAE ET PHILOSOPHIAE
CVLTOR.

CONTRA OPPONENTES
GEORG. WILH. SCHREIBER,
REG. BOR. ART. STVD.

IOH. AVGVSTVM STEIN,
REG. BOR. I. V. C.

ET

GEORG. DANIEL SCHROETER,
ELBING. S. S. THEOL. C.

IN AVDITORIO MAXIMO
HORIS MATVTINIS ET POMERIDIANIS CONSVETIS DIE XX.
AVG. A. MDCCLXX.

REGIOMONTI,
(IN QVARTO.)

SECTIO I.
De Notione Mundi generatim.

§. 1.

In composito substantiali, quemadmodum Analysis non terminatur, nisi parte, quae non est totum, h. e. SIMPLICI; ita Synthesis non nisi toto, quod non est pars, i. e. MVNDO.

In hac conceptus substrati expositione, praeter notas, quae pertinent ad distinctam cognitionem obiecti, etiam ad *duplicem* illius e mentis natura *genesin* aliquantulum respexi, quae, quoniam, exempli instar, methodo in metaphysicis penitius perspiciendae inservire potest, mihi haud parum commendabilis esse videtur. Aliud enim est, datis partibus *compositionem* totius sibi concipere, per notionem abstractam intellectus, aliud, hanc *notionem* generalem, tanquam Rationis quoddam problema, *exsequi* per facultatem cognoscendi sensitivam, h. e. in concreto eandem sibi repraesentare intuitu distincto. Prius fit per conceptum *compositionis* in genere, quatenus plura sub eo (respective erga se invicem) continentur; adeoque per ideas intellectus et universales, posterius nititur *conditionibus* temporis, quatenus partem parti successive adiungendo, conceptus compositi est genetice i. e. per SYNTHESIN possibilis et pertinet ad leges *intuitus.* Pari modo, dato composito substantiali facile pervenitur ad ideam simplicium, notionem intellectualem *compositionis* generaliter tollendo; quae enim, remota omni coniunctione, remanent, sunt *simplicia.* Secundum leges vero cognitionis intuitivae id non fit, i. e.

compo-

compositio omnis non tollitur, nisi a toto dato ad *partes quascunque possibiles* regrediendo, h. e. per Analysin *), quae iterum nititur conditione temporis. Cum autem ad compositum requiratur partium *multitudo*, ad totum *omnitudo*; nec Analysis, nec Synthesis erunt completae, adeoque nec per priorem, conceptus *simplicis*, nec, per posteriorem, conceptus *totius* emerget; nisi utraque tempore finito et assignabili absolvi possit.

Quoniam vero in *quanto continuo regressus* a toto ad partes dabiles, in *Infinito* autem *progressus* a partibus ad totum datum *carent termino*, ideoque ab una parte Analysis, ab altera Synthesis completae sint impossibiles, nec totum, in priori casu, secundum leges Intuitus quoad *compositionem*, nec in posteriori, compositum, quoad *totalitatem* complete cogitari possunt. Hinc patet; qui fiat, ut, *cum irrepraesentabile* et *impossibile* vulgo eiusdem significatus habeantur, conceptus taur *Continui* quam *Infiniti* a plurimis reiiciantur, quippe quorum, *secundum leges cognitionis intuitivae*, repraesentatio est impossibilis. Quanquam autem harum e non paucis scholis explosarum notionum, praesertim prioris, caussam hic non gero **), maximi tamen

men

*) Vocibus Analysis et Synthesis duplex significatus communiter tribuitur. Nempe Synthesis est vel *qualitativa*, progressus in serie *subordinatorum* a ratione ad rationatum, vel *quantitativa*, progressus in serie coordinatorum a parte data per illius complementa ad totum, Pari modo Analysis, priori sensu sumta, est regressus a rationato ad rationem, posteriori autem significatu, regressus a *toto ad partes* ipsius *possibiles* s. mediatas, h. e. partium partes; adeoque non est divisio sed *subdivisio* compositi dati. Tam Synthesin quam Analysin posteriori tantum significatu hic sumimus.

**) Qui infinitum mathematicum actuale reiiciunt, non admodum gravi labore funguntur. Confingunt nempe talem infiniti definitionem, ex qua contradictionem aliquam exsculpere possint. *Infinitum* ipsis dicitur: *Quantum quo maius est impossibile*, et Mathematicum: est multitudo (unitatis dabilis) qua maior men momenti erit monuiſſe: graviſſimo illos errore labi, qui tam perverſa argumentandi ratione utuntur. Quicquid enim *repugnat* legibus intellectus et rationis utique eſt impoſſibile; quod autem, cum rationis purae ſit obiectum legibus cognitionis intuitivae tantummodo *non ſubeſt*, non item. Nam hic diſſenſus inter facultatem *ſenſitivam* et *intellectualem*, (quarum indolem mox exponam) nihil indigitat, niſi, *quas mens ab intellectu acceptas fert ideas abſtractas, illas in concreto exſequi, et in Intuitus commutare ſaepenumero non poſſe.* Haec autem reluctantia *ſubiectiva* mentitur, ut plurimum, repugnantiam aliquam obiectivam, et incautos facile fallit, limitibus, quibus mens humana circumſcribitur, pro iis habitis, quibus ipſa rerum eſſentia continetur.

Ceterum compoſitis ſubſtantialibus, ſenſuum teſtimonio, aut utcunque aliter, datis, dari tam Simplicia quam Mundum, cum facile pateſcat, argumento ab intellectus rationibus depromto; in definitione noſtra cauſſas etiam in ſubiecti indole contentas digito monſtravi, ne notio mundi videa-

A 3

---

maior eſt impoſſibilis. Quia autem hic pro *infinito* ponunt *Maximum*, maxima autem multitudo eſt impoſſibilis, facile concludunt contra infinitum a ſemet ipſis confictum. Aut multitudinem infinitam vocant *numerum infinitum*, et hunc abſonum eſſe docent, quod utique eſt in propatulo, ſed quo non pugnatur niſi cum umbris ingenii. Si vero infinitum mathematicum conceperint, ceu quantum, quod relatum ad menſuram tanquam unitatem eſt *multitudo omni numero maior*, ſi porro notaſſent: *menſurabilitatem* hic tantum denotare relationem ad modulum intellectus humani, per quem, non niſi ſucceſſive addendo unum uni, *ad conceptum multitudinis definitum et*, abſolvendo hunc progreſſum tempore finito, ad *completum*, qui vocatur *Numerus*, pertingere licet; luculenter perſpexiſſent: „quae non congruunt cum certa lege cuiusdam „ſubiecti, non ideo omnem intellectionem excedere; cum, qui „absque ſucceſſiva applicatione menſurae, multitudinem uno „obtutu diſtincte cernat, dari poſſit intellectus, quanquam „utique non humanus.„

videatur mere arbitraria et, ut fit in Mathematicis, ad deducenda tantum inde confectaria conficta. Nam mens, in conceptum compositi, tam refolvendo quam componendo, intenta, in quibus, tam a priori quam a posteriori parte acquiefcat, terminos fibi expofcit et praefumit.

§. 2.

Momenta, in Mundi definitione attendenda, haec funt:

I. MATERIA (in fenfu tranfcendentali) h. e. *partes*, quae hic fumuntur effe *fubftantiae*. Poteramus confenfus noftrae definitionis cum fignificatu vocis communi plane effe incurii, cum non fit, nifi veluti quaeftio quaedam problematis, fecundum leges rationis oborti: quipote plures fubftantiae poffint coalefcere in unum, et quibus conditionibus nitatur, ut hoc unum non fit pars alterius. Verum vis vocis Mundi, quatenus ufu vulgari celebratur, ultro nobis occurrit. Nemo enim *Accidentia*, tanquam *partes*, accenfet *Mundo*, fed, tanquam *determinationes*, ftatui. Hinc Mundus fic dictus *Egoifticus*, qui abfolvitur unica fubftantia fimplici, cum fuis accidentibus, parum appofite vocatur Mundus, nifi forte imaginarius. Eandem ob cauffam ad totum mundanum non licet feriem fucceffivorum (nempe ftatuum) tanquam partem referre; modificationes enim *non* funt *partes* fubiecti, fed *rationata*. Tandem naturam fubftantiarum, quae mundum conftituunt, utrum fint *contingentes* an neceffariae, in cenfum hic non vocavi, nec talem determinationem gratis in definitione recondo, poftmodum, ut fit, eandem fpeciofa quadam argutandi ratione indidem depromturus, fed contingentiam e conditionibus hic pofitis abunde concludi poffe poftea docebo.

II. FORMA quae confiftit in fubftantiarum *coordinatione*, non fubordinatione. *Coordinata* enim fe invicem refpiciunt, ut complementa ad totum, *fubordinata* ut cauffatum et cauffa, f. generatim ut principium et principiatum.

tum. Prior relatio est reciproca et *homonyma*, ita, ut quodlibet correlatum alterum respiciat ut determinans, simulque ut determinatum, posterior est *heteronyma*, nempe ab una parte non nisi dependentiae, ab altera caussalitatis. Coordinatio haec concipitur ut *realis* et objectiua, non ut idealis et subiecti mero arbitrio fulta, per quod multitudinem quamlibet pro lubitu summando, effingas totum. Plura enim complectendo nullo negotio efficis *totum repraesentationis*, non ideo autem *repraesentationem totius*. Ideo, si forte sint quaedam substantiarum tota, nullo sibi nexu devincta, complexus illorum, per quem mens multitudinem cogit in unum ideale, nihil amplius loqueretur, nisi pluralitatem mundorum una cogitatione comprehensorum. Nexus autem, formam mundi *essentialem* constituens, spectatur ut principium *influxuum possibilium* substantiarum mundum constituentium. Actualis enim influxus non pertinet ad essentiam, sed ad statum, et vires ipsae transeuntes, influxuum caussae, supponunt principium aliquod, per quod possibile sit, ut status plurium, quorum subsistentia ceteroquin est a se invicem independens, se mutuo respiciant, ut rationata; a quo principio si discesseris, vim transeuntem in Mundo ut possibilem sumere non licet. Et haec quidem *forma* mundo *essentialis* propterea est *immutabilis*, neque ulli vicissitudini obnoxia; idque primo ob *rationem logicam*; quia mutatio quaelibet supponit identitatem subiecti, succedentibus sibi invicem determinationibus. Hinc mundus, per omnes status sibi successivos idem manens Mundus, eandem tuetur formam fundamentalem. Nam ad identitatem totius non sufficit identitas *partium*, sed requiritur *compositionis* charactericae identitas. Potissimum autem idem e ratione reali sequitur. Nam natura Mundi, quae est principium primum internum determinationum variabilium quorumlibet ad statum ipsius pertinentium, quoniam ipsa sibi non potest esse opposita, naturaliter, h. e. a se ipsa, est immutabilis; adeoque datur in mundo quolibet forma quaedam naturae ipsius accensenda,

con-

conſtans, invariabilis, ceu principium perenne formae cuiuslibet. contingentis et tranſitoriae, quae pertinet ad mundi ſtatum. Qui hanc disquiſitionem inſuper habent, fru-
ſtrantur conceptibus *ſpatii* ac *temporis*, quaſi conditionibus
per ſe iam datis atque primitivis; quarum. ope, ſcilicet,
absque ullo alio principio, non ſolum poſſibile ſit, ſed et
neceſſarium , ut. plura actualia ſe mutuo reſpiciant; uti
compartes, et conſtituant totum. Verum mox docebo;
has notiones plane non eſſe *rationales* atque ullius nexus
ideas obiectivas, ſed *Phaenomena*, et teſtari quidem principium aliquod nexus. univerſalis commune, non autem ex-
ponere.

III. Vniversitas quae eſt omnitudo compartium *abſoluta.* Nam *reſpectu* ad compoſitum aliquod datum habi-
to, quanquam illud adhuc ſit pars alterius, tamen ſemper
obtinet omnitudo quaedam comparativa, nempe partium
ad illud quantum pertinentium. Hic autem, quaecunque
inter ſe invicem ut compartes, ad totum *quodcunque* reſpiciunt, coniunctim poſita intelliguntur. *Totalitas* haec abſoluta, quanquam conceptus quotidiani et facile obvii ſpe-
ciem prae ſe ferat, praeſertim cum negative enunciatur,
ſicuti ſit in definitione, tamen penitius perpenſa crucem
figere philoſopho videtur. Nam ſtatuum univerſi in *aeter-
num* ſibi ſuccedentium nunquam abſoluenda ſeries, quomodo redigi poſſit in *Totum*, omnes omnino viciſſitudines
comprehendens, aegre concipi poteſt. Quippe per infini-
tudinem ipſam neceſſe eſt, ut careat *termino*, ideoque non
datur ſuccedentium ſeries, niſi quae eſt pars alterius, ita,
ut eandem ob cauſſam completudo omnimoda, ſ. *totalitas*
abſoluta hinc plane exulare videtur. Quanquam enim notio partis univerſaliter ſumi poſſit, et, quaecunque ſub hac
notione continentur, ſi poſita ſpectentur in eadem ſerie,
conſtituant unum, tamen omnia illa *ſimul ſumenda* eſſe per
conceptum *Totius* exigi videtur; quod in caſu dato eſt impoſſibile. Nam quoniam toti ſeriei nihil ſuccedit; poſita
autem ſucceſſivorum ſerie non datur, cui nihil ſuccedat, niſi

ulti-

ultimum; erit in aeternitate ultimum, quod eſt abſonum.
Quae infiniti ſucceſſivi totalitatem premit difficultas, eam
ab *infinito ſimultaneo* abeſſe forſitan quisquam putaverit,
propterea, quod *ſimultaneitas* complexum omnium eodem
tempore diſerte profiteri videatur. Verum ſi Infinitum
ſimultaneum admittatur, concedenda etiam eſt totalitas Infiniti ſucceſſivi, poſteriori autem negata, tollitur et prius.
Nam infinitum ſimultaneum inexhauſtam aeternitati materiam praebet, ad ſucceſſive progrediendum per innumeras
eius partes in infinitum, quae tamen ſeries omnibus nume-
ris abſoluta actu daretur in Infinito ſimultaneo, ideoque,
quae ſucceſſive addendo nunquam eſt abſolvenda ſeries, tamen *tota* eſſet dabilis. Ex hac ſpinoſa quaeſtione ſemet ex-
tricaturus, notet: tam ſucceſſivam, quam ſimultaneam
plurium coordinationem (quia nituntur conceptibus temporis) non pertinere ad conceptum *intellectualem* totius, ſed
tantum ad conditiones *intuitus ſenſitivi;* ideoque, etiam
ſi non ſint ſenſitive conceptibiles, tamen ideo non ceſſare
eſſe intellectuales. Ad hunc autem conceptum ſufficit: dari quomodocunque coordinata et omnia cogitari tanquam
pertinentia ad Vnum.

•SECTIO II.
De ſenſibilium atque intelligibilium diſ-crimine generatim.

§. 3.

Senſualitas eſt *receptivitas* ſubiecti, per quam poſſibile eſt,
ut ſtatus ipſius repraeſentativus obiecti alicuius praeſentia
certo modo afficiatur. *Intelligentia* (rationalitas) eſt *facul-
tas* ſubiecti, per quam, quae in ſenſus ipſius per qualitatem ſuam, incurrere non poſſunt, ſibi repraeſentare valet.
Obiectum ſenſualitatis eſt ſenſibile; quod autem nihil continet,

tinet, nisi per intelligentiam cognoscendum, est intelligibile. Prius scholis veterum *Phaenomenon*, posterius *Noumenon* audiebat. Cognitio, quatenus subiecta est legibus sensualitatis, est *sensitiva*, intelligentiae, est *intellectualis* f. rationalis.

§. 4.

Quum itaque, quodcunque in cognitione est sensitivi, pendeat a speciali indole subiecti, quatenus a praesentia obiectorum huius vel alius modificationis capax est, quae, pro varietate subiectorum, in diversis potest esse diversa; quaecunque autem cognitio a tali conditione subiectiva exemta est, non nisi obiectum respiciat, patet: sensitive cogitata esse rerum repraesentationes, *uti apparent*, intellectualia autem *sicuti sunt*. Repraesentationi autem sensus primo inest quiddam, quod diceres *Materiam*, nempe *Sensatio*, praeterea autem aliquid, quod vocari potest *forma*, nempe sensibilium *species*, quae prodit, quatenus varia, quae sensus afficiunt, naturali quaedam animi lege coordinantur. Porro; quemadmodum sensatio, quae sensualis repraesentationis *Materiam* constituit, praesentiam quidem sensibilis alicuius arguit, sed quoad qualitatem pendet a natura subiecti, quatenus ab isto obiecto est modificabilis; ita etiam eiusdem repraesentationis *forma*, testatur utique quendam sensorum respectum aut relationem, verum proprie non est adumbratio aut schema quoddam obiecti, sed non nisi lex quaedam menti insita, sensa ab obiecti praesentia orta sibimet coordinandi. Nam per formam seu speciem obiecta sensus non feriunt; ideoque, ut varia obiecti sensum afficientia in totum aliquod repraesentationis coalescant, opus est interno mentis principio, per quod varia illa secundum stabiles et innatas leges *speciem* quandam induant.

§. 5.

Ad sensualem itaque cognitionem pertinet: tam *materia*, quae est sensatio, et per quam cognitiones dicuntur

sensua-

fenfuales, quam *forma,* per quam, etiam fi reperiatur absque omni fenfatione, repraefentationes vocantur *fenfitivae.* Quod ab altera parte attinet *intellectualia,* ante omnia probe notandum eft: ufum intellectus, f. fuperioris animae facultatis effe duplicem: quorum priori *dantur* conceptus ipfi, vel rerum vel refpectuum, qui eft VSVS REALIS; pofteriori autem, undecunque dati, fibi tantum *fubordinantur,* inferiores nempe fuperioribus (notis communibus), et conferuntur inter fe fecundum principium contradictionis, qui vivs dicitur LOGICVS. Eft autem ufus intellectus logicus omnibus fcientiis communis, realis non item. Data enim quomodocunque cognitio fpectatur, vel contenta fub nota pluribus communi, vel illi oppofita, idque vel immediate et proxime, ut fit in *iudiciis* ad diftinctam, vel mediate, ut in *ratiociniis* ad adaequatam cognitionem. Datis igitur cognitionibus fenfitivis, per ufum intellectus logicum fenfitivae fubordinantur aliis fenfitivis, ut conceptibus communibus et phaenomena legibus phaenomenorum generalioribus. Maximi autem momenti hic eft, notaffe: cognitiones femper habendas effe pro fenfitivis, quantuscunque circa illas intellectui fuerit ufus logicus. Nam vocantur *fenfitivae propter genefin,* non ab *collationem,* quoad identitatem vel oppofitionem. Hinc generaliffimae leges empiricae funt nihilo fecius fenfuales et, quae in Geometria reperiuntur, formae fenfitivae principia, (refpectus in fpatio determinati) quantumcunque intellectus circa illa verfetur, argumentando e fenfitive datis (per intuitum purum) fecundum regulas logicas, tamen non excedunt fenfitivorum claffem. In fenfualibus autem et Phaenomenis, id quod antecedit ufum intellectus logicum, dicitur *Apparentia,* quae autem apparentiis pluribus per intellectum comparatis oritur cognitio, reflexa vocatur *Experientia.* Ab apparentia itaque ad experientiam via non eft, nifi per reflexionem fecundum ufum intellectus logicum. Experientiae conceptus communes dicuntur *empirici,* et obiecta *phaenomena,* leges autem tam experientiae quam generatim omnis cognitionis

nis senstivae vocantur leges phaenomenorum. Conceptus itaque empirici per reductionem ad maiorem univerfitatem non fiunt intellectuales in *fenfu reqli*, et non excedunt fpeciem cognitionis fenfitivae, fed, quousque abftrahendo afcendant, fenfitivae manent in indefinitum.

§. 6.

Quod autem *intellectualia ftricte talia* attinet, in quibus *ufus intellectus* eft *realis*; conceptus tales, tam obiectorum, quam refpectuum dantur per ipfam naturam intellectus, neque ab ullo fenfuum ufu funt abftracti, nec formam ullam continent cognitionis fenfitivae, qua talis. Necesse autem hic eft, maximam ambiguitatem vocis *abftracti* notare, quam, ne noftram de intellectualibus disquifitionem maculet, antea abftergendam esse fatius duco. Nempe proprie dicendum esset: ab *aliquibus abftrahere*, non *aliquid abftrahere*. Prius denotat: quod in conceptu quodam ad alia quomodocunque ipfi nexa non attendamus, pofterius autem, quod non detur, nifi in concreto et ita, ut a coniunctis feparetur. Hinc conceptus intellectualis *abftrahit* ab omni fenfitivo, *non abftrahitur* a fenfitivis et forfitan rectius diceretur *abftrahens*, quam *abftractus*. Quare intellectuales confultius eft *Ideas puras*, qui autem empirice tantum dantur conceptus, *abftractos* nominare.

§. 7.

Ex hisce videre eft: fenfitivum male exponi, per *confufius* cognitum, intellectuale per id, cuius eft cognitio *diftincta*. Nam haec funt tantum difcrimina logica et quae *data*, quae omni logicae comparationi fubfternuntur, plane *non tangunt*. Poffunt autem fenfitiva admodum esse diftincta et intellectualia maxime confufa. Prius animadvertimus in fenfitivae cognitionis Prototypo, *Geometria*, pofterius in intellectualium omnium Organo, *Metaphyfica*, quae, quantum operae navet ad dispellendas, quae intellectum communem obfufcant, confufionis nebulas, quanquam non femper tam felici, quam in priori, fit fuccessu, in in propatulo. est. Nihilo tamen fecius harum cognitionum quaelibet stemmatis sui signum tuetur, ita, ut priores, quantumcunque distinctae, ab originem vocentur sensitivae posteriores, utut confusae, maneant intellectuales: quales v. g. sunt conceptus *morales*, non experiundo, sed per ipsum intellectum purum cogniti. Vereor autem; ne Jv. WOLFIVS per hoc inter sensitiva et intellectualia discrimen, quod ipsi non est nisi logicum, nobilissimum illud antiquitatis *de Phaenomenorum* et *Noumenorum indole* disserendi institutum, magno philosophiae detrimento, totum forsitan aboleverit, animosque ab ipsorum indagatione ad logicas saepenumero minutias avertèrit.

§. 8.

Philosophia autem *prima* continens *principia* usus *intellectus puri* est METAPHYSICA. Scientia vero illi propaedeutica est, quae discrimen docet sensitivae cognitionis ab intellectuali; cuius in hac nostra dissertatione specimen exhibemus. Cum itaque in Metaphysica non reperiantur principia empirica; conceptus in ipsa obvii non quaerendi sunt in sensibus, sed in ipsa natura intellectus puri, non tanquam conceptus *connati*, sed e legibus menti insitis (attendendo ad eius actiones occasione experientiae) abstracti, adeoque *acquisiti*. Huius generis sunt possibilitas, existentia, necessitas, substantia, caussa etc. cum suis oppositis aut correlatis; quae cum nunquam ceu partes repraesentationem ullam sensualem ingrediantur, inde abstrahi nullo modo potuerunt.

§. 9.

Intellectualium duplex potissimum finis est: prior *elenchticus*, per quem negative prosunt, quando nempe sensitive concepta arcent a Noumenis, et quanquam scientiam non provehant latum unguem, tamen eandem ab errorum contagio immunem praestant. Posterior est *dogmaticus*: secundum quem principia generalia intellectus puri, qualia exhibet Ontologia, aut Psychologia rationalis,

exeunt

rexeunt in exemplar aliquod, non nisi intellectu puro concipiendum et omnium aliorum quoad realitates mensuram
communem, quod est PERFECTIO NOVMENON. Haec autem
est vel in sensu theoretico, *) vel practico talis. In priori
est Ens summum, DEVS, in posteriori sensu PERFECTIO MO-
RALIS. *Philosophia* igitur *moralis*, quatenus *principia di-
iudicandi* prima suppeditat, non cognoscitur, nisi per intellectum purum et pertinet ipsa ad philosophiam puram,
iquique ipsius criteria ad sensum voluptatis aut taedii pro-
traxit, summo iure reprehenditur, Epicurus, una cum
neotericis quibusdam, ipsum e longinquo quadantenus se-
cutis, uti Shaftesbury et asseclae. In quolibet autem genere eorum, quorum quantitas est variabilis, *Maximum* est
mensura communis et principium cognoscendi. *Maximum*
perfectionis vocatur nunc temporis Ideale, Platoni Idea,
(quemadmodum ipsius — idea reipublicae) et omnium, sub
generali perfectionis alicuius notione contentorum, est principium, quatenus minores gradus non nisi limitando maximum determinari posse censentur; Deus autem, cum, ut
Ideale perfectionis, sit principium cognoscendi, ut realiter
existens, simul est omnis omnino perfectionis principium
fiendi.

§. 10.

Intellectualium non datur (homini) *Intuitus* sed non
nisi *cognitio symbolica*, et intellectio nobis tantum licet per
conceptus universales in abstracto, non per singularem in
concreto. Omnis enim intuitus noster adstringitur principio cuidam formae, sub qua sola aliquid immediate, f. ut
singulare, a mente cerni et non tantum discursive per conceptus generales concipi potest. Principium autem hoc formale nostri intuitus (spatium et tempus,) est conditio, sub
qua

*) Theoretice aliquid spectamus quatenus non attendimus, nisi
ad ea, quae enti competunt, practice autem, si ea quae ipsi
per libertatem inesse debebant, dispicimus.

qua aliquid senfuum noftrorum obiectum esse poteft adeoque, ut conditio cognitionis fenfitivae, non eft medium ad intuitum intellectualem.   Praeterea omnis noftrae cognitionis materia non datur nifi a fenfibus, fed Noumenon, qua tale, non concipiendum eft per repraefentationes a fenfationibus depromtas; ideo conceptus Intelligibilis, qua talis, eft deftitutus ab omnibus *datis* intuitus humani. *Intuitus* nempe mentis noftrae femper eft *paffivus*; adeoque eatenus tantum quatenus aliquid fenfus noftros afficere poteft, poffibilis. Divinus autem intuitus, qui obiectorum eft principium, non principiatum, cum fit independens, eft Archetypus et propterea perfecte intellectualis.

§. 11.

Quanquam autem Phaenomena proprie fint rerum fpecies, non Ideae, neque internam et abfolutam obiectorum qualitatem exprimant; nihilo tamen minus illorum cognitio eft veriffima.   Primo enim, quatenus fenfuales funt conceptus f. apprehenfiones, ceu cauffata teftantur de praefentia obiecti, quod contra Idealismum; quatenus autem iudicia fpectas circa fenfitive cognita, cum veritas in iudicando confiftat in confenfu praedicati cum fubiecto dato, conceptus autem fubiecti, quatenus eft Phaenomenon, non detur nifi per relationem ad facultatem cognofcendi fenfitivam, et fecundum eandem etiam praedicata dentur fenfitive obfervabilia, patet; repraefentationes fubiecti atque praedicati fieri fecundum leges communes, adeoque anfam praebere cognitioni veriffimae.

§. 12.

Quaecunque ad fenfus noftros referuntur ut obiecta, funt Phaenomena, quae autem, cum fenfus non tangant, formam tantum fingularem fenfualitatis continent pertinent ad intuitum purum (i. e. fenfationibus vacuum, ideo autem non intellectualem.) Phaenomena recenfentur et exponuntur, *primo*, fenfus *externi* in PHYSICA, *deinde*, fenfus *interni* in PSYCHOLOGIA empirica. Intuitus autem purus (humanus

manus) non est conceptus universalis f. logicus, *sub quo*,
sed singularis, *in quo* sensibilia quaelibet cogitantur ideoque continet conceptus spatii et temporis; qui, cum quoad
qualitatem nihil de sensibilibus determinent, non sunt obiecta scientiae, nisi quoad *quantitatem.* Hinc MATHESIS
PVRA *spatium* considerat in GEOMETRIA, *tempus* in MECHA-
NICA pura. Accedit hisce conceptus quidam, in se quidem intellectualis; sed cuius tamen actuatio in concreto
exigit opitulantes notiones temporis et spatii, (successive
addendo plura et iuxta se simul ponendo,) qui est conceptus *Numeri*, quem tractat ARITHMETICA. Mathesis itaque
pura, omnis nostrae sensitivae cognitionis formam expo-
nens, est cuiuslibet intuitivae et distinctae cognitionis or-
ganon; et quoniam eius obiecta ipsa sunt omnis intuitus,
non solum principia formalia, sed ipsa *intuitus originarii*,
largitur cognitionem verissimam simulque summae evidentiae in aliis exemplar. *Sensualium itaque datur scientia*,
quanquam, cum sint Phaenomena, non datur intellectio
realis, sed tantum logica, hinc patet, quo sensu, qui e
schola Eleatica hauserunt, scientiam phaenomenis denegasse
censendi sint.

SECTIO III.
De principiis formae Mundi sensibilis.

§. 13.

Principium formae universi est, quod continet rationem
nexus universalis, quo omnes substantiae atque earum status pertinent ad idem totum, quod dicitur *Mundus*. Principium formae *mundi sensibilis* est, quod continet rationem
nexus universalis omnium, quatenus sunt *Phaenomena*.
Forma *mundi intelligibilis* agnoscit principium obiectivum,
h. e. caussam aliquam, per quam existentium in se est colli-
ga-

P0M32025USA